Encontros diários do líder com Deus

Christopher Shaw

Alza tus ojos
Encuentros diarios del líder con Dios, Christopher Shaw
Originalmente editado e publicado por Desarrollo Cristiano Internacional,
© 2005. Direitos reservados.

Tradução: Angela Mitt, Samuel Mitt, Mari Romero
Edição: Rita Rosário
Revisão: Dayse Fontoura, Thaís Soler, Lozane Winter
Projeto gráfico e capa: Audrey Novac Ribeiro
Diagramação: Priscila Santos, Rebeka Werner

Dados Internacionais de Catalogação na Publicação (CIP)

Shaw, Christopher
Eleva teus olhos — Encontros diários do líder com Deus
Tradução: Angela Mitt, Samuel Mitt, Mari Romero
Curitiba/PR, Publicações Pão Diário

Título original: *Alza tus ojos — Encuentros diarios del líder con Dios*

1. Fé;   2. Vida cristã;   3. Confiança;   4. Devocional

Proibida a reprodução total ou parcial, sem prévia autorização, por escrito, da editora. Todos os direitos reservados e protegidos pela Lei 9.610, de 19/02/1998.

Exceto quando indicado no texto, os trechos bíblicos mencionados são da edição Revista e Atualizada de João Ferreira de Almeida © 1993 Sociedade Bíblica do Brasil.

Publicações Pão Diário
Caixa Postal 4190,
82501-970 Curitiba/PR, Brasil
publicacoes@paodiario.org
www.publicacoespaodiario.com.br
(41) 3257-4028

Código: US194
ISBN: 978-65-5350-038-9

1.ª edição: 2022

Impresso na China

Dedicado, com profunda gratidão, aos meus pais, Kenneth e Elaine.

Apresentação

Você tem nas mãos um excelente livro preparado para ajudar pastores e líderes em geral. Foi escrito por Cristopher Shaw, um servo de Deus com vasta experiência ministerial.

Algumas das suas meditações baseiam-se em trechos bíblicos pouco usados em textos devocionais. É admirável a capacidade do autor em extrair ideias em passagens aparentemente ainda não exploradas. Como sempre acontece, alguns podem discordar de algumas colocações do autor. Não importa, prossiga na leitura. Ao longo do ano, sua vida como ministro do Senhor será enriquecida. Já contabilizo na minha jornada ministerial mais de 50 anos de atividades em diversas áreas, mas aprendi muito com o autor.

Foi um prazer ajudar Ângela, minha filha, na tradução deste texto. Fui grandemente abençoado na execução dessa tarefa e tenho a certeza de que você também experimentará a mesma satisfação ao beber da cristalina fonte da Palavra de Deus explícita neste devocional.

Desejo-lhe um feliz caminhar diário com este precioso livro!

Samuel Mitt

Prefácio

Nos últimos dias em que esteve compartilhando com os discípulos, nosso Senhor abriu o Seu coração sobre os motivos do Seu ministério. "Tenho-vos dito estas coisas para que o meu gozo esteja em vós, e o vosso gozo seja completo" (João 15:11). Na oração sacerdotal reiterou a mesma realidade: "Mas, agora, vou para junto de ti e isto falo no mundo para que eles tenham o meu gozo completo em si mesmos" (João 17:13). A frase põe em evidência o sentido essencial para o que fomos criados, que é ter ampla participação na alegria de Deus. Do mesmo modo que nós não podemos esconder algum acontecimento feliz em nossas vidas, Deus também quer compartilhar com o homem a incomparável formosura e profundidade da comunhão que o Pai, o Filho e o Espírito Santo têm entre si.

Em sua essência, o ministério representa um convite para unir esforços neste extraordinário empreendimento, que é o esforço para restaurar no ser humano a alegria resultante de uma íntima relação com o Criador. De fato, o apóstolo João, em sua primeira epístola fez suas as mesmas palavras de Cristo: "Estas coisas, pois, vos escrevemos para que a nossa alegria seja completa" (1 João 1:4). Em outra carta, ele confessou abertamente o que mais motivava seu ministério: "Não tenho maior alegria do que esta, a de ouvir que meus filhos andam na verdade" (3 João 1:4). A incontida manifestação de alegria na vida cotidiana, então, constitui-se no fator que mais motiva e move os que têm sido incorporados nos projetos do Criador.

Não obstante, o ministério frequentemente se torna uma fonte de tristezas, frustrações e decepções. As pessoas não entram na plenitude de vida que desejamos compartilhar com elas. A verdade não é recebida com a mansidão e humildade necessárias para as mais genuínas experiências de transformação. Lutamos com a letargia natural que a rotina de uma vida meramente religiosa produz. Com o tempo, lentamente percebemos que a alegria, que em algum tempo foi a motivação e a principal causa de nossa vocação ministerial, acabou. Os nossos esforços para despertar em outros uma experiência mais íntima com Deus não prosperam porque o desânimo se instalou em nosso próprio espírito.

Sem dúvida você, como eu, continuará desejando que o Senhor traga uma maravilhosa renovação ao Seu povo. É evidente, porém, que Ele deve iniciar esta obra primeiro em nossas vidas, pois temos recebido maior responsabilidade na casa de Deus. O princípio que determina a eficácia de um ministério continua o mesmo de sempre: Somente podemos reproduzir nos outros o que é realidade constante em nossa vida. Nenhum líder, então, pode se dar ao luxo de se descuidar do desenvolvimento de sua vida espiritual, pois a saúde espiritual daqueles que lhes tenham sido confiados depende diretamente da vitalidade de seu próprio relacionamento com Jesus. Estas reflexões diárias nasceram de um desejo de animar aqueles que têm a responsabilidade ministerial entre o povo de Deus. Quando me refiro a ministros, não estou pensando somente naqueles que cumprem uma função "oficial" na igreja, mas em todos os que já entenderam que todo discípulo deve, se tornar alguém que se dedica ao desenvolvimento e bem-estar de outros. Meu propósito tem sido examinar, à luz das Escrituras, alguns dos temas e desafios mais comuns enfrentados pelos que desejam investir na vida de outros. No processo de escrever, pretendi compartilhar experiências, identificar desacertos, esclarecer dúvidas e apresentar alternativas. Em tudo, ressalvando minhas próprias limitações, meu objetivo é alentar o seu coração e estimular os processos de transformação em sua vida e ministério.

Você perceberá que cada reflexão gira em torno da Palavra. Isto não é simplesmente uma questão de estilo, mas o resultado de uma inquebrantável convicção espiritual de que a Palavra é a fonte da sabedoria que tanto necessitamos em nosso viver diário. Num tempo em que a igreja tem sido assediada por uma infinidade de filosofias provenientes da cultura pós-moderna, creio que é necessário e oportuno um retorno às Escrituras. Em mais de 25 anos de ministério não me canso de descobrir as incomparáveis riquezas do tesouro revelado por Deus.

Gostaria de animá-lo a não ler estas reflexões como conclusões finais de alguém que já resolveu os temas relacionados à liderança e ministério. Antes, desejei focar nestas páginas as perspectivas e convicções que pesam no meu coração neste momento particular da minha peregrinação espiritual. O movimento próprio da vida, no entanto, exige que estejamos dispostos continuamente a avaliar nossas convicções à luz das experiências e relacionamentos que marcam a nossa passagem por este mundo.

Desejo despertá-lo a crer que o melhor em sua vida ainda está por vir. Com o passar dos anos tenho entendido que grande parte do que aconteceu nos primeiros anos da minha vida ministerial não era mais do que uma preparação para o que viria depois. Ainda que Cristo tenha me permitido viver muitas experiências profundas e enriquecedoras, tenho a convicção de que estou num caminho que promete maiores tesouros do que os que tenho alcançado até este momento. Esta é a mesma convicção do apóstolo Paulo quando declara: "…esquecendo-me das coisas que para trás ficam e avançando para as que diante de mim estão, prossigo para o alvo, para o prêmio da soberana vocação de Deus em Cristo Jesus" (Filipenses 3:13,14). Embora estivesse terminando a carreira, o apóstolo continuava com os olhos firmemente postos no futuro.

Não viva de lembranças do passado. O Deus que o tem acompanhado até este momento convida-o a crer que a aventura está apenas começando. Atreva-se a lançar mão, uma vez mais, de seus sonhos mais absurdos e caminhe confiante com Aquele com quem você está sentado nos lugares celestiais. Que o Senhor, em Sua misericórdia, o permita alcançar a plenitude da alegria dele!

Christopher Shaw

A fé que vence

1 de janeiro

Levantou-se, pois, Abraão de madrugada e, tendo preparado o seu jumento, tomou consigo dois dos seus servos e a Isaque, seu filho; rachou lenha para o holocausto e foi para o lugar que Deus lhe havia indicado. GÊNESIS 22:3

A fé deve ser uma das qualidades que distinguem o servo do Senhor. Existe entre o povo de Deus, entretanto, bastante confusão acerca deste tema. Para muitos, a fé não é mais que um desejo de que as coisas saiam bem. É a esperança de que as circunstâncias se resolvam favoravelmente e que as dificuldades não nos afetem muito. Na igreja escutamos com certa frequência a exortação sobre a necessidade de fazer as coisas com mais fé, o que revela uma convicção de que a fé tem relação com manifestar maior entusiasmo pelos trabalhos da igreja.

O versículo de hoje nos dá uma clara ideia de que a fé é algo completamente diferente. As instruções de Deus para Abraão oferecer em sacrifício o seu único filho, Isaque, encontraram o patriarca no centro do que poderia ser uma profunda crise pessoal. A noite posterior a estas instruções deve ter sido de interminável agonia, enquanto Abraão lutava com as reações naturais para um pedido tão grande. Como poderia este tão grande Deus pedir-lhe o filho que tantos anos ele havia esperado e que o Senhor mesmo prometera?

Contudo, Abraão não permitiu que suas emoções fossem fator decisivo no seu comportamento. Entendia que o servo de Deus é chamado à obediência, mesmo quando não entende o que o Senhor está fazendo nem o porquê das circunstâncias nas quais se encontra. É, antes de tudo, nas palavras do apóstolo Paulo, um servo da obediência (Romanos 6:16).

Note a abundância de verbos no versículo de hoje: se levantou, preparou, tomou, cortou, saiu, e foi. Sem levar em conta a intensidade da sua angústia, o pai da fé começou bem cedo com os preparativos necessários para fazer o que Deus lhe havia mandado, mostrando desta maneira, o que é a essência da fé. A fé é uma convicção profunda na fidelidade de Deus, que conduz de modo inconfundível à ação. É a certeza de que, não importa quão contraditórias e difíceis sejam as circunstâncias, Deus não se verá limitado no Seu propósito de cumprir Sua Palavra. Neste caso, segundo o autor da carta aos Hebreus, Abraão cria que Deus era "...poderoso até para ressuscitá-lo dentre os mortos, de onde também, figuradamente, o recobrou" (11:19).

Nos dias atuais, vemos o nosso povo constantemente rodeado de crises e tempos difíceis. Se esperamos que o povo atue com fé, devemos mostrar essa firme confiança na bondade de Deus, evidenciada em ações concretas que não perdem tempo em dúvidas, vacilações nem argumentações. Que a nossa vida possa ser caracterizada pela abundância de ações!

Para pensar:
Com que frequência você se sente profundamente incomodado pela Palavra de Deus?
Quais reações as ordens de Deus, que o desafiam à obediência "cega", produzem em você?
O que você pode fazer para que em sua vida haja mais ação do que hesitação?

Viver com injustiças

2 de janeiro

Respondeu-lhes José: Não temais; acaso, estou eu em lugar de Deus? Vós, na verdade, intentastes o mal contra mim; porém Deus o tornou em bem, para fazer, como vedes agora, que se conserve muita gente em vida. GÊNESIS 50:19,20

Podemos conviver com muitas dificuldades e sacrifícios, mas quando percebemos que fomos tratados com injustiça, nos sentimos traídos no mais profundo do nosso ser, especialmente quando vem da pessoa que mais amamos. O salmista percebeu a agonia desta carga insuportável ao dizer: "Com efeito, não é inimigo que me afronta; se o fosse, eu o suportaria; nem é o que me odeia quem se exalta contra mim, pois dele eu me esconderia; mas és tu, homem meu igual, meu companheiro e meu íntimo amigo. Juntos andávamos, juntos nos entretínhamos e íamos com a multidão à Casa de Deus" (Salmo 55:12-14).

O líder maduro deverá aprender a enfrentar de forma correta as injustiças para evitar um processo que tire a alegria e a paz e, poderá por fim à eficácia do seu ministério. Nada ilustra isto com tanta força como a vida dos irmãos de José. Apesar de já haver passado 44 anos desde aquela terrível decisão de vender José como escravo, ainda estavam atormentados pelo que tinham feito, eram prisioneiros do medo da vingança. Pense nisso: passaram a metade da vida angustiados por algo que haviam praticado quase 50 anos antes!

Não sabemos em que momento José superou as devastadoras consequências de ser vendido por seus irmãos, mas o texto de hoje nos dá pistas sobre duas coisas que o haviam ajudado a superar a crise. Em primeiro lugar, entendia que ele não estava no lugar de Deus, e que julgar os seus irmãos era algo que não lhe competia. Nossos juízos sempre estarão prejudicados pela nossa limitada visão humana. Somente Deus julga conforme a verdade. Por esta razão, não é dado aos homens o direito de emitir um juízo contra outros. Mesmo o Filho de Deus se absteve de emitir uma sentença, dizendo aos judeus: "Vós julgais segundo a carne, eu a ninguém julgo" (João 8:15). Em segundo lugar, José tinha uma profunda convicção de que Deus estava por trás do que havia acontecido com ele. Isto é algo fundamental para o filho de Deus. Com muita frequência, a nossa primeira reação em situações de injustiça é questionar a bondade de Deus perguntando por que Ele permitiu que acontecesse. Passaram anos antes que José começasse a ver o "bem" que o Senhor tinha em mente quando permitiu que a tragédia tocasse a sua vida tão de perto. Mas a convicção de que Deus pode transformar as piores maldades em bênçãos sempre existiu e isto o ajudou a guardar o seu coração da amargura e do rancor.

Para pensar:
Observe quão formoso é o quadro que se apresenta na passagem de hoje. José, homem que foi tratado com tanta injustiça por seus irmãos, chora pela angústia deles. Depois, lhes fala carinhosamente e se compromete a prover tudo o que eles porventura necessitassem no futuro. Aqui está a evidência mais convincente de que Deus havia trabalhado no mais íntimo do seu ser. O ferido podia ministrar aos que o haviam ferido. Isto é graça divina!

A correção que restaura

3 de janeiro

Ora, é necessário que o servo do Senhor não viva a contender, e sim deve ser brando para com todos, apto para instruir, paciente, disciplinando com mansidão os que se opõem, na expectativa de que Deus lhes conceda não só o arrependimento para conhecerem plenamente a verdade. 2 TIMÓTEO 2:24,25

Desviar-se para a direita ou para a esquerda é uma tendência natural no ser humano, e nossa responsabilidade pastoral exige que estejamos comprometidos com o apartar muitos da iniquidade (Malaquias 2:6). A maneira como fazemos esta tarefa, contudo, é um tema que devemos considerar com muito cuidado.

Paulo recorda a Timóteo, em primeiro lugar, que o servo de Deus não deve ser uma pessoa que se envolve em discussões inúteis e acaloradas. Esta é uma exortação repetida pelo apóstolo várias vezes nas duas cartas ao jovem pastor. Tendemos a crer que a verdade penetra o coração daqueles com quem estamos falando, pela eloquência e a veemência de nossos argumentos. Nossas discussões acaloradas, com frequência, revelam falta de paciência e amabilidade àqueles que veem as coisas de maneira diferente de nós.

Em segundo lugar, Paulo ensina ao seu filho espiritual que ele foi chamado para ser sofredor. Isto tem a ver com a capacidade de saber quando é o tempo de se calar. Nossa responsabilidade é advertir e exortar à mudança, mas não podemos insistir que esta pessoa receba os nossos conselhos. Às vezes, como aconteceu com Pedro, que foi advertido que iria trair a Cristo, devemos nos calar e permitir que a outra pessoa prossiga com a sua tolice. O Mestre repetiu duas vezes a Sua advertência; mas logo, se calou. Sabia que Suas palavras seguiriam trabalhando no coração de Pedro para produzir, a seu tempo, o fruto necessário. O sofrimento vem quando sabemos que o outro vai se machucar e não podemos fazer nada para evitá-lo.

Em terceiro lugar, Paulo adverte que toda correção deve ser realizada com um espírito de ternura. Muitas vezes, nossas ações tomam a forma de denúncias cheias de ira e condenação. Mas o servo de Deus deve se conduzir com amor por entender que não é ele quem vai produzir o arrependimento na outra pessoa. No entanto, possui uma profunda convicção de que está nas mãos de Deus operar essa mudança no coração. A correção ajuda a complementar o trabalho que o Senhor está realizando. Desta maneira, o servo entrega a palavra e descansa confiando na obra soberana do Espírito, cuja função, entre outras, é convencer o mundo do pecado (João 16:8).

Quando vemos alguém em pecado, nós devemos nos aproximar para comunicar a Palavra na medida certa. Que o restante de nossa energia seja canalizada para falar a Deus o que estamos vendo na vida da outra pessoa. Certamente, a disciplina será muito mais eficaz!

Para pensar:
Qual a sua primeira reação ao ver outros em atitudes ou comportamentos incorretos? O que isto revela sobre sua personalidade? O que você precisa incorporar em sua atitude pastoral para ser mais amável com aqueles a quem corrige?

Preparados para qualquer circunstância

4 de janeiro

Respondeu-lhes: Esta casta não pode sair senão por meio de oração [e jejum].
MARCOS 9:29

Não sabemos o que provocou maior frustração nos discípulos: o fato de não terem podido curar o epilético ou a explicação que Jesus deu sobre o porquê de eles não terem conseguido fazê-lo.

Não nos surpreende que os discípulos estejam desapontados. Em vez de acharem uma solução para o menino, eles se envolveram numa discussão com os fariseus. Quando Jesus chegou, resolveu o problema com simplicidade e autoridade, marcando um evidente contraste com a insegurança dos Seus seguidores. Com certeza, eles sentiram vergonha pela falta de resultados em sua ação. Isto os levou a pedir uma explicação.

A resposta do Mestre não trouxe muito esclarecimento para o caso. Por que Ele disse que era necessário orar (e jejuar, conforme alguns antigos manuscritos)? A verdade é que Ele não orou nem jejuou nessa ocasião. Ele simplesmente fez perguntas sobre o passado do menino e em seguida expulsou o demônio. Simples assim! Como podia, então, dizer que a oração e o jejum eram o segredo para alcançarem o desejado resultado? Porventura declarou que os discípulos deveriam orar ainda que Ele mesmo não tivesse orado, porque lhes faltava a autoridade que Ele tinha? Duvido que este tenha sido o Seu propósito.

A resposta de Jesus indica a oração como uma peça-chave no armamento que o servo de Deus usa para enfrentar o mal. O momento para se valer da oração não é quando a batalha já começou. Não podemos parar para afiar nossa espada quando temos o inimigo à nossa frente. Ao surgir uma situação que exige uma forte e rápida intervenção, o servo de Deus entra em ação. O momento para orar é antes da batalha. Só por meio da oração ele conseguirá a sabedoria e a autoridade para que o seu ministério seja eficaz. Este era um dos motivos porque Jesus, com frequência, se afastava para locais isolados a fim de orar.

Nesta ocasião, Jesus chegava do Monte da Transfiguração, onde havia tido uma rara experiência com o Pai. Os Seus sentidos espirituais estavam aguçados. Ao descer do monte, Ele já havia orado, de sorte que, ao se apresentar a oportunidade para ministrar, pôde intervir de forma decisiva.

Esta tem sido a característica de todo ministério produtivo ao longo da história do povo de Deus. Esses ministérios são desenvolvidos por pessoas de intensa vida de oração. Assim também deve acontecer conosco. Nosso trabalho pastoral frequentemente nos coloca em situações ministeriais imprevistas. Muitas delas não nos dão tempo para nos prepararmos. Nossa ação deve ser imediata. Por que não aproveitarmos os momentos de calma e silêncio para cultivarmos essa vida espiritual que fará a diferença na hora de atuarmos? Se desejarmos derrotar o inimigo, precisaremos ter sempre nossas espadas bem afiadas!

Para pensar:
Quanto tempo você investe, cada dia, cultivando a sua vida espiritual? Que atividades você pratica para que isto aconteça? Em quais aspectos o seu exercício espiritual diário pode ser melhorado?

A força da alegria

...não vos entristeçais, porque a alegria do Senhor é a vossa força.
NEEMIAS 8:10

O caminho em direção à reconstrução dos muros de Jerusalém encontrava-se repleto de obstáculos. O povo teve de lutar com rumores, divisões, oposições e cansaço. Em mais de uma ocasião, sentira o forte desejo de desistir da tarefa que tinha adiante, e a tentação era de "jogar a toalha".

Uma situação tão dura é mais que propícia para o desânimo, terra fértil para que a exaustão se instale em nossos corações e andemos com o semblante triste e abatido. Estas são as respostas normais da alma às situações em que a adversidade parece não ter fim. Jesus mesmo, frente à iminência da cruz, começou a se entristecer e se angustiar, confessando: "...A minha alma está profundamente triste até à morte; ficai aqui e vigiai comigo" (Mateus 26:38).

O líder sábio não se engana em seus verdadeiros sentimentos. Entretanto, sabe que estes sentimentos devem ser tratados de imediato para não afetar a sua vida espiritual. Jesus não perdeu tempo em convocar Seus três amigos para que o acompanhassem enquanto orava. Ele sabia que a tristeza que se instala de forma permanente em nossa vida afeta profundamente a maneira que vemos e fazemos as coisas. Leva-nos a atitudes negativas e de desesperança; convida-nos para que deixemos de lutar porque começamos a crer que a nossa situação não tem solução. Conduz-nos inevitavelmente em direção ao caminho da depressão, porque ninguém pode viver em forma indefinida com falta de esperança. O homem desanimado já está derrotado porque perdeu a vontade de seguir lutando.

Jesus, como Neemias, sabia que era essencial reavivar a alegria, que é a força do homem espiritual. Sua agonia no Getsêmani não terminou até que Sua alegria fosse recuperada. Devidamente fortalecido pela "alegria que lhe estava proposta, suportou a cruz" (Hebreus 12:2). Este tipo de alegria não é um sentimento, mas uma convicção espiritual. As circunstâncias podem ser em extremo adversas, mas a alegria vem quando conseguimos tirar os olhos das coisas que se veem, e os fixamos firmemente nas que não se veem (2 Coríntios 4:18).

O líder cujo coração está cheio de alegria é realmente imbatível, porque a sua vida está firmemente enraizada nas realidades eternas do reino, e não nas coisas passageiras deste mundo. Ele tem uma convicção inabalável de que existe um Deus que reina soberano sobre todas as coisas, e que a Sua especialidade é utilizar a adversidade e a derrota para trazer bênçãos a Seu povo.

Não permita que a crise o entristeça. Se for necessário, derrame sua alma diante de Deus, como Cristo no Getsêmani. Aconteça o que acontecer, recupere sua alegria de ser parte dos vencedores. O povo que está com você precisa ver um pastor que não tem medo das dificuldades, pois sabe que o nosso Pai celestial sempre tem a palavra final em todas as circunstâncias.

Para pensar:
Qual é a sua reação normal diante das dificuldades e das crises que se apresentam? Quais são os passos para remediar os sentimentos de abatimento e desânimo? Como você pode cultivar a alegria no seu dia a dia?

A bênção de ser autêntico

6 de janeiro

Saul vestiu a Davi da sua armadura, e lhe pôs sobre a cabeça um capacete de bronze, e o vestiu de uma couraça. Davi cingiu a espada sobre a armadura e experimentou andar, pois jamais a havia usado; então, disse Davi a Saul: Não posso andar com isto, pois nunca o usei. E Davi tirou aquilo de sobre si. 1 SAMUEL 17:38,39

Um mal que frequentemente vemos em nossas igrejas é a tendência para a imitação. Um conhecido evangelista golpeia sua Bíblia e caminha de um lado ao outro no palco durante suas pregações. Com certeza veremos outros evangelistas fazendo o mesmo gesto. Um músico de renome usa certas frases para motivar o povo, e em pouco tempo perceberemos que estas mesmas frases se repetirão por onde quer que formos. Um famoso pastor veste um terno branco com sapatos pretos, e logo nos veremos rodeados por outros pregadores usando o mesmo traje.

Isto revela nossa inclinação para crer que a bênção de Deus está nas formas exteriores, e não na pessoa que atua no ministério. Pensamos que imitar as manifestações externas nos garante a bênção que cerca o ministério do colega.

Quando Davi se apresentou para enfrentar Golias, Saul se mostrou cético "…pois tu és ainda moço, e ele, guerreiro desde a sua mocidade". O filho de Jessé, sem dúvida, estava decidido a prosseguir em seu propósito. Diante da sua insistência, o rei ofereceu-lhe seu equipamento de guerra. Quem sabe, por respeito, o jovem pastor de ovelhas vestiu a pesada armadura e empunhou a espada, mas descobriu que eram muito desconfortáveis para serem usadas. Optou então pelos instrumentos que usava todos os dias, a funda e as pedras.

Existe um princípio importante nesse incidente. Se o Senhor usar alguém, será com as habilidades que lhe tiver dado, e não com as habilidades de outras pessoas. A igreja não necessita de cópias. Necessita de homens e mulheres que sejam fiéis em usar o que receberam. Se você se esforça para ser o que não é, ninguém poderá substituí-lo no lugar que deixar vazio. Deus o capacitou para ocupar esse lugar. Não se envergonhe por ser o que é, nem das ferramentas que tem em sua mão. Talvez não sejam tão impressionantes como as que outros têm, mas são instrumentos que lhe foram úteis no passado.

Não peça desculpas por sua maneira de ser. A bênção do Senhor repousa quando você é verdadeiramente o que Deus o mandou ser. Nenhuma imitação pode ser tão boa como o original. Levante-se e avance com confiança! Deus está ao seu lado!

Para pensar:
Você conhece as ferramentas que Deus lhe deu para o exercício do seu ministério? Como pode melhor desenvolver os dons que recebeu? Quais seriam as consequências de realizar o ministério com ferramentas emprestadas?

Arma de dois gumes

Replicou-lhe Jesus: Em verdade te digo que, nesta mesma noite, antes que o galo cante, tu me negarás três vezes. Disse-lhe Pedro: Ainda que me seja necessário morrer contigo, de nenhum modo te negarei. E todos os discípulos disseram o mesmo. MATEUS 26:34,35

Como é bonito ver uma pessoa sentir entusiasmo naquilo que crê e comunicar com entusiasmo suas convicções e ministério. Não podemos evitar ser tocados pelo fervor de suas palavras e ser contagiados pelas suas atitudes. Faz-nos bem estar junto a pessoas assim.

Pedro era um homem que vivia de forma apaixonada. Foi ele quem se atreveu a caminhar sobre a água. Ele não se deu conta do que estava acontecendo até ver as ondas ao seu redor. Foi ele quem, com entusiasmo, sugeriu fazer umas tendas no Monte da Transfiguração, embora a Palavra nos diga que ele não sabia o que estava dizendo (Marcos 9:6). Para as perguntas do Mestre aos discípulos, Pedro sempre tinha a primeira resposta.

O entusiasmo é uma qualidade importante num líder. Como vamos motivar nossos liderados se as nossas palavras e comportamento comunicarem pouca convicção, ou pior, indiferença? Sem dúvida, a paixão têm um papel fundamental no impacto que produzimos na vida de outros. Devemos, entretanto, saber disto: nosso entusiasmo pode ser também perigoso. Em certas ocasiões, pode ser tão intenso que nem o Senhor é capaz de nos dissuadir do que queremos fazer. Pedro amava muito ao Senhor. Ele desejava demonstrar a profundidade do seu compromisso. Com fervor declarou que jamais o abandonaria ainda que todos o fizessem. Cristo tentou falar duas vezes a verdade ao seu coração, mas sua paixão era tão intensa que não estava aberto a receber advertências de ninguém, nem sequer do próprio Filho de Deus.

Tempere com muito entusiasmo tudo o que faz como líder. Celebre o fato de ser parte de uma obra que nasceu no coração de Deus! Mas não se esqueça que a sua paixão nem sempre é o resultado da obra do Espírito. Existem paixões que são da carne, e podem nos conduzir a um desastre. Aos romanos, Paulo fala com tristeza acerca dos israelitas, dizendo: "Porque lhes dou testemunho de que eles têm zelo por Deus, porém não com entendimento" (Romanos 10:2). Quem podia testificar melhor que ele? Em sua juventude, o apóstolo havia perseguido com fanatismo a igreja por "amor" ao nome de Deus.

Como a paixão é importante! E como devemos ter cuidado com ela! Não seja uma pessoa sem vigor. Que ela seja uma das marcas que o caracterizam como líder. Mas não confie cegamente no caminho pelo qual ela o quer conduzir. Poderia acabar fazendo algo que jamais havia pensado fazer: negar ao Senhor.

Para pensar:
Você é uma pessoa que tem paixão pelo que faz? De que maneiras esta paixão se manifesta? Que elementos podem ser incorporados em seu ministério para assegurar que a sua paixão não o leve a um caminho equivocado?

Um processo misterioso

Alegrai-vos com os que se alegram e chorai com os que choram.
ROMANOS 12:15

8 de janeiro

As lágrimas nos incomodam. Quando vemos alguém chorando não sabemos exatamente o que fazer. Começamos a buscar, em nossa mente, alguma palavra que ajude e anime essa pessoa, ou que pelo menos a faça parar de chorar. Isto se deve, em parte, por termos crescido num contexto onde o choro não era bem aceito. Foi-nos incutido que as lágrimas não têm lugar nos verdadeiros vencedores deste mundo.

As lágrimas, entretanto, são uma forma visível de se mostrar compaixão. Jesus chorou. Chorou diante do túmulo de Lázaro. Chorou quando viu o estado espiritual de Jerusalém. Segundo a carta aos Hebreus, Ele foi ouvido no Getsêmani; porque ofereceu "...forte clamor e lágrimas, orações e súplicas..." (5:7).

A ternura de Jesus estabelece um forte contraste com os pastores de Israel. A acusação de Ezequiel constitui-se num dos textos mais pesados nas Escrituras contra os que ocupam posições de responsabilidade: "A fraca não fortalecestes, a doente não curastes, a quebrada não ligastes, a desgarrada não tornastes a trazer e a perdida não buscastes; mas dominais sobre elas com rigor e dureza" (Ezequiel 34:4). Percebemos que a compaixão é um assunto sério àqueles que foram chamados a pastorear. Quando nos encontramos com pessoas quebrantadas, não podemos resistir à tentação de dizer alguma coisa, oferecer um conselho, ou citar o texto de Romanos 8:28: "Sabemos que todas as coisas cooperam para o bem daqueles que amam a Deus, daqueles que são chamados segundo o seu propósito." Temos uma firme convicção de que a pessoa está buscando a solução para os seus problemas. É importante ajudar, mas a orientação que Paulo nos dá é muito mais simples e infinitamente mais eficaz do que as palavras. Ele não diz para aconselharmos quem está chorando. Ele nos incentiva a chorar com ela. Nem mais, nem menos.

Isto não significa que você deva derramar lágrimas para cumprir o que a Palavra diz. É necessário, porém, que demonstre ter o seu coração tocado por aquilo que afligiu a outra pessoa. Num momento de crise, quem sofre não precisa de conselhos. Sua necessidade é o consolo em saber que outros a entendem, e que sua dor é percebida por aqueles ao seu redor. Esta identificação com o que está sofrendo tem maior poder terapêutico do que todas as palavras de sabedoria ditas num momento de angústia. Isto abre caminho para que o Espírito de Deus flua por seu intermédio ao coração daquele que foi atingido pela dor.

O tempo irá oferecer-lhe o momento certo de orientar e aconselhar. Não perca a oportunidade de se identificar com aquele que está sofrendo. Deus fará grandes coisas na vida dessa pessoa, mas também tocará profundamente a sua vida. Que as lágrimas sejam uma de suas marcas como pastor!

Para pensar:
Como as lágrimas eram vistas no lar onde você foi criado? Quando você vê uma pessoa chorando, qual é a sua primeira reação? Como demonstrar compaixão àqueles a quem você ministra?

Firmados nele

9 de janeiro

Ora, levantou-se grande temporal de vento, e as ondas se arremessavam contra o barco, de modo que o mesmo já estava a encher-se de água. E Jesus estava na popa, dormindo sobre o travesseiro; eles o despertaram e lhe disseram: Mestre, não te importa que pereçamos? MARCOS 4:37,38

Como não entender a indignação dos discípulos! Imagine por um momento a cena. Uma violenta tempestade se abatia sobre eles. O vento uivava e o barco era açoitado pelas ondas. Os discípulos, ensopados pela espuma do mar e a água entrando na embarcação, lutavam com desespero para que não naufragassem. E onde estava Jesus? Na popa, dormindo. Como deixar de concluir que Ele não se preocupava com suas vidas?

Por que o Mestre dormia? Ele descansava porque estava esgotado pelo dia inteiro que passara ensinando as multidões. Suponho que a Sua preocupação tinha outra razão. Ele mesmo havia dado a ordem para eles atravessarem o lago. No entanto, podemos afirmar, com certeza, que essa instrução não havia partido dele. Em João 5:30, Ele disse: "Eu nada posso fazer de mim mesmo…". No mesmo evangelho aparece outra declaração: "Porque eu desci do céu, não para fazer a minha própria vontade, e sim a vontade daquele que me enviou" (6:38). Não estaríamos errados ao dizer que Jesus tinha recebido do Pai a ordem de passar para o outro lado.

Neste pormenor, podemos descobrir o motivo da Sua atitude calma durante a tempestade. O Filho de Deus não estava preocupado porque o Pai se encarregaria de fazê-los chegar ao outro lado, já que dele havia partido a ordem. Ele sabia que Alguém muito maior cuidava do bem-estar deles, daí a Sua despreocupação. Se Deus havia mandado atravessar o mar, quem poderia impedi-lo?

Como líderes, precisamos ter esse espírito calmo de quem sabe para onde está indo. Não seria maravilhoso se existisse entre a igreja e a atribulada sociedade de hoje, esse contraste que houve entre Jesus e os Seus discípulos? Para que isto aconteça, necessitamos de pastores que saibam para onde se dirigem e o porquê de irem a esse lugar. Assim como Moisés, quando o povo chegou ao mar Vermelho e foi tomado de pânico, possamos dizer ao povo: "…Não temais; aquietai-vos e vede o livramento do Senhor que, hoje, vos fará; porque os egípcios, que hoje vedes, nunca mais os tornareis a ver. O Senhor pelejará por vós, e vós vos calareis…" (Êxodo 14:13,14).

Esta atitude de confiança e paz você só poderá ter se estiver totalmente seguro do que está fazendo. A única maneira de conseguir isto, será buscando a vontade daquele a quem você serve. Se realizar as obras que Deus antecipadamente preparou para você (Efésios 2:10), não há tormenta que consiga fazê-lo parar. Avance tranquilo, pois Deus está no controle!

Para pensar:
Você pode explicar com clareza para onde está caminhando? Sabe o porquê de ir nesta direção? Quais são as evidências de que foi Deus quem lhe apontou esse caminho?

Cuidar de nossos obreiros

Ao regressarem, os apóstolos relataram a Jesus tudo o que tinham feito.
E, levando-os consigo, retirou-se à parte para uma cidade chamada Betsaida.
LUCAS 9:10

10 de janeiro

A primeira viagem ministerial que os apóstolos realizaram terminou com o relato de muitas experiências. Eles também trouxeram preocupações com aquilo que não puderam realizar de forma correta. O Mestre investiu o Seu tempo para ouvi-los e depois os conduziu a um lugar tranquilo.

Temos nesta decisão outro aspecto do coração pastoral do Messias. Jesus conhecia bem o desgaste que o ministério traz ao obreiro. As incessantes exigências, a intensa concentração, a dissipação de energias, a vibração ao ver o Senhor agindo, tudo isto faz parte do que denominamos ministério. Isto provoca efeitos nos que servem ao povo.

O obreiro que constantemente ministra, mas não tem um mecanismo para renovar suas forças, acaba num estado de profundo esgotamento. O seu ministério se torna pesado e seu coração se enche de frustrações. Sente que sua tarefa é cada vez mais difícil de ser executada. Ele precisa ter períodos de descanso e recuperação para seguir ministrando no Espírito, e não na carne. Por este motivo, Jesus levou os discípulos a um lugar de tranquilidade para se refazerem.

Uma das nossas prioridades como pastores é velar pelo bem-estar dos nossos obreiros. Eles não têm a vivência nem a experiência que nós temos. Não conhecem suas limitações e se envolvem em mais projetos do que podem suportar. Nós conhecemos as dimensões da vida ministerial e fomos chamados a ajudá-los a se proteger. É triste ver muitos obreiros completamente desgastados devido às exigências de seus pastores. Eles os ensinam que qualquer sinal de cansaço é falta de espiritualidade, e que devem sempre estar dispostos a assumir as tarefas que lhes forem entregues. E como se isto fosse pouco, raramente recebem expressões de afeto ou apreciação da parte dos seus pastores.

Não siga este exemplo. Valorize o trabalho daqueles que servem ao seu lado. Os seus obreiros são um dos seus recursos mais preciosos. Um trabalhador feliz realiza um ministério pleno e frutífero. Por outro lado, um obreiro triste só contagia os demais com sua amargura.

Seja generoso ao expressar gratidão aos seus obreiros. Cuide da saúde emocional e espiritual deles. Demonstre interesse por aquilo que fazem e estimule-os a seguir em frente. Apoie-os em tudo o que realizam. Cada um desses cooperadores está tornando mais fácil a tarefa que você executa, e isto não é pouca coisa.

Para pensar:
Quais são os perigos que você enfrenta em seu ministério? Como evitar que seus obreiros enfrentem esses mesmos perigos? De que maneira você pode expressar-lhes seu cuidado e afeto? Encontre tempo, hoje mesmo, para manifestar seu interesse por alguns dos seus obreiros.

Enfrentar a derrota

11 de janeiro

Então, disse o Senhor a Josué: Levanta-te! Por que estás prostrado assim sobre o rosto? JOSUÉ 7:10

Suponho que as nossas derrotas são muito mais sérias para nós do que para o Senhor. Não fomos preparados para conviver com o fracasso, pois nossa cultura exige que avancemos sempre de vitória em vitória. Quando vivenciamos a derrota em projetos e situações do ministério, nossa autoestima é atingida e, facilmente, uma nuvem de desânimo e pessimismo nos envolve.

Os israelitas, eufóricos pelo tremendo triunfo que Deus lhes havia concedido na destruição da fortaleza de Jericó, lançaram-se com muita confiança na conquista de um povoado que tinha a décima parte do tamanho de Jericó. Como somos rápidos para tomarmos posse das vitórias que o Senhor nos concedeu! Embriagados pela vitória sobre Jericó, os israelitas acharam fácil a conquista da cidadezinha de Ai, próximo objetivo militar a ser tomado.

Conhecemos bem a humilhante derrota que sofreram nesse lugar. O fracasso nunca é tão amargo e difícil de ser digerido do que quando estamos confiantes de que tudo iria acabar bem. Josué sentiu-se profundamente desapontado e até traído. Ele se lançou ao chão e exclamou com amargura: "Ah! Senhor Deus, por que fizeste este povo passar o Jordão, para nos entregares nas mãos dos amorreus, para nos fazerem perecer? Tomara nos contentáramos com ficarmos dalém do Jordão" (Josué 7:7).

Em ocasiões de fracasso, podemos perder muito tempo lamentando-nos pelas decisões que tomamos. Não há dúvida de que é importante aprender com os erros cometidos, entretanto, todas as nossas recriminações do mundo não podem desfazer o que aconteceu. Quando estivermos caídos, devemos nos levantar e resolver o mais rápido a situação que ocasionou a queda. Por esta razão, o Senhor perguntou a Josué: "Por que estás prostrado assim sobre o rosto?" (Josué 7:10). Ele o animou a se levantar e a fazer o que era preciso: purificar o povo do seu pecado.

Quando você cai, o inimigo quer vê-lo ali, sentindo pena de si mesmo e maldizendo a situação em que vive. O seu Pai celestial quer vê-lo outra vez de pé. Se existem coisas para confessar, fale com Deus. Se há pessoas que devem ser enfrentadas, encare-as corajosamente. Se perceber situações que precisam ser corrigidas, entre em ação. Não perca tempo lamentando-se pelas coisas que lhe aconteceram.

Richard Foster, em seu excelente livro *Oração: refúgio da alma* (Editora Vida, 2011), nos alerta que cometemos erros, muitos erros; pecamos; caímos, com frequência, mas todas às vezes nos erguemos e recomeçamos. Oramos de novo. Procuramos seguir a Deus. E novamente, a nossa insolência e autoindulgência nos derrotam. Não importa. Confessamos e começamos de novo... e de novo... e de novo."

Para pensar:
Seja firme nas situações em que os seus sentimentos o levarem ao desânimo. Os seus liderados devem saber que você não é alguém fácil de ser derrotado. Não se trata de dar a impressão de ser invencível, mas de agir decididamente ao administrar os contratempos da vida. Todos passam por situações adversas. O líder espiritual se caracteriza por não permitir que tais ocasiões condicionem sua caminhada rumo às metas que o Senhor lhe tenha estabelecido.

Lutar com Deus

...ficando ele só; e lutava com ele um homem, até ao romper do dia. Vendo este que não podia com ele, tocou-lhe na articulação da coxa; deslocou-se a junta da coxa de Jacó, na luta com o homem. GÊNESIS 32:24,25

12 de janeiro

Este é um texto que nos soa bastante estranho. Deus se envolvendo numa luta corpo a corpo ao longo de uma noite? Como explicar esse raro acontecimento na vida do patriarca?

Creio que a história não é tão inusitada como a princípio nos parece. Para poder entendê-la, precisamos nos lembrar da vida de Jacó. Ele nasceu como o filho da promessa. Por seu intermédio, passaria a descendência daqueles que seriam parte da grande nação anunciada a Abraão. Por este motivo, a bênção de Deus repousava sobre ele desde o ventre de sua mãe.

Um rápido olhar nos acontecimentos de sua vida nos mostra um homem que não hesitou em usar artimanhas para obter a bênção que Deus lhe prometera. Nós o vemos em situações nas quais se aproveitou da fraqueza de outras pessoas. E, o observamos trapaceando, mentindo, enganando e sendo enganado. Ele acumulou uma grande fortuna, mas criou muitos inimigos no caminho, incluindo o ódio mortal do seu irmão Esaú, que havia jurado matá-lo. Jacó não era figura muito inspiradora.

Às vezes, o Senhor leva anos querendo dizer-nos algo sem conseguir despertar nossa atenção. A Sua voz é a de uma "brisa suave", mas, quando não o ouvimos, Ele deve adotar métodos mais diretos. Este é um desses incidentes. De forma muito clara, Deus mostra ao patriarca como foi sua existência até aquele momento: uma luta sem fim para tomar posse da bênção de Deus.

O relato nos informa que Deus não conseguiu vencê-lo. Com certeza, isto não foi uma luta por vitória na esfera física. Deus poderia tê-lo destruído apenas com a palavra da Sua boca. O propósito do encontro não era acabar com ele, mas sim, mostrar-lhe quão árduo e cansativo tinha sido o seu caminho.

Num sentido muito claro, o que o Senhor está dizendo ao patriarca é o seguinte: "A vida toda você está lutando comigo, sem se dar conta de que estou ao seu lado. Quando você deixará de lutar contra mim? Aquiete-se e deixe-me abençoá-lo." O que o Senhor desejava para Jacó era a sua prosperidade, mas não pelo caminho que ele havia escolhido.

Como líderes, muitas vezes estamos tão aflitos para conseguirmos a bênção de Deus para os nossos projetos, que acabamos nos valendo de qualquer coisa ao nosso alcance. Trabalhamos com tal intensidade como se tudo dependesse do nosso esforço. Às vezes, conseguimos alcançar o progresso que desejamos. Porém, tudo seria mais fácil se tivéssemos aprendido a unir nosso trabalho ao forte braço de Deus!

Para pensar:
Quem sabe seja este um bom momento para uma reflexão. Separe um tempo para colocar as coisas no lugar. Você não está trabalhando para Deus. Você está executando a obra com Deus. Não queira fazer tudo sozinho. Descanse mais nele, e verá os resultados.

Um coração pastoral genuíno

13 de janeiro

No dia seguinte, disse Moisés ao povo: Vós cometestes grande pecado; agora, porém, subirei ao Senhor e, porventura, farei propiciação pelo vosso pecado. Tornou Moisés ao Senhor e disse: Ora, o povo cometeu grande pecado, fazendo para si deuses de ouro. Agora, pois, perdoa-lhe o pecado; ou, se não, risca-me, peço-te, do livro que escreveste. ÊXODO 32:30-32

Quem de nós não teria ficado desesperado ao andar com aquele povo tão propenso ao mal, tão duro de coração? Seguidamente, em sua peregrinação, caíam em pecado provocando a Deus com suas abominações.

Como pastores, sabemos bem o que é trabalhar com um povo não responsivo. Durante anos, tratamos pessoas que, repetidamente, voltam ao mesmo comportamento pecaminoso. Dedicamos horas de aconselhamento e assessoria pastoral a alguns, que, deixados por um momento, voltam a cair. Investimos muito tempo e esforço em líderes que nos frustram. Muitas vezes, a única coisa que vemos é a repetição de condutas pecaminosas que prendem e derrotam.

Moisés repreendeu o povo duramente pela enormidade do seu pecado. Eles tinham ofendido profundamente a santidade de Deus, e sua rebeldia havia provocado a ira de Jeová. Sob qualquer ponto de vista, o que praticaram era inadmissível. O profeta não vacilou em expor a grave situação dos israelitas. Apesar disto, ele se prontificou a ir à presença de Deus para lhe falar a respeito do que havia acontecido, embora não tivesse muita certeza do sucesso em seu propósito.

Observe como é diferente o tom da conversa de Moisés com o Senhor. Sem diminuir a gravidade do pecado, pediu a Jeová o perdão para o seu povo. Ele deixou claro que estava perfeitamente identificado com a sua gente. Se lhes cabia o castigo, ele mesmo não desejava ser poupado. Em resumo, ele disse a Deus: "Castiga-os se necessário, mas quero que saibas que me uno a eles."

Que maravilhosa ilustração para esse misterioso vínculo que nos une ao povo. Esta é a essência do coração pastoral. O povo, muitas vezes, nos cansa. Sentimo-nos desanimados. Como o apóstolo Paulo, afirmamos que "Quem enfraquece, que também eu não enfraqueça? Quem se escandaliza, que eu não me inflame?" (2 Coríntios 11:29). Por vezes, queremos abandonar a tarefa de pastorear, mas Deus colocou em nós um amor que não nos deixa descansar. Eles são o nosso povo, tanto nos bons como nos maus momentos. As suas vitórias são também nossas. As suas derrotas, também. Este é o nosso abençoado fardo!

Para pensar:
Tenha um tempo agora para agradecer a Deus o povo que Ele lhe deu para ministrar. Peça ao grande Pastor que mais uma vez reavive em você a paixão por essas pessoas. Clame por um espírito manso e bondoso, igual ao que Deus tem para conosco. Abençoe o seu povo, apesar do que são, porque para isto você foi chamado.

Cegados pela mentira

14 de janeiro

Naquele mesmo dia, dois deles estavam de caminho para uma aldeia chamada Emaús, distante de Jerusalém sessenta estádios. [...] Aconteceu que, enquanto conversavam e discutiam, o próprio Jesus se aproximou e ia com eles. [...] Então, lhes perguntou Jesus: Que é isso que vos preocupa e de que ides tratando à medida que caminhais? E eles pararam entristecidos. LUCAS 24:13,15,17

Quão grande deve ter sido a surpresa quando o Mestre partiu o pão e eles descobriram quem Ele era! Que tremenda alegria ao saberem que era o próprio Messias quem os havia deslumbrado com tal conhecimento das Escrituras.

O final feliz desse encontro, entretanto, é ofuscado pelo estado em que se encontravam antes de terem os olhos abertos. O relato de Lucas nos informa que, enquanto caminhavam, discorriam sobre os últimos acontecimentos. Podemos imaginar que analisaram a cena da crucificação sob todos os ângulos, para buscar uma explicação que tornasse sua dor suportável. A tristeza havia se apoderado dos seus corações com grande força.

Mas, por que estavam tristes? Eles acreditavam que Cristo estava morto. Chegou-lhes, entretanto, a estranha notícia de que mulheres afirmavam tê-lo visto vivo. Como isto podia ser verdade? Todos haviam sido testemunhas da Sua crucificação, e posterior sepultamento. A verdade é que Cristo não estava morto; Ele estava vivo! Ele lhes dissera que ao terceiro dia voltaria a viver. Mulheres já o haviam visto, mas as densas emoções que vivenciavam não lhes permitiam perceber a realidade. Estavam presos a uma mentira.

O poder dessa mentira era tal que, quando Jesus começou a abrir a Palavra, a verdade não conseguiu romper a fortaleza do engano. Começando por Moisés e passando por todos os profetas, o Filho de Deus lhes explicou que tudo o que havia acontecido nada mais era que o cumprimento das Escrituras. Os discípulos estavam tão desanimados que não puderam receber aquela Palavra que os libertaria da mentira.

Nossos pensamentos têm enorme influência sobre o nosso comportamento e nossas emoções. Por esta razão, Paulo nos ensina que "Porque as armas da nossa milícia não são carnais, e sim poderosas em Deus, para destruir fortalezas, anulando nós sofismas e toda altivez que se levante contra o conhecimento de Deus, e levando cativo todo pensamento à obediência de Cristo" (2 Coríntios 10:4,5)". Como líder, você deve ser rigoroso com todo pensamento que não esteja de acordo com a verdade de Deus. Prenda-o! denuncie e algeme-o em nome de Cristo. Apresente-o diante do trono de Deus. Se lhe der espaço, a mentira o levará pelo caminho da cegueira espiritual. Mesmo que Jesus lhe apareça em pessoa, você não o reconhecerá.

Para pensar:
Nossos pensamentos não só revelam quem somos, como também predizem o que seremos. A vontade pode se converter em escrava dos pensamentos e, em muitos sentidos, nossas emoções dependem deles. Pensar estimula as emoções, e as emoções produzem ações.
—A. W. Tozer

Construir com sabedoria

Olha que hoje te constituo sobre as nações e sobre os reinos, para arrancares e derribares, para destruíres e arruinares e também para edificares e para plantares.
JEREMIAS 1:10

Uma grande parte da igreja acredita que o propósito do cristianismo é tornar a nossa vida mais atraente. Assim, a pessoa que chega ao arrependimento e ingressa na Igreja do Senhor, frequentemente experimenta mudanças leves. Mesmo após muitos anos no caminho, percebemos haver poucas diferenças em relação ao homem do mundo.

A missão dada pelo Senhor ao profeta Jeremias, descrita de forma tão vívida no texto de hoje, mostra que o ministério envolve uma mudança muito mais dramática e profunda do que pensamos. Deus não está colocando remendos nas vidas, fazendo nelas um pequeno ajuste para que depois continuem funcionando dentro do reino.

Antes de começar uma construção é preciso retirar tudo aquilo que não serve. A tarefa do profeta, na reconstrução, era arrancar, destruir, arruinar e derrubar. Observe a força radical desses termos. Você não destrói nem arrasa aquilo que pretende usar. Você somente arranca e derruba o que não lhe serve mais.

Creio que muitos pastores estão frustrados por se envolverem em projetos que apenas melhoram a aparência de coisas que, no fundo, estão deterioradas. São muitas as técnicas e metodologias do mundo atual que os especialistas em crescimento da igreja nos oferecem. A maioria delas nem sequer foi adaptada à igreja. Foram simplesmente transferidas da esfera empresarial. Muitos cristãos querem conservar o conforto e os modismos do mundo enquanto levam uma vida espiritual rotineira e insípida. Não são poucas as congregações que mostram ter mais afinidade com os cidadãos deste mundo do que com os súditos do reino. Embora usemos a tinta mais branca para tornar essas coisas mais apresentáveis, a sua essência não pode ser alterada. O único destino adequado para elas é a sua destruição.

Com certeza, era isto que Jesus queria dizer ao afirmar: "Também lhes disse uma parábola: Ninguém tira um pedaço de veste nova e o põe em veste velha; pois rasgará a nova, e o remendo da nova não se ajustará à velha" (Lucas 5:36). O princípio que salta aos olhos é este: chega o momento quando a veste velha encontra-se tão gasta que não vale a pena consertá-la. A solução é jogar fora o que não serve e guardar o pano novo para ser usado em outra coisa.

Para pensar:
O apóstolo Paulo declara na carta aos Romanos 6:4 que: "Fomos, pois, sepultados com ele na morte pelo batismo; para que, como Cristo foi ressuscitado dentre os mortos pela glória do Pai, assim também andemos nós em novidade de vida." O nosso alvo espiritual, quando chegamos a Cristo, não é sermos "remendados". O nosso objetivo é a morte. Somente através da morte podemos alcançar uma nova vida.

Na defesa do ministério

Então, os doze convocaram a comunidade dos discípulos e disseram: Não é razoável que nós abandonemos a palavra de Deus para servir às mesas. ATOS 6:2

16 de janeiro

Qualquer um que tenha estado no ministério sabe exatamente do que este texto fala. Quantas vezes somos obrigados a dividir nossos esforços com vários projetos ao mesmo tempo, e isto porque as exigências do trabalho são maiores do que a mão de obra disponível? Esta é uma constante realidade na congregação local e exige que o pastor seja uma pessoa de muitos talentos, sempre ocupado com uma variedade de tarefas.

Os apóstolos rapidamente se envolveram numa situação bastante parecida. As necessidades de um crescente número de pessoas que recebiam alimentos os ocuparam cada vez mais na distribuição de comida. O trabalho devia ser organizado, as dificuldades precisavam ser superadas e os novos desafios tinham de ser encarados. Eles não davam conta de tanta coisa a ser feita.

Em meio a tudo isto, entretanto, puderam parar para avaliar o que vinha acontecendo. Envolvidos num projeto por demais louvável e necessário, não estavam atendendo ao seu verdadeiro chamado, que era a dedicação à oração e à Palavra. Aos nossos ouvidos mesquinhos, o comentário dos apóstolos soa um tanto elitista. Escutei muitas vezes pessoas dizendo não querer sujar as mãos em trabalhos considerados inferiores à sua posição na congregação.

Nada pode estar mais distante da verdade. Os apóstolos não disseram que servir as mesas era trabalho pouco digno para suas habilidades. Eles reconheciam sua falha no cumprimento de sua chamada, pelo envolvimento em algo que, na essência, não lhes era atribuído realizar. Uma admirável norma de conduta se evidencia na escolha dos diáconos. Em meio à agitação do ministério, não perderam a capacidade para discernir o propósito do seu chamado principal.

O fato é que se Deus nos chamou para a execução de uma tarefa, qualquer outra atividade, por mais santa ou nobre que seja, é uma distração da nossa verdadeira vocação. No caso dos apóstolos, havia muita gente capacitada para servir as mesas. Estes poderiam atuar, quem sabe, de forma melhor e mais eficiente do que os apóstolos. A tarefa de cuidar da congregação e ensinar os princípios eternos da Palavra não poderia ser delegada a outros, pois havia sido conferida a eles. Este acontecimento revela um dos problemas frequentemente enfrentados pelo pastor. Ele se torna uma pessoa que faz de tudo, mas sem propósito. Envolver-se em muitas atividades da congregação pode resultar na perda de sentido do enfoque do ministério. Muita atividade não é, necessariamente, um sinal de que o povo está avançando rumo a um objetivo definido. Às vezes, isto acaba evidenciando que estão desorientados.

Para pensar:
Quais são os seus principais dons? Em qual ministério esses dons deveriam ser usados? Quanto tempo você dedica a esse ministério? Que medidas práticas você pode tomar para melhorar o seu rendimento?

Festa no céu

17 de janeiro

Digo-vos que, assim, haverá maior júbilo no céu por um pecador que se arrepende do que por noventa e nove justos que não necessitam de arrependimento.
LUCAS 15:7

Algum tempo atrás, falei com um pastor que tinha acabado de realizar uma campanha evangelística. As atividades foram realizadas ao longo de duas semanas cansativas, sendo que lhe coubera a maior responsabilidade nas pregações. Seu rosto transparecia o cansaço e a fadiga de alguém que era responsável por muitos detalhes comuns nesse tipo de evento. Perguntei como tinham sido os resultados. Ele falou, com um ar de desapontamento, que houvera umas 15 conversões. Claro, muitas horas de oração, grande esforço, convites distribuídos, irmãos mobilizados, cultos realizados... Os resultados, ao que parece, não corresponderam ao que tinham investido.

Como pastores, vivemos sob constante pressão, avaliando nosso êxito em termos de números. Há um movimento nas igrejas que se empenha em promover seminários, conferências, artigos e livros, para ouvir o testemunho dos "superpastores" que lideram congregações com milhares de cristãos fervorosos e dedicados. Eles são nossos modelos. Muitas são as reuniões e os encontros onde podemos ouvir sobre os segredos que produziram crescimento tão fenomenal.

O que não levamos em conta é o fato de que essas congregações fogem aos padrões da normalidade. Um renomado pesquisador afirma que 98% das igrejas existentes no mundo congregam entre 80 a 150 pessoas. Isto significa que são congregações como a sua e a minha. Nelas, o crescimento é o resultado de esforço e trabalho, sempre acompanhados de lágrimas e contratempos. Às vezes fazemos tudo o que sabemos e acabamos alcançando um crescimento lento e trabalhoso. Como é bom recordar a parábola contada por Jesus. O pastor deixou as 99 ovelhas e saiu à procura da única ovelha que se perdera. Quando a encontrou, fez uma grande festa e convidou seus vizinhos para a celebração. De igual maneira, segundo Jesus, a conversão de uma única pessoa é motivo de alegria no céu.

Por que razão ficamos impressionados só com as campanhas em que 45 mil se "convertem"? Será que precisamos voltar a ter uma perspectiva mais celestial sobre este assunto? O que quer dizer "apenas 15 pessoas se converteram"? Por esses houve festa no céu. Cada indivíduo, cada ser humano tem um valor incalculável para o nosso bom Pai celestial. Se apenas uma pessoa tivesse se convertido, Ele diria que valeu a pena.

Alegre-se, pastor! Foi-lhe concedido o privilégio de ser participante dessa grande festa no céu. Cada um que se converte é um tesouro sem igual para o Senhor. Atribua a essas pessoas o mesmo valor que Ele lhes dá. Não se prive de participar da festa só porque os números não coincidem com os valores considerados sinais do êxito. O sucesso, em termos celestiais, é uma ovelha recuperada.

Para pensar:
Sob a nossa perspectiva, João Batista não foi bem-sucedido. Ele terminou o seu ministério, praticamente sozinho. O Filho de Deus, entretanto, não hesitou em chamá-lo de o maior dos profetas. Não há dúvida de que Jesus o via com outros olhos.

O primeiro antes de tudo

Então, designou doze para estarem com ele e para os enviar a pregar e a exercer a autoridade de expelir demônios. MARCOS 3:14,15

18 de janeiro

Este versículo nos apresenta, em resumo, o método de Jesus na escolha dos 12 discípulos. O plano a ser seguido tinha três objetivos bem definidos:
1) estar com Ele 2) serem enviados a pregar, e 3) terem a autoridade sobre os doentes e os possuídos por demônios.

Existem outros textos que nos permitem modificar a sequência, sem alterar o resultado final. Este é um claro exemplo em que cada passo depende do anterior. Esta linha de ação não pode ser alterada. Poderíamos curar enfermos e expulsar demônios, mas isso teria valor insignificante se não fosse acompanhado da Palavra que tem peso eterno. Da mesma forma, seríamos capazes de acrescentar a Palavra ao nosso ministério de cura, mas se isto não estiver fundamentado numa íntima relação com o Filho, não teríamos condições de sinalizar o caminho para o conhecimento do Messias.

É aqui que, como pastores, precisamos ter muita cautela. A agitação do ministério nos leva a inverter as coisas, de sorte que somos envolvidos em tantas atividades que possuem uma aparência de devoção, mas que retiram de nós algo muito precioso — o nosso relacionamento com o Senhor.

Quando me encontro com pastores sempre busco a oportunidade para lhes perguntar como anda sua vida espiritual. É fácil dizer que, se estamos no ministério, logicamente gozamos da intimidade do grande Pastor. A verdade, infelizmente, é outra. Muitas vezes encontro pastores que perderam a paixão por Aquele a quem servem com tanta devoção.

O evangelho de Mateus nos apresenta uma cena de provocar calafrios. Alguns que pretendem justificar sua falta de relacionamento sinalizando as muitas obras que realizam, dirão no dia do juízo: "... Senhor, Senhor! Porventura, não temos nós profetizado em teu nome, e em teu nome não expelimos demônios, e em teu nome não fizemos muitos milagres? Então, lhes direi explicitamente: nunca vos conheci. Apartai-vos de mim, os que praticais a iniquidade" (Mateus 7:22,23). Observe que Jesus os chama de "praticantes da iniquidade". É uma afirmação muito forte. Não deixa dúvidas de que toda atividade sem relacionamento com o Senhor, mesmo que seja feita para Ele, é uma obra ruim.

Você perdeu o hábito de investir tempo com Ele, buscando Sua face e Sua presença? Sente-se derrotado pelas constantes exigências para fazer coisas na igreja? Seu relacionamento com o Senhor se esfriou? Por que não aproveitar este dia para colocar as coisas no lugar? Aproxime-se com confiança e renove esta comunhão que tanto lhe faz bem. O Senhor espera por você.

Para pensar:
Alguém já disse que estar ocupado com as coisas do Rei, não é desculpa para se esquecer dele. Se você está tão envolvido que não lhe sobra tempo para estar com o Pastor, então você trabalha além do que Ele espera de você!

Uma questão de ótica

19 de janeiro

Então, o Anjo do Senhor lhe apareceu e lhe disse: O Senhor é contigo, homem valente. E ele lhe disse: Ai, Senhor meu! Com que livrarei Israel? Eis que a minha família é a mais pobre em Manassés, e eu, o menor na casa de meu pai.
JUÍZES 6:12,15

Em seu encontro com o Senhor, Gideão estava profundamente desanimado. Fazia tempo que os midianitas amargavam a vida do povo de Deus. Eles saqueavam as terras dos israelitas e levavam a melhor parte das colheitas. Nesse mesmo momento, Gideão estava trabalhando para esconder o trigo.

Observe o nítido contraste entre a saudação do anjo do Senhor e a resposta de Gideão. O anjo se refere a ele como "homem valente", mas ele não acreditava que era tão corajoso. Pelo contrário, só conseguia pensar que sua família era pobre e ele era o menor de sua casa. Como Davi, ele não seria a pessoa naturalmente escolhida pela família para uma tarefa importante. Estava acostumado a não ser levado em consideração. Ponderando sobre seus recursos, exclamou com naturalidade: "…Ai, Senhor meu! Com que livrarei Israel?"

Temos aqui um dos mistérios da obra de Deus. Para alcançarmos êxito nos projetos que Ele nos apresenta, não importa como nos vemos, nem como nos sentimos. O que importa é como Deus nos vê. Sara via-se como uma idosa estéril, sem perspectiva para gerar filhos. O Senhor a via como a mãe de uma multidão. Moisés se enxergava como um gago, capaz apenas de cuidar de ovelhas. O Senhor o percebia como homem ideal para libertar o povo do jugo egípcio.

Pedro se via como um rude pescador da Galileia. Cristo conseguiu notar nele uma rocha, um líder-chave para a formação da nova Igreja. Ananias considerava Saulo um homem empenhado em mover uma violenta perseguição à Igreja. O Senhor tinha-o como um instrumento escolhido para levar o evangelho aos gentios.

Como você se vê, pastor? Um pobre, sem sorte, que tem pouco capacidade e poucos recursos? Você pensa que Deus o vê da mesma maneira? Se o anjo do Senhor lhe aparecesse hoje como você o saudaria?

Para pensar:
Considere o fato de você poder ser pobre e ter poucos recursos. Gideão era de fato membro de uma família humilde. A dificuldade não se encontra nas condições em que estamos. O problema está em crer que essas condições e circunstâncias limitam as ações e os projetos de Deus. O Senhor não percebe a nossa realidade como impedimento para os Seus planos, porque é Ele quem faz a obra por meio de nós. O anjo do Senhor disse a Gideão: "Vai nessa tua força". Ele não lhe pediu que buscasse mais recursos, nem que lançasse mão de bens que não possuía. Simplesmente queria ver sua incapacidade nas mãos do Todo-poderoso. Um servo inútil, mas disponível para Deus, será uma arma muito poderosa!

O rosto brilhante

Quando desceu Moisés do monte Sinai, tendo nas mãos as duas tábuas do Testemunho, sim, quando desceu do monte, não sabia Moisés que a pele do seu rosto resplandecia, depois de haver Deus falado com ele. ÊXODO 34:29

Aquele que passa algum tempo com Deus experimentará uma transformação. Haveria outra passagem que melhor ilustre esta verdade? A intensidade do encontro de Moisés com o Senhor foi tão grande que a pele do seu rosto brilhava. Isto nos leva à transfiguração de Cristo, quando os discípulos viram que "...as suas vestes tornaram-se resplandecentes e sobremodo brancas, como nenhum lavandeiro na terra as poderia alvejar" (Marcos 9:3). Esse brilho não era apenas o resplendor da Sua roupa, mas era o brilho provocado por algo espiritual. Quando leio este texto, sou levado a pensar: Como gostaria de vivenciar algo semelhante! Nós que andamos com Cristo almejamos ter essa experiência com o Senhor, mesmo que seja apenas um simples toque no Seu manto. Qual será a sensação ao viver algo assim? Poderemos permanecer de pé ante a visita do Senhor?

Nosso anseio em conhecer o que foi concedido a Moisés não nos permite ver um pormenor no versículo que estamos considerando. Ele não sabia que seu rosto brilhava. Nesse detalhe, entretanto, percebemos um vislumbre do mistério da transformação que acontece conosco. Essa mudança, junto às vivências espirituais que a acompanham, não é apenas para o nosso deleite; e muitas vezes nem sabemos que isto acontece em nós. O propósito disso é que os outros vejam a glória de Deus refletida em nossa vida. Não é para mostrar com orgulho a maturidade espiritual que temos.

Por este motivo, é importante que examinemos com cuidado as motivações escondidas em nossos corações. Várias vezes noto entre os pastores um velado esforço para ver quem recebe maior destaque nas reuniões e encontros com outros líderes. O apóstolo Paulo recomenda à igreja de Filipos: "Nada façais por partidarismo ou vanglória..." (Filipenses 2:3). Essa vanglória pode parecer genuína, mas na realidade de nada vale, porque são aplausos e reconhecimento dos homens sem uma palavra da aprovação que vem do nosso Pai celestial. É algo para ser esquecido.

Como líderes, devemos procurar ter uma vida de santidade e intimidade para brilharmos com a glória que vem do alto. Nossa simples presença testificará da grandeza do Deus a quem servimos. Saiba que esse brilho se dissipará ao tomar consciência da sua existência. Nosso Pai celestial sabe muito bem com que facilidade nós nos orgulhamos daquilo que, na realidade, não nos pertence. Por essa razão foi dado ao apóstolo Paulo um espinho na carne para que a glória fosse dada somente a Deus.

Para pensar:
Considere o conselho dado por um dos grandes santos do século 19: "Pense o menos possível em você mesmo. Afaste qualquer pensamento que o leve a considerar sua influência, suas realizações e o número dos que o seguem. Acima de tudo, fale o menos possível a respeito de si mesmo."

O valor da disciplina

Mas rejeita as fábulas profanas e de velhas caducas. Exercita-te, pessoalmente, na piedade. 1 TIMÓTEO 4:7

21 de janeiro

Temos o costume de falar mais e praticar menos. Cremos que falar da importância de termos uma vida de oração é a mesma coisa que orar. Que exortar e despertar os irmãos a compartilhar sua fé com os outros é o mesmo que evangelizar. Cremos que exaltar as virtudes do estudo sério da Palavra de Deus significa o mesmo que investir tempo para meditar nela. Quem está mais exposto a esse perigo que nós, os pastores, que nos dedicamos ao ensino e à proclamação das verdades eternas de Deus?

O apóstolo Paulo percebia essa fraqueza nos líderes, especialmente nos mais jovens. Por isso, anima Timóteo no sentido de que sua vida cristã não consista em palavras. Essa exortação, que parece ter sido a preocupação do apóstolo, aparece sete vezes nas duas cartas ao jovem pastor. Sua mensagem é clara: "Não se envolva com muitas palavras porque a vida espiritual não está nelas." Paulo já havia dito na sua primeira carta aos coríntios: "Porque o reino de Deus consiste não em palavra, mas em poder" (1 Coríntios 4:20).

Qual é a alternativa que ele apresenta? A disciplina.

É interessante observar que a palavra que ele usou para disciplina vem da mesma raiz do termo "ginástica". Ou seja, Paulo está recomendando a Timóteo que a pratique para se manter em forma na vida espiritual. Ele se refere à ginástica que embora não seja o exercício físico, também é proveitosa. O apóstolo fala daquela disciplina que abre a porta para maior intimidade com Deus: a adoração, a leitura, a oração, o jejum, a solitude, o silêncio etc. Muitos de nós temos uma vida disciplinada, mas nossa disciplina está mal orientada. Investimos muito tempo em atividades públicas porque são elas que nos dão maior satisfação. Essas atividades, porém, não nos predispõem a um profundo relacionamento com o Senhor. É o que fazemos a sós que faz a diferença quando estamos diante do povo.

A excelência em qualquer empreendimento tem o seu preço. O músico que pretende ser extraordinário, não pode simplesmente descansar no seu talento. Ele deve passar horas e horas praticando-o todos os dias. O esportista que almeja subir ao ponto mais alto do pódio deve dedicar-se ao treinamento longas horas a cada dia. Do mesmo modo, nós que desejamos alcançar um lugar de excelência na vida espiritual devemos estar dispostos a fazer os exercícios necessários para cultivá-lo.

Para pensar:
O autor de um dos evangelhos diz que Cristo tinha o costume de se dirigir a lugares solitários para orar. É possível dizer o mesmo a respeito da sua vida? Se tivesse que medir a paixão pela vida espiritual, qual seria a sua pontuação? Quais são as dificuldades e os obstáculos que mais interferem no seu desejo de praticar a disciplina em sua vida espiritual? Que passos concretos você pode estabelecer para crescer neste aspecto?

O processo de aprendizagem

Quando Jesus ficou só, os que estavam junto dele com os doze o interrogaram a respeito das parábolas. MARCOS 4:10

22 de janeiro

Você já observou quantas vezes essa cena se repete nos evangelhos? Jesus ensinava às multidões. Os discípulos, que também estavam entre os ouvintes, recebiam os ensinamentos do Mestre, mas nem sempre conseguiam entender o significado daquilo que tinham ouvido. Eles então, esperando o momento oportuno, pediam a Jesus um esclarecimento, uma explicação, ou lhe falavam das suas dúvidas.

Dessa cena, que se repetiu tantas vezes nos três anos em que Jesus esteve com eles, deduzimos dois importantes princípios para o líder que tem o ministério do ensino. Em primeiro lugar, você não deve aceitar que aquilo que é claro para você na argumentação e nas explicações que apresentou, também o é para os seus ouvintes. Cada pessoa analisa aquilo que ouve de acordo com a sua cultura pessoal. Por outro lado, sempre há alguma perda no processo de comunicação. Desta maneira, aquela ideia tão simples para você pode chegar de forma confusa e complexa aos que o escutam. Não pressuponha que seu ensino e sua pregação sejam claros para todos os ouvintes.

Em segundo lugar, o professor sábio entende que o ensino é um processo. A verdade vai tomando corpo naqueles que ouvem. Às vezes, a primeira reação dos ouvintes pode ser hostil, mas a Palavra vai agindo lentamente e lançando raízes naquele que a recebeu. Por este motivo, é mais correto dizer que o ensino é um processo, e não um evento. À medida que uma pessoa medita sobre as verdades que ouviu, chegará às conclusões que abrirão a porta para uma verdadeira mudança.

Entendendo esta realidade, o bom líder dará oportunidade para que os seus colaboradores mais chegados busquem esclarecimentos, façam perguntas ou simplesmente digam como foram tocados pela Palavra. Esta é uma parte fundamental no processo de aprendizagem. O líder que se contenta apenas com reuniões formais para instruir seus liderados perceberá que sua eficiência, em termos de resultados, é muito baixa. O bom professor reconhece que nos momentos informais, quando a conversa simplesmente acontece, ocorre o ensino que mais impacta a vida dos outros.

Para pensar:
Pense um momento em seu próprio estilo de ensino. Você confia demais no ensino dado com auxílio de audiovisuais? Seus colaboradores mais próximos o consideram uma pessoa acessível? O que é possível fazer para ter certeza de que as pessoas estão entendendo o que você quer lhes comunicar? Como criar momentos informais no seu ministério a exemplo do que vimos no texto de hoje?

Ensino que não é ensino

Então, falou Jesus às multidões e aos seus discípulos: Na cadeira de Moisés, se assentaram os escribas e os fariseus. Fazei e guardai, pois, tudo quanto eles vos disserem, porém não os imiteis nas suas obras; porque dizem e não fazem.
MATEUS 23:1-3

23 de janeiro

Com frequência, vemos lutas internas na congregação local entre pessoas que disputam a liderança. As acusações acontecem e cada um procura mostrar que o outro é o impostor.

Não há dúvida de que os fariseus e os escribas eram pessoas indignas de ocupar um lugar influente na sociedade judaica. Jesus não atacou sua liderança. Ele reconheceu que estavam sentados na cadeira de Moisés e, portanto, ocupavam um lugar privilegiado. Em vez de falar da posição em que se encontravam, Jesus questionou o uso que faziam dessa posição de responsabilidade.

É fato que todo mestre será julgado, quer seja ou não digno do posto que ocupa. Por esta razão, Tiago advertiu: "Meus irmãos, não vos torneis, muitos de vós, mestres, sabendo que havemos de receber maior juízo" (Tiago 3:1). A principal objeção do Filho de Deus quanto aos fariseus era o ensino contraditório, pois diziam uma coisa e faziam outra totalmente diferente.

Este é um dos problemas mais comuns vividos pelos mestres. O seu ensino é teórico e não impacta. A falta de impacto nada tem a ver com o fato de a doutrina ser errada. Muitas vezes o que essas pessoas comunicam, numa perspectiva bíblica, é detalhado e correto, porém seus ensinos não provocam mudanças nos ouvintes porque não estão respaldados numa vida que exemplifique essas verdades.

Quando Cristo terminou de pregar o Sermão do Monte, as multidões se maravilharam "…porque ele as ensinava como quem tem autoridade e não como os escribas" (Mateus 7:29). O impacto dos Seus ensinos era por não haver separação entre o que o Messias ensinava e a maneira como vivia. O Seu testemunho de vida imprimia força às Suas palavras.

Isto não quer dizer que, como mestres, devamos ser perfeitos. Estamos no processo de amadurecer e crescer à Sua imagem. Deve haver da nossa parte um sério compromisso de praticar o que pretendemos que outros pratiquem. É este comprometimento que tira a dureza dos nossos ensinamentos, pois quem procura praticar a vida espiritual constata que o processo é mais complexo do que a aparente sinceridade que os nossos ensinamentos pretendem passar. Aquele que luta para todos os dias viver o que ensina será manso e compassivo, pois entende que a vida não é tão fácil como parece ser.

Para pensar:
Em seu livro *Ensinando para transformar vidas* (Editora Betânia, 1991), o Dr. Howard Hendricks escreve: "Se você deixa de crescer hoje, deixa de ensinar amanhã. Nem a personalidade nem a metodologia podem substituir esse princípio. Você não pode ensinar a partir do vazio. Não pode compartilhar o que não possui. O ensino eficaz vem por meio de pessoas transformadas. Quanto mais transformado, mais eficaz será como mestre."

Em nome do Pai

Eu te glorifiquei na terra, consumando a obra que me confiaste para fazer.
JOÃO 17:4

24 de janeiro

Na grande oração sacerdotal do Filho de Deus encontramos uma admirável apresentação dos objetivos que haviam guiado o Seu ministério junto aos homens. Ele buscou cumprir duas tarefas. A primeira aparece no versículo do nosso devocional de hoje. A segunda, mencionada no versículo 8, foi o propósito, como Jesus disse: "...porque eu lhes tenho transmitido as palavras que me deste...".

Em muitos sentidos, este é o resumo da missão de todo pastor. Fomos chamados para formar discípulos, para capacitar os santos à obra do ministério. A grande pergunta é: como conseguimos realizar isto? O texto de hoje nos dá uma clara ideia do caminho a seguir. Devemos anunciar as palavras do Pai e ao mesmo tempo, revelar as características do Seu nome.

A proclamação das Escrituras é um dos principais enfoques de grande parte dos líderes de muitas congregações. Devemos, contudo, reconhecer que existem segmentos na igreja que carecem de ensino bíblico. No aspecto geral, o povo de Deus não irá perecer por conhecê-la superficialmente. Grande parte da nossa vida, como povo de Deus, acontece numa infinidade de reuniões onde a Verdade é comunicada, ensinada e pregada. Não obstante, muitos conhecem a Palavra, mas desconhecem o Deus da Palavra.

Observemos que Cristo combinou o ensino das Escrituras com a revelação do nome do Pai. O que isto quer dizer? Simplesmente que Cristo não só entregou os preceitos contidos na eterna Palavra de Deus, como também trouxe a revelação sobre o coração do seu Autor.

Não podemos deixar de enfatizar a importância deste segundo aspecto. A Palavra, quando pregada sem que Deus revele o Seu coração, leva a um legalismo pesado e sufocante. São muitas as exortações contidas nas Escrituras, e quem as lê sem conhecer o Pai, pode deduzir que Deus não passa de um tirano.

Por esta razão, Cristo se preocupou em revelar o coração pastoral do Deus da Palavra aos Seus seguidores. É quando percebemos a compaixão e o desejo do Pai de nos fazer bem, que começamos a ver a Bíblia com outros olhos. Já não são mais as exigências de um Deus excessivamente severo, mas, sim, as ternas instruções de um Pai que anela profundamente conceder boas coisas aos Seus filhos. Quando o povo conhece primeiramente a bondade de Deus, é mais fácil obedecê-lo.

Para pensar:
Você não anuncia o nome de Deus acrescentando mais ensino a respeito deste tema. O nome do Pai é desvendado quando o povo percebe que você o conhece intimamente. A revelação do nome de Deus é algo bem recebido. Ela tem a ver com uma realidade espiritual que aparece quando se entrega a Palavra de Deus. Se você não está experimentando diariamente as graças do nosso bom Pai celestial, por mais que fale desse assunto, não poderá transmitir o nome de Deus. Não perca a oportunidade hoje para se deleitar com o Senhor.

Um homem como nós

25 de janeiro

Elias era homem semelhante a nós, sujeito aos mesmos sentimentos, e orou, com instância, para que não chovesse sobre a terra, e, por três anos e seis meses, não choveu. E orou, de novo, e o céu deu chuva, e a terra fez germinar seus frutos.
TIAGO 5:17,18

Tive a oportunidade de participar da primeiro Conferência Missionária Ibero-americana (COMIBAM) em São Paulo, no ano de 1987. O "prato principal" do encontro, como nos haviam informado, seria a chegada no último dia, de um famoso evangelista. Quando ele subiu à plataforma, centenas de pessoas se agruparam perto do púlpito para tirar fotos. Alguns tiveram a ousadia de subir à plataforma para fotografá-lo. A desordem era tamanha que o pobre homem interrompeu a reunião para pedir que não o fotografassem mais.

Aquela experiência me levou a pensar no culto às celebridades como parte integrante da nossa cultura evangélica. Desde aquele encontro, tenho visto seguidamente a mesma reação em nosso povo. Existe em nós uma tendência de elevar os líderes mais conhecidos a uma posição privilegiada e de admiração, o que não é bom nem para eles nem para nós.

Por que esse esforço para estar perto deles, de poder cumprimentar ou tocá-los? No fundo, suponho que acreditamos que a grandeza dos seus ministérios é consequência direta da classe de pessoas que são. Olhamos com admiração seus ministérios e sua trajetória porque sentimos que são pessoas de outra categoria, com qualidades e características que não possuímos.

Tiago nos alerta a sermos mais ousados em oração. Para isto, ele nos dá o profeta Elias como exemplo. Ele orou, e deixou de chover; orou de novo, e voltou a chover. Não sei qual é a sua reação diante deste relato, mas suspeito que a maioria de nós diria: "Eu jamais poderia fazer isto."

Este é exatamente o argumento refutado pelo autor da epístola. Ele disse que Elias era um homem igual a nós. Não tinha nada de especial. Ele se deprimia como nós. Irritava-se como nós. Às vezes lhe faltava fé como acontece conosco. Entretanto, ele orou e Deus respondeu. O que Tiago quis dizer? A grandeza de Elias não se fundamentava naquilo que ele era, mas no Deus em quem havia crido. A grandeza não era dele; era do Senhor. Por este motivo, nenhum cristão deve sentir-se intimidado por esse exemplo de vida, pois o mesmo Deus que agia em Elias também age em nossa vida e ministério.

Para pensar:
Como líder, agradeça a Deus pelo exemplo deixado por pessoas que têm projeção internacional no mundo evangélico. Dê graças a Deus por suas vidas e ministérios, mas não se sinta intimidado pelo que elas são. A glória não vem delas. É o Senhor que atua na vida desses servos. É esse mesmo Senhor que também realiza a obra em sua vida e no seu ministério. Segure firmemente a mão do Senhor e ouse crer que Ele também pode fazer grandes coisas em você.

Ajuda para o fraco

Atam fardos pesados [e difíceis de carregar] e os põem sobre os ombros dos homens; entretanto, eles mesmos nem com o dedo querem movê-los. MATEUS 23:4

26 de janeiro

O conhecido pensador cristão Francis Schaeffer afirmou certa vez: "A ortodoxia bíblica sem compaixão é uma das coisas mais desagradáveis praticadas sobre a face da terra." Alguns comentaristas afirmam que os fariseus tinham uma lista de 630 regras para uma vida agradável a Deus. O peso de tal quantidade de leis, longe de despertar o povo a buscar a presença de Deus, havia levado a maioria das pessoas a sentir que a vida espiritual era destinada a um pequeno grupo de indivíduos.

O principal problema dos fariseus não estava na quantidade de regulamentos, embora estes trouxessem dificuldades para as pessoas dispostas a cultivar a vida espiritual. A essência do problema era o estilo que tinha adotado para ensinar esses preceitos ao povo. Eles entendiam que a sua principal responsabilidade era dizer-lhe o que era necessário fazer.

Quantos pastores ministram com a mesma convicção! Quantos de nós insistimos com o povo que faça isto, aquilo ou aquilo outro. Os nossos ensinamentos e pregações são uma interminável série de exortações sobre obrigações a cumprir em diversas áreas. Em tais circunstâncias, não é surpresa ver que o povo sente-se angustiado e frustrado.

A verdade é que a maioria dos que compõe a igreja reconhece suas responsabilidades. Onde está o cristão que, depois de anos assistindo a reuniões, não se conscientizou de que deve amar o próximo, ler a Palavra de Deus, compartilhar sua fé ou dedicar mais tempo à oração? Quem de nós encontra alguma novidade na pregação que nos exorta a sermos generosos no culto, na adoração ou na contribuição?

O erro nesta visão é acreditar que o povo se desperta simplesmente com exortações. O excesso delas acaba atando pesados fardos nos ombros de nossa gente. A responsabilidade de todo pastor não é unicamente exortar. Devemos também estar dispostos a acompanhar o povo no propósito de praticar o que temos sugerido fazer.

O bom pastor exorta, mas também se coloca ao lado da sua gente e ajuda-os a viver de acordo com a verdade. Foi o que o nosso próprio pastor, Jesus Cristo, fez. Ele instou os discípulos a praticar certas verdades, mas também se colocou ao lado deles e lhes demonstrou como fazê-lo. Quando voltou ao Pai, enviou o Espírito Santo para continuar essa tarefa. O seu nome, Paracleto, indica que veio para se colocar ao lado deles para ajudá-los na sua fraqueza.

Isto marca a diferença entre um pastor de púlpito e um pastor que tem cheiro de ovelha. O primeiro, somente exorta. As pessoas que estão com eles se sentem frustradas porque necessitam de alguém que lhes mostre o caminho a seguir. O segundo, investe tempo acompanhando, mostrando e corrigindo o povo para que este aprenda a caminhar com o Rei.

Para pensar:
Quais são as pessoas que mais o ajudam em sua peregrinação com Cristo? Como eles agiram? É possível conseguir um bom equilíbrio entre o tempo investido em exortar e o tempo usado em ajudar? Quais fatores o impedem de alcançar esse equilíbrio?

Deixe-se pastorear!

O Senhor é o meu pastor; nada me faltará. Ele me faz repousar em pastos verdejantes. Leva-me para junto das águas de descanso. SALMO 23:1,2

Quanta beleza captada nesta imortal poesia do rei pastor, Davi! Refúgio de muitas gerações, este salmo revela, como nenhum outro, os aspectos mais íntimos do coração pastoral do nosso Pai celestial.

Observemos por um momento a voz em que aparecem a maioria dos verbos: nada me faltará, ele me faz repousar em pastos verdejantes, leva-me para junto das águas de descanso, refrigera a minha alma, guia-me pelas veredas da justiça, o teu bordão e o teu cajado me consolam, preparas-me uma mesa na presença dos meus adversários, unges-me a cabeça com óleo. Sem ser um especialista nas estruturas gramaticais do idioma, salta aos olhos que todos os verbos têm uma construção idêntica. Estão em voz passiva. Em cada verbo a ovelha é a receptora e não a geradora da ação. Ela recebe algo da parte do pastor: provisão, descanso, direção, restauração, orientação, alento, serviço, unção.

Devemos perceber que essas coisas são o resultado da ação do pastor, e não da ovelha. Ele as ama, deseja o melhor para elas e age permanentemente para que recebam o que considera indispensável para o seu bem-estar. É uma relação de dimensões muito simples: elas recebem e Ele dá.

Por que nos detemos neste pormenor? Pela simples razão de que há no rebanho muitos que pensam ser sua responsabilidade produzir essas ações. Elas estão procurando o refrigério e buscando pastos verdejantes. A responsabilidade da ovelha, entretanto, é apenas uma: deixar-se pastorear. O pastor se ocupa do restante. Só se requer que a ovelha esteja disposta a ser guiada, restaurada, animada etc.

Este é o princípio que Norman Grubb, um dos grandes heróis da obra missionária, afirma ser um fato fundamental da vida espiritual: "Deus sempre age segundo a Sua eterna natureza e o homem, conforme a sua própria. Em ambas não existe variação." Deus sempre é aquele que provê, e o homem, aquele que recebe. Quando nos esquecemos deste princípio, perdemos de vista a natureza de nossa condição de absoluta dependência que é indispensável para uma vida vitoriosa.

Como é difícil para nós, pastores, tirarmos nossa capa de pastor e nos colocarmos na posição de ovelhas. Estamos acostumados a pastorear, e não a sermos pastoreados. Se não nos permitirmos ser pastoreados, nunca poderemos ser eficazes como pastores.

Para pensar:

Você deseja ser pastoreado? Ou é muito arisco? No meio das pressões ministeriais, porventura não é agradável ser conduzido a "pastos verdejantes" e a "águas de descanso"? Claro que sim! Então, por que não achar tempo para colocar cada coisa em seu lugar? Sem dúvida, você é pastor, mas antes de tudo é ovelha. Como tal, você precisa ser pastoreado. Abra o seu coração ao carinhoso cuidado do grande Pastor de Israel.

Eu serei contigo

Ainda que eu ande pelo vale da sombra da morte, não temerei mal nenhum, porque tu estás comigo; o teu bordão e o teu cajado me consolam. SALMO 23:4

28 de janeiro

Perceba a razão da confiança do salmista. Não é a esperança de que as circunstâncias mudem, nem tampouco a ideia de ter uma vida sem complicações ou dificuldades. Ao contrário, ele admite a possibilidade de caminhar pelo vale da sombra da morte. A firmeza de sua postura se baseia na certeza de o Senhor estar com ele nas piores situações.

Você já parou para refletir nas vezes em que o Senhor disse: "Eu serei contigo"? Todos os textos em que esta frase aparece têm algo em comum. Eles descrevem um momento de temor no protagonista dos acontecimentos. Jacó, por exemplo, estava com medo de voltar à sua casa porque tinha sido ameaçado de morte pelo irmão Esaú. O Senhor o visitou e lhe disse: "...eu serei contigo" (Gênesis 31:3). Moisés ao ser chamado a voltar para o Egito julgava que Faraó queria acabar com ele. O Senhor lhe assegurou: "Eu serei contigo" (Êxodo 3:12). Josué se encontrava atemorizado ante a gigantesca missão de conduzir o povo na conquista da Terra Prometida. O Senhor lhe falou, dizendo: "...Sê forte e corajoso; não temas, nem te espantes, porque o SENHOR, teu Deus, é contigo por onde quer que andares" (Josué 1:9). Quando o anjo do Senhor chamou Gideão para libertar Israel da opressão midianita, ele se julgou incapaz para tão grande tarefa, mas o Senhor lhe disse: "...estou contigo..." (Juízes 6:16). O jovem profeta Jeremias reconheceu sua inutilidade para transmitir a Palavra de Deus ao povo porque muitos estariam contra ele. O Senhor lhe garantiu: "Pelejarão contra ti, mas não prevalecerão; porque eu sou contigo..." (Jeremias 1:19). Até o corajoso apóstolo Paulo teve receio da oposição dos judeus em Corinto. Por meio de uma visão à noite, o Senhor lhe disse: "...Não temas; pelo contrário, fala e não te cales; porquanto eu estou contigo..." (Atos 18:9,10).

Vivemos tempos difíceis na América Latina. A frágil estabilidade econômica conquistada por alguns países se desvanece como a neblina pela manhã. Em muitos países desta região, os índices de desemprego aumentam a cada dia. E como se fosse pouco, vivemos num clima de crescente violência, em que nos sentimos mais desprotegidos e vulneráveis. Em resumo, são tempos de aflição.

Que maravilhoso então é recordar desta afirmação confiante do salmista: "Ainda que eu ande pelo vale da sombra da morte [...] tu estás comigo...". Este tempo de crise é uma excelente oportunidade para nós, que desejamos cultivar uma vida de maior dependência no Senhor.

Para pensar:
Não existe momento mais oportuno do que este para segurarmos firmemente a mão de Deus e dizer a Ele como Moisés: "...Se a tua presença não vai comigo, não nos faças subir deste lugar" (Êxodo 33:15). Muitas vezes não sentimos a Sua presença nem o vemos, mas Ele está conosco. Prossigamos firmes sem temor algum!

Ouvir com discernimento

O que começa o pleito parece justo, até que vem o outro e o examina.
PROVÉRBIOS 18:17

29 de janeiro

Uma de nossas responsabilidades, no ministério, é receber e ouvir os que estão ao nosso redor. Não são poucas as vezes que alguns chegam para resolver questões com outras pessoas. O líder sábio deve se portar com cuidado nesses assuntos, já que deseja acompanhar a pessoa espiritualmente.

É evidente que cada indivíduo que contar um fato, o fará do seu ponto de vista. Mas com frequência encontraremos pessoas com habilidade pouco comum em elaborar um quadro que aponte a culpa para outra pessoa. As suas palavras são persuasivas, seus argumentos convincentes e suas atitudes parecem demonstrar ser guiada pelo Espírito Santo. Sem perceber, descobrimos que concordamos com a opinião daquele que nos fala. Nossos comentários começam a revelar que já concluímos sobre quem tem a culpa pela situação em questão: a pessoa que não está presente.

O autor do livro de Provérbios nos mostra o perigo de formarmos rapidamente nossa opinião sobre o que nos é apresentado. Todos têm a capacidade de descrever situações em que sua posição se mostra justa e razoável.

O líder sábio compreende que, mesmo nas piores situações, há duas partes envolvidas. Além de buscarmos o discernimento que o Senhor concede, somos obrigados a examinar a questão por outros ângulos, inclusive o da pessoa ausente nesse momento. Aquele que foi consultado deve entender que só pode lidar com a pessoa à sua frente. Ele precisa conduzir a conversa de modo afetuoso para poder avaliar as atitudes e o comportamento de quem está falando. Podemos até concordar que a pessoa ausente tenha agido mal, entretanto, nessa altura não temos acesso a ela. Nossa tarefa consiste em ajudar a pessoa que nos fala, conduzindo-a segundo os parâmetros eternos da Palavra. Esta é a nossa responsabilidade.

Por outro lado, se já temos uma opinião formada sobre o "pecado" da outra pessoa, será muito difícil ajudar, pois as nossas conclusões se evidenciam nas atitudes e nas palavras que usamos no encontro. Ninguém deve ser julgado por aquilo que outra pessoa fala dele. Cada um seja ouvido e examinado com a maior imparcialidade possível. Só assim poderemos ser instrumentos eficazes para ajudar na solução de conflitos.

Para pensar:
Os evangelhos mostram várias ocasiões em que Jesus foi chamado para resolver questões, como por exemplo: Lucas 10:40; 12:13 e Mateus 20:20. Leia estes textos e reflita: Qual era a reclamação de cada pessoa? Que solução o Messias apresentou? Como essa solução se encaixou com o que os questionadores pretendiam? Que lição espiritual pode ser tirada destes episódios?

Palavras de ânimo

Visto que foste precioso aos meus olhos, digno de honra, e eu te amei, darei homens por ti e os povos, pela tua vida. ISAÍAS 43:4

30 de janeiro

Henri Nouwen, renomado autor de mais de 20 livros sobre diversos aspectos da vida espiritual, fala muito sobre o fato do que significa para nós termos crescido numa sociedade difamadora. Desde pequeno, foi-nos dito que o nosso valor como pessoa é relativo. Não valemos pelo que somos, mas pelo que fazemos, pelo que conseguimos realizar, ou pelo que possuímos. Os devastadores efeitos de tal herança fragilizam a nossa autoestima e nos tornam vulneráveis diante de qualquer experiência negativa.

Ao conhecer Cristo, deveríamos vivenciar profundas mudanças nessa triste condição humana, reconhecendo que somos valorizados por um Deus eterno. A verdade, entretanto, é outra. Muitas vezes, as nossas igrejas conservam a ideia de que valemos pelo que fazemos. A diferença é que agora, a nossa ação se volta para inúmeras atividades na congregação local. Na essência, a mensagem é a mesma.

Como pastores, temos a importante missão de restaurar os que se achegam, quebrantados e fatigados, de um mundo decaído. Somos chamados a curar o doente, ligar o quebrantado e fortalecer o fraco (Ezequiel 34:4). Nossas comunidades deveriam ter um caráter terapêutico, onde todos os aflitos e feridos pudessem ser restaurados à imagem do Deus que os criou.

Para que isto aconteça, é necessário, em primeiro lugar, que estejamos desfrutando da bênção de sermos filhos muito amados do Altíssimo. O nosso espírito precisa do testemunho do Espírito de Deus que afirma sermos parte da Sua família (Romanos 8:16), e como tal, usufruímos dos privilégios e das riquezas que outros não possuem. Nosso valor não está naquilo que fazemos, mas sim, em nossa condição espiritual garantida para sempre pelo sacrifício de Cristo.

Somente quando estamos firmes em nossa posição de filhos amados é que poderemos abençoar a vida de outras pessoas. Este é um dos nossos privilégios mais preciosos como sacerdotes do Altíssimo. Nouwen nos adverte que "a bênção só pode ser dada por aqueles que a tenham experimentado em suas vidas". Quando ouvimos, repetidamente, essa voz que nos declara "benditos", recebemos também palavras com as quais podemos abençoar aos outros e revelar-lhes que não são menos abençoados do que nós.

Que precioso ministério! Quebrar o costume que o mundo tem de maldizer e começar a usar palavras que abençoam e edificam. Ser os instrumentos do Pai para restaurar o que o inimigo pretendia destruir. Fomos chamados para ministrar vida àqueles que se encontram ao nosso redor. Tal ministério só é possível se usufruirmos da vida que Ele nos oferece.

Oração:
Senhor, preciso que todos os dias me fales o quanto me amas. Sou muito vulnerável a palavras que ferem e machucam. Fortalece o meu espírito com esse bendito testemunho de que sou Teu filho amado. Usa-me também para falar essas mesmas palavras a outras pessoas. Amém.

A medida da nossa força

Se te mostras fraco no dia da angústia, a tua força é pequena. PROVÉRBIOS 24:10

31 de janeiro

A situação de crise que a nossa cultura hedonista procura evitar, tem grande valor àquele que deseja crescer em sua vida espiritual. Ela nos permite fazer um verdadeiro inventário de nossas reservas espirituais.

Sentimo-nos fortes em nosso mundo interior quando a vida vai bem. Nesses momentos, confessamos a lealdade ao Senhor e renovamos o nosso compromisso de viver em conformidade com a Sua Palavra. Entretanto, quando a tempestade chega, a devoção e o nosso compromisso esfriam. Em seu lugar fica a pergunta muito presente na boca de cristãos em momentos de dificuldade: "Por que isto aconteceu comigo?".

Para a pessoa desejosa de ver uma transformação em sua vida, é indispensável que tome consciência das áreas que precisam ser trabalhadas pelo Senhor. Embora não estejamos em situações que coloquem nossa vida em risco, é possível que tenhamos uma ideia errada da nossa verdadeira condição espiritual. Não somente nos convenceremos da existência de realidades que não são, como também deixaremos de conhecer a verdadeira natureza das nossas fraquezas. A crise elimina a falsa ideia que temos sobre as nossas percepções. Vivenciamos a oportunidade de nos ver tal como somos. Nossas imperfeições, pouca maturidade, falta de santidade, tudo isto acabará vindo à luz.

Para poder entender este princípio, pense por um momento no apóstolo Pedro. Na Última Ceia, profundamente tocado pelas fortes emoções daquele momento, afirmou ousadamente que daria a vida por Cristo. Ele não tinha dúvidas quanto à sua devoção, nem de seu compromisso. Ao chegar o momento de ser testado, não conseguiu sequer confessar a lealdade ao Messias.

Qual Pedro tinha maior potencial para realizar a obra? O primeiro ou o segundo? O Pedro derrotado tinha aprendido uma valiosíssima lição. Ele não podia confiar no seu próprio entendimento e nem na avaliação da sua paixão espiritual.

Como líderes, esta verdade deixa-nos duas importantes lições. Primeiro, devemos ser cautelosos com aquilo que declaramos em tempos de fartura e de bênção. É fácil nos sentirmos invencíveis quando tudo está a nosso favor. Segundo, devemos valorizar as situações de crise em nossas vidas. Ninguém gosta de passar por elas, mas que bom fruto produz em nós quando decidimos enfrentá-las!

Para pensar:
Medite na seguinte observação do conhecido conselheiro cristão, Larry Crabb: "A nossa teologia só tem valor quando sobrevive aos embates da dor. Ela nos leva por meio do sofrimento a uma experiência mais profunda com Cristo e, portanto, à esperança, ao amor e à alegria."

Um profeta sem igual

E eu vos digo: entre os nascidos de mulher, ninguém é maior do que João; mas o menor no reino de Deus é maior do que ele. LUCAS 7:28

1 de fevereiro

Consideremos por um momento este elogio que Cristo fez. Escolhido dentre todos os profetas, o Filho de Deus afirmou ser João Batista o maior deles. Tenhamos em conta que o filho de Zacarias não estava sendo comparado a outros de pouca importância. Israel tinha uma rica história de ministérios proféticos, embora muitas vezes não tenham sido devidamente reconhecidos. A lista de homens notáveis incluía Moisés, Isaías, Amós e Jeremias, os quais produziram forte impacto na vida e na história da nação.

Pense na trajetória de João Batista. Ele foi separado antes do nascimento para uma tarefa muito especial. Trinta anos de sua vida foram passados no anonimato. Só ouvimos dele quando apareceu às margens do rio Jordão, quando chegava do deserto. É possível que tenha crescido e sido educado numa das comunidades existentes na região. O certo é que era completamente desconhecido.

A partir desse momento, sua trajetória foi meteórica. Em pouco tempo multidões o acompanhavam. Pessoas de grande projeção no contexto religioso vinham de longe para questionar sua vida e suas pregações. Ele formou um grupo de discípulos.

O ponto culminante do seu trabalho foi a chegada do Messias, que também se juntou às multidões que eram batizadas. Com o início da atividade pública do Messias, a tarefa de João Batista terminou. Pouco tempo depois, foi preso, e, em seguida, decapitado por Herodes. O seu ministério durou apenas seis meses.

Como, então, é possível dizer que ele foi o maior dentre os profetas? O ministério de Isaías e Jeremias se estendeu ao longo de 40 anos. Em comparação, o que João Batista fez foi insignificante.

É justamente neste conceito que vemos evidenciado o conceito que prevalece entre nós. Na cultura evangélica, a grandeza de um ministério se baseia em seu tamanho. No reino de Deus, porém, tal grandeza não se mede em números, mas em termos de fidelidade. Isto consiste em fazer unicamente aquilo para o que alguém tenha sido chamado para executar. Ninguém demonstrou entender melhor esta verdade do que João Batista, ao explicar aos seus discípulos, dizendo "Convém que ele cresça e que eu diminua" (João 3:30).

Para pensar:
Entre nós isto é um tremendo desperdício de recursos. Preparar um homem durante 30 anos para um ministério de apenas meses. Nos sentimos mais à vontade num modelo que prepara um obreiro em seis meses para um ministério de 30 anos.

Que importante lição para nós deixada pelo filho de Zacarias! Um homem preparado por Deus para ministrar no momento certo pode conseguir muito mais em seis meses do que um ministro bem intencionado numa trajetória de 60 anos. Procuremos, pois, trabalhar nas obras que Deus de antemão preparou para andarmos nelas (Efésios 2:10).

Orar pelos nossos

Saúda-vos Epafras, que é dentre vós, servo de Cristo Jesus, o qual se esforça sobremaneira, continuamente, por vós nas orações, para que vos conserveis perfeitos e plenamente convictos em toda a vontade de Deus. COLOSSENSES 4:12

2 de fevereiro

Temos poucas informações sobre Epafras. Muitos comentaristas acreditam que ele foi uma das pessoas-chave no início da igreja em Colossos, além de ser companheiro de Paulo na prisão. A verdade é que ele se perde entre os milhares de heróis anônimos que fizeram parte da expansão da igreja no primeiro século.

O nosso versículo de hoje nos permite ver de a qual classe de pessoas Epafras pertencia: um homem de oração, que sabia ser possível influenciar vidas à distância por meio de súplicas e petições. De acordo com o testemunho de Paulo, a intercessão de Epafras era realizada com intensidade e fervor, pouco comum entre aqueles que o serviam.

Era um homem que mostrava ter grande discernimento a respeito da igreja. Suas orações não se limitavam a pedidos ligados a assuntos do dia a dia, coisas que tanto nos ocupam. Epafras rogava que se cumprisse neles aquela condição geradora de resultados eternos; que pudessem estar firmes, perfeitos e completamente seguros de toda a vontade de Deus.

Sem dúvida, Epafras nada mais fazia do que imitar o que tinha visto em Paulo. Quase todas as epístolas informam que o apóstolo orava com frequência pelas igrejas que fundara ou visitara. Em Romanos, testifica: "…incessantemente faço menção de vós em todas as minhas orações…" (1:9,10). Na epístola de 1 Coríntios, Paulo declara: "Sempre dou graças a [meu] Deus a vosso respeito…" (1:4). Em Efésios 1:16, ele diz: "não cesso de dar graças por vós, fazendo menção de vós nas minhas orações". Na carta aos Filipenses, começa assim: "Dou graças ao meu Deus por tudo que recordo de vós, fazendo sempre, com alegria, súplicas por todos vós, em todas as minhas orações" (1:3,4). Aos colossenses, diz: "…não cessamos de orar por vós…" (1:9). Aos cristãos de Tessalônica lembra: "Damos, sempre, graças a Deus por todos vós, mencionando-vos em nossas orações" (1 Tessalonicenses 1:2).

Esses servos de Deus entendiam a oração como uma das armas mais eficazes à disposição do pastor. Por seu intermédio, podemos tocar vidas que não conseguiríamos de outra forma. Suponho que muitos de nós consideramos as reuniões, a visitação e o aconselhamento como o verdadeiro trabalho do ministério. Richard Foster, em seu livro *Oração: o refúgio da alma* (Editora Vida, 2011) nos faz lembrar que "se realmente amamos as pessoas, desejamos para elas muito mais do que temos para lhes dar, e isto nos levará a orar. Interceder é uma forma de amar os outros."

Para pensar:
É possível dizer que você é alguém que se "esforça intensamente" em favor dos seus em suas orações? O que o impede de passar mais tempo orando por seu povo? Como crescer nesta área, em seu ministério?

O trabalho que não é

Vendo, pois, o sogro de Moisés tudo o que ele fazia ao povo, disse: Que é isto que fazes ao povo? Por que te assentas só, e todo o povo está em pé diante de ti, desde a manhã até ao pôr do sol? Respondeu Moisés a seu sogro: É porque o povo me vem a mim para consultar a Deus. ÊXODO 18:14,15

Moisés estava tão envolvido em seu agitado ministério que perdeu a capacidade de perceber o desequilíbrio que estava acontecendo. Desde o alvorecer até o fim do dia, uma verdadeira multidão o procurava para buscar solução aos problemas que lhe eram apresentados. Jetro percebeu insensatez nessa forma de trabalhar e questionou o seu genro.

A resposta de Moisés se parece com aquela que tantas vezes tenho escutado de vários pastores: "Por mim, eu trabalharia de outra maneira, mas as pessoas me buscam e tenho de atendê-las." Em outras palavras, as exigências das pessoas ao nosso redor é que determinam nossas prioridades. Em vez de conduzirmos o ministério, descobrimos que estamos sendo condicionados pelas pessoas, com sua interminável lista de assuntos a exigir nosso tempo e atenção.

Esta situação é claramente identificada por Gordon MacDonald em seu excelente livro *Ponha ordem no seu mundo interior* (Editora Betânia, 1988). Modificando, com senso de humor, uma famosa declaração espiritual, este autor declara: "Deus o ama e todo mundo tem um maravilhoso plano para a sua vida!" O fato é que, se o pastor não tem prioridades e metas claras em sua vida, a congregação imporá as suas. Isto lhe tirará a liberdade de se dedicar àquilo que ele precisa fazer, pois as exigências das pessoas são interminá veis. Como nunca termina de atendê-las, jamais terá tempo para se dedicar às tarefas para as quais foi chamado. Este foi o mesmo problema enfrentado pelos apóstolos no livro de Atos 6. A necessidade de distribuir alimentos às viúvas os distraía da sua principal missão, que era a dedicação à oração e à Palavra.

O pastor sábio compreenderá que precisa fixar prioridades ministeriais claras para a sua vida. Uma vez que as tenha estabelecido, poderá organizar bem as suas atividades. Quando isto acontece, a congregação percebe que existe um senso de direção a ser seguido. Além disso, o pastor terá tempo para ser dedicar aos assuntos que são realmente importantes, como a formação de novos obreiros. Isto tornará possível a divisão de tarefas no atendimento às pessoas. Dessa maneira, ele conseguirá evitar que suas prioridades fiquem à mercê de qualquer um em necessidade.

Para pensar:
Quais são as tarefas para as quais Deus o chamou de forma específica? Quanto do seu tempo você está investindo nessas prioridades? Quais são as evidências que o alertam sobre o seu distanciamento delas? Que passos você pode dar para ter o seu ministério cada vez mais alinhado ao seu chamado?

Seguros em Sua misericórdia

Pois ele diz a Moisés: Terei misericórdia de quem me aprouver ter misericórdia e compadecer-me-ei de quem me aprouver ter compaixão. Assim, pois, não depende de quem quer ou de quem corre, mas de usar Deus a sua misericórdia.
ROMANOS 9:15,16

4 de fevereiro

Um dos elementos mais atrativos em todas as religiões, sem exceção, é a possibilidade de se exercer controle sobre as ações de Deus. Quer dizer, por meio de uma série de sacrifícios, posso garantir a Sua resposta e me assegurar de que os meus esforços terão a devida recompensa. O grau de sacrifício varia de uma religião para outra, mas todas dão a entender que as nossas ações podem controlar as divindades.

Esta ideia, para dizer a verdade, é uma reação ao conceito de Ele ser absolutamente soberano nos assuntos relacionados às nossas vidas. Observemos, por exemplo, a inquietação dos israelitas quando Moisés demorou a descer do monte (Êxodo 32). Como sempre, o fator tempo é um dos que mais nos perturbam. O povo se aproximou de Arão e lhe pediu: "...Faze-nos deuses que vão adiante de nós...". Em outras palavras, "queremos um deus que nos faça as coisas como nós desejamos".

Sem percebermos, este pensamento pode adentrar as nossas igrejas. Um simples exemplo nos serve de ilustração: encontramos cristãos desejosos de conseguir algo especial de Deus, mas demoram a pedir, porque sua vida pessoal precisa primeiro ser colocada em ordem. Procuram, assim, comportar-se bem por um tempo para que, ao apresentarem sua petição, Deus os escute satisfeito.

O versículo de hoje nos faz lembrar, em termos que nos incomodam, o fato de ser Deus absolutamente soberano. Sem rodeios, Paulo declara: "...Assim, pois, não depende de quem quer ou de quem corre, mas de usar Deus a sua misericórdia". Isto nos incomoda porque vivemos num mundo onde, desde pequenos, fomos ensinados que a única maneira de triunfar na vida é controlando os que estão ao nosso redor. Nosso Deus, entretanto, foge a esse sistema perverso. Ele se encontra além das nossas manipulações.

Quem, então, nos sustenta em nossa vida espiritual? É algo muito maior do que nossa débil possibilidade de conseguir resultados através de um sistema de troca de favores. O coração é confortado pela certeza de Ele ser o nosso Pai celestial e desejar sempre o melhor para Seus filhos. Estamos seguros do Seu amor, pois é incondicional. Quem o conhece sabe que está sempre agindo para o nosso bem. Esta é a verdade que Cristo quis realçar quando disse aos Seus discípulos: "Ora, se vós, que sois maus, sabeis dar boas dádivas aos vossos filhos, quanto mais vosso Pai, que está nos céus, dará boas coisas aos que lhe pedirem?" (Mateus 7:11).

Para pensar:

Medite na maravilhosa verdade contida nas palavras de Matthew Henry: "Todas as razões pela qual Deus é misericordioso têm a ver com o que Ele é, e não, com o que nós somos." Não existe outra opção senão nos prostrarmos aos Seus pés. Confie nele! Você está em boas mãos!

Orar com visão

5 de fevereiro

Simão, Simão, eis que Satanás vos reclamou para vos peneirar como trigo! Eu, porém, roguei por ti, para que a tua fé não desfaleça; tu, pois, quando te converteres, fortalece os teus irmãos. LUCAS 22:31,32

Esta declaração de Jesus a Pedro, ao revelar o nível de compromisso e discernimento do Filho de Deus, mostra a profundidade espiritual da Sua passagem por este mundo. Suas palavras contêm pelo menos quatro princípios para os nossos ministérios.

Primeiramente, vemos que Jesus Cristo assumiu um sério compromisso com os Seus discípulos. Isto se traduziu num forte empenho para apoiar suas vidas e lançar mão de todos os recursos para cumprir neles a vontade de Deus. Jesus era alguém que tinha o Seu grupo no coração, em todo tempo e por onde andava.

Na sequência, a iminente provação pela qual o discípulo iria passar moveu Cristo a interceder por ele. Muitas vezes, as dificuldades nos levam a comentar sobre as provações com os outros, a lamentar como a vida é dura, ou como a situação é difícil. Sem percebermos, estamos entrando num estado de desânimo e derrota. Cristo fez o melhor; rogou pela vida do Seu discípulo.

Vemos também, vemos que Cristo não orou para que Pedro ficasse livre da provação. A cultura ocidental, que persegue uma vida cômoda e sem sobressaltos, nos afeta tanto a ponto de nossas orações nada mais serem do que pedidos a Deus para ajustar as circunstâncias a nosso bel-prazer. Desejamos evitar as dificuldades e as provações comuns aos seres humanos. O Messias não orou para que assim acontecesse. Ele pediu para que Pedro saísse ileso da provação, que passasse pela prova firmado na fé, sem a qual é impossível agradar a Deus.

E por fim, Cristo se dirigiu a Pedro e o fez lembrar o propósito da sua vida: fortalecer os seus irmãos". Quando passamos por uma provação muito penosa, paramos e especulamos sobre o que nos foi dado. Como resultado, deixamos de avançar rumo às metas de Deus para nós. Cristo lembrou a Pedro que do outro lado da provação existia um chamado a ser cumprido uma vez que ela fosse vencida. Nesta exortação, vemos o Mestre dar uma correta perspectiva de tudo e transmitir um voto de confiança. Ele acreditava que Pedro venceria e o animou a seguir em frente.

Para pensar:

A grande missionária na Índia, Amy Carmichael, nos últimos 20 anos de sua vida sofria com a invalidez, mas alcançou milhares de pessoas por meio da oração. Um comentarista falou sobre o que ela cria: "Antes da oração de intercessão, precisamos descobrir, pela fé, qual é a vontade de Deus. Para isto é indispensável um coração que escuta e responde, formado no caminho da obediência. As deduções e as suposições não servem. Somente poderemos orar com eficácia quando Ele nos revelar Sua vontade. Nossa oração será, então, a oração de Deus em nós."

Apoio condicional

6 de fevereiro

Então, se foram Moisés e Arão e ajuntaram todos os anciãos dos filhos de Israel. Arão falou todas as palavras que o Senhor tinha dito a Moisés, e este fez os sinais à vista do povo. E o povo creu; e, tendo ouvido que o Senhor havia visitado os filhos de Israel e lhes vira a aflição, inclinaram-se e o adoraram. ÊXODO 4:29-31

Não foi fácil o Senhor convencer Moisés a voltar ao Egito para libertar o povo de Israel. Com muitos argumentos, o patriarca resistiu em aceitar a missão que Deus lhe apresentava. Ele finalmente concordou, mas sem muita convicção do seu chamado. Como a recepção da parte do povo deve ter animado seu coração! Moisés e Arão disseram qual era sua missão e o povo os recebeu com entusiasmo, unindo seu coração ao projeto.

Como foi diferente quando se apresentaram a Faraó. Ele os expulsou do palácio e determinou que se dobrasse a carga de trabalho sobre os escravos israelitas. Observe a rapidez em que o povo esfriou no entusiasmo e no apoio a Moisés e Arão. Nem bem chegaram, e o povo exclamou: "...Olhe o Senhor para vós outros e vos julgue, porquanto nos fizestes odiosos aos olhos de Faraó e diante dos seus servos, dando-lhes a espada na mão para nos matar" (Êxodo 5:21).

Como líder, certamente você deve ter experimentado muitas vezes algo semelhante. Lembro-me de um projeto de construção em que participava com outro pastor. Os irmãos da igreja receberam a proposta com entusiasmo e prometeram apoio. Em pouco tempo, perderam a vontade de cooperar e ficamos em poucos para tocar a obra.

Saiba que esta reação, no povo de Deus, é normal. Eles não são, por natureza, perseverantes e, por isso, facilmente desanimam. Não se aborreça com eles por este motivo. Se fossem perseverantes, seriam eles os líderes, e não você. A tarefa de mantê-los animados e firmes com as mãos no arado é sua. Como pastor, você foi chamado para motivar e fazê-los avançar com firmeza mesmo que tenham perdido a esperança.

O grande exemplo vem de Neemias. Na reconstrução dos muros de Jerusalém, enfrentou dificuldades e inúmeras provações, e muitas vezes o povo queria "jogar a toalha". Neemias, ao usar diversas estratégias, conseguiu reanimar o povo e assim levar o projeto até o fim.

Esse ânimo não é despertado com castigos e palavras condenatórias pela sua falta de compromisso. Cabe a você dar-lhes o exemplo de perseverança em meio às dificuldades para que possam imitar sua fé. Anime-os, com paciência e amor, a prosseguir na tarefa, e verá que o seguirão à medida que você lhes demonstrar o seu compromisso.

Para pensar:
Observe que Moisés também desanimou (Êxodo 5:22,23), mas demonstrou ter a marca de um verdadeiro servo. Ele levou seu desânimo ao Senhor. E Deus lhe deu a Palavra para seguir adiante. Você precisa fazer o mesmo. Apresente o seu desânimo ao Senhor e permita que Ele reacenda sua esperança e fé, e lhe dê a graça para levar avante os projetos que colocou em suas mãos.

Prosseguir para o alvo

Irmãos, quanto a mim, não julgo havê-lo alcançado; mas uma coisa faço: esquecendo-me das coisas que para trás ficam e avançando para as que diante de mim estão, prossigo para o alvo, para o prêmio da soberana vocação de Deus em Cristo Jesus. FILIPENSES 3:13,14

7 de fevereiro

Para avaliarmos o peso desta palavra de Paulo, precisamos considerar que Filipenses é uma das últimas cartas escritas por ele enquanto aguardava, no cárcere em Roma, o veredito da justiça. A declaração é notável porque o apóstolo tinha uma trajetória de 20 anos no ministério, e já estava em seu direito de descansar.

O fato do apóstolo se referir claramente ao futuro chama a nossa atenção. Com o passar dos anos, é comum passarmos mais tempo meditando no passado, recordando vitórias alcançadas e experiências vividas. De vez em quando, lamentamos as oportunidades perdidas, os erros cometidos e os acontecimentos que não saíram como esperávamos.

Embora seja importante considerarmos o passado ocasionalmente, apenas para reconhecer o caminho percorrido e celebrar a Deus por agir em nosso favor, é melhor fixar os olhos no futuro. Ninguém pode seguir em frente se mantiver o seu olhar em outra direção. Por este motivo, Paulo diz que se esquece "...das coisas que para trás ficam...".

O apóstolo revela nesta frase que a sua esperança estava firmemente posta no futuro. Não se condicionava nem se prendia ao passado. Não importava quais tivessem sido as experiência vividas, o veterano apóstolo entendia que o que viria adiante era ainda melhor. Nessa convicção, prosseguia com firmeza, com passos firmes, rumo ao alvo que Deus lhe havia proposto.

Como líderes, precisamos olhar para o que está a nossa frente. Não podemos permitir que as dificuldades e os sofrimentos do passado determinem nossa visão do futuro. Não podemos, tampouco, viver em função das conquistas que o Senhor, em Sua misericórdia, nos permitiu alcançar. Para nós, em Cristo, a vida cresce sempre rumo à máxima expressão de Sua plenitude. O melhor ainda está por vir!

Mesmo em tempos de grave crise, podemos nos fixar no futuro para obter ânimo em meio à tormenta. Cristo, quando estava no Getsêmani, numa luta angustiante para se sujeitar à vontade do Pai, conseguiu erguer os olhos e fixá-los no gozo que lhe estava sendo oferecido (Hebreus 12:3). Agindo assim, suportou a cruz com espírito sereno e confiante, o que nos mostra como o resultado de uma atitude espiritual correta pode ser poderoso em nossa vida.

Para pensar:

O grande evangelista Dwight Moody disse certa vez: "Estou avançando na direção de uma luz, e quanto mais me aproximo, mais ela brilha." O passar dos anos resulta em vermos com maior nitidez e formosura o que estava distante em nossa juventude. Isto nos anima a seguirmos avante com novas forças!

Encurtando distâncias

8 de fevereiro

E fazem todas as obras a fim de serem vistos pelos homens, pois trazem largos filactérios, e alargam as franjas das suas vestes, e amam os primeiros lugares nas ceias, e as primeiras cadeiras nas sinagogas, e as saudações nas praças, e o serem chamados pelos homens: — Rabi, Rabi. MATEUS 23:5-7 (ARC)

Uma série infantil, bastante conhecida na televisão da América Latina, tinha um personagem que dizia aos outros: "Me chame de doutor!" Quando faziam assim, ele se mostrava muito agradecido. Isto refletia algo da cultura latina que apreciamos muito: nós gostamos de ostentar nossos títulos e conquistas.

Nesta passagem, Cristo aponta para um comportamento muito parecido entre os fariseus. Eles apreciavam tudo o que evidenciasse a distância que os separava do restante do povo. Usavam franjas mais compridas nas roupas, procuravam sempre os primeiros assentos nas reuniões, e gostavam quando o povo os chamava por seu título "Rabi, Rabi". Com isto, deixavam claro que não faziam parte do povo; eles pertenciam a outra classe de pessoas. Seu comportamento, longe de torná-los mais próximos do povo, criava a ilusão de haver uma grande distância que os separava das pessoas comuns.

O líder sábio compreende que o afastamento é inimigo de um ministério eficaz. Ninguém consegue transformar vidas a partir do púlpito. O verdadeiro impacto de um líder acontece quando ele caminha com sua gente e eles têm a oportunidade de observar de perto o seu andar. Ao se misturar com o povo e compreender as circunstâncias que eles enfrentam, o seu ministério passa a ter um caráter misericordioso e prático, baseado numa perspectiva real da vida.

Isto é tão importante, que o famoso educador Howard Hendricks, em seu livro *Ensinando para transformar vidas* (Editora Betânia, 1991), apresenta-o como um dos principais fundamentos da educação. Ele escreve: "A palavra comunicação vem do latim *comunis*, que significa 'comum'. Antes de podermos comunicar, devemos estabelecer o que temos em comum, o que existe entre nós. Quanto mais pontos em comum (com aquilo que ensinamos) maior será o potencial para a comunicação."

Como líder, rejeite tudo quanto possa torná-lo diferente do seu povo. Recuse os títulos, os lugares de honra, as roupas diferentes e o trato preferencial que outros queiram lhe dar. O nosso coração facilmente se acostuma a essas coisas, mas raramente elas contribuem para termos maior autoridade com o nosso grupo. Procure identificar aquilo que possa servir para diminuir a distância entre você e as pessoas as quais ministra. Isto lhe dará amplo acesso em suas vidas e permitirá um retorno muito mais eficaz.

Para pensar:

Às vezes, chegamos com este argumento: "Não quero ser tratado dessa maneira, mas o povo insiste." Cristo disse para não para não aceitarmos a glória dos homens. A responsabilidade de educar seu grupo sobre este assunto é sua. Você não deseja ser considerado uma pessoa especial. Sua tarefa é mostrar-lhes que somente Um é especial, que Ele está sentado no trono e reina soberano para sempre.

Ele nos amou primeiro

Nós amamos porque ele nos amou primeiro. 1 JOÃO 4:19

9 de fevereiro

Encontro, frequentemente, cristãos frustrados. Eles procuram por todos os meios ter um encontro com Deus. Exclamam, desapontados: "Eu o busco e faço de tudo para agradá-lo, mas Deus não me responde! É como se Ele estivesse ausente." A desilusão dessas pessoas é verdadeira. Nada tem a ver com a falta de atenção do Pai, mas sim, com um falso conceito que se instalou entre nós.

Muitos creem que Deus é mais parecido conosco do que com o Deus revelado na Bíblia. Acreditamos que Ele é seletivo na escolha daqueles com quem vai se relacionar. Uns poucos são favorecidos com experiências extraordinárias e Suas bênçãos. Os outros possuem alguma característica que os desqualifica para tais experiências. O resultado é passarmos grande parte do nosso tempo tentando nos modificar para que Ele volte os Seus olhos sobre nós.

Nessa versão da vida espiritual, Deus se encontra distante e indiferente a nós. Precisamos encontrar a maneira de convencê-lo a considerar nossa vida em conta, e se importar com o que acontece conosco! Precisamos de alguma maneira convencê-lo para que Ele nos ame!

O Pai celestial, entretanto, não é inconstante como podem ter sido alguns pais terrenos. O Seu interesse em estar perto de nós é maior do que todo fervor e paixão que possamos ter por Sua pessoa. Ele anela participar de nossa vida e dar-nos a bênção preparada para Seus filhos. Ele não precisa de alguém que o convença disto, porque é dele a iniciativa para nos buscar. "Não fostes vós que me escolhestes a mim; pelo contrário, eu vos escolhi a vós outros e vos designei para que vades e deis fruto, e o vosso fruto permaneça; a fim de que tudo quanto pedirdes ao Pai em meu nome, ele vo-lo conceda" (João 15:16).

Que devemos fazer para haver essa mudança em nosso ponto de vista? Simplesmente descansar e permitir que Ele nos ame! Quando os nossos esforços desesperados para alcançá-lo cessam, começamos a entender que já fomos envolvidos pelo Seu amor. A cada dia, de diferentes maneiras, Ele nos faz perceber que nos busca com amor eterno.

Deus não pode ser conquistado pela força. Devemos ser como crianças e permitir que Ele nos conquiste com o Seu incomparável amor.

Para pensar:

O autor Thomas Kelly escreveu um livro muito precioso, *Um testamento de devoção* (Editora Palavra, 2012), no qual diz: "Nesta época tão humanista, supomos que é o homem quem inicia e Deus lhe responde. Mas é o Cristo vivo em nós que inicia, e somos nós os que respondemos. Deus, aquele que ama, que revela a luz e as trevas, é quem convida. Toda a nossa aparente iniciativa nada mais é do que a resposta, um testemunho da Sua presença e Sua obra secreta dentro de nós."

O argueiro no olho do irmão

Por que vês tu o argueiro no olho de teu irmão, porém não reparas na trave que está no teu próprio? Ou como dirás a teu irmão: Deixa-me tirar o argueiro do teu olho, quando tens a trave no teu? MATEUS 7:3,4

10 de fevereiro

Anos atrás, quando eu era um pastor muito jovem, combinei com os homens da igreja para ajudar um irmão na construção de um cômodo em sua casa. Um deles, o mais entusiasmado de todos, deixou de comparecer no dia marcado para a obra, e não pude conter a raiva. A crítica logo apareceu em minhas palavras. E esperava que outro homem ali presente me desse razão, mas ele, maduro em Cristo, disse: "Não me atrevo a dizer coisa alguma, porque me pesa o meu próprio pecado." Quanta vergonha para mim!

Com o passar dos anos, percebo que a crítica tem mais a ver com a realidade no coração daquele que fala do que com aquilo que de fato aconteceu. Quem é menos misericordioso critica a falta de misericórdia nos outros. O mais legalista condena o legalismo visto ao seu redor. Aquele que costuma se atrasar, se ofende quando outros o fazem esperar.

É exatamente este o ponto que Jesus deseja ressaltar. A crítica vem de uma pessoa que não investiu tempo examinando sua própria vida. O cisco no olho do seu irmão o ofende, mas ele não percebe a "trave" no seu próprio olho. Por este motivo, sua maneira de ajudar o próximo não produz resultado positivo. Ele não possui clareza de visão para fazer uma operação tão delicada, qual seja, a de remover um grão de areia no olho do irmão. Na verdade, Cristo revela nesse ensino a tendência para querer trabalhar mais na vida dos outros do que em nossa própria vida. O teólogo Dallas Willard assinala que "temos grande confiança no poder da condenação para alcançar a vida dos outros".

No fundo, usamos a condenação porque crescemos num mundo cujo idioma tem um caráter condenatório. O líder sábio compreende que não conseguirá alcançar mudança com críticas, e muito menos, quando estas partirem do púlpito. A repreensão deve ser dada com firmeza, mas em espírito de mansidão, "…guarda-te para que não sejas também tentado" (Gálatas 6:1). A crítica não somente é desagradável aos ouvidos como também desonra o Senhor quando falta o amor. Se fazemos parte do reino de Deus, não deveríamos, então, ter uma palavra "…que for boa para edificação, conforme a necessidade, e, assim, transmita graça aos que ouvem"? (Efésios 4:29).

Oração:
Separe um momento de reflexão sobre o seu hábito de criticar. O que você critica com maior frequência? O que isto revela sobre o seu coração? É possível administrar melhor o que vê de errado em outras pessoas? Você está disposto a fazer o seguinte voto a Deus: *"Senhor, que da minha boca saiam apenas palavras que edifiquem. Se não tiver algo bom para dizer, me calarei. Amém"*?

Sentimentos em conflito

11 de fevereiro

E Pedro, chamando-o à parte, começou a reprová-lo, dizendo: Tem compaixão de ti, Senhor; isso de modo algum te acontecerá. Mas Jesus, voltando-se, disse a Pedro: Arreda, Satanás! Tu és para mim pedra de tropeço, porque não cogitas das coisas de Deus, e sim das dos homens. MATEUS 16:22,23

Este acontecimento, chama a atenção por ter sido posterior a um dos momentos mais preciosos de Jesus com os discípulos, quando Pedro o reconheceu como o Cristo, o Filho de Deus. Tal revelação não foi a consequência de alguma dedução, nem o resultado de um cuidadoso estudo das Escrituras. Era, sim, algo transmitido a Pedro pelo Pai.

Pouco depois, encontramos o mesmo discípulo numa atitude que demonstrava incrível falta de discernimento e um profundo desconhecimento dos propósitos do Pai com o Filho. O discípulo tentava impedir o cumprimento da Palavra que Cristo mesmo estava comunicando: era necessário que o Messias sofresse muito e depois morresse pela mão dos saduceus e fariseus.

A cena nos revela uma verdade sobre a vida espiritual. É possível encontrar, na mesma pessoa, expressões de extraordinária espiritualidade, e marcantes demonstrações de carnalidade. A verdade demonstra que, em nosso interior, convivem essas duas realidades e a nossa capacidade para cair não cessa jamais. Mesmo que haja suposições a respeito da classe de pessoa a quem Paulo se referiu em Romanos 7, não é exagero concluir que ele estava falando de si mesmo. Todos nós temos visto essa mesma interminável luta entre a carne e o espírito. "Porque não faço o bem que prefiro, mas o mal que não quero, esse faço. Mas, se eu faço o que não quero, já não sou eu quem o faz, e sim o pecado que habita em mim. Então, ao querer fazer o bem, encontro a lei de que o mal reside em mim" (Romanos 7:19-21).

A partir desta observação, temos duas reflexões. Primeiro, como líder, nunca presuma estar livre de uma queda e de cair estrondosamente. Você deve cultivar, sempre, uma sábia atitude diante de potenciais situações que podem fazê-lo tropeçar, mantendo-se em guarda contra as manifestações da carne. Homens mais consagrados que você e eu já fracassaram, e faremos bem em conservar isso na lembrança.

Segundo, não se desespere com a presença da carne em sua vida. Por vezes, após momentos sublimes na presença de Deus, percebemos a chegada de pensamentos horríveis em nossa mente. Não se condene por isso. Quando Cristo incitou os discípulos a orar para não entrarem em tentação, Ele afirmou que a carne é um permanente obstáculo aos interessados em avançar rumo a maiores conquistas na vida espiritual. Por esta razão, podemos nos identificar com o apóstolo Paulo quando ele exclamou: "Desventurado homem que sou! Quem me livrará do corpo desta morte? Graças a Deus por Jesus Cristo, nosso Senhor..." (Romanos 7:24,25). Não é a presença do pecado em sua vida que o desqualifica para o ministério, mas, sim, a convivência com ele.

Para pensar:
As maiores lutas desta vida não acontecem entre os não convertidos, mas entre os salvos.
—D. G. Barnhouse

Ministrar segundo a necessidade

12 de fevereiro

Exortamo-vos, também, irmãos, a que admoesteis os insubmissos, consoleis os desanimados, ampareis os fracos e sejais longânimos para com todos.
1 TESSALONICENSES 5:14

Com um pequeno jogo de palavras podemos ver a importância de um princípio expresso na exortação de Paulo. Se simplesmente reagruparmos os termos, o versículo poderia ser lido assim: "Exortamo-vos, também, irmãos que consoleis os insubmissos, que ampareis os desanimados, que admoesteis os fracos e que sejais longânimos para com todos."

"Um momento", você diz. "Isto não é correto. Jamais se pode pedir que consolemos os insubmissos, e muito menos, que admoestemos os fracos. Ao contrário, os desordeiros devem ser exortados com firmeza. A sua tendência à desordem deve-se ao fato de não ter havido rigor com eles. E que dizer do fraco? Se eu o admoesto, acabo por destruí-lo. Ele necessita de alguém que se coloque ao seu lado e o ajude em sua debilidade, para poder seguir em frente. De igual modo, o desanimado precisa ouvir palavras de incentivo, para que recupere a esperança e se coloque outra vez no caminho."

Você tem razão! Precisamente em sua observação, está o princípio que Paulo deseja salientar. O líder sábio deve ter o discernimento necessário para compreender a realidade das pessoas as quais serve. Usar o método certo com a pessoa errada não produzirá as mudanças desejadas. Ao contrário, trará mais problemas do que soluções.

Da mesma maneira que o líder necessita contar com uma variedade de estilos em seu ministério, também precisa saber quando é mais apropriado usar cada um deles. Neste contexto, encontramos um problema frequentemente enfrentado por líderes. A maioria de nós tem um estilo ministerial dominante e tende a usá-lo indiscriminadamente em cada circunstância. Devemos levar em conta que as pessoas não são iguais, e, por isso, devemos modificar nossa metodologia em cada situação para sermos mais efetivos. Se você investir tempo para conferir as diversas cartas de Paulo, notará a sua capacidade de alterar o estilo de acordo com as pessoas e as circunstâncias de cada grupo. Com a igreja da Galácia, ele usou palavras fortes. Ao se dirigir a Timóteo, é como se estivesse falando de pai para filho. Nas cartas aos tessalonicenses, se refere ao seu estilo nestes termos: "…nos tornamos carinhosos entre vós, qual ama que acaricia os próprios filhos" (1 Tessalonicenses 2:7). Isto quer dizer que Paulo usou uma diversidade de estilos e, por esta razão, foi tão produtivo em seu ministério.

Para pensar:
Com qual estilo você mais se identifica? Em que situações esse estilo produz melhores resultados? Em quais momentos esse método não trouxe muitos frutos? Quais estratégias você precisa adotar em seu ministério para melhor atender as pessoas que Deus lhe confiou? Como fazer isto?

Um avanço natural

13 de fevereiro

A esse respeito temos muitas coisas que dizer e difíceis de explicar, porquanto vos tendes tornado tardios em ouvir. Pois, com efeito, quando devíeis ser mestres, atendendo ao tempo decorrido, tendes, novamente, necessidade de alguém que vos ensine, de novo, quais são os princípios elementares dos oráculos de Deus; assim, vos tornastes como necessitados de leite e não de alimento sólido. HEBREUS 5:11,12

Muitos de nós experimentamos em nosso ministério a mesma frustração do autor da carta aos Hebreus. A sensação de trabalharmos com pessoas que estão há longos anos no caminho, e ainda assim termos que, repetidas vezes, lhes recordar o abc do evangelho.

O texto de hoje nos revela uma verdade importante. O avanço natural na vida espiritual de todo filho de Deus é eventualmente se tornar um mestre. Quando o autor se refere a mestres não usa a palavra no sentido que aparece em Efésios 4. Ele fala aos que, tendo amadurecido, devem começar a repartir com outros o que receberam. Isto não é nada mais que a progressão lógica da vida. Nossos filhos crescem, tornam-se maduros e provavelmente formarão suas próprias famílias, reproduzindo assim a sua vida em outros.

Na igreja, entretanto, temos pessoas que buscam oportunidades apenas para alimentar sua vida espiritual. Assistem conferências, fazem cursos e seminários, ou leem livros para serem melhores filhos de Deus, mas não chegam ao ponto de se interessar mais pelos outros do que por si mesmas.

A ironia nisto é que lhes serve de pouco proveito o que acumularam para si. Elas se converteram em "tardios para ouvir" e precisam voltar sempre e sempre aos primeiros rudimentos da Palavra, e isto porque não usam corretamente o que já receberam. Igual ao maná dos israelitas, o ensino que não se usa, se perde.

O que isto tem a ver com o nosso ministério pastoral? O fato é que muitas vezes, investimos tempo nessas pessoas aparentemente interessadas em seguir aprendendo, porque o seu entusiasmo parece ser verdadeiramente espiritual. Não se vê nelas os frutos que demonstram o abandono do egoísmo que os faz pensar apenas em si mesmas. Nosso dever consiste em canalizar melhor os recursos para os que estão realmente interessados em atingir a condição de mestres.

Qual é a sua responsabilidade com este grupo? Não o abandone, nem lhe dê as costas, mas também não coloque nele todo o seu esforço. Invista com sabedoria no seu trabalho para que resulte em discípulos que se reproduzam na vida de outros.

Para pensar:
Uma das razões pelas quais as pessoas sempre desejam mais é o fato de seus líderes não serem claros o suficiente quanto ao verdadeiro chamado do cristão. O conhecido autor Gordon MacDonald afirma que quando as multidões cresciam muito, o Mestre se esforçava "para tornar mais claro o preço do discipulado. Era como se estivesse dizendo que o tamanho da multidão indicava o fato de não o terem entendido bem; do contrário, não haveriam tantas pessoas lhe seguindo."

Aprendizes de Deus

14 de fevereiro

Disse o Senhor a Samuel: Até quando terás pena de Saul, havendo-o eu rejeitado, para que não reine sobre Israel? Enche um chifre de azeite e vem; enviar-te-ei a Jessé, o belemita; porque, dentre os seus filhos, me provi de um rei. 1 SAMUEL 16:1

O Senhor bem que poderia ter dado orientações mais exatas para Samuel. Por exemplo: "Quando chegar, pergunta por Davi, o menor dos filhos de Jessé. Ele é a pessoa escolhida para ser rei. Unja e abençoe esse servo em Meu nome". Mas o Senhor, fiel ao Seu estilo, deu ao profeta a informação apenas suficiente para pô-lo a caminho.

Ao chegar a Belém, Samuel começou o processo da escolha do novo rei. Deus não interveio. Ele, usando seus próprios critérios, julgou tê-lo encontrado ao ver o filho primogênito. Nesse instante, Deus falou e deu instruções adicionais, revelando o princípio que todo o processo de seleção seguiria: "…porque o Senhor não vê como vê o homem. O homem vê o exterior, porém o Senhor, o coração" (1 Samuel 16:7).

As diretrizes incompletas que o Senhor deu a Samuel mostram um importante princípio segundo o qual Deus se relaciona conosco. Nossa tendência, no ministério, é acreditar que estamos trabalhando para Deus. Se fôssemos simples empregados do Altíssimo, teríamos instruções completas, porque nossa função seria apenas cumprir o que nos foi solicitado.

Entretanto, esta não é a nossa função. Em toda obra que Deus nos manda realizar, Ele também está interessado em continuar agindo em nossas vidas. As orientações parciais que Deus deu a Samuel obrigaram-no a caminhar pela fé. No decorrer da sequência da escolha, tendo Samuel cometido o erro de seguir as aparências, Deus lhe ensinou uma importante lição sobre os critérios do Seu relacionamento com os homens. A lição, dada no momento certo, ficaria gravada para sempre no coração de Samuel.

Podemos, então, afirmar que, em cada projeto de Deus para nós, há duas importantes metas. Uma delas é que o projeto seja executado segundo as Suas diretrizes. A outra, é que, no processo, continuemos crescendo e aprendendo o modo de realizar a Sua obra.

Jamais se veja como um empregado de Deus. Você não trabalha para Ele. Você atua com Ele, na categoria de um aprendiz. Como Pai amoroso, à medida que juntos trabalharmos no projeto, Ele corrige e ensina os "segredos" do ofício. Que a sua dedicação ao que faz não o faça perder de vista o precioso agir que Deus deseja realizar em seu interior. Cada dia lhe trará novas lições ao lado do Grande Oleiro.

Para pensar:
Jamais desanime pelos erros cometidos. Algumas das lições mais preciosas e profundas na vida espiritual são geradas no período de reflexão logo após os tropeços no ministério.

Perseverar em oração

Disse-lhes Jesus uma parábola sobre o dever de orar sempre e nunca esmorecer.
LUCAS 18:1

15 de fevereiro

A falta de persistência em orar é um dos problemas mais comuns na vida espiritual. Isto acontece porque vivemos em tempos em que nos acostumamos a ter nossos desejos satisfeitos instantaneamente. Ainda que estejamos dispostos, repetidamente, a buscar maior crescimento nesta área, constatamos ser necessário uma disciplina muito maior para que isso aconteça.

Nesta parábola temos duas coisas que nos ajudam a não desanimar. Para começar, devemos crer que a nossa petição é importante. A viúva tinha profunda convicção de que a sua causa era justa e, por isso, devia insistir na busca da solução. Suponho que muitos de nós não cremos naquilo que pedimos. Suplicamos uma ou duas vezes, e quando o resultado não é atingido, abandonamos rapidamente o pedido que, dias antes, julgávamos imprescindível.

Devemos, também, ter a convicção de que a resposta chegará, embora, em nosso modo de ver, esteja demorando. A viúva não se deu por vencida porque acreditava que de fato receberia o que tinha pedido ao juiz. Por um tempo, precisou conviver com a indiferença dele, mas não se cansou em continuar suplicando. Embora Cristo não tenha identificado no Pai celeste as características desse juiz injusto, devemos superar o obstáculo do aparente silêncio de Deus. Somente uma profunda convicção em Sua bondade e desejo de abençoar Seus filhos, é que nos sustenta, mesmo quando a resposta demora.

Assim, é evidente que para cultivarmos esse tipo de oração, precisamos superar as nossas orações fracas e esporádicas que muitas vezes elevamos ao Senhor. Dick Eastman, um homem que ensina e escreve muito sobre a oração, apresenta o seguinte sobre o tema da persistência: "Muitos pensam que orar com persistência significa esperar semanas ou anos para obter uma resposta. Embora isto seja verdade em algumas ocasiões, não é sempre assim. Uma pessoa pode fazer uma oração perseverante em 15 minutos. As grandes orações não são, necessariamente, cheias de perseverança. Mais importante que isso, é a intensidade com que oramos. Nossas orações devem ter intensidade. Quando alguém ora com intenso sentimento de humildade, e profunda dependência de Deus, então aprende o significado da oração perseverante."

Para pensar:

É possível que muitas coisas, em sua igreja, estejam demorando a acontecer por falta de oração? O Espírito o toca de alguma maneira em particular em relação ao que Ele deseja em seu ministério? Quais destes toques alimentam a sua vida de oração? O que o leva desistir de orar por determinado assunto? Como cultivar uma vida perseverança em oração?

Motivações que matam

16 de fevereiro

Mas, chegando também o que recebera um talento disse: Senhor, eu conhecia-te, que és um homem duro, que ceifas onde não semeaste e ajuntas onde não espalhaste; e, atemorizado, escondi na terra o teu talento; aqui tens o que é teu. MATEUS 25:24,25 (ARC)

Na confissão do terceiro servo se encontra uma das razões da falta de prosperidade em muitos ministérios. O senhor não negou que era um homem que ceifava onde não havia semeado, nem tampouco que juntava onde não havia espalhado. No entanto, estas características, longe de inspirar o servo, infundiram-lhe medo ao ver no seu senhor as marcas de um homem duro. Essa visão errada o fez fracassar.

O medo não inspira, nem nos motiva a assumir riscos. O medo paralisa. Quando o temor se apodera dos nossos corações, as coisas ao redor deixam de ser vistas na perspectiva exata e nos parecem intransponíveis. Pensamos que qualquer passo que dermos nos levará ao fracasso e, por isso, nada fazemos. Esse servo, convencido de que seu amo era um homem duro, temeu mais o castigo do que a possibilidade de fracassar em seu propósito de fazer um bom investimento.

Creio que muitas vezes procuramos despertar nosso povo usando o medo ou a culpa. Dizemos a eles que se não assumirem a responsabilidade por este ou aquele ministério, ninguém mais o fará. Acabam por aceitar a tarefa sem profunda convicção de que essa era a vontade de Deus para suas vidas. Esse ministério está fadado a fracassar desde o primeiro momento. A pessoa não iniciou com uma motivação correta e suas ações irão evidenciar isso a cada passo que der.

A certeza de sermos amados pelo nosso Pai celestial é a única coisa que pode verdadeiramente nos motivar na realização de um ministério saudável. Ao nos movermos em Seu amor, podemos assumir os riscos de investimentos que podem fracassar, porque sabemos que não estamos progredindo baseados na qualidade das nossas conquistas. Avançamos nos projetos que temos, confiados no amor que nos guiará e nos amparará em nossas realizações!

Observe o modo como se deu a transição de uma vida secreta para uma vida pública, no ministério de Jesus. Ao sair da água, ouviu-se uma voz do céu dizendo: "Este é o meu Filho amado, em quem me comprazo" (Mateus 3:17). Antes de começar a tarefa que lhe fora designado realizar, o Pai declarou Seu amor incondicional ao Filho. Todos os questionamentos, as dificuldades e ainda as traições que teria no futuro, não anulariam a força dessa relação entre o Pai e o Filho. Como, então, não se sentir livre para avançar confiadamente no caminho que lhe tinha sido traçado!

Para pensar:
Que coisas o motivam a servir o Senhor? Você consegue despertar o povo com quem trabalha? O que faz para saibam que continuará a amar e a ampará-los mesmo que fracassem?

Molhar os pés!

17 de fevereiro

Tendo partido o povo das suas tendas, para passar o Jordão, levando os sacerdotes a arca da Aliança diante do povo; e, quando os que levavam a arca chegaram até ao Jordão, e os seus pés se molharam na borda das águas (porque o Jordão transbordava sobre todas as suas ribanceiras, todos os dias da sega), pararam-se as águas que vinham de cima; levantaram-se num montão, mui longe da cidade de Adã, que fica ao lado de Sartã; e as que desciam ao mar da Arabá, que é o mar Salgado, foram de todo cortadas; então, passou o povo defronte de Jericó. JOSUÉ 3:14-16

O povo que acompanhava Josué na conquista da Terra Prometida não era o mesmo que tanto havia incomodado Moisés em 40 anos no deserto. Aquela geração, segundo a palavra do Senhor, era perversa e sem fé (Números 14:35). Este novo povo havia aprendido, a duras penas, a importância de obedecer aos mandamentos de Jeová. Não obstante, o desafio que o Senhor lhes colocava não deixava de ter elementos de risco, como acontece ainda hoje em qualquer aventura de fé. O Senhor instruiu a Josué para que os sacerdotes tomassem a arca e cruzassem o rio. Foram informados que o rio se abriria diante deles, permitindo a travessia de todo o povo. Entretanto, os sacerdotes deviam entrar na água, molhando os pés antes que o milagre acontecesse.

Gostaria que "congelássemos" a imagem no exato momento em que a água alcançava os tornozelos. Este momento antecede a intervenção de Deus. É aqui que estamos mais propensos a abandonar o nosso projeto. Naquele instante, dúvidas nos assaltam e o temor se apodera do coração. Deus havia prometido abrir as águas. Já estamos no rio e nada aconteceu! Se avançarmos, teremos de nadar. Interpretamos corretamente o que nos foi dito? Quais experiências podem nos valer para firmar a nossa fé? Apenas Josué e Calebe, tinham visto as águas se abrirem para dar passagem ao povo escolhido.

Todos gostam da parte final da história, quando o povo já se encontrava do outro lado do rio. Desejamos estar entre os que celebram com euforia a intervenção do Altíssimo. São poucos, de nós, contudo, os que se dispõem a molhar os pés, a se lançar aos absurdos projetos do Senhor quando o elemento de risco se encontra em seu auge. Esta etapa da aventura é a que mais incomoda o discípulo. Ele poderá ser ridicularizado pelos outros. Aqui está a diferença na vida do líder comprometido. Ele não vacila naquilo que Deus lhe confiou. Envolvido pela mesma coragem de Josué, não presta atenção às vozes desalentadoras que surgem no seu coração. É alguém que sabe em quem está a sua confiança. O momento desagradável passará e ele será contado entre os que festejam a vitória concedida pelo Senhor.

Para pensar:
Coragem não significa ausência do medo, mas o manejo adequado do temor! —Anônimo

O que marca a diferença

18 de fevereiro

Respondeu Davi a Saul: Teu servo apascentava as ovelhas de seu pai; quando veio um leão ou um urso e tomou um cordeiro do rebanho, eu saí após ele, e o feri, e livrei o cordeiro da sua boca; levantando-se ele contra mim, agarrei-o pela barba, e o feri, e o matei. 1 SAMUEL 17:34,35.

Não há dúvida de que Davi mostrou ter coragem ante o desafio que o gigante de Gate representava. Todo um exército, intimidado, havia passado a humilhação de, dia após dia, ouvir o desafio do filisteu, com muitos insultos aos israelitas e ao seu Deus. Somente o jovem pastor havia se animado a responder.

Sem perder de vista essa tremenda demonstração de coragem, consideremos, por um instante, a explicação que Davi deu ao rei Saul. Não era a primeira vez que enfrentava uma situação adversa. Muitas vezes, enquanto pastoreava as ovelhas de seu pai, teve de defendê-las do ataque de um urso ou de um leão. Fazer frente à situação de extremo perigo não era novidade para ele.

Encontramos um importante princípio de liderança exatamente neste pormenor. Davi sairia, agora, a lutar enquanto um exército inteiro ficaria olhando atento a façanha do jovem pastor. Este seria o seu primeiro combate em público. A preparação para esse momento havia acontecido em completo isolamento, somente na presença de suas ovelhas. Davi decidiu fazer agora o que muitas vezes fizera em seus momentos de solitude.

O líder que aspira ser eficaz em público deve praticar suas qualidades enquanto estiver sozinho. O que somos em público só impactará a vida dos que nos observam quando estiver respaldado numa vida secreta de devoção e compromisso, longe do olhar das multidões.

É por isso que muitos líderes não conseguem nada mais do que oferecer um bom momento ao povo de Deus. Sua ministração pode ser espetacular, mas lhes falta impacto, porque a sua vida não possui o grau de santidade e compromisso que só pode ser cultivado fora do âmbito público. Viver uma intensa experiência com Deus, nos lugares mais secretos da vida, marcará a diferença no ministério, mesmo se outros jamais virem essas vivências íntimas. A espiritualidade de uma pessoa, sem dúvida, é percebida por aqueles que têm sensibilidade espiritual.

O Espírito toma o nosso esforço e usa-o para tocar outras vidas. Esta intimidade só flui por intermédio de pessoas que vivem em permanente comunhão com Deus, e, não, por aqueles que praticam a santidade apenas diante dos olhos do público.

Para pensar:
De que maneira é o seu dia a dia quando está a sós? Você faz o mesmo que faria se estivesse sendo observado? A verdadeira pessoa não é aquela vista pelos outros, mas a que existe na em sua intimidade. Que passos você pode dar para fechar a brecha entre o que você é em público e em sua vida particular?

Fiel à sua palavra

19 de fevereiro

Vindo, pois, Jefté a Mispa, a sua casa, saiu-lhe a filha ao seu encontro, com adufes e com danças; e era ela filha única; não tinha ele outro filho nem filha. Quando a viu, rasgou as suas vestes e disse: Ah! Filha minha, tu me prostras por completo; tu passaste a ser a causa da minha calamidade, porquanto fiz voto ao Senhor e não tornarei atrás. JUÍZES 11:34,35

Jefté fez um estranho voto ao Senhor e por esse motivo é tristemente lembrado. Buscando alcançar a vitória sobre os filhos de Amom, comprometeu-se a oferecer em sacrifício ao Senhor o primeiro que saísse ao seu encontro no regresso à casa. O versículo de hoje descreve o dramático momento da chegada, que resultou em terrível tragédia para ele.

Sem perdermos de vista a insensatez de um acordo desse tipo com Deus, devemos retirar do exemplo de Jefté um fato importante: era um homem fiel à sua palavra. Não podemos ler sua história sem pensar no salmista que perguntou: "Quem, Senhor, habitará no teu tabernáculo? Quem há de morar no teu santo monte?" Entre as qualidades descritas em sua resposta, está a pessoa que "...jura com dano próprio e não se retrata" (Salmo 15:1,4). Como é importante essa qualidade na vida de um líder!

Muitas vezes, na agitação do ministério comprometemo-nos com alguma atividade e depois descobrimos que ela nos trará uma série de inconvenientes. Em outras ocasiões, somos traídos pelo desejo de agradar e damos nossa palavra de aceitação. Entretanto, quando no momento de cumprirmos o prometido, descobrimos que nos metemos numa "camisa de força".

É importante que as pessoas a quem ministramos nos vejam como íntegros no cumprimento da nossa palavra. Isto significa que, mesmo que tenhamos nos comprometido com algo que nos seja prejudicial, devemos cumpri-lo. O nosso esforço em executar o que prometemos, deixará uma lição importante sobre o peso que damos às nossas palavras, e evidenciará que valorizamos as pessoas a quem fizemos a promessa.

Para pensar:
A solução para este tipo de inconveniente é sermos mais cuidadosos ao empenharmos nossa palavra. Muitas vezes ficamos presos à nossa pressa. Antes de assumir um compromisso, reflita e analise se o que lhe pedem pode ser feito. Peça um tempo para orar antes de decidir. Isto não só evitará o compromisso do qual depois se lamentará, como também o ajudará a não tomar decisões por conta própria. Cada passo deve ser dado com a aprovação do nosso Pai celestial.

Orações que não terão resposta

20 de fevereiro

Porque as armas da nossa milícia não são carnais, e sim poderosas em Deus, para destruir fortalezas, anulando nós sofismas e toda altivez que se levante contra o conhecimento de Deus, e levando cativo todo pensamento à obediência de Cristo.
2 CORÍNTIOS 10:4,5

Certo dia, numa reunião, ouvi alguém orar da seguinte maneira: "Senhor, pedimos que tires da nossa mente qualquer pensamento que te desonre e nos purifiques de tudo aquilo que te é ofensivo." Quando essa pessoa terminou de orar, me veio à mente o versículo acima e refleti sobre as orações frequentemente fazemos.

Conforme esta passagem, não é responsabilidade do Senhor retirar os pensamentos que se levantam contra a obediência a Cristo. O compromisso dele é trazer à luz tudo quanto for pecado em nossa vida pela da ação do Espírito Santo. Uma vez que isso tenha sido revelado, cabe-nos a tarefa de levar cativos tais pensamentos, sujeitando-os a Cristo. Nosso Pai celestial não irá tirá-los da nossa mente, porque Ele nos incumbiu dessa tarefa. A prática dessa disciplina espiritual é um dos aspectos básicos da nossa transformação em Cristo.

Em muitas ocasiões, confundimos a verdadeira natureza da nossa vida espiritual, acabamos pedindo coisas que devemos fazer e procuramos realizar o que deveríamos estar pedindo ao Pai. Não faz sentido, por exemplo, pedirmos que nos conceda paz, porque Ele disse que teríamos paz mediante a oração e súplica, fazendo conhecidas as nossas petições (Filipenses 4:6,7). Da mesma forma, nossos esforços para transformar nossas vidas não produzem efeito porque essa é uma obra que só o Senhor pode realizar (Romanos 8:6-9).

O nosso desafio, como líderes, é compreender as dinâmicas da vida espiritual para que os nossos esforços sejam canalizados ao que fomos chamados para fazer. Por sua vez, as nossas orações devem ser dirigidas àquilo que realmente precisamos pedir. Agindo assim, poderemos estar seguros de receber a bênção do nosso Pai celestial e evitaremos fazer aquilo que não produzirá efeito.

Para pensar:
Um homem de Deus, W. E. Sangster resume, numa frase, o que observamos hoje: "Muitas pessoas pedem coisas que só podem vir através do trabalho, e trabalham por coisas que só virão por meio da oração." Reflita, por um instante, sobre sua vida de oração. No que estão centradas as suas petições? Quais preocupações você leva, com frequência, ao Senhor? Quais delas exigem maior esforço da sua parte? Quais são as coisas que só o Senhor pode fazer?

"Esmurro o meu corpo"

21 de fevereiro

Assim corro também eu, não sem meta; assim luto, não como desferindo golpes no ar. Mas esmurro o meu corpo e o reduzo à escravidão, para que, tendo pregado a outros, não venha eu mesmo a ser desqualificado. 1 CORÍNTIOS 9:26,27

Existe um conceito fortemente enraizado na igreja: a vida espiritual está separada da vida física da pessoa. Assim, o que acontece no físico pouco influencia o que ocorre no plano espiritual e vice-versa. Cristo, entretanto, definiu o grande mandamento como o dever de amar a Deus de todo o coração, de toda a alma, de todo o entendimento e com todas as forças (Marcos 12:30). Com isto, Ele deu a entender que cultivar um relacionamento com o Pai envolve a totalidade do nosso ser.

Paulo também compreendeu essa realidade. Ele sabia que o seu corpo podia ser um problema caso não o sujeitasse à vida espiritual. Isto não significa que, para o apóstolo, seu corpo fosse mau, mas compreendia que os efeitos da ação transformadora do Espírito Santo devem também afetar o nosso físico. Por esta razão, procurava disciplinar o corpo para este estivesse sujeito ao senhorio de Cristo.

Este princípio tem sentido? Pense nas seguintes situações: você decide fazer um jejum, mas em pouco tempo o seu estômago faz você sentir que não pode passar mais um minuto sem comer algo. Ou, quem sabe, você se propôs a levantar mais cedo e passar algum tempo a sós com Deus. Ao toque do despertador, seu corpo lhe avisa que precisa de mais duas horas de sono. Na igreja, você se levanta para o tempo de louvor e descobre como suas pernas estão cansadas. Nossos corpos, muitas vezes, têm a última palavra em nossas atividades espirituais. Eles se queixam, doem e se lamentam das exigências as quais os sujeitamos. A verdade é que temos corpos pouco acostumados ao sacrifício. Se você vive prestando atenção ao que ele lhe diz, pouco avançará nas disciplinas da vida espiritual.

O líder deve ser, por natureza, mais disciplinado e esforçado do que seus liderados. Esta é uma característica de uma pessoa capaz de guiar outros. Para você poder crescer na prática de uma vida disciplinada deve ensinar ao seu corpo que Jesus Cristo tem a última palavra. Subjugar e reduzi-lo à servidão é o mesmo que o conduzir por um caminho nada agradável, mas que lhe fará muito bem.

Para pensar:
Quais são as disciplinas físicas que você pratica para levar seu corpo a participar de sua vida espiritual? De que maneira Cristo é aquele que governa a vida física? Que passos é possível dar para subjugar seu corpo para de não vir a ser reprovado?

A obrigação de descansar

22 de fevereiro

Seis dias trabalharás e farás toda a tua obra. Mas o sétimo dia é o sábado do Senhor, teu Deus; não farás nenhum trabalho, nem tu, nem o teu filho, nem a tua filha, nem o teu servo, nem a tua serva, nem o teu animal, nem o forasteiro das tuas portas para dentro. ÊXODO 20:9,10

Existem dois conceitos na passagem que consideraremos hoje. Primeiro: devemos notar que a ordem para descansar é precisamente um mandamento. Isto nos choca porque em nossa cultura, o descanso é algo que desfrutamos somente quando nada mais temos para fazer. Como esse dia nunca chega, raramente descansamos. É por isso que o Senhor não dá ao Seu povo a decisão sobre quando parar. Ele não nos consulta para saber se é isso que desejamos, nem tampouco pergunta se terminamos o nosso trabalho. Ele ordena claramente que descansemos.

Nisto, compreendemos como o nosso Pai celestial percebe a nossa tendência para abusarmos de tudo o que nos concedeu. Com a chegada da eletricidade e a possibilidade de se prolongar o dia indefinidamente, o homem se escraviza cada vez mais com o que faz. Deus, que conhece as nossas limitações, ordena o descanso para o bem da nossa saúde espiritual, emocional, física e mental.

Segundo, precisamos observar que o dia de descanso é "para o Senhor". Aqui está um conceito que contradiz as nossas pressuposições culturais. Entendemos que o dia de repouso é primordialmente para nós mesmos. O mandamento original tinha, acima de tudo, um sentido espiritual. Era um dia separado para celebrar a bênção de pertencer ao povo de Deus, para agradecer as graças recebidas e para readequar a vida segundo os eternos parâmetros da Palavra.

O líder interessado em ser eficaz no seu ministério precisa incorporar os princípios sobre o descanso em sua vida. Muitos pastores vivem num permanente estado de fadiga, o que reduz sua capacidade de servir e abençoar a vida dos seus liderados. O descanso, que não é a simples ausência de atividades, é um momento vital no ciclo da renovação espiritual do líder, para que seu ministério continue sendo frutífero. Quem procura viver sem esses tempos de renovação acaba prejudicando as pessoas as quais busca servir.

Para pensar:
O Senhor não pergunta se você precisa descansar. Ele ordena, quer você queira quer não. Talvez isso o ajude a compreender que o descanso é uma disciplina espiritual. Você o planeja como qualquer outra atividade em seu ministério e o incorpora no exercício espiritual que realiza diariamente para se manter em forma. Descansar não é perda de tempo. É remir o tempo com sabedoria para que possa ser mais frutífero para o reino.

Ciúmes que mata

23 de fevereiro

As mulheres se alegravam e, cantando alternadamente, diziam: Saul feriu os seus milhares, porém Davi, os seus dez milhares. Então, Saul se indignou muito, pois estas palavras lhe desagradaram em extremo; e disse: Dez milhares deram elas a Davi, e a mim somente milhares; na verdade, que lhe falta, senão o reino? Daquele dia em diante, Saul não via a Davi com bons olhos. 1 SAMUEL 18:7-9

Não há nada mais triste, entre o povo de Deus, do que um líder com inveja do sucesso dos seus liderados. Ele estará sempre dominado por suspeitas e pelo medo, e inevitavelmente seu ministério sofrerá as consequências dessas atitudes.

A derrota de Golias foi uma grande vitória para o povo de Israel. O cântico das mulheres proclamou apenas o que era claro aos olhos de todos. Paralisado pela indecisão e pelo temor, o rei Saul não proporcionou uma orientação exata e decisiva aos seus homens. Foi o jovem pastor de Belém que demonstrou uma atitude de coragem e valentia.

Observe que Davi em nenhum momento alardeou o seu feito; foi o povo que tornou evidente a sua grandeza. Enquanto festejavam, o coração do rei encheu-se de ira. O historiador que registrou esse momento nos revela uma decisão originada nesse acontecimento: "…Daquele dia em diante, Saul não via a Davi com bons olhos".

Nesta afirmação está a chave do problema. Uma vez que o líder permite que o ciúme e a inveja se apoderem do seu coração, sempre verá negativamente o trabalho dos que estão ao seu redor. Seu julgamento estará obscurecido por sua amargura. Como consequência, grande parte do seu tempo será empenhado na procura de formas para desqualificar os demais. Verá cada ação dos seus liderados como uma ameaça a sua posição. De fato, este é o resumo da vida de Saul que procurou, fanaticamente, destruir a vida de Davi.

A reação de um líder ao êxito dos outros manifesta sua verdadeira grandeza. Um líder amadurecido não teme ser ofuscado pelo ministério de outros, pois trabalha para que avancem e alcancem seu máximo potencial em Cristo. Assim como um pai em relação aos seus filhos, ele sente alegria ao perceber o sucesso deles em tudo o que fazem. Com espírito de generosidade, investe em suas vidas, anima-os e até espera que o superem, reconhecendo que ele mesmo não é a máxima expressão de grandeza.

Para pensar:
Observe como a palavra de Cristo aos discípulos é maravilhosa e desinteressada: "Na verdade, na verdade vos digo que aquele que crê em mim também fará as obras que eu faço e as fará maiores do que estas, porque eu vou para meu Pai" (João 14:12).

O Messias não definiu "grandeza" pelo tamanho de uma obra, mas pela fidelidade com que alguém executa a tarefa que lhe foi entregue. Neste sentido, o êxito dos Seus discípulos evidenciou que o Seu trabalho, como Messias, foi plenamente cumprido.

A escola do deserto

Informado desse caso, procurou Faraó matar a Moisés; porém Moisés fugiu da presença de Faraó e se deteve na terra de Midiã; e assentou-se junto a um poço. ÊXODO 2:15

24 de fevereiro

Não é difícil acreditar que foi Deus mesmo quem comoveu o coração de Moisés quando este viu os sofrimentos do povo de Israel. A sensibilidade ao espiritual, transmitida pelos seus pais, não se perdeu durante os anos na corte de Faraó. Entretanto, ainda não ele havia aprendido uma importante lição: os planos de Deus não podem ser implementados segundo os métodos humanos, conforme diz a epístola de Tiago: "...a ira do homem não produz a justiça de Deus" (1:20).

Para que Moisés pudesse aprender essa lição valiosa foi necessário que passasse pela escola do deserto. Havia nele confiança demais em sua própria força, o que o desqualificava para servir aos propósitos do Senhor. Deus teria de trabalhar profundamente em sua vida. Ali, no deserto, passou longos anos. O fervor e o zelo que o levaram a assassinar um homem, lentamente se dissiparam, deixando em seu lugar a vida calma e simples de um pastor de ovelhas. Quando todos os anelos e sonhos desapareceram do seu mundo interior, Deus o visitou e lhe deu a missão de libertar o povo de Israel da escravidão no Egito.

Observe como os caminhos de Deus são estranhos. Quando Moisés quis servi-lo, o Senhor não lhe permitiu, e quando o profeta já não tinha qualquer interesse, Deus o obrigou a assumir uma tarefa. Isto porque Deus não enfatiza as nossas ações, mas o nosso caráter.

O grande evangelista Dwight Moody, falando sobre este profeta, disse certa vez: "Nos primeiros 40 anos de sua vida, Moisés pensava ser uma pessoa importante. Nos 40 anos seguintes, descobriu que era insignificante! Nos últimos 40, viu o que Deus pode fazer com um 'ninguém'". Que admirável resumo da ação do Senhor na vida do profeta!

Todo líder deve aprender esta lição. Deus não precisa dos nossos planos, nossas habilidades, nem dos nossos esforços. Não necessita sequer do nosso zelo, como o apóstolo Pedro teve que descobrir. Ele espera, apenas, que nos coloquemos em Suas mãos para nos conduzir e mostrar as atitudes e o comportamento que espera de nós. Esta entrega é muito custosa ao ser humano, porque temos nossas próprias ideias sobre a melhor maneira de agradar a Deus.

Para pensar:
Como é tentador para nós, pastores, fazer planos e depois pedir para Deus para abençoar os nossos esforços. É muito mais difícil esperar no Senhor e apenas avançar sob o Seu comando. Não devemos perder de vista, no entanto, que o homem, totalmente entregue a Deus, é o instrumento mais poderoso para que os projetos que estão no próprio coração do Senhor avancem. Não se apresse!

"Seja o exemplo"

Ninguém despreze a tua mocidade; pelo contrário, torna-te padrão dos fiéis, na palavra, no procedimento, no amor, na fé, na pureza. 1 TIMÓTEO 4:12

25 de fevereiro

A juventude é um tempo de sonhos. O jovem observa o mundo e denuncia, com fervor, as injustiças e as contradições ao seu redor. Acredita que pode conseguir mudanças nas situações outros tenham fracassado ou desistido. De igual modo, na igreja, muitas vezes o jovem exige ser ouvido e levado em consideração. Frequentemente, essas demandas estão marcadas por falta de afeto e respeito pelos que se encontram ao redor.

Paulo valorizava os jovens. Ele ordenou a Timóteo, que apesar de ter um caráter tímido, não permitisse ser desmerecido por ser jovem. Observe, porém, o método que Paulo apresentou para ele conquistar o respeito, por meio do seu comportamento exemplar.

É exatamente neste ponto que a maioria dos jovens fracassa. Eles têm entusiasmo e paixão, mas lhes falta o tipo de vida que dê respaldo às suas exigências. São capazes de apontar com facilidade os erros na vida dos outros e não percebem ser esta a forma mais fácil de encarar o problema. Ainda não caminharam o suficiente pela vida para encontrarem soluções reais e práticas para as dificuldades enfrentadas pelo ser humano.

Paulo recomendou a Timóteo que não se deixasse levar por discussões e argumentos. Seis vezes, nas duas epístolas, o apóstolo advertiu que não seria bom levar adiante o plano de Deus com excesso de palavras. Em vez disto, o apóstolo o despertou a cultivar um estilo de vida capaz de lhe dar o direito de ser ouvido.

Para o líder jovem, este é um desafio difícil. Ele deve aprender que, identificar os erros de uma igreja ou de seus líderes, pouco ajuda na implementação de uma mudança profunda e duradoura. O desafio é mostrar, com o comportamento, a existência de alternativas. Quando eu ainda era solteiro, eu apontava com facilidade para os erros dos meus pais! Depois que casei, no tempo certo chegaram os filhos e logo comecei a ver que a teoria de "como ser um bom pai" não era tão fácil de ser colocada em prática. E não somente isto; logo percebi estar cometendo os mesmos erros que, em outro tempo, eu tinha denunciado como inadmissíveis.

O jovem que assume o desafio de cultivar uma vida em que o comportamento e a pureza saltem à vista será tomado em consideração sem ter a necessidade de buscar esse reconhecimento. O motivo é claro: as teorias são muitas, mas a vida fala mais alto do que as palavras.

Para pensar:
O autor e poeta inglês Oscar Wilde, disse certa vez: "Neste mundo, os jovens estão sempre dispostos a compartilhar com os adultos o amplo benefício da sua falta de experiência." Este é, sem dúvida, um comentário irônico, mas não deixa de ter alguma verdade. Se você é jovem, permita que sua vida fale mais alto do que suas palavras.

Somente administradores

E foram ter com João e lhe disseram: Mestre, aquele que estava contigo além do Jordão, do qual tens dado testemunho, está batizando, e todos lhe saem ao encontro. Respondeu João: O homem não pode receber coisa alguma se do céu não lhe for dada. JOÃO 3:26,27

26 de fevereiro

Fazia 400 anos que não se via em Israel um profeta com uma mensagem como a de João Batista. Sua aparição às margens do rio Jordão rapidamente atraiu pessoas de toda a região. Com o passar dos dias e das semanas, grandes multidões o acompanhavam.

Tudo isto mudou com a chegada do Messias. A missão de João Batista estava concluída e, em pouco tempo, as multidões passaram a acompanhar Aquele que tinha sido batizado pelo profeta. Os mais fiéis seguidores de João viam com tristeza o que acontecia e vieram falar com ele para tomar alguma providência. Por trás da reclamação de seus discípulos estava a convicção implícita de que Jesus estava "roubando" o que o profeta conseguira com sua pregação.

Na resposta do profeta, vemos uma das razões para Cristo elogiar tão fortemente sua vida. João entendia que ninguém ganha por seus próprios méritos, nem tampouco pelos seus esforços. Ele entendia que tudo tinha vindo do Pai, cujo coração está cheio de misericórdia. Sabia que a multidão lhe tinha sido emprestada por um tempo, e que, a qualquer momento, o Pai poderia tirá-la, porque não lhe pertencia, mas, sim, a Deus. Por este motivo não ofereceu resistência, nem se encheu de amargura quando o povo começou a se congregar em torno de Cristo.

Muitas vezes, como pastores, agimos como se a vida das pessoas nos pertencessem. Tomamos a liberdade de lhes impor nossos planos e preferências, e decidimos como se fôssemos seus chefes. As pessoas, entretanto, resistem a esse tipo de tratamento, e logo começam a manifestar sua insatisfação. Como foi diferente a atitude de João! Longe de ficar amargurado, agiu com o desprendimento e a generosidade de quem possui interesse genuíno pelos outros. Como se opor à fuga das pessoas se lhes convinha muito mais estar perto de Cristo?

O líder amadurecido procura sempre o melhor para o seu grupo, mesmo que isso lhe tire o "prestígio" do seu próprio ministério. Ele terá sempre presente que, assim como os filhos são confiados aos pais por alguns anos, o seu grupo também lhe foi emprestado por um tempo. Eles têm a liberdade de se movimentar e atuar de acordo com o que compreendem ser a vontade de Deus para suas vidas. Mesmo quando errarem, o líder respeitará essa liberdade que o Senhor também concedeu a ele.

Para pensar:
Como você atua quando apresenta ideias às pessoas que pastoreia? Qual é sua reação quando rejeitam seus conselhos e buscam um caminho diferente do sugerido? Quais são as evidências de que seu povo tem plena liberdade de ação? O que você pode fazer para cultivar neles esse senso de liberdade?

A voz de Deus

Tornou o Senhor a chamar: Samuel! Este se levantou, foi a Eli e disse: Eis-me aqui, pois tu me chamaste. Mas ele disse: Não te chamei, meu filho, torna a deitar-te. Porém Samuel ainda não conhecia o Senhor, e ainda não lhe tinha sido manifestada a palavra do Senhor. 1 SAMUEL 3:6,7

27 de fevereiro

Encontramos dois fatos interessantes nesse momento da vida do jovem Samuel. Primeiro, a voz de Deus era tão parecida com a voz de Eli, que ele chegou a se confundir. Somente nos filmes, a voz de Deus ecoa pelo ar! Na vida real, as maneiras como fala são facilmente identificadas com outras vozes, e quem sabe, com a nossa própria voz.

Na sequência, devemos parar e considerar a frase "...Samuel ainda não conhecia o Senhor, e ainda não lhe tinha sido manifestada a palavra do Senhor". O que vemos aqui é a descrição de um principiante, uma pessoa que estava iniciando o processo de aprendizagem que o tornaria no grande profeta e juiz em Israel.

Compreender isto é importante. Existe um pensamento, entre o povo de Deus, de que a espiritualidade é algo que se herda, ou que pode ser recebida pela imposição de mãos. Muitos cristãos andam de um lado para outro buscando esse "toque", ou essa "unção" que os torne automaticamente grandes homens ou mulheres de Deus. Estão convencidos de que a grandeza de ilustres personagens, na história do povo de Deus, se deve a alguma visitação especial, ou então à posse de algum dom extraordinário que os tornou diferentes dos outros mortais.

Na verdade, cultivamos a vida espiritual com disciplina. Assim como acontece no desenvolvimento do corpo físico, grande parte do crescimento espiritual depende de elementos que escapam ao nosso controle. Às vezes, nem sequer compreendemos os misteriosos processos que resultam na transformação do nosso coração. O certo é que fomos chamados para caminhar em fidelidade com Deus e permitir que Ele nos conduza rumo à maturidade.

Aqui não há grandes saltos, nem avanços repentinos. Às vezes, experimentamos visitações extraordinárias da Sua presença, mas o crescimento espiritual normal é o resultado de um processo lento e contínuo. O autor da carta aos Hebreus refere-se a isto quando escreveu: "Mas o alimento sólido é para os adultos, para aqueles que, pela prática, têm as suas faculdades exercitadas para discernir não somente o bem, mas também o mal" (5:14). Perceba a frase "pela prática". Outras versões traduzem "pelo exercício constante". Seja qual for a tradução, todas destacam um processo de aprendizagem que inclui a possibilidade de equivocar-se, como aconteceu com o jovem Samuel.

Para pensar:
Alguém disse certa vez: "Todos querem ser algo na vida; mas ninguém quer crescer." Que passos você está dando para melhor compreender os mistérios da vida espiritual? Como exercita os seus sentidos para poder discernir entre o bem e o mal?

Fraquezas com potencial

28 de fevereiro

Então, ele me disse: A minha graça te basta, porque o poder se aperfeiçoa na fraqueza. De boa vontade, pois, mais me gloriarei nas fraquezas, para que sobre mim repouse o poder de Cristo. 2 CORÍNTIOS 12:9

Existe uma tendência universal no ser humano para esconder suas fraquezas. Estamos tristes, mas mostramos rosto alegre. Queremos chorar, mas guardamos nossas lágrimas. Sentimo-nos oprimidos, mas aparentamos estar no controle. Lutamos com a depressão, entretanto procuramos convencer os outros de que tudo vai bem.

Tudo isto revela a importância que damos à imagem que outros têm de nós. Desejamos que nos vejam como vencedores, com passos firmes rumo a objetivos claramente definidos na vida. Por isso, resistimos a todo custo revelar as coisas que mostram nossa verdadeira condição de seres frágeis e débeis.

Paulo afirma, com alegria, que se gloriará em suas fraquezas. Você, alguma vez, parou para pensar na loucura de tal declaração? Ele diz que não fará qualquer esforço para escondê-las; pelo contrário, se vangloriará por elas existirem. Longe de lhe provocar vergonha, ele as apresentará como as verdadeiras marcas da sua total dependência de Cristo. Na verdade, para nós, a atitude do apóstolo é algo incompreensível. Entretanto, não podemos deixar de sentir, no íntimo do coração, uma profunda admiração pelo seu estilo de liderança.

Por um momento, faça uma peregrinação pela história do povo de Deus. Você consegue pensar em alguma pessoa que tenha sido usada graças à sua força e virtudes? Abraão era um ancião incapaz de gerar filhos. José era um escravo, abandonado num cárcere. Moisés era um pastor de ovelhas, gago. Gideão era o menor de sua casa e, ainda por cima, pobre. Davi era um simples pastor de ovelhas. Neemias não era mais que um copeiro do rei. Jeremias era jovem e inexperiente. João Batista era um desconhecido que morava no deserto. Os discípulos eram simples pescadores, homens iletrados sem nenhum preparo. O intrépido perseguidor da igreja, Paulo, foi deliberadamente enfraquecido pelo Senhor por intermédio de um espinho na carne, que o atormentava.

E estes são apenas os heróis das Escrituras. Que diremos de outros como Agostinho, Lutero, Wesley, Hudson Taylor, Moody, Spurgeon etc. que marcaram profundamente a história do povo de Deus? Todos eles, sem exceção, foram úteis porque permitiram que suas fraquezas fossem um meio pelo qual Deus demonstrou Sua glória.

Para pensar:
Não esconda as suas fraquezas. Não procure ocultá-las, nem perca tempo se justificando. Não as ignore, tentando se fazer de forte, porque assim Cristo não poderá manifestar Seu poder. Torne-se amigo das suas debilidades. Elas são, na verdade, a porta para que toda a plenitude de Deus se manifeste em sua vida.

Lugares de refúgio

Ó Deus, tu és o meu Deus forte; eu te busco ansiosamente; a minha alma tem sede de ti; meu corpo te almeja, como terra árida, exausta, sem água. SALMO 63:1

1 de março

Dos salmos de Davi, este é um dos que mais intensamente revelam seu insaciável anelo pela presença de Deus. O mais interessante, neste salmo, é o título: "Salmo de Davi, quando estava no deserto de Judá." Isto dá maior significado aos maravilhosos sentimentos expressos em sua poesia.

Davi esteve duas vezes neste deserto. Na primeira vez, fugia de Saul, que procurava matá-lo. O historiador relata esse momento nos seguintes termos: "Permaneceu Davi no deserto, nos lugares seguros, e ficou na região montanhosa no deserto de Zife. Saul buscava-o todos os dias, porém Deus não o entregou nas suas mãos" (1 Samuel 23:14). Na segunda vez, foi quando fugia de Absalão, seu filho, que se rebelara contra ele. O acontecimento é narrado assim: "Seguiu Davi pela encosta das Oliveiras, subindo e chorando; tinha a cabeça coberta e caminhava descalço; todo o povo que ia com ele, de cabeça coberta, subiu chorando" (2 Samuel 15:30).

Os dois cenários revelam um homem numa situação de dolorosa angústia pessoal. Como é profunda a exclamação de Davi em meio às circunstâncias tão devastadoras: "Ó Deus, tu és o meu Deus forte [...]; a minha alma tem sede de ti; o meu corpo te almeja..."!

Qual é o princípio que aparece neste salmo? O líder deve possuir a capacidade para, em tempos de crise, afastar-se das circunstâncias que o rodeiam e se colocar na presença de Deus, e ali encontrar o alívio de que necessita. Junto a esse conforto, virá a possibilidade de perceber, sob a perspectiva divina, o que realmente está acontecendo. Suas prioridades se alinham com Deus, e ele poderá exclamar com entusiasmo: Só tu és Deus, ó Senhor!

Se você analisar a vida dos grandes servos de Deus, verá que cada um deles, sem exceção, tinha a capacidade de entrar num refúgio secreto nos seus tempos de crise, para estar em comunhão com o grande Deus do universo. Pense em Cristo no jardim do Getsêmani. Veja Paulo e Silas na prisão. Considere Moisés quando viu o bezerro de ouro. Observe Neemias quando foi informado sobre as ruínas de Jerusalém. Cada um deles entrou em seu refúgio secreto, e derramou o coração na presença daquele que vive e reina para sempre. Ali encontraram o consolo e a força para seguirem adiante.

Para pensar:
O salmista exclamou: "Deus é o nosso refúgio e fortaleza, socorro bem presente na angústia. Pelo que não temeremos, ainda que a terra se mude, e ainda que os montes se transportem para o meio dos mares" (Salmo 46:1,2). O alívio não vem por sabermos disto. O conforto chega quando corremos para o Senhor e nos refugiamos em Seus braços. Seja um líder acostumado a compartilhar as dificuldades com Deus!

Correr juntos

Portanto, também nós, visto que temos a rodear-nos tão grande nuvem de testemunhas, desembaraçando-nos de todo peso e do pecado que tenazmente nos assedia, corramos, com perseverança, a carreira que nos está proposta. HEBREUS 12:1

2 de março

O autor da epístola aos Hebreus, como tantos outros mestres na Palavra, traz uma analogia para entendermos os desafios da vida espiritual. Essa comparação, certamente bastante conhecida dos seus leitores, é uma corrida, a maratona. A prova esportiva, inspirada no grande feito de um guerreiro grego, consiste em correr uma grande distância (hoje 42 km) sem desfalecer. Pensando em vários requisitos para a prova, o autor identifica o que é necessário para sairmos bem na jornada que nos é proposta.

O primeiro elemento mencionado pelo autor é a "grande nuvem de testemunhas" que nos rodeia. Esta é uma referência ao capítulo anterior, onde há uma lista dos corredores. Ali aparecem: Abel, Enoque, Abraão, Sara, Isaque, Jacó, José Moisés, Raabe, Gideão, Baraque, Sansão, Jefté e Davi. Faltou tempo para ele comentar sobre inúmeros outros vencedores, que "da fraqueza tiraram forças" (Hebreus 11:34). Desta forma, o autor procura nos despertar para enfrentarmos a vida. O caminho nos apresenta muitos desafios e contratempos. Por vezes, chegamos a achar impossível prosseguir, e nos sentimos tentados a desistir. Somos lembrados da existência de uma nuvem de testemunhas que correram antes de nós e triunfaram.

Por outro lado, o comentário do escritor indica que a corrida não deve ser solitária. Nas corridas atuais, os bons atletas sempre correm em equipe. Com um ritmo disciplinado, eles impõem a velocidade adequada ao grupo. Este é um aspecto fundamental para alcançar a vitória. Eles se incentivam mutuamente, porque o grupo tem mais força do que o indivíduo.

Muitos pastores e líderes sofrem de solidão no ministério. Não há dúvida de que o pastor segue por um caminho com vários aspectos solitários. Mas também é verdade que muitos se isolam por vontade própria. Eles não abrem espaço para um relacionamento mais profundo com outros, o que os animaria e os alimentaria em sua vida espiritual. Por falta desse apoio vital, são presas fáceis para o desânimo, e muitas vezes veem-se como vítimas, pouco compreendidos pelos demais. O líder sábio, no entanto, compreende que todo cristão precisa ter companheiros para correr ao seu lado.

Para pensar:
Quem são seus companheiros de jornada? Se você leva tempo para dizer quem são é sinal de que está caminhando sozinho. Os colegas da minha equipe devem fazer parte da minha vida. Por que você não começa a orar pedindo ao Senhor que lhe conceda ter este tipo de amigos? Parte da riqueza da sua vida espiritual depende destes companheiros e você só descobrirá caminhando com eles..

Correr sem embaraços

3 de março

Portanto, também nós, visto que temos a rodear-nos tão grande nuvem de testemunhas, desembaraçando-nos de todo peso e do pecado que tenazmente nos assedia, corramos, com perseverança, a carreira que nos está proposta. HEBREUS 12:1

A comparação que o autor da epístola aos Hebreus usa para compreendermos as dinâmicas da vida cristã é a maratona, uma longa corrida de cerca de 42 quilômetros. Ele faz recomendações sobre a melhor maneira de enfrentarmos esse desafio. No devocional de hoje vamos nos prender à expressão "desembaraçando-nos de todo o peso". Se você tivesse a oportunidade de participar de uma maratona, ou então estivesse vendo a filmagem de uma prova, perceberia que os corredores estão com o mínimo de peso. Seus calçados foram especialmente confeccionados e pesam apenas 250 gramas. Alguns corredores chegam a participar descalços para evitar o peso. Poucos atletas profissionais carregam algum elemento adicional durante a corrida. O motivo para uma atitude tão radical, quanto ao equipamento, é bastante claro. Se você for correr uma distância tão longa não vai querer levar consigo algo que não seja absolutamente essencial para fazê-lo chegar à meta. Todo peso adicional se tornará em fardo ao longo dos quilômetros. Na antiga Grécia, os corredores iam sem roupa, totalmente nus.

Quando Cristo instruiu os discípulos, antes de enviá-los dois a dois, recomendou-lhes o seguinte: "Não vos provereis de ouro, nem de prata, nem de cobre nos vossos cintos; nem de alforje para o caminho, nem de duas túnicas, nem de sandálias, nem de bordão; porque digno é o trabalhador do seu alimento" (Mateus 10:9,10). Ele os desestimulou a avançar na tendência natural do ser humano de alcançar o bem-estar pessoal pela acumulação de coisas. Em vez disso, eles deviam levar pouco para a viagem, confiando que o bom Pai celestial lhes proveria todo o necessário para o seu sustento.

Em nosso versículo de hoje, o autor usa a mesma palavra "peso", também empregada para referir-se a uma mulher grávida. A mulher, quando chega a um estado avançado de gravidez, move-se com lentidão e sente grande incômodo. O tamanho do seu ventre impede que seja ágil ou rápida. A ilustração é ótima para nos dar a entender porque o autor nos orienta para nos livrarmos de todo peso. Ele nos desperta para deixarmos toda "bagagem adicional", isto é aquilo que dificulta ou impede o nosso caminhar com Cristo. Existem muitas coisas que nos são lícitas, mas que acrescentam complicações à vida.

O obreiro sábio sabe diferenciar o que é realmente necessário para o ministério e o que apenas é interessante, mas que eventualmente será um obstáculo para a execução das suas tarefas. Ele deve ser disciplinado para escolher o que for bom e dar às costas para aquelas coisas que outros consideram indispensáveis. Com os olhos sempre fixos no seu alvo, será firme para se livrar de tudo o que o atrapalhe.

Para pensar:
O desafio aqui não está em escolher entre o bom e o mau, mas sim, entre o que é necessário e o que não é. Algumas coisas boas podem ser desnecessárias para o cumprimento da nossa vocação, tornando-se um peso extra que atrapalhará a carreira.

Livres do pecado

4 de março

Portanto, nós também, pois, que estamos rodeados de uma tão grande nuvem de testemunhas, deixemos todo embaraço e o pecado que tão de perto nos rodeia e corramos, com paciência, a carreira que nos está proposta. HEBREUS 12:1 (ARC)

O autor da epístola aos Hebreus usa a maratona para nos ajudar a entender as dinâmicas da vida cristã. Ele apresenta recomendações sobre a melhor maneira de participarmos desta corrida. No devocional de hoje vamos nos concentrar na expressão "o pecado que tão de perto nos rodeia".

Temos dois importantes conceitos na exortação do autor. O primeiro aparece na expressão "tão de perto". O pecado, em sua essência, se baseia nas sutis distorções da Palavra de Deus, e não, nas grosseiras manifestações que, claramente, contradizem sua veracidade. Observe com que sutileza o inimigo dialogou com Eva, primeiro para criar confusão em sua mente, e em seguida colocar a semente da dúvida quanto à bondade de Deus. Observe, também, como ele enfrentou o Filho de Deus no deserto, chegando até a citar textos do livro de Salmos para fazê-lo cair. É por essa característica do pecado que somos envolvidos em atitudes e pensamentos que desonram ao Deus que amamos.

O segundo conceito-chave se encontra na frase "nos rodeia". A palavra grega usada pelo autor apresenta a ideia de algo que impede o atleta, um obstáculo que lhe oferece resistência, não importando a direção para onde vá. É como se alguém desejasse correr tendo um lençol em volta do seu corpo. Qualquer ação seria dificultada porque todas as partes do corpo estariam limitadas em seus movimentos.

Esta descrição mostra muito bem os efeitos do pecado em nós. Quando damos oportunidade, ele nos envolve e atrapalha todas as áreas da vida. Nossas emoções se tornam amargas e tristes. Os pensamentos se enchem de condenação e críticas. Nossas perspectivas são tingidas pelo pessimismo. A visão fica obscurecida e consideramos tudo como algo problemático. As palavras se convertem em instrumentos de lamentação e destruição. Acima de tudo, nosso relacionamento com Deus se vê drasticamente afetado. Ouça a confissão do salmista: "Enquanto calei os meus pecados, envelheceram os meus ossos pelos meus constantes gemidos todo o dia. Porque a tua mão pesava dia e noite sobre mim, e o meu vigor se tornou em sequidão de estio" (32:3,4).

Como ministros, nem por um instante podemos nos descuidar em face de nossa inclinação para nos deixarmos ser seduzidos pelo pecado. Nessa área da vida espiritual devemos estar em permanente vigilância. Bem falou Pedro ao dizer: "...O diabo, vosso adversário, anda em derredor, como leão que ruge procurando alguém para devorar" (1 Pedro 5:8).

Para pensar:
Martinho Lutero certa vez confessou: "Tenho mais medo do meu coração do que do papa e de seus cardeais." O passar dos anos e a experiência lhe haviam revelado que os maiores problemas da vida não estão ao nosso redor, mas nas maquinações e enganos do nosso próprio coração. Por este motivo, o grande reformador prestava especial atenção à pureza do seu mundo interior.

Pacientes até o fim

5 de março

Portanto, também nós, visto que temos a rodear-nos tão grande nuvem de testemunhas, desembaraçando-nos de todo peso e do pecado que tenazmente nos assedia, corramos, com perseverança, a carreira que nos está proposta. HEBREUS 12:1

A maratona, com seus intermináveis 42 quilômetros, continua presente para nos ajudar a compreender as dinâmicas da vida cristã. Entre outras coisas, o autor nos incentiva a correr "com perseverança".

Tiago, em sua epístola, nos exorta a sentir alegria ao passarmos por dificuldades sabendo que um dos mais preciosos resultados deste tratamento especial de Deus é termos paciência. Como esta virtude é importante! Por falta dela, Abraão gerou um filho com Agar. José apelou ao copeiro do rei para se livrar da prisão. Moisés matou um egípcio e teve de fugir para o deserto. Por falta de paciência, Paulo se desentendeu com João Marcos.

A maratona é uma das poucas disciplinas em que ser jovem não representa vantagem. Os grandes corredores, mundialmente conhecidos, não são atletas de 18 ou 20 anos, como pode acontecer em outras modalidades esportivas. A idade média dos campeões fica em torno dos 35 anos. Por quê? Porque ao jovem falta o ingrediente indispensável para as corridas de longa distância, que é a capacidade de estabelecer o ritmo necessário para se chegar ao final. Participei de maratonas em que jovens entusiasmados iniciaram a corrida como se fossem a próxima esquina comprar pão. A corrida dura várias horas e ninguém poderá completá-la se não adotar uma sequência adequada.

Encontramos uma importante lição neste aspecto da analogia. Há pessoas que começam sua experiência espiritual com grande vigor e paixão. Em pouco tempo chegam a alturas pouco frequentes para outros cristãos mais experientes. Ficam deslumbrados com o que lhes aconteceu. Poucos deles, infelizmente, conseguem manter esse fervor por muito tempo. A maioria cai da mesma forma como subiu. Sua queda é estrondosa.

O líder maduro sabe que a corrida é longa. Ele não se sente ameaçado por outros que parecem avançar mais rapidamente na vida cristã. O prêmio não é para aqueles que saem cheios de energia, mas para os que, em marcha pausada e constante, cruzam a meta final.

Imponha à sua vida ministerial um ritmo seguro, considerando seus recursos, porque no momento de maior cansaço, você necessitará das reservas feitas no tempo em que esteve cheio da energia e entusiasmo dos que recém iniciaram a carreira. Este é o segredo dos grandes atletas. Quando o corpo lhes diz que podem ir mais depressa, reduzem a velocidade. Eles sabem que mais adiante, a energia reservada será crucial para a prova ser concluída.

Para pensar:
Santo Agostinho fez esta observação: "A paciência é companheira da sabedoria." Os apressados raramente encontram tempo para aprender as lições necessárias para o êxito. Quais são as coisas que o inquietam? Quais são suas reações em situações que resultam em falta de paciência? O que você pode fazer para crescer nessa virtude?

Os olhos no alvo

6 de março

…olhando firmemente para o Autor e Consumador da fé, Jesus, o qual, em troca da alegria que lhe estava proposta, suportou a cruz, não fazendo caso da ignomínia, e está assentado à destra do trono de Deus. HEBREUS 12:2

Estamos considerando as exortações do autor da epístola aos Hebreus, em comparação à corrida da maratona, para podermos apreender as dinâmicas da vida cristã. Hoje, desejamos pensar naquilo que motiva o atleta. Sabe-se que a maratona se baseia no grande feito de um soldado grego que correu para anunciar a vitória conquistada na batalha de Maratona. Ser o vencedor numa competição dessas, dava prestígio ao atleta, não somente por sua extraordinária aptidão física, mas também porque o campeão se identificava com o primeiro herói desse notável acontecimento.

Nas corridas atuais, a chegada muitas vezes encontra-se no mesmo lugar da largada. Antes de correr, o atleta dá uma olhada ao pódio, imaginando a sensação de subir ao ponto mais alto, sendo aplaudido e elogiado pelo público por ser o melhor de todos os concorrentes. Esse sonho, por mais fugaz que seja nos minutos que antecedem a corrida, age como um poderoso estímulo para cada atleta. Mesmo os menos preparados sonham com o prazer de cruzar a meta por sentir que todo o esforço valeu a pena.

Durante a corrida, haverá momentos difíceis nos quais o atleta lutará com o desejo de abandonar a competição. Nesta hora, os melhores trazem à lembrança o momento da chegada e recuperam as forças como a antecipar a glória que está por chegar.

O autor da epístola aos Hebreus usa Jesus como uma excelente ilustração. Seu momento supremo de crise foi no Getsêmani. Ali confessou aos discípulos o forte desejo de "abandonar a corrida". Disse-lhes: "…A minha alma está profundamente triste até à morte…" (Mateus 26:38). Ele se afastou e se concentrou na intensa batalha que se apossara do Seu coração: de um lado o desejo de fazer a vontade do Pai, e do outro, fazer Sua própria vontade. Finalmente, alcançou o que lhe faltava para seguir em frente: tirando os olhos da cruz e da agonia da morte, fixou-os em algo que o inspirava plenamente. Era a alegria do momento do reencontro com Seu Pai celestial.

Como líder, você precisa ter os olhos postos em algo inspirador, muito acima das circunstâncias em que se encontra. Talvez seja o cumprimento de uma Palavra que Deus lhe tenha dado. Quem sabe, a concretização de uma visão recebida do Senhor. Ou ainda, a conclusão de um projeto que traga glória para o Seu nome. Seja o que for, isso vai inspirar e animá-lo a seguir adiante quando as forças parecerem chegar ao fim.

Para pensar:
Em que coisas você tem os olhos fixos a maior parte do tempo? O que o faz desanimar? Quais coisas o inspiram? Que passos você deve dar para olhar com mais frequência àquilo que o incentiva?

O lugar de definições

Considerai, pois, atentamente, aquele que suportou tamanha oposição dos pecadores contra si mesmo, para que não vos fatigueis, desmaiando em vossa alma. HEBREUS 12:3

7 de março

Continuamos com a analogia da corrida da maratona para podermos compreender melhor a dinâmica da vida cristã. No devocional de hoje, nos atentaremos ao segredo de não nos cansarmos, nem desanimarmos em nossos corações.

O autor, como foi dito no versículo anterior, nos desperta para fixarmos o olhar no exemplo deixado pelo Filho de Deus. A corrida não foi fácil para o Messias. No caminho, Ele encontrou questionamentos, oposição, zombaria, incompreensão, agressão e, finalmente, traição e abandono. Tudo isto teria sido mais do que suficiente para desviar a vida de alguém muito forte. Cristo, entretanto, longe de desanimar, prosseguiu rumo ao objetivo com o único propósito que caracteriza os que são verdadeiramente grandes. O segredo do Seu sucesso estava na compreensão de que toda a conquista se alcança primeiro no coração.

Um bom atleta sabe que, pelo menos metade da corrida, é ganha pela atitude e por isso dá grande importância à preparação, tanto mental como física. Pode ter um corpo invejável, capaz de grandes façanhas no esporte que pratica. Mas a batalha, muitas vezes, se ganha ou se perde nos lugares secretos do interior do atleta. Se em seu coração, sente não ter possibilidades de vencer o confronto com seus adversários, então, com certeza, será derrotado.

Como líderes, devemos ter uma clara compreensão da batalha na qual estamos envolvidos. O conhecido autor cristão, Charles Swindoll, escreveu: "Estou convencido de que 10% da vida consiste nas coisas que nos acontecem e os outros 90% dependem da maneira como reagimos a elas." As decisões cruciais da vida ocorrem no coração, onde as tendências humanas sempre surgem com sugestões sedutoras. Nossos piores problemas não se encontram ao nosso redor, mas se acham escondidos em nosso interior. "Porque do coração procedem maus desígnios, homicídios, adultérios, prostituição, furtos, falsos testemunhos, blasfêmias. São estas as coisas que contaminam o homem; mas o comer sem lavar as mãos não o contamina" (Mateus 15:19,20).

Para pensar:
Paulo indicou que um dos elementos mais importantes para a vida vitoriosa consiste na renovação da mente. Ele escreveu: "E não vos conformeis com este século, mas transformai-vos pela renovação da vossa mente, para que experimenteis qual seja a boa, agradável e perfeita vontade de Deus" (Romanos 12:2). Quais pensamentos ocupam sua mente ao longo do dia? Alguns deles lhe provocam desânimo? Quais o estimulam a continuar batalhando? O que você pode fazer para conseguir maior disciplina nessa área da sua vida?

Discernimento em meio às circunstâncias

8 de março

> Passei pelo campo do preguiçoso e junto à vinha do homem falto de entendimento; eis que tudo estava cheio de espinhos, a sua superfície, coberta de urtigas, e o seu muro de pedra, em ruínas. Tendo-o visto, considerei; vi e recebi a instrução.
> PROVÉRBIOS 24:30-32

A situação descrita pelo autor deste versículo, com certeza, era vista com frequência nos caminhos de Israel. Muitos passavam pelo local e viam o abandono desse campo. Olhavam com desdém e logo seguiam adiante. O autor, como diz certa versão, guardou no coração o que tinha visto. Quer dizer, ele procurou decifrar o significado do triste quadro que vira. Procurou ir além do que os olhos haviam contemplado para assimilar os princípios de vida escondidos nesse cenário de degradação. Tais lições não são percebidas pelos que passam pela vida apressados, preocupados apenas com as circunstâncias. Esse discernimento só acontece quando se acrescenta um sério exercício de reflexão ao processo de observação. No caso do autor do livro de Provérbios, esta reflexão, rendeu-lhe frutos em termos de "instrução".

O que se encontra ao nosso redor pode oferecer-nos preciosas lições, muito úteis para a vida. Nisto está o valor de ser um observador. O ato de refletir nos ajuda, por exemplo, a analisar a falta de responsabilidade de um vizinho, e nos leva a evitar críticas que não edificam e nada acrescentam à situação. É triste ver que muitas observações que fazemos oferecem poucos e fracos resultados.

A reflexão bem conduzida pode ser uma atividade tremendamente proveitosa, e isto, quando se busca aprender por meio das várias situações que a vida apresenta. Sem dúvida, este é um tema muito presente no livro de Provérbios. No primeiro capítulo, o autor diz "Grita na rua a Sabedoria, nas praças, levanta a voz; do alto dos muros clama, à entrada das portas e nas cidades profere as suas palavras" (Provérbios 1:20,21). Os quatro lugares que menciona — a rua, as praças, as esquinas e as portas da cidade — eram os pontos onde aconteciam as atividades da vida cotidiana. Ali a pessoa podia encontrar valiosas lições de vida. Isto, em sua essência, significa ser sábio. É um engano pensar que só se aprende numa sala de aula, ou assistindo a um evento específico sobre determinado tema. A sabedoria está à disposição de todos os que têm olhos para ver e um coração disposto a meditar naquilo que se passa ao seu redor.

Para pensar:
É melhor adquirir sabedoria do que o ouro. O ouro pertence à outra pessoa, mas a sabedoria pode ser nossa. O ouro serve somente para o corpo e para o tempo presente, entretanto a sabedoria vale para a alma e para a vida eterna. —Matthew Henry.

Fé nos discípulos

9 de março

Manifestei o teu nome aos homens que me deste do mundo. Eram teus, tu mos confiaste, e eles têm guardado a tua palavra. [...] Quando eu estava com eles, guardava-os no teu nome, que me deste, e protegi-os, e nenhum deles se perdeu, exceto o filho da perdição, para que se cumprisse a Escritura. JOÃO 17:6,12

Um discípulo é, por natureza, alguém que está num processo de formação. Nessa etapa da vida, a maturidade espiritual encontra-se num permanente estado de flutuação. Em alguns momentos, revelará ter grande sabedoria em seu comportamento e em suas palavras. Em seguida, mostrará falta de crescimento ao cometer erros que chegam a ser grosseiros.

Isto aconteceu com os Doze que seguiam o Messias. Houve ocasiões quando alegraram o Senhor, como aconteceu no regresso dos 70 enviados em missão por Ele. O autor do evangelho diz que "Naquela hora, exultou Jesus no Espírito Santo..." (Lucas 10:21). Ele estava começando a ver o fruto do Seu ministério junto aos discípulos. Em outras situações, os mesmos doze provocaram nele profunda decepção. Quando desceu do Monte da Transfiguração, encontrou os discípulos envolvidos numa discussão com os fariseus a respeito de como curar um jovem epiléptico. Jesus exclamou: "...Ó geração incrédula, até quando estarei convosco? Até quando vos sofrerei? ..." (Marcos 9:19).

A pergunta que se coloca é: O que fazer para não desanimarmos com as pessoas que estamos discipulando?

Nosso texto revela o segredo da perseverança do Filho de Deus com os 12 homens. Cristo não avaliava a competência dos discípulos com base no comportamento deles. Com absoluta certeza, em mais de uma ocasião Ele poderia tê-los abandonado. Observe a oração que o Filho de Deus fez no fim do Seu ministério: "Manifestei o teu nome aos homens que me deste do mundo. Eram teus, tu mos confiaste, e eles têm guardado a tua palavra" (João 17:6). Aqui se encontra a chave. Jesus não tinha escolhido esses homens; Ele os recebera das mãos do Pai. E como haviam sido entregues por Ele, podia ter a certeza de que o Pai não se equivocara nesta escolha. Esta convicção permitiu que o Mestre permanecesse firme nas mais adversas circunstâncias.

O líder deve ter essa mesma convicção com as pessoas que está discipulando. Deve ser movido pela certeza de estar investindo naqueles que o Pai colocou sob os seus cuidados. Assim conseguirá persistir na tarefa, pois haverá ocasiões nas quais desanimará pela falta de maturidade deles. Se fixar os olhos nas decepções, logo desistirá deste trabalho. Conheço um pastor cuja equipe ministerial não dura mais do que seis meses. Toda vez que um deles falha é descartado, e outro é escolhido. A consequência é que não formou ninguém ao longo de anos de ministério. Somente uma forte convicção espiritual nos manterá firmes em meio às desilusões e frustrações que, por vezes, nossos discípulos provocam em nós.

Para pensar:
A vontade de perseverar é, muitas vezes, a marca que separa o êxito do fracasso.
—D. Sarnoff.

Desenvolver a mudança

10 de março

Naquele mesmo dia, pois, deu ordem Faraó aos superintendentes do povo e aos seus capatazes, dizendo: Daqui em diante não torneis a dar palha ao povo, para fazer tijolos, como antes; eles mesmos que vão e ajuntem para si a palha. E exigireis deles a mesma conta de tijolos que antes faziam; nada diminuireis dela; estão ociosos e, por isso, clamam: Vamos e sacrifiquemos ao nosso Deus. ÊXODO 5:6-8

A resposta de Faraó a Moisés e Arão foi de provocar desânimo. Tudo aconteceu ao contrário. Ele não só os expulsou do palácio, como também impôs aos israelitas uma carga de trabalho insuportável — a eles que já trabalhavam em condições extremamente difíceis. Agora teriam de produzir a mesma quantidade de tijolos sem receber dos egípcios a necessária matéria-prima. Como era de se esperar, a reação do povo contra Moisés e Arão foi de condenação irada. As coisas já iam mal antes da chegada deles. A partir de então, a situação ficou dez vezes pior. Acusados pelo povo, os dois líderes ficaram totalmente isolados.

Quem estuda a história de Israel constatará que, na peregrinação pelo deserto, o povo acreditou ter sido melhor permanecer no Egito. Diante de cada dificuldade e obstáculo, olhavam para trás, lembrando-se de como tinha sido "bom" o tempo na terra da escravidão.

Se considerarmos essa tendência, podemos entender o porquê de o Senhor ter permitido o agravamento da situação após a intervenção de Moisés e Arão. Deus estava preparando o povo para a mudança.

Muitas vezes nos encontramos em situações bastante aflitivas. Porém, existe no ser humano a tendência para aceitar as circunstâncias com resignação. Um ditado popular afirma: "Mais vale um mal conhecido do que um bem ainda desconhecido." Deixamos de lutar e sonhar por algo melhor. Aceitamos as coisas como elas são. Desistimos até de esperar a mudança, e bem sabemos que, quando desaparece a esperança, tudo se perde.

O incrível é que, mesmo que tenhamos perdido a esperança, Deus continua a agir em nosso favor. Recai sobre Ele o enorme desafio de incentivar aos que não se interessam em avançar, nem de sair da sua situação. Como Ele consegue fazer isto? Ele o faz tornando a situação cada vez mais difícil, ao ponto de nos sentirmos incomodados e começarmos a desejar a mudança. Às vezes, esta é a única forma de despertar aqueles que se afundaram no poço da resignação.

Para pensar:
Alguém observou que "uma dificuldade é, com frequência, uma oportunidade não reconhecida". Como você reage diante das dificuldades? O que você pode fazer para descobrir nelas oportunidades ocultas? Procure crescer e avançar em meio às situações de crise. Talvez o próprio Deus tenha desencadeado essa crise!

Em guarda contra o oculto

11 de março

Quem há que possa discernir as próprias faltas? Absolve-me das que me são ocultas. Também da soberba guarda o teu servo, que ela não me domine; então, serei irrepreensível e ficarei livre de grande transgressão. SALMO 19:12,13

A questão colocada pelo salmista é o que se denomina pergunta retórica. Ela não pede resposta porque já se encontra implícita na própria pergunta. Neste caso seria: ninguém! Nenhuma pessoa é capaz de discernir seus próprios erros.

Apesar disto, a maioria de nós se mostra muito confiante ao defender sua inocência. O salmista, diferentemente de nós, compreendia bem um princípio fundamental da vida cristã: nenhum ser humano vê com clareza o estado em que sua vida se encontra. Essa mesma verdade foi reafirmada pelo profeta Jeremias quando declarou: "Enganoso é o coração, mais do que todas as coisas, e desesperadamente corrupto..." (Jeremias 17:9). Por mais que consideremos e cuidadosamente examinemos a nossa vida, não poderemos discernir os nossos erros, e isto porque a essência do pecado reside no engano. A falta que está oculta não pode ser tratada e tem o potencial para nos fazer desviar do nosso caminho. Por este motivo, o salmista exclamou: "Absolve-me das que me são ocultas".

Não é coincidência que tenha se lembrado da soberba ao pensar nesses pecados. De todos eles, o mais difícil de ser detectado é o orgulho. Um sábio comentarista afirmou o seguinte: "Ninguém está tão próximo da queda como aquele que confia estar bem firme em pé." Todos temos, grande capacidade para ver o orgulho no próximo. Falta-nos, entretanto, o discernimento na hora de examinarmos nossa própria vida à luz deste tema.

O autor do salmo tinha a consciência de que a soberba não confessada se converte num implacável tirano, capaz de dominar a vida da pessoa, levando-a à perdição. A pessoa não mais controlará sua própria vida, antes a soberba se converterá numa força a ditar o procedimento em cada situação. Ninguém poderá lhe falar coisa alguma. Ninguém poderá corrigi-lo. Ninguém terá liberdade de se aproximar porque a soberba o impede, a menos que descubra sua maldade e se arrependa.

Um líder orgulhoso traz muito sofrimento e dor à igreja que lidera. Por este motivo, é bom termos em mente que nossa opinião sobre nossa pureza espiritual tem pouco a ver com a nossa situação verdadeira. O líder sábio reconhece que há realidades em sua vida que lhe são ocultas, mas que têm a capacidade de desqualificá-lo. Ele não confia em sua própria avaliação sobre seu coração. Ele buscará o Senhor para que o examine e traga à luz aquilo que está escondido, para assim alcançar a verdadeira integridade. Ele, tampouco, terá receio de se abrir para que outros o examinem, pois a mesma capacidade que tem para ver o pecado em outras pessoas, é a que eles têm para perceber o pecado na vida de seu líder.

Para pensar:
Santo Agostinho escreveu: "Quando o homem descobre o seu pecado, Deus o cobre. Quando ele esconde o pecado, Deus o revela. Quando o homem confessa seu pecado, Deus o perdoa."

Amigos em todo tempo

12 de março

Jônatas e Davi fizeram aliança; porque Jônatas o amava como à sua própria alma. Despojou-se Jônatas da capa que vestia e a deu a Davi, como também a armadura, inclusive a espada, o arco e o cinto. 1 SAMUEL 18:3,4

A posição ocupada pelo líder junto ao seu povo é, com frequência, um lugar solitário. Enfrenta muitos problemas sozinho, experimenta pressões que outros não compreendem. Vê-se cercado por pessoas que esperam algo dele. Tem uma visão que outros ainda não perceberam. Conhece realidades que seus liderados desconhecem. Por tudo isto e outras coisas mais, o caminho percorrido pelo líder tem certo grau de solidão.

Todo líder precisa contar com duas pessoas verdadeiramente amigas, com os quais compartilhe realidades que não pode revelar a outros.

Jônatas e Davi estabeleceram entre si esse tipo de relacionamento. Ambos ocupavam importantes posições no reino, além de exercer atividades junto ao povo. Isto não lhes impediu de firmar uma amizade muito profunda, que lhes traria alívio e consolo em meio às pressões do dia a dia.

Observe, ainda, o fato de levarem sua amizade a um ponto além do comum. A maioria de nós tem bons momentos com alguns amigos, mas o relacionamento não é resultado de um compromisso deliberado. Nós, simplesmente, vamos adiante conforme surgem as oportunidades. Davi e Jônatas não somente vivenciavam essa amizade, como também firmaram um pacto mútuo. Nele, se comprometeram a cuidar e oferecer suporte em amor um ao outro nas situações mais adversas da vida. Juntos tomaram a decisão de crescer como amigos e a procurar o bem-estar um do outro. Poucos relacionamentos chegam a esse grau de compromisso.

Neste cenário, vemos um dos aspectos que diferenciam o grande líder de outros líderes. A maioria de nós passa o tempo aguardando a vida nos apresentar oportunidades e pessoas para serem fatores de bênção. O líder maduro não espera pela chegada de situações propícias para o crescimento. Ele as cria, tomando a iniciativa de trabalhar e avançar em circunstâncias que possuam a promessa de futuras bênçãos.

A amizade que se firma sobre um pacto, como o que sustenta o casamento, é o que há de mais forte entre duas pessoas. É uma relação à prova de qualquer adversidade e contratempo, porque sua base não se situa nas constantes mudanças da realidade cotidiana. Está ancorada numa promessa que possui dimensões eternas. Como tal, perdura ao longo da vida, mesmo quando a situação que originou esse pacto não mais exista. Este é o tipo de compromisso que o Pai celestial tem conosco.

Para pensar:
Você tem amigos? Quais são os aspectos deste relacionamento? Com quais pode compartilhar as cargas e pressões do ministério? Como colocar em suas amizades os ingredientes necessários para um crescimento contínuo?

Quando a crise aflige

13 de março

Davi muito se angustiou, pois o povo falava de apedrejá-lo, porque todos estavam em amargura, cada um por causa de seus filhos e de suas filhas; porém Davi se reanimou no Senhor, seu Deus. Disse Davi a Abiatar, o sacerdote, filho de Aimeleque: Traze-me aqui a estola sacerdotal. E Abiatar a trouxe a Davi. Então, consultou Davi ao Senhor, dizendo: Perseguirei eu o bando? Alcançá-lo-ei? Respondeu-lhe o Senhor: Persegue-o, porque, de fato, o alcançarás e tudo libertarás. 1 SAMUEL 30:6-8

Davi tinha saído a pelejar ao lado dos filisteus, povo com quem se viu obrigado a viver após sofrer dez anos fugindo de rei Saul. Enquanto Davi e seus homens se encontravam longe de casa, chegaram os inimigos, saquearam as casas e levaram consigo as mulheres e as crianças. Quando os homens voltaram, encontraram um quadro desolador que resultou em profunda amargura.

Quem assume o cargo de líder enfrentará situações de crise que podem ter consequências devastadoras para o grupo. Esta é uma parte da realidade reservada para a vida de cada líder. Em alguns momentos, os seus seguidores o questionarão asperamente, chegando mesmo a tomar medidas drásticas contra ele. Os homens de Davi queriam matá-lo.

Em momentos de crise, sempre somos levados a ter reações carnais. Lamentamos o que aconteceu. Preocupamo-nos com as possíveis consequências. Questionamos os passos que nos conduziram à crise. Ficamos irritados com os que nos cercam. Procuramos alguém para culpar. Tomamos decisões precipitadas. Tudo isso dificilmente traz alguma solução.

Como é edificante ver o comportamento de Davi. Primeiramente observe, a reação instintiva de um homem acostumado a caminhar com Deus. O texto diz: "...Davi se reanimou no Senhor, seu Deus...". O homem maduro deve, em tempos de crise, procurar imediatamente a única pessoa capaz de lhe conceder uma perspectiva exata das coisas e o equilíbrio e tranquilidade em meio à tormenta: o próprio Deus. Davi, como sempre fazia, não demorou em buscar no Senhor o fortalecimento de que tanto carecia.

Em segundo, com as emoções estabilizadas e o espírito fortalecido, Davi não começou a estudar a situação para achar uma saída. Convocou o sacerdote para buscar uma palavra específica da parte de Deus. Sabia que, em última análise, pouco importava sua opinião, ou a de seus homens. Era de extrema importância receber instruções da parte daquele que controla todas as coisas. Davi não foi só fortalecido, mas também deu os passos certos para recuperar tudo o que fora perdido e assim conquistar uma importante vitória para todo o grupo.

Ainda que sejam momentos difíceis de enfrentar, jamais perca de vista que algumas das lições mais dramáticas e impactantes na vida de seus liderados virão quando eles o observarem em momentos de crise. É nessas ocasiões que será visto o melhor, ou o pior, que existe em seu coração.

Para pensar:
Como você age em situações de crise? Suas reações contribuem para agravar o problema? O que você pode fazer para agir com mais sabedoria em tempos de crise?

Usando bem o que recebemos

14 de março

O Espírito do Senhor se apossará de ti, e profetizarás com eles e tu serás mudado em outro homem. Quando estes sinais te sucederem, faze o que a ocasião te pedir, porque Deus é contigo. 1 SAMUEL 10:6,7

Quem não gostaria de ouvir estas palavras? Quem conseguiria deter um homem que tenha recebido uma declaração destas? A palavra dada inclui a promessa de uma poderosa visitação do Espírito Santo, a manifestação de um ministério profético e a experiência de um coração transformado. Munido com tal bênção, ele é incentivado a fazer o que lhe vier à mão, porque o Deus Todo-poderoso o apoiará em todo o tempo. Que coisa extraordinária! Onde estaria o obstáculo capaz de deter um ministério como este, preparado pelo próprio Senhor? Quem lhe poderia fazer oposição?

Se estivéssemos ali naquele momento, não deixaríamos de imaginar as tremendas maravilhas que o Senhor faria por meio da vida deste servo. Como ficaríamos surpresos se alguém nos dissesse: "Você sabe qual é o principal obstáculo para o cumprimento dessa palavra? É ele próprio!".

De fato, foi o que aconteceu. Estas palavras foram ditas ao rei Saul. Quantas promessas lhe foram dadas. Sua história ilustra um importante princípio da vida espiritual. Alguém pode receber todos os dons, toda a unção e todos os demais elementos necessários para um ministério extraordinário. Em certas ocasiões até nos convencemos de que a falta dessas bênçãos é a única coisa que impede de alcançarmos maior grandeza em nossa vida. Entretanto, se o que recebemos não for acompanhado de uma vida de absoluta submissão a Deus, a ruína nos aguarda.

Há pouco tempo, li um artigo escrito pelo Dr. R. Clinton, um homem especializado no estudo minucioso sobre a vida de grandes líderes na história do povo de Deus. Ele afirmou que muitos líderes fracassaram na segunda fase de suas vidas. Eles iniciaram, com grande entusiasmo, ministérios que muito prometiam para a expansão do reino de Deus. No caminho, infelizmente, muitos caíram em adultério, desviaram-se por outras paixões ou simplesmente deslumbraram-se com a aparente "grandeza" dos seus próprios ministérios, tomados pela obsessão por si mesmos.

Saul é a triste evidência dessa verdade. Começou tendo grande vantagem sobre os outros, mas terminou abandonado num campo de batalha, sem apoio dos seus companheiros. Não soube complementar o que havia recebido com uma vida de intimidade e submissão Àquele que lhe havia conferido todas essas coisas.

Para pensar:
Como você descreveria a sua vida espiritual? Você está mais envolvido com seu ministério ou com Deus? Separe um momento, agora mesmo, para renovar o seu compromisso incondicional com o Senhor. Nenhum sucesso pode compensar a falta de um relacionamento pessoal com Ele!

As dimensões da liberdade

Sendo dia, saiu e foi para um lugar deserto; as multidões o procuravam, e foram até junto dele, e instavam para que não os deixasse. LUCAS 4:42

15 de março

A cena descrita pelo texto de hoje acontece logo após uma ministração realizada à noite, quando Cristo curou muitos enfermos e libertou pessoas possuídas por demônios. De acordo com Seu costume, o Filho de Deus se retirou a um local isolado para ter um tempo de maior intimidade com o Pai. As multidões, entretanto, chegaram e procuraram retê-lo para que não se afastasse.

A reação deles revela que é intenso o desejo de ter Deus perto dos nossos projetos de vida. Esse anelo não é, contudo, o efeito da soberana ação do Espírito Santo. Ele mostra nossa tendência, bastante arraigada, de procurarmos controlar o Altíssimo para nosso próprio benefício. A mesma perversa criatividade usada para afirmar os nossos relacionamentos com os outros também aparece em nossa experiência espiritual com Deus. Lançamos mão de qualquer meio que nos leve ao objetivo de "forçar" Deus a cooperar e abençoar os vários aspectos da nossa vida pessoal.

Os nascidos de novo devem compreender que a liberdade se constitui na única base para um relacionamento com o Senhor. Caminhar rumo à maturidade significa descobrir o significado das palavras de Cristo a Nicodemos: "O vento sopra onde quer, ouves a sua voz, mas não sabes donde vem, nem para onde vai; assim é todo o que é nascido do Espírito" (João 3:8). Assim como não temos a capacidade de gerar ou controlar o vento, do mesmo modo não podemos deter, reter ou "redirecionar" Deus para o lugar que desejarmos. Não podemos lhe impor qualquer condição, nem projetar sobre Ele nossas expectativas. Melhor que isto, Ele nos convida a estabelecermos um relacionamento em que Ele possa desfrutar da mesma liberdade com a qual nos criou.

O motivo desse caminho de liberdade ser difícil para compreendermos é muito simples. Somos pessoas que vivem num mundo cheio de sofrimento e dor. Algumas vezes já sofremos em nossos relacionamentos com os outros. Por este motivo, pensamos que, para evitar novos desapontamentos, devemos exercer controle sobre as circunstâncias e sobre aqueles que fazem parte da nossa experiência de cada dia. O objetivo é adequar tudo o que julgamos ser vantajoso para nós. Apesar dos nossos esforços, seguimos colhendo angústia e tristeza. A verdade é que nossas mais elaboradas estratégias, para controlar tudo, não prosperam porque tentamos exercer autoridade sobre aquilo que não nos compete.

Para pensar:
Cristo nos convida a percorrer o Seu caminho sem tentar acomodar o mundo e Deus a nosso bel-prazer. Esse caminho exige uma atitude perigosa, que é a entrega. Quando nossos esforços cessam, Deus encontra espaço para iniciar a transformação que nos permite viver em paz num mundo diferente daquele onde gostaríamos de viver.

Vocação de servo

Ora, antes da Festa da Páscoa, sabendo Jesus que era chegada a sua hora de passar deste mundo para o Pai, tendo amado os seus que estavam no mundo, amou-os até ao fim. JOÃO 13:1

Você conhece pessoas que estão enfrentando uma grande provação? Poucas são as pessoas que conseguem colocar de lado a sua aflição, deixando de monopolizar a conversa para dizer como se sentem, ou então, fechando-se numa total indiferença com os outros. Não foi assim com o Filho do Homem.

Para Cristo, a agonia da crucificação já era realidade mesmo Ele ainda não tendo seguido por aquele caminho. Os romanos haviam introduzido esse método de execução muito antes de o Filho de Deus chegar ao mundo. Podemos, então, supor que Jesus tenha visto, mais de uma vez, condenados presos a uma cruz em locais próximos às cidades de Israel. A verdadeira magnitude da prova que o aguardava se manifestaria na grande batalha que teria no Getsêmani. Ali, o Messias confessou aos Seus mais chegados discípulos estar experimentando uma angústia a ponto de morrer.

Como, então, deixar de se concentrar para se fortalecer e reunir condições espirituais capazes de ajudá-lo em Sua tremenda provação? Se alguém tinha o direito de se concentrar em si mesmo diante de tamanha crise, esse era Jesus. Poderíamos imaginá-lo abstraído e melancólico.

O apóstolo João nos revela que Cristo estava totalmente consciente do momento de deixar este mundo para ir ao Pai, e isto o levaria à cruz. Nesse momento crucial, Cristo continuou pensando nos discípulos, não permitindo que Sua luta íntima o afastasse de amar Seus discípulos em todo momento e em qualquer circunstância.

Seu exemplo nos deixa uma lição bastante clara: o verdadeiro amor desconhece situações pessoais que nos isentem da responsabilidade de expressá-lo, de forma prática, àqueles que estão ao nosso redor. Todos nós já ouvimos de pessoas hospitalizadas com alguma doença incurável, e que animaram e abençoaram as pessoas que foram visitá-las. Sua atitude nos fala de uma vocação que não conhece feriados, nem períodos de descanso, nem tampouco circunstâncias em que seria justo deixar de amar.

Essa vocação não é a mesma demonstrada por Marta no serviço que ofereceu ao Messias quando este a visitou (Lucas 10:38-42). É algo bem diferente. Aquele que ama, sem dúvida ama em qualquer circunstância, mesmo em meio às profundas provas pessoais.

Para pensar:
O amor jamais acaba; mas, havendo profecias, desaparecerão; havendo línguas, cessarão; havendo ciência, passará (1 Coríntios 13:8).

Amor que perdura

Ora, antes da Festa da Páscoa, sabendo Jesus que era chegada a sua hora de passar deste mundo para o Pai, tendo amado os seus que estavam no mundo, amou-os até ao fim. JOÃO 13:1

17 de março

Você, alguma vez, se cansou de amar alguém? No aconselhamento pastoral, ouço gente dizendo: "Eu já amei demais essa pessoa!" Será possível afirmar que amamos demais alguém? Existe algum padrão de medida que indique termos superado o nível de amor exigido de nós? Quem estabeleceu este limite?

Quando fazemos esse tipo de afirmação, no fundo estamos querendo dizer que fizemos muito por essa pessoa, mas tivemos pouco retorno para o tempo que lhe dispensamos. É possível, também, que a outra pessoa pense ter feito muito e recebido pouco em troca de tudo o que fez.

O apóstolo João afirma que Cristo, tendo amado os Seus "amou-os até ao fim". Como isso nos soa contundente! Como os nossos esforços parecem fracos à luz de tal declaração. Jesus, por certo não colheu sequer um décimo do investimento que fizera. Ele podia ter dito que os amou "demais". Entretanto, poucas horas antes de partir, nós o vemos com a mesma dedicação de sempre, abençoando os Seus discípulos.

A verdade é que o Messias não media Sua dedicação em função do que recebia em retorno. Seus parâmetros eram outros e não dependiam de uma desigualdade entre Seus esforços e os dos Seus discípulos. O padrão dele se baseava no pacto que havia feito com o Pai. Esse acordo se fundamentava na distância que Ele estaria disposto a percorrer pelos outros, o que poderia chegar até a morte. Seu compromisso não dependia de algum reconhecimento, de alguma recompensa, nem da resposta dada pelos que estivessem ao Seu redor. Esse compromisso era unilateral, cuja medida tinha sido estabelecida pelo Pai.

Esta é a verdadeira dimensão do amor. Não é um sentimento, mas um compromisso. Está além do comportamento da outra pessoa e não depende das circunstâncias nas quais nos encontremos. É um pacto que depende totalmente de nós mesmos e que nos leva a um amor que nunca cessa. Cristo ilustra isto quando, pregado na cruz, intercede pelos Seus perseguidores e suplica misericórdia para eles.

Para pensar:
Como líder, você precisa estabelecer um pacto como este com seu grupo. Se não o fizer, deixará de amá-los quando o desapontarem, ferirem ou traírem. Esse compromisso não depende deles, mas de Deus, a quem você fez um voto de fidelidade. Somente Ele poderá mantê-lo firme em seu propósito.

Serviço desinteressado

18 de março

Durante a ceia, tendo já o diabo posto no coração de Judas Iscariotes, filho de Simão, que traísse a Jesus, sabendo este que o Pai tudo confiara às suas mãos, e que ele viera de Deus, e voltava para Deus, levantou-se da ceia, tirou a vestimenta de cima e, tomando uma toalha, cingiu-se com ela. JOÃO 13:2-4

O nosso desejo de servir é frequentemente neutralizado pela tendência natural de buscarmos algum benefício pessoal naquilo que fazemos aos outros. Com certeza, nenhum de nós reconhecerá abertamente essa propensão em sua vida. Gostamos de admitir que o nosso serviço é completamente desinteressado. Entretanto, se permitirmos que o Espírito Santo sonde o nosso coração, possivelmente virão à luz interesses pessoais que nos surpreenderão.

No relato dessa vivência com os discípulos, João revela algumas realidades espirituais presentes no ato de Jesus lavar os pés. Nesse versículo, ele acrescenta que Cristo sabia "…que o Pai tudo confiara às suas mãos, e que ele viera de Deus, e voltava para Deus…". Esta declaração é de suma importância para o tema que hoje estamos considerando.

Jesus estava para realizar um ato cujas conotações eram nitidamente domésticas. Do ponto de vista pessoal, não haveria qualquer benefício naquilo que Ele se propunha fazer. Não apenas isto, mas Ele estava consciente da verdadeira dimensão da Sua autoridade espiritual: o Pai tinha depositado em Suas mãos todas as coisas! A Sua origem era celestial e Seu destino era também, celestial. Não lhe faltava nada, nem tinha necessidade de coisa alguma.

Sabendo que esse ato em nada modificaria a Sua situação pessoal, nem traria qualquer resultado dramático ao Seu ministério, Ele decidiu tomar para si a responsabilidade destinada aos empregados da casa.

Nesta decisão encontramos a mais genuína expressão do que significa servir. Muitas vezes servimos aos que podem nos manifestar gratidão, àqueles que têm condições de ajudar em nossos projetos, ou que possam acrescentar algo para aumentar nosso prestígio. Raramente nos "rebaixamos" para servir àqueles que nada têm para acrescentar à nossa vida. Cristo escolheu este caminho, e no Seu exemplo está o segredo da Sua grandeza. O serviço que verdadeiramente impacta é aquele em que deixamos de lado nosso prestígio e a autoridade da nossa função, e agimos simplesmente pela alegria de servir.

Para pensar:
Oswald Chambers escreve: "O serviço é a manifestação visível de uma superabundante devoção a Deus." Somente podemos agir corretamente no serviço, quando ele expressa a intensidade do nosso relacionamento com o Senhor.

Oportunidades comuns

19 de março

Durante a ceia, tendo já o diabo posto no coração de Judas Iscariotes, filho de Simão, que traísse a Jesus, sabendo este que o Pai tudo confiara às suas mãos, e que ele viera de Deus, e voltava para Deus, levantou-se da ceia, tirou a vestimenta de cima e, tomando uma toalha, cingiu-se com ela. JOÃO 13:2-4

Acredito que todos temos algo de heroico dentro de nós. Em situações de crise ou de extrema necessidade, saímos a campo e servimos o nosso próximo. Lembro-me de uma situação quando, em meio a uma grande tempestade, saí em busca de um medicamento para uma pessoa que precisava dele com urgência. Apanhei minha bicicleta e pedalei por quilômetros sob chuva torrencial. Em situações assim, encontramos até certas sutilezas sentimentais.

Nossa vocação para servir, entretanto, muda quando estamos dentro de um cenário nitidamente doméstico. Ali ninguém nos aplaudirá, nem seremos premiados por nossos atos. O que fazemos nada mais é que parte das tarefas de cada dia. É exatamente pela falta de uma recompensa que nos custa servir aos outros.

Cristo se levantou no decorrer do jantar. Com certeza, todos os discípulos haviam notado que ninguém lhes lavara os pés ao entrarem na casa. Quem sabe, estivessem sentindo incômodo com os pés suados e cheios de pó. O Filho de Deus foi o único que fez algo a respeito.

Como é importante em nossa cultura latino-americana o momento de nos sentarmos para comer! Uma vez acomodados, ninguém quer se levantar para buscar sal, ou algo em falta na mesa. Preferimos comer sem sal a irmos buscá-lo.

O lar oferece excelentes oportunidades para servir. Esses momentos surgem a cada instante. E não só, esse é o lugar onde podemos aprender o que significa ser um servo. No ambiente da casa ninguém nos dá uma medalha por estarmos servindo a nossa família. Temos muito a aprender em contextos em que o agradecimento não é expresso, mas se encontra implícito. Escolhamos servir quando, no fundo, gostaríamos de descansar ou fazer outra coisa. Precisamos aprender a perceber as necessidades dos outros sem que nos peçam para servir.

Os benefícios por servir nessas situações são imensos e o nosso crescimento pessoal será percebido à medida que aproveitarmos estas oportunidades. Ao discipularmos, devemos dar o exemplo. Com certeza, muitos nos observarão nas situações que nos parecem pouco espirituais. Sem dúvida, as mais incríveis lições podem ser ensinadas nesses contextos.

Para pensar:
A medida da grandeza de uma pessoa não está no número de pessoas que a servem, mas no número daquelas a quem ela serve. —P. Moody.

A prática do serviço

20 de março

Durante a ceia, tendo já o diabo posto no coração de Judas Iscariotes, filho de Simão, que traísse a Jesus, sabendo este que o Pai tudo confiara às suas mãos, e que ele viera de Deus, e voltava para Deus, levantou-se da ceia, tirou a vestimenta de cima e, tomando uma toalha, cingiu-se com ela. JOÃO 13:2-4

Temos observado alguns pormenores do momento quando Cristo lavou os pés dos Seus discípulos. Vamos, hoje, concentrar-nos em dois aspectos adicionais.

Inicialmente, queremos salientar o grau de maturidade que o gesto de Jesus demonstra. Para um ato de serviço, primeiro é necessário identificar a necessidade do próximo. Quando criança, nossos pais nos mostravam como cumprir uma tarefa e exigiam que as realizássemos, e isto porque, em nossa perspectiva de vida, não estava incluída a percepção da necessidade de serviço. Algumas pessoas não ultrapassam essa etapa e, já adultos, não praticam o serviço a menos que alguém as pressione a fazê-lo. Os que avançaram para um maior grau de maturidade respondem com alegria ao convite para servir o próximo, porque entendem ser este um privilégio concedido aos que pertencem a Cristo. Existe, no entanto, um terceiro tipo de serviço, nele não existe alguém para indicar as oportunidades de servir, e muito menos há quem os convide a agir. Neste patamar, vemos a necessidade antes que alguém diga. Na vida cotidiana transitamos por lugares onde as oportunidades surgem. Cristo viu a necessidade de lavar os pés e agiu.

Neste ato de serviço, queremos salientar que ninguém serve o próximo sentado numa poltrona. Você não pode experimentar a alegria de servir ficando apenas na teoria. O ato de servir deve ser realizado por meio de ações concretas em benefício do próximo. Por este motivo, Cristo se levantou da mesa, tirou as vestes e, tomando uma toalha, cingiu-se; pôs água numa bacia e começou a lavar os pés dos discípulos. Foi essa sequência de ações concretas que tornaram Seu desejo em realidade.

O serviço é uma importante parte de nosso papel como líderes. Para cultivarmos este aspecto da vida, precisamos pedir ao nosso Pai celestial que abra os nossos olhos para as oportunidades existentes ao redor e que também nos incentive a fazer algo.

Para pensar:
Quais sinais o alertam para ver que outra pessoa precisa de ajuda? Como despertar esta sensibilidade em seus liderados? Quais atitudes são importantes para dar bom exemplo ao servir?

Serviço sem preferências

Depois, deitou água na bacia e passou a lavar os pés aos discípulos e a enxugar-lhos com a toalha com que estava cingido. JOÃO 13:5

21 de março

Quem sabe, em algum momento de sua vida, você tenha se envergonhado por um ato praticado por alguém ligado a você. Sentiu vergonha por não se considerar digno de receber tal gesto. Assim, você consegue entender o que os discípulos sentiram quando Jesus se inclinou e começou a lavar-lhes os pés. Imagine o incômodo ao verem o Mestre praticando um ato destinado a um servente da casa. Uma vez mais, Cristo os confrontou com um comportamento diferente dos parâmetros então existentes.

Não quero me deter neste ponto. A reflexão de hoje gira em torno do que está implícito no texto. Cristo já sabia quem seria o traidor. No evangelho de João não está descrito que Ele deixou de lavar os pés de Judas. Com o mesmo carinho e ternura, lavou os pés de todos eles, incluindo o daquele que o trairia. Nesse gesto percebemos a mais profunda expressão do amor do Filho de Deus. Custa-nos amar e servir pessoas com quem não nos damos bem. Amar e servir aos que nos prejudicam é uma sublime expressão do poder que a graça de Deus tem para eliminar sentimentos de rancor ou amargura em relação aos nossos inimigos.

Com este ato, Cristo estabeleceu as coordenadas já fixadas pela Palavra de Deus para a demonstração do amor. Ele mesmo havia ensinado: "Eu, porém, vos digo: amai os vossos inimigos e orai pelos que vos perseguem; para que vos torneis filhos do vosso Pai celeste, porque ele faz nascer o seu sol sobre maus e bons e vir chuvas sobre justos e injustos" (Mateus 5:44,45). A ação dele revela a verdadeira dimensão do compromisso com as pessoas que estava discipulando.

Aqui se encontra um importante princípio para nós como líderes. Na maioria das igrejas sempre existe um grupo que resiste ao nosso ministério. Uma das melhores formas de evitar que suas atitudes despertem em nós profundos sentimentos de amargura é escolhendo o caminho do amor declarado em atos de serviço a eles. É bem possível que nossa participação não modifique suas atitudes. Uma coisa, entretanto, é certa: será impossível para nós guardarmos sentimentos de ódio e rancor contra estas pessoas. O serviço realizado purificará nosso espírito, limpando toda a impureza para que o amor de Deus possa habitar em nós plenamente. Abençoe àqueles que lhe fazem mal e observe como a graça de Deus se manifesta em sua própria vida.

Para pensar:
Pelo contrário, se o teu inimigo tiver fome, dá-lhe de comer; se tiver sede, dá-lhe de beber; porque, fazendo isto, amontoarás brasas vivas sobre a sua cabeça (Romanos 12:20).

A graça para receber

22 de março

Aproximou-se, pois, de Simão Pedro, e este lhe disse: Senhor, tu me lavas os pés a mim? Respondeu-lhe Jesus: O que eu faço não o sabes agora; compreendê-lo-ás depois. Disse-lhe Pedro: Nunca me lavarás os pés. Respondeu-lhe Jesus: Se eu não te lavar, não tens parte comigo. JOÃO 13:6-8

É difícil descrever a verdadeira humildade. Ela tem a ver com a correta opinião de alguém sobre si mesmo. E não somente isto, é o efeito da ação do Espírito Santo e, por isso, conserva certos traços misteriosos. Existem atitudes que aparentam humildade, mas que nada mais são do que manifestações disfarçadas de orgulho. Talvez seja por esta razão que o grande escritor Robert Murray M'Cheyne exclamou: "Oh, quem me dera ter verdadeira humildade, não fingida! Tenho motivos para ser humilde; entretanto não conheço sequer a metade deles. Sei que sou orgulhoso; mas também não conheço a metade do meu orgulho."

Não há dúvida de que os discípulos sentiram-se incomodados com o ato de Jesus lavar-lhes os pés. Era uma tarefa a ser cumprida pelo empregado da casa. Como não lhes ocorreu que algum deles o fizesse? Um dos discípulos, pelo menos, deve ter sentido vergonha pela sua falta de sensibilidade. Somente Pedro ousou dizer alguma coisa: "Nunca me lavarás os pés." Pensamos que suas palavras manifestam uma atitude de genuína humildade. Observemos, entretanto, esse momento com mais atenção. Que humildade é essa que impede o Filho de Deus de cumprir um propósito? A falta de discernimento, nas palavras do discípulo, são mansamente corrigidas pelo Mestre. Ao entender o que Jesus estava dizendo, Pedro foi ao outro extremo: "Senhor, não somente os meus pés, mas também as mãos e a cabeça."

Você percebe o que aconteceu? Mais uma vez, Pedro quer mostrar a forma certa de se fazer as coisas. Isto é orgulho. À primeira vista, parecia que estávamos diante de uma pessoa submissa e humilde.

A sutileza desta situação nos deve servir de advertência. A humildade é mais difícil de ser praticada do que parece. Nosso esforço rumo à humildade é limitado pelo frequente engano do nosso próprio coração. Mesmo as atitudes aparentemente espirituais podem guardar uma boa dose de orgulho. Por isto é necessário que Deus a produza e manifeste em nossas vidas.

O que vimos na reflexão de hoje deixa-nos uma lição bastante simples: precisamos desesperadamente que o Senhor aja no mais profundo do nosso ser, para trazer à luz tudo aquilo que o desonre. Devemos ter a certeza de que o orgulho será um inimigo permanentemente à espreita de nossas vidas. Clamemos ao Senhor por misericórdia a cada dia!

Para pensar:
Medite nesta sábia observação: O verdadeiro caminho para a humildade não é tornar-te pequeno até que sejas menor do que tu mesmo. Ao contrário, é te colocares, segundo tua verdadeira estatura, ao lado de alguém mais alto para constatares a real pequenez da tua grandeza! —Philip Brooks

Uma lição inesquecível

Ora, se eu, sendo o Senhor e o Mestre, vos lavei os pés, também vós deveis lavar os pés uns dos outros. Porque eu vos dei o exemplo, para que, como eu vos fiz, façais vós também. JOÃO 13:14,15

Imagine, por um momento, que Jesus tivesse ensinado os princípios desta lição da maneira como costumamos fazer. Primeiro, Ele teria anunciado, com muita antecedência, a data de um "seminário sobre como servir", para que os discípulos anotassem na agenda, podendo ainda convidar outros interessados. Em particular, Cristo dedicaria longas horas estudando textos ligados ao tema "serviço", preparando cuidadosamente os argumentos a favor dos diferentes aspectos deste tema. Na data marcada, Ele os teria reunido para lhes passar os resultados dos Seus estudos, apresentando amplas evidências sobre a importância do serviço. Não terminaria a lição sem uma séria exortação para que os discípulos praticassem o que haviam aprendido na "palestra".

Você já se deu conta da distância que separa nosso esforço para capacitar os santos, das lições que Cristo ensinou aos discípulos? Observe a Sua estratégia. Não anunciou nada. Não preparou os discípulos com um discurso. Não lhes deu qualquer explicação sobre o que iria fazer. No momento menos esperado, quando todos estavam à vontade saboreando a ceia, Ele se levantou e preparou-se para lhes lavar os pés.

Você consegue imaginar os discípulos se entreolhando? O que o Mestre tão pouco tradicional se propunha a realizar? Feitos os preparativos, Ele começou a lavagem dos pés. Nenhuma explicação saiu dos Seus lábios. Os discípulos apenas o observavam, com certeza numa combinação de vergonha e curiosidade. Quando chegou a vez de Pedro, o "porta-voz" do grupo se atreveu a questionar as ações de Jesus. Só neste momento o Mestre ofereceu uma explicação, mas foi curta e nada esclareceu.

Quando voltou ao Seu lugar, Jesus se preparou para concluir a lição que acabara de ministrar. Salvo o diálogo com Pedro, o Senhor não havia proferido palavra alguma. Contudo, acabara de lhes ensinar uma das lições mais dramáticas ao longo de três anos de convivência com Ele.

Não é preciso falar muito mais sobre o tema. Como líder, suas lições mais contundentes e efetivas podem ser dadas sem o uso de palavras. Nós, infelizmente, temos uma dependência doentia das palavras como um meio para o ensino. Nossas reuniões são cheias delas. Os membros das nossas igrejas ficam expostos a uma interminável sucessão de estudos e pregações. Quanto disto permanece? Temo que muito pouco.

Cristo acrescentou uma explicação ao Seu exemplo. Não deixou por conta dos discípulos o entendimento daquilo que procurou ensinar. As palavras dele foram a perfeita conclusão de uma lição gravada a fogo em seus corações. Ele simplesmente os ajudou a assimilar o que tinham visto.

Para pensar:
Howard Hendricks compartilha esta observação com os que ensinam: "A educação — a verdadeira educação — consiste simplesmente numa série de situações adequadas para transmitir o ensino." Procure aproveitar ao máximo essas situações!

Ministros de consolação

24 de março

Bendito seja o Deus e Pai de nosso Senhor Jesus Cristo, o Pai de misericórdias e Deus de toda consolação! É ele que nos conforta em toda a nossa tribulação, para podermos consolar os que estiverem em qualquer angústia, com a consolação com que nós mesmos somos contemplados por Deus. 2 CORÍNTIOS 1:3,4

Não é uma simples coincidência Paulo iniciar sua carta com a declaração que hoje lemos. Mais do que qualquer outra entre seus escritos, a segunda carta aos Coríntios guarda um detalhe assustador das tribulações pelas quais o apóstolo passou. Em Coríntios 11, a lista de suas experiências inclui: trabalhos, prisões, açoites, varas, naufrágios, fadigas, fome, sede, frio e nudez. Como não falar com autoridade sobre o tema da consolação?

Nestes versículos, ele menciona pelo menos duas coisas que são importantes para nós. Primeiro, diz que Deus é "…o Pai de misericórdias e o Deus de toda consolação…". Estas duas características de Sua pessoa colocam em destaque a bondade existente em Seu coração. Sem dúvida, Ele ama a todos indistintamente, mas parece ter uma especial compaixão pelos que se encontram em situações de angústia, injustiça, opressão ou abandono. Muitas vezes Ele é descrito no Antigo Testamento como o Deus dos "…de coração quebrantado" (Salmo 147:3). De forma sobrenatural, serve aos que estão em crise cobrindo suas feridas para serem restauradas. Assim, Ele fez com inúmeros outros santos ao longo da história, visitando-os em seus momentos de angústia e manifestando-lhes Sua poderosa graça.

Em seguida, o apóstolo afirma que poderá consolar outros com essa mesma consolação. Desejo que você se detenha, por um instante, nesta declaração. Seguramente, em seu ministério, você estará diante de pessoas que enfrentam momentos de profunda crise pessoal. Você mesmo poderá passar por uma situação dessas. Tome nota: Paulo diz que consola com o mesmo consolo que havia recebido.

Em momentos críticos, são muitos os que chegam para consolar, mas não o fazem com o consolo divino. Contentam-se em recitar versículos, contar suas próprias experiências, ou procuram espiritualizar a prova que a pessoa está enfrentando. Nada disto ajuda. Muitas vezes provoca irritação. Os resultados mostram como são limitados os esforços humanos para produzir obras espirituais.

O consolo que cura é aquele que resulta da ação sobrenatural de Deus. Para poder praticá-lo, você deve tê-lo experimentado. Não é suficiente ter passado por provas. Isto não o capacita a consolar, mas se você foi consolado pelo próprio Senhor, conhece, então, a terna bondade de Cristo pessoalmente. Ao se aproximar daquele que está atribulado, você agirá com a mesma sensibilidade, com a mesma ternura e com o mesmo cuidado.

Para pensar:
Você somente poderá reproduzir esse tipo de consolo se ele vier das mãos daquele que o consolou, que é o próprio Deus. Não se apresse a dizer a primeira coisa que lhe vier à mente. Permita que o Senhor o guie e o faça participante de um momento de cura sobrenatural.

Chamados para abençoar

Porque Deus amou ao mundo de tal maneira que deu o seu Filho unigênito, para que todo o que nele crê não pereça, mas tenha a vida eterna. JOÃO 3:16

25 de março

Convido-o a fazer um pequeno exercício comigo. Vamos ler este versículo em partes, assim: "Porque Deus amou ao mundo de tal maneira que deu". Leia esta frase duas ou três vezes e perceba como a palavra "deu" cria força.

Se você permitir que essa frase entre em sua mente e coração, vai perceber que ela está em contraposição ao que é nossa ideia de amor. Na atual definição de amor, o conceito de dar não é importante. Pelo contrário, achamos que outros, sim, é que devem nos dar. O termo "amor" é, em si, quase um sinônimo para a palavra "sentimento". Por este motivo, quando não mais houver sentimentos dizemos que o amor deixou de existir.

Esta ideia raramente experimenta modificações em nossa vida espiritual. Desta maneira, vivenciar o amor de Deus nada mais significa do que a busca por lindas palavras e a declaração do muito que Ele nos ama. Isto vai acompanhado por uma interminável lista de pedidos que, sendo atendidos, beneficiariam quase que exclusivamente a nós mesmos. Em resumo, continuamos sendo os mesmos que éramos antes da nossa conversão.

Vi a profundidade do nosso egoísmo ilustrada no testemunho de uma senhora ao relatar que ladrões entraram na casa de um vizinho e eles levaram tudo o que essa pobre gente possuía. O motivo da sua gratidão era "porque de mim nada levaram, por isso glórias ao Senhor!" Que tipo de cristianismo é esse que, longe de pedir a bênção de Deus para todos que foram alcançados pela desgraça, o coração se regozija por ter sido livrado da ação dos malfeitores?

Voltemos à nossa frase: "Deus amou ao mundo de tal maneira que deu…". Você percebe a diferença neste enfoque? A ênfase se encontra no dar. Ele nos apresenta um quadro em que o amor é traduzido em ação pelos outros. Esse amor não espera. Ele toma a iniciativa. Não exige, mas se entrega. Não se concentra no benefício que recebe, mas se sacrifica. Que diferença entre isso e o que chamamos de amor!

Como seguiremos a Deus sem nos contagiarmos pela mesma atitude? A verdadeira manifestação de uma obra profunda do Espírito Santo, em nossas vidas, deve resultar num incontido desejo de abençoar os outros. A vida espiritual nos leva a tirar os olhos daquilo que é nosso, para fixá-los nos que necessitam desesperadamente do amor de Deus.

Para pensar:
O grande evangelista Dwight Moody disse certa vez: "Um homem pode ser um bom médico sem amar seus pacientes; um bom advogado, sem amar seus clientes; um bom geólogo, sem amar a ciência; mas nunca será um bom cristão se não tiver amor."

O testemunho que se espalha

26 de março

Jesus, porém, não lho permitiu, mas ordenou-lhe: Vai para tua casa, para os teus. Anuncia-lhes tudo o que o Senhor te fez e como teve compaixão de ti. Então, ele foi e começou a proclamar em Decápolis tudo o que Jesus lhe fizera; e todos se admiravam. MARCOS 5:19,20

O endemoninhado gadareno nunca tinha sido bem tratado pelos moradores da região. Muitas vezes tentaram prendê-lo com grilhões e cadeias porque era uma pessoa violenta e imprevisível. Com a chegada de Jesus, conheceu pela primeira vez o poder transformador do amor de Deus. Ele foi transformado!

Como se pode perceber, essa nova criatura não achava nada interessante permanecer no lugar onde, por muito tempo, vivera atormentado e sem experimentar qualquer sinal de afeto. Quando Jesus entrou no barco, rogou para ir com Ele.

Todos nós temos esta tendência. O desejo de conservar o que nos faz bem e prolongar indefinidamente experiências profundamente gratificantes. Com certeza, foi esse mesmo desejo que levou Pedro a exclamar no Monte da Transfiguração: "…Mestre, bom é estarmos aqui e que façamos três tendas: uma será tua, outra, para Moisés, e outra, para Elias" (Marcos 9:5). Não desejamos que a festa acabe!

Cristo sabia que a melhor maneira de reter uma bênção era compartilhá-la. No reino de Deus, o que não é repartido, se perde. Por isso, o nosso chamado é para sermos abençoados e também para abençoar. Cristo mandou o homem voltar aos seus e contar o que ele havia experimentado.

Pense na capacitação evangelística desse homem. Ele acabara de se converter. Desconhecia os textos mais simples da Palavra de Deus. Não sabia argumentar sobre a fé. Não conhecia os princípios mais rudimentares da vida cristã e não tinha qualificação alguma para falar a outros da sua fé.

Este novo discípulo, contudo, era um especialista num tema: como Deus pode transformar a vida de um endemoninhado! Jesus ordenou que ele fosse falar sobre isso. "Vai para tua casa, para os teus. Anuncia-lhes tudo o que o Senhor te fez e como teve compaixão de ti." Você crê que as pessoas com as quais se encontrou duvidaram da veracidade do testemunho dele? Claro que não! E isto porque ele falava com a convicção nascida de uma dramática experiência com Jesus.

Muitos dos nossos esforços evangelísticos falham justamente por esse motivo. O que compartilhamos nada tem a ver com as grandes coisas que Deus tem feito em nossa vida. Limitamo-nos a apresentar as razões que julgamos ser importantes para a outra pessoa se converter. Raramente conseguimos convencer alguém com esse tipo de argumento.

Para pensar:
Como corrigirmos esta falta de credibilidade? Existe uma única solução. Precisamos ver Deus fazendo grandes coisas em nossas vidas. Por este motivo, caminhemos todos os dias ao lado dele. Nosso ministério chegará aos outros à medida que Deus estiver transformando os nossos corações.

Medições sem valor

27 de março

Porque não ousamos classificar-nos ou comparar-nos com alguns que se louvam a si mesmos; mas eles, medindo-se consigo mesmos e comparando-se consigo mesmos, revelam insensatez. 2 CORÍNTIOS 10:12

Jesus contou, certa vez, uma parábola dirigida às pessoas que confiavam em si mesmas, achando-se justas (Lucas 18:9). Ele falou de um fariseu que, em pé, orava assim consigo mesmo: "...Ó Deus, graças te dou porque não sou como os demais homens...". Sem continuarmos a leitura, percebemos algo estranho naquilo que ele diz.

Aos seus olhos, o que o justificava era sua conduta que, comparada a de outros, parecia ser tremendamente piedosa. Existem dois erros fatais na análise dele. A primeira é a própria autoavaliação. Ele desconhecia o princípio de que ninguém é capaz de conhecer, com exatidão, a realidade da sua própria vida. O salmista exclama: "Quem pode entender os próprios erros?" (Salmo 19:12). A resposta está implícita na pergunta: ninguém!

O segundo erro está em se comparar com outros. Isto é algo bem próprio da cultura que nos cerca, um hábito que aprendemos desde a infância. Nascemos competindo com os nossos irmãos, fomos introduzidos num sistema educativo no qual o melhor vence e logo entramos no mercado de trabalho em que a concorrência é um elemento indispensável para a sobrevivência. Para poder avançar em cada etapa, julgávamos ser necessário nos comparar aos demais.

O principal problema na comparação é a escolha daquele que tomamos como nosso parâmetro. Inevitavelmente, fazemos nossas comparações com pessoas que nos façam parecer melhores. Medimos nossa generosidade com aqueles que nunca doam. Para avaliar nossa pobreza, colocamo-nos ao lado dos que têm mais. Para descobrir se somos laboriosos no trabalho, nos comparamos com os mais folgados. Assim, as comparações jamais nos dão um quadro real da nossa vida.

O apóstolo Paulo afirma que os que se medem a si mesmos têm falta de entendimento. A obra de cada um terá de ser avaliada individualmente de acordo com os eternos parâmetros que Deus mesmo estabeleceu. Ao nos apresentarmos diante do Seu trono, não poderemos nos basear nas fraquezas de outras pessoas para mostrar como somos fortes.

É importante, assim, não sermos os protagonistas da nossa aprovação, mas que permitamos que o Senhor faça uma avaliação mais acertada sobre as nossas vidas.

Para pensar:
Paulo termina o texto de hoje com palavras que devem nos conduzir à reflexão: "Aquele, porém, que se gloria, glorie-se no Senhor. Porque não é aprovado quem a si mesmo se louva, e sim aquele a quem o Senhor louva" (2 Coríntios 10:17,18). Vivamos de tal maneira que seja o próprio Senhor quem nos louve!

Uma boa reputação

Qual a mosca morta faz o unguento do perfumador exalar mau cheiro, assim é para a sabedoria e a honra um pouco de estultícia. ECLESIASTES 10:1

28 de março

Quando os apóstolos decidiram nomear diáconos na igreja primitiva encarregaram o povo de escolher sete homens que, entre outras coisas, tivessem boa reputação.

A reputação tem duas importantes características. Assim como o brilho no rosto de Moisés, é algo percebido pelos que se encontram ao redor. Embora a reputação revele o que outros veem em nós, não pode ser percebida no primeiro encontro, é a somatória dos muitos momentos que falam sobre o tipo de pessoa que somos. É construída lentamente, ao longo de anos, e é o mais fiel reflexo do que existe verdadeiramente em nosso coração. Ela encerra coisas tão preciosas como a responsabilidade, a fidelidade, a confiabilidade, a integridade e a sabedoria. Estas qualidades não podem ser compradas e nem tampouco, falsificadas. Reputação é o que dizem do líder quando ele não está presente!

Que valor tem a reputação? Em função dela, o líder será respeitado pelos seus subordinados e pelas pessoas com as quais entra em contato. Quando a reputação de um ministro é boa, seus seguidores confiam nele e estão dispostos a acompanhá-lo nas mais difíceis circunstâncias. Da mesma forma, mesmo o mais eloquente orador não inspirará respeito nos seus liderados caso não possua boa reputação.

Como vimos, esta qualidade é mais difícil de se obter porque é o resultado de fatores que se somam ao longo dos anos. Uma pessoa jovem dificilmente poderá ter uma boa reputação, simplesmente porque o elemento tempo ainda não existe em sua trajetória junto ao povo de Deus.

O autor do livro de Eclesiastes conhecia o valor de uma boa reputação. Ele a compara a um bom perfume, agradável a todos que o aspiram. Mas Salomão também sabia que uma boa reputação, construída em anos, pode ser destruída em um único momento. Basta uma ação insensata e tudo vai por água abaixo. Uma decisão apressada, um relacionamento inconveniente, um momento de loucura, tudo isto pode, num instante, apagar o bom testemunho de anos. É triste saber que, uma vez perdida, dificilmente poderá ser recuperada. Anos após a queda, o povo se lembrará desse momento de insensatez mais do que todo o bom trabalho que o precedeu.

Por esta razão, o líder sábio será cuidadoso nas decisões que tomar. Ele achará o tempo necessário para avaliar as consequências dos seus atos e verificará se é correto o caminho que pretende seguir. Saberá da existência de alternativas que são lícitas mas que não convêm, pelas consequências que trarão à sua reputação.

Para pensar:
Você sabe qual é a opinião dos outros a seu respeito, como líder? Quais são as coisas que formam a base da sua reputação? Você tem investido tempo para fortalecê-las? Como você pode ajustar o que não contribui em seu desempenho como líder?

O poder de uma decisão

29 de março

Alegra-te, jovem, na tua juventude, e recreie-se o teu coração nos dias da tua mocidade; anda pelos caminhos que satisfazem ao teu coração e agradam aos teus olhos; sabe, porém, que de todas estas coisas Deus te pedirá contas. [...] Lembra-te do teu Criador nos dias da tua mocidade, antes que venham os maus dias, e cheguem os anos dos quais dirás: Não tenho neles prazer. ECLESIASTES 11:9; 12:1

Quando leio esta passagem, lembro-me de um jovem que sonhava com uma vida plena, cheia de diversões e de todas aquelas coisas que nos fazem sentir que estamos "vivos". Cansado de trabalhar na propriedade do pai, pediu uma reunião com ele e solicitou a entrega antecipada da parte que lhe caberia na herança. A existência era curta demais para ficar esperando o momento de começar a viver de verdade. Conseguindo o que desejava, seguiu em busca da grande vida que o aguardava (Lucas 15:11-32).

Reconhecemos de pronto a insensatez do caminho desse rapaz. Pergunto-me quanto do entendimento dessa história se deve ao fato de sabermos como tudo acabou. O certo é que a muitos de nós falta a herança, mas não a filosofia desse jovem. Não temos um plano de longo alcance para a vida, e nossa existência gira quase que exclusivamente em torno daquilo que apreciamos ou que julgamos ser importante. O marido não investe tempo com a esposa, porque para ele o trabalho é mais importante. O filho não investe tempo no estudo, porque lhe dá mais prazer estar com os amigos. A mãe não consegue escutar seus filhos, porque para ela é mais importante ter a casa arrumada e limpa.

Poucos possuem a capacidade de prever as consequências dessa forma de encarar a vida. Fazendo sempre o que nos dá satisfação, deixamos de abraçar as coisas que são essenciais para o nosso futuro. Com o passar dos anos, entretanto, começamos a perceber que, aquilo que nos parecia importante, infelizmente não era. Junto a essa compreensão, virá o remorso e também o lamento pelo fato de não ter havido a fixação de prioridades na etapa da juventude. Para muitos, será tarde demais para efetuar mudanças.

O autor do livro de Eclesiastes nos incentiva a evitar este doloroso processo de descoberta. Ele diz que as decisões tomadas hoje terão consequências no dia de amanhã. E não apenas isto, pois chegará o dia de prestarmos contas ao Criador em função de cada uma dessas decisões. Por que então não escolher hoje aquilo que amanhã produzirá um fruto do qual não nos arrependeremos? Muitas dessas escolhas talvez tenham de girar em torno de coisas que hoje não nos atraiam ou que não nos deem grande satisfação. No futuro, entretanto, resultarão em profunda alegria.

Para pensar:
No que você, como líder, está investindo a maior parte do seu tempo? Como ter a certeza de que essas coisas têm um valor eterno? Há coisas importantes, como seu cônjuge, seus filhos, ou seu relacionamento com Deus, que não estão recebendo a devida atenção por você estar ocupado demais com seus projetos pessoais? Quais os passos para melhor organizar a sua vida?

Andar dignamente

30 de março

Por esta razão, também nós, desde o dia em que o ouvimos, não cessamos de orar por vós e de pedir que transbordeis de pleno conhecimento da sua vontade, em toda a sabedoria e entendimento espiritual; a fim de viverdes de modo digno do Senhor, para o seu inteiro agrado, frutificando em toda boa obra e crescendo no pleno conhecimento de Deus. COLOSSENSES 1:9,10

A nossa luta para descobrir a vontade de Deus normalmente se manifesta nos momentos críticos quando nos colocamos diante de uma decisão crucial para o nosso futuro: escolher nosso cônjuge, definir uma carreira, mudar de emprego, avaliar a possibilidade de uma mudança, ou, quem sabe, a transferência para outro país. Frente a esses desafios, elevamos orações e súplicas a Deus porque desejamos fazer o que é certo diante dele.

A oração de Paulo pela igreja em Colossos é bastante instrutiva nesse sentido. Ele poderia pedir muitas coisas para eles, mas optou por orar por isto: que fossem cheios do conhecimento da vontade de Deus. Tal oração pressupõe ser este um aspecto fundamental na vida do cristão. De fato, o mesmo apóstolo, na carta aos Romanos, nos descreve como sendo "servos para obediência" (6:16). Nossa condição de escravos transforma as instruções do Senhor em algo fundamental para nossa vida, pois nenhum servo pode obedecer sem ter recebido as devidas orientações.

Desejo, entretanto, que você observe algo importante: a razão de Paulo pedir que fossem cheios do conhecimento de Deus não era porque a igreja estivesse diante de uma decisão fundamental que pudesse afetar o seu futuro. Antes, queria vê-los andando "como dignos do Senhor". Desta forma, ele introduz em sua oração, um elemento muito mais simples do que estamos acostumados a ver. Ele não está pensando nos dramáticos dilemas presentes na vida, mas, sim, nos rotineiros acontecimentos do nosso dia a dia.

A implicação é clara: Deus quer ser Senhor em situações "pouco espirituais" como os momentos que passamos interagindo com a família, trabalhando ou dirigindo o carro. É precisamente nesses momentos que passamos a viver sem dar muita importância àquilo que consideramos ser espiritual. O propósito do Senhor é que o agrademos em tudo, frutificando em toda boa obra e crescendo a cada instante no conhecimento dele.

A oração de Paulo, então, nos chama a atenção para entendermos que a vontade de Deus deve ser clara nas situações enfrentadas cada dia, e também, para estarmos atentos à orientação dada pelo Espírito Santo, segundo a vontade de Deus, em cada passo da vida. Nossa busca da Sua vontade não deve ser limitada aos momentos de grandes decisões, mas também para os pequenos momentos que julgamos ser insignificantes,

Para pensar:
Em quais áreas da sua vida você costuma agir automaticamente sem pensar na vontade de Deus? Como você, geralmente, identifica a vontade do Senhor? De que maneira é possível ser mais sensível às Suas orientações?

Ver o que os outros não veem

31 de março

Assim, fez passar Jessé os seus sete filhos diante de Samuel; porém Samuel disse a Jessé: O SENHOR não escolheu estes. Perguntou Samuel a Jessé: Acabaram-se os teus filhos? Ele respondeu: Ainda falta o mais moço, que está apascentando as ovelhas. Disse, pois, Samuel a Jessé: Manda chamá-lo, pois não nos assentaremos à mesa sem que ele venha. 1 SAMUEL 16:10,11

As orientações do Senhor a Samuel foram bastante claras: "Disse o SENHOR a Samuel: Até quando terás pena de Saul, havendo-o eu rejeitado, para que não reine sobre Israel? Enche um chifre de azeite e vem; enviar-te-ei a Jessé, o belemita; porque, dentre os seus filhos, me provi de um rei" (1 Samuel 16:1). Deus via em Davi as qualidades necessárias para ser o rei que Ele buscava: um coração sensível ao Criador, além de um caráter humilde, simples, obediente e responsável. Era, além disso, corajoso e enérgico quando as circunstâncias assim o exigiam.

Quem não gostaria de contar com um líder desse quilate? Os elementos básicos que o tornariam no maior rei de Israel já existiam na vida desse jovem pastor.

É bom salientar que, quando Jessé consagrou e preparou seus filhos para o sacrifício que Samuel ia oferecer, Davi, o filho menor, nem foi chamado. Tampouco, os irmãos sentiram sua falta e nada fizeram para buscá-lo. Se Davi possuía qualidades tão extraordinárias, como nenhum membro da família as percebeu?

Duas respostas parecem ser evidentes. Primeiramente, as qualidades que são importantes para o Senhor, nem sempre são atraentes aos homens. Frequentemente, adaptamos os modelos do mundo para atender às necessidades da igreja. Entretanto, a Palavra de Deus declara: "...pelo contrário, Deus escolheu as coisas loucas do mundo para envergonhar os sábios e escolheu as coisas fracas do mundo para envergonhar as fortes" (1 Coríntios 1:27)

A segunda resposta é que existe algo mais profundo relacionado com a falta de visão produzida pela proximidade excessiva de outras pessoas. Quando passamos longo tempo com alguém, suas qualidades já não nos impressionam e acabamos nos acostumando a elas. Nós só vemos o comum e o cotidiano. Às vezes, quando alguém se ausenta, passamos a perceber essas qualidades que sempre estiveram presentes, mas não notávamos.

Como formador de vidas, você corre o perigo de, pela familiaridade com os liderados, não perceber aqueles que podem ser futuros obreiros na igreja. Os dons deles já não chamam sua atenção e você tem uma "imagem congelada" deles. O povo de Nazaré nada viu em Jesus além de um simples carpinteiro, mesmo quando todos falavam das Suas qualidades extraordinárias.

Para pensar:
Será que existe um futuro "rei" no seu contexto e você não o percebeu? Precisamos que Deus mantenha a nossa visão sintonizada com a dele para vermos com os Seus olhos. Não se acostume com o comum. Pode ser que por trás de uma pessoa comum exista alguém extraordinário! Peça ao Senhor que lhe dê sabedoria para poder vê-lo.

Uma festa sem fim

1 de abril

Todos os dias do aflito são maus, mas a alegria do coração é banquete contínuo.
PROVÉRBIOS 15:15

Se você esteve com uma pessoa negativa sabe como isto é desgastante. Não importa a circunstância, ela sempre encontra motivos para se queixar. Seus comentários estão repletos de lamentações, críticas e palavras depressivas quanto ao futuro. A vontade é de se afastar dela, porque sua atitude lentamente vai apagando qualquer manifestação de alegria ou esperança nos demais.

É importante levarmos em conta qual é a essência do erro desse tipo de pessoas, porque a semente dessa atitude também está no coração de cada um de nós. Isto não deve nos surpreender porque estamos inseridos num sistema cultural que procura nos fazer crer que a verdadeira felicidade depende do que está ao nosso redor: a abundância dos bens, o valor do salário, as circunstâncias agradáveis e o tamanho da lista dos amigos. Como esta não é a nossa realidade, podemos passar o tempo lamentando que, tais coisas essenciais para a felicidade, segundo a filosofia popular, nos foram negadas.

O autor do livro de Provérbios, com sabedoria, mostra que a alegria da vida nada tem a ver com o que temos, nem tampouco com o que se passa à nossa volta. A possibilidade de vermos a vida com gratidão e alegria parte de uma realidade instalada em nosso coração e nenhuma circunstância poderá tirá-la. Por esta razão, o coração alegre sempre encontra motivos para celebrar mesmo nas mais adversas situações. O pessimista, ao contrário, pode estar rodeado por uma realidade invejável e, apesar de tudo, concentrar-se apenas naquilo que o desagrada.

Como cultivar uma atitude alegre? Falamos aqui de uma constante celebração, e isso não pode ter outra origem que não a certeza da presença de Deus agindo em cada circunstância e procurando sempre o melhor para nós. A pessoa de coração feliz vê a bondade de Deus por todo lado, e isto a leva a oferecer contínuas expressões de gratidão e alegria. Ela não perde a oportunidade para juntar outros à festa que vive com o Senhor. Quer dizer, ela louva porque sente a bênção sobre a sua vida.

Será, então, que devemos fundamentar a nossa celebração no sentimento de estarmos sendo abençoados? De maneira alguma, pois já fomos agraciados com todas as bênçãos espirituais nos lugares celestiais em Cristo (Efésios 1:3). Embora você possa não sentir, a bênção já foi derramada sobre você em abundância. Necessitamos recuperar uma perspectiva celestial da vida. Isto só será possível quando fizermos da celebração uma disciplina que afaste o espírito de lamúria e crítica tão prevalecente em nossos dias. "Alegrai-vos sempre no Senhor; outra vez digo: alegrai-vos" (Filipenses 4:4). É isto o que nos diz o apóstolo Paulo.

Para pensar:
Richard Foster, o autor de *Celebração da Disciplina* (Editora Vida, 2008), escreve: "Estar livre da ansiedade e da preocupação é o fundamento da celebração. Como sabemos que Deus tem cuidado de nós, podemos lançar todas as nossas ansiedades sobre Ele. Deus tem transformado o nosso lamento em festa."

Não teríamos dançado

2 de abril

Então, avisaram a Davi, dizendo: O Senhor abençoou a casa de Obede-Edom e tudo quanto tem, por amor da arca de Deus; foi, pois, Davi e, com alegria, fez subir a arca de Deus da casa de Obede-Edom, à Cidade de Davi. Davi dançava com todas as suas forças diante do Senhor; e estava cingido de uma estola sacerdotal de linho. Ao entrar a arca do Senhor na Cidade de Davi, Mical, filha de Saul, estava olhando pela janela e, vendo ao rei Davi, que ia saltando e dançando diante do Senhor, o desprezou no seu coração. 2 SAMUEL 6:12,14,16

Feche seus olhos por alguns instantes e sinta o ambiente de festa retratado no texto. Permita-se vibrar com a exuberância dos sentimentos do rei Davi. A Escritura diz que Davi trouxe a arca de Deus com alegria, e que saltava com todas as suas forças diante do Senhor. Consegue ver o rei? Ele está transbordante de alegria. Salta, canta, dança, bate palmas, derrama lágrimas, grita, ri, celebra, festeja... Que cena estranha para nós!

Afirmo ser estranha porque não estamos acostumados com este tipo de manifestação de alegria. Nossa espiritualidade é diferente. Todos nos colocamos de pé e sentamos ao mesmo tempo. Cantamos os mesmos cânticos, os mesmos hinos. Nossa celebração foi "domesticada". Não conseguimos entender o júbilo desse "maluco" que andava aos saltos diante de Deus!

Consigo achar pelo menos três motivos para não estarmos unidos nessa festa. Primeiro, levaríamos em conta o que outros poderiam pensar de nós. A opinião deles é muito importante. Não queremos dar oportunidade para que alguém fale mal de nós. Daí nosso modo de vestir, de falar e de fazer. Queremos que os outros falem bem a nosso respeito.

Outro motivo é que entendemos que tudo deve ser feito "em ordem". A preocupação em seguir esse princípio tem tornado nossas reuniões previsíveis e cansativas. Primeiro vem a saudação de boas-vindas. Depois, alguns cânticos para entrarmos "no espírito". Em seguida, os avisos e o ofertório. Então, quem sabe, alguém dando seu testemunho. Finalmente, o compartilhar da Palavra. Reunião após reunião, o mesmo programa bem organizado.

Por último, nós líderes não teríamos participado de tal espetáculo possivelmente porque sabíamos que nossas esposas desaprovariam, como aconteceu com Mical. Não desejando ser criticados, preferimos acomodar e controlar nossa experiência espiritual. Não é isto, porventura, uma boa maneira de lhes mostrar o nosso amor por elas?

No entanto, suspeito que, no fundo do coração, admiramos este rei dançante. Se pudéssemos sentir um pouco do seu entusiasmo, como seriam diferentes as nossas vidas! Se conseguíssemos saltar para expressar algo mais genuíno, menos ensaiado, que bom seria para a nossa vida cristã! Se conseguíssemos pôr de lado, num breve momento, nosso programa bem estruturado para que essa vibração surgisse em nosso meio, que diferentes nós seríamos!

Será que foi por isso que o Senhor chamou Davi de homem segundo o coração de Deus? Como ele amava as coisas de Deus!

Oração:
Senhor, faz ruir minhas estruturas, meus programas e os meus conceitos para eu poder andar no caminho que Davi seguiu. Desperta em mim este exuberante espírito de celebração. Que tu sejas, para mim, motivo de festa, todos os dias, sempre!

Segundas oportunidades

3 de abril

Desci à casa do oleiro, e eis que ele estava entregue à sua obra sobre as rodas. Como o vaso que o oleiro fazia de barro se lhe estragou na mão, tornou a fazer dele outro vaso, segundo bem lhe pareceu. Então, veio a mim a palavra do Senhor: Não poderei eu fazer de vós como fez este oleiro, ó casa de Israel? — diz o Senhor; eis que, como o barro na mão do oleiro, assim sois vós na minha mão, ó casa de Israel. JEREMIAS 18:3-6

Quando se apresenta a verdade com ilustrações visíveis e reais da vida cotidiana, a compreensão é mais fácil. A passagem de hoje mostra isso com perfeição. O Senhor desejava falar sobre o modo como estava tratando o povo de Israel. Em vez de simplesmente declarar um princípio, mandou que o profeta se dirigisse à casa do oleiro para vê-lo em seu trabalho. Jeremias obedeceu e passou a observá-lo. Com a destreza de quem trabalha todos os dias no mesmo ofício, o homem apanhou uma quantidade de barro, colocou sobre a roda e a fez girar. Molhando com frequência as mãos, foi lentamente moldando o barro e, aos poucos, começou a surgir o formato de uma vasilha. Terminada a parte externa, passou a esvaziar o interior da peça. Uma parte da vasilha quebrou. Pacientemente, o oleiro tomou o barro, amassou e reiniciou o processo.

Nesse momento, o Senhor falou ao profeta: "...como o barro na mão do oleiro, assim sois vós na minha mão...". Prontamente, Jeremias captou o espírito perseverante de Deus, que não se dá por vencido mesmo quando as coisas não dão certo. Ao contrário, se mantém fiel ao propósito de fazer algo bom como aconteceu com o barro. Ele começa tudo de novo até alcançar o Seu objetivo final.

Este sublime princípio deve ter um profundo significado para os que servem junto ao povo de Deus. Ele nos leva a crer que, mesmo quando cometemos os piores erros, sempre existe a oportunidade de recomeçar. O fato de Moisés ter matado um egípcio não o afastou do plano de Deus. Igualmente, a fuga de Elias e seu desejo de morrer, não fez Deus abandoná-lo em busca de outro profeta. Pedro negou a Jesus três vezes, mas o Senhor não o desqualificou para a obra que estava destinada para ele realizar. Em cada um desses casos, o oleiro divino simplesmente apanhou o que restara da Sua obra original e passou a dar-lhe nova forma. O mesmo acontece conosco. Ele pode nos redimir das nossas mais grosseiras faltas.

Isto também nos deve ajudar no trato com as pessoas com as quais trabalhamos. Muitas vezes elas se afastarão do caminho. Somos então tentados a "jogar a toalha", mas o Senhor nos faz ver que Ele não abandona a ninguém. Devemos, portanto, nos revestir da mesma paciência e bondade que o Senhor tem para completar Sua obra em nós.

Para pensar:
Quando o Senhor escolhe alguém, nada poderá tornar este projeto sem efeito mesmo que haja contratempos pelo caminho.

Incomodados pela Palavra

4 de abril

Veio a palavra do Senhor a Jonas, filho de Amitai, dizendo: Dispõe-te, vai à grande cidade de Nínive e clama contra ela, porque a sua malícia subiu até mim. Jonas se dispôs, mas para fugir da presença do Senhor, para Társis; e, tendo descido a Jope, achou um navio que ia para Társis; pagou, pois, a sua passagem e embarcou nele, para ir com eles para Társis, para longe da presença do Senhor. JONAS 1:1-3

Como podemos saber se é Deus que está falando conosco? Esta pergunta é importante porque a vida do cristão deve seguir em obediência a Ele e isto só será possível conhecendo-se o que Deus diz. Precisamos, então, de um critério para sabermos se o que nos chega é de fato a Palavra de Deus.

Nossa capacidade de nos convencermos de que aquilo que ouvimos vem de Deus mesmo não tem limites. Fazia tempo que o Espírito de Deus havia se afastado de Saul enquanto este perseguia a Davi. Ao lhe dizerem onde Davi se encontrava escondido, o rei exclamou: "...Benditos sejais vós do Senhor, porque vos compadecestes de mim" (1 Samuel 23:21). Sabemos, sem dúvida, que essa não era a vontade de Deus. Tampouco, os homens de Davi estavam em sintonia com o Senhor quando o aconselharam a matar Saul, dizendo: "O Senhor entregou teu inimigo em tuas mãos." A verdade é que, se desejamos algo de forma apaixonada, somos facilmente convencidos de que o próprio Deus está por trás dos nossos projetos e é Ele quem nos fala para agir.

Vemos, nas Escrituras, que a Palavra vinda da parte de Deus incomodava aqueles que a recebiam, por vezes até lhes parecia escandalosa ou ridícula. Pense em Moisés argumentando com Deus junto à sarça ardente. Veja o riso de Sara quando recebeu, na velhice, a notícia de que teria um filho. Considere Jeremias surpreso ao ser chamado para o ministério profético. Observe Jonas tentando fugir da presença do Senhor. Pense em Zacarias com o anúncio da chegada de um filho. Olhe o jovem rico saindo triste pelo fato de ter muitas posses. E o que dizer do povo que decidiu abandonar Jesus porque Suas palavras eram muito pesadas? A lista é interminável. Um ponto era comum a todos. Quando Deus lhes falou, ficaram incomodados, indignados, desafiados, escandalizados, mas nunca entusiasmados. Isso acontece porque estamos sendo transformados e a Palavra sempre entrará em choque com as partes não redimidas da nossa vida. Ao ouvirmos o que nos é dito, nossa natureza humana se ergue para protestar.

Para pensar:
Se as únicas palavras que você ouve do Pai sempre lhe provocam bem-estar, ou lhe concedem o que você quer, saiba que não é o Senhor que está lhe falando. Quando Ele fala, o mais provável é que encontre muitos motivos para se convencer de que não é Deus quem está se comunicando com você!

Mas...

5 de abril

Jonas se dispôs, mas para fugir da presença do Senhor, para Társis; e, tendo descido a Jope, achou um navio que ia para Társis; pagou, pois, a sua passagem e embarcou nele, para ir com eles para Társis, para longe da presença do Senhor. JONAS 1:3

Do conforto da nossa poltrona é fácil ler o que Jonas fez e condená-lo por sua falta de fé. Devemos, entretanto, considerar a dimensão da tarefa para a qual estava sendo chamado. Os assírios não eram vizinhos pacíficos de Israel, mas sim uma nação guerreira que havia conquistado muitas nações. Eram conhecidos pela crueldade com que tratavam seus prisioneiros. De forma que, quando Deus diz ao jovem profeta Jonas para anunciar o julgamento a este povo, essa missão não lhe pareceu ser atraente.

É impossível deixar de sentir uma ponta de pesar ao vermos uma pequena palavra no começo do versículo de hoje: "mas". Ficamos chocados porque fala de um homem que, deliberadamente, decidiu fazer o contrário do que lhe fora ordenado. Esse termo denota a atitude rebelde, o que nos leva a pensar em discussões e argumentos. Fere-nos porque faz eco a muitos "mas" que têm sido parte da nossa peregrinação espiritual.

Você já considerou as vezes em que essa palavra e suas equivalentes aparecem nos relatos da história do povo de Deus? O Senhor havia ordenado a Saul que não perdoasse Agague, rei dos amalequitas. "E Saul e o povo pouparam Agague, e o melhor das ovelhas e dos bois..." (1 Samuel 15:9). Deus determinara que os israelitas não se casassem com mulheres de outras nações. "Ora, além da filha de Faraó, amou Salomão muitas mulheres estrangeiras: moabitas, amonitas, edomitas, sidônias e heteias" (1 Reis 11:1). Existia uma ordem expressa para que as viúvas, os órfãos, os estrangeiros e os pobres não fossem oprimidos em Israel. "Eles, porém, não quiseram atender e, rebeldes, me deram as costas e ensurdeceram os ouvidos, para que não ouvissem" (Zacarias 7:11). Jesus determinou ao leproso, a quem Ele havia curado, que nada dissesse. "Mas, tendo ele saído, entrou a propalar muitas coisas..." (Marcos 1:45). Em cada um desses exemplos e em outros mais, aconteceu o oposto daquilo que o Senhor determinara.

No devocional de ontem falamos de como a Palavra de Deus provoca incômodo, porque nos desafia a fazer coisas difíceis. Precisamos saber que toda vez que o Senhor pedir algo de nós, nos sentiremos incomodados. Isto é uma constante e justamente este incômodo é o que gera em nós a predisposição de intervir com os nossos mas, com mil razões para acreditar que esta palavra oportuna que Deus traz para nossas vidas não se aplica à nossa vida.

Oração:
Senhor, os meus mas falam da rebeldia existente em meu coração. É a manifestação da carne que se opõe ao espírito. Quero me comprometer a sujeitar todo pensamento altivo e toda a desobediência ao senhorio de Cristo. Que os meus mas sejam transformados em "Sim, Senhor, assim farei! Amém!"

Fugir da Sua presença

6 de abril

Jonas se dispôs, mas para fugir da presença do SENHOR, para Társis; e, tendo descido a Jope, achou um navio que ia para Társis; pagou, pois, a sua passagem e embarcou nele, para ir com eles para Társis, para longe da presença do SENHOR. Mas o SENHOR lançou sobre o mar um forte vento, e fez-se no mar uma grande tempestade, e o navio estava a ponto de se despedaçar. JONAS 1:3,4

Você nunca pensou em fugir de Deus? Claro, não entraria num barco, nem tomaria um avião para escapar da Sua presença. Como o salmista, podemos exclamar: "Para onde me ausentarei do teu Espírito? Para onde fugirei da tua face?" (Salmo 139:7). Sabemos que isto é impossível porque Ele está em toda parte.

Considere agora as seguintes situações. Uma pessoa não quer ir à igreja porque sabe que está em pecado e, por isso, tem receio de ser questionada. Outra, evita passar perto da casa de um irmão, pois terá de lhe pedir desculpas por algum erro. Alguém não participa de um encontro de missões por medo de receber o chamado e de suas consequências. Outra ainda recusa convites para fazer parte de um processo de discipulado porque sabe que terá de expor sua vida.

Em cada um dos casos há omissão porque não desejam fazer algo que o Senhor possa requerer deles. Não podem seguir caminhando com Ele se não lhe obedecem. Cada um, à sua maneira, está "fugindo" da presença de Deus.

O propósito de escapar dele surge quando existe um conflito entre os desejos pessoais e a evidente vontade do Senhor. Nem mesmo o Filho de Deus se livrou dessa luta. No Getsêmani abriu o coração ao Pai e lhe disse com absoluta franqueza: "Meu Pai, se é possível, passa de mim este cálice" (Mateus 26:39). Precisamos saber que esses conflitos interiores fazem parte do preço a pagar por segui-lo. É normal vivenciá-los.

O não aceitável é permitir que nossa vontade imponha o rumo a seguir, e isto por dois motivos. Primeiro, porque alimenta a rebeldia que todos herdamos de Adão. Segundo, se temos um sério compromisso com Deus não podemos fugir de lhe fazer a vontade. Esteja certo de que, se o Senhor colocou Sua mão sobre nós, Ele irá nos buscar não importa onde estejamos "escondidos" dele. O profeta Jonas é um perfeito exemplo para esta verdade.

Para pensar:
Considere suas dores de cabeça ao demorar em fazer o que Deus lhe pede. Como pode diminuir o tempo entre receber as instruções do Pai e cumpri-las? Quais são as áreas da sua vida onde é mais forte o conflito em fazer a vontade de Deus?

A repreensão do tolo

7 de abril

Então, os marinheiros, cheios de medo, clamavam cada um ao seu deus e lançavam ao mar a carga que estava no navio, para o aliviarem do peso dela. Jonas, porém, havia descido ao porão e se deitado; e dormia profundamente. Chegou-se a ele o mestre do navio e lhe disse: Que se passa contigo? Agarrado no sono? Levanta-te, invoca o teu deus; talvez, assim, esse deus se lembre de nós, para que não pereçamos. JONAS 1:5,6

Por que Jonas dormia? Quando jovem, fui convocado para o serviço militar. Alistei-me e me enviaram para a marinha. Depois de algum tempo em terra, embarcamos num navio de guerra e seguimos rumo às bases navais distantes. Passados alguns dias no mar, sobreveio uma tremenda tempestade que durou dois dias e duas noites. Até os marinheiros mais experientes sentiram enjoo. Na madrugada do terceiro dia o alarme soou porque o barco estava a ponto de ir a pique. Não me lembro de ter visto alguém dormindo naquela situação. Pelo contrário, o desespero e o medo apareciam no rosto de quase todos. Cada qual, à sua maneira, tentava acalmar sua ansiedade, mas ninguém dormia!

Por que será que Jonas dormia? Penso que o alívio, por ter escapado da missão que o Senhor lhe confiara, era tão intenso que ele podia se dar ao luxo de descansar um pouco. Como ter medo de uma tormenta se havia se livrado da tarefa de pregar uma mensagem de arrependimento aos assírios? Não havia qualquer comparação entre as duas coisas. A sua insensatez lhe havia provocado uma falsa ilusão de segurança.

Quando escolhemos o caminho da desobediência, Deus lança mão do que for necessário para nos repreender. Por vezes têm usado povos pagãos como seus instrumentos. Até um jumento pode servir, como foi no caso de Balaão (Números 22:21-23). Naquela situação, o capitão do barco veio questionar Jonas, exortando-o a fazer o que era necessário desde o primeiro momento: clamar a Deus.

O fato é que a desobediência a Deus numa área afeta todos os aspectos da vida e traz consequências. Quando Jonas deu as costas ao Senhor, começou a andar pelo perigoso caminho do "seguir a Deus à sua maneira". O pecado produz um entorpecimento que nos faz perder toda sensibilidade espiritual. No Salmo 32:9, o autor fala do homem que não confessa seus pecados e o compara ao "...cavalo ou a mula, sem entendimento, os quais com freios e cabrestos são dominados...". Em um sentido figurado, ao fugirmos de Deus, Ele precisa nos sujeitar com "cabresto e freio", porque o diálogo já não funciona mais nesse caso.

Para pensar:
Um pouco de pecado acrescentará dificuldades à sua vida, reduzirá as suas forças e trará contratempos ao seu caminhar. —Anônimo.

Contradições

8 de abril

E diziam uns aos outros: Vinde, e lancemos sortes, para que saibamos por causa de quem nos sobreveio este mal. E lançaram sortes, e a sorte caiu sobre Jonas. Então, lhe disseram: Declara-nos, agora, por causa de quem nos sobreveio este mal. Que ocupação é a tua? Donde vens? Qual a tua terra? E de que povo és tu? Ele lhes respondeu: Sou hebreu e temo ao Senhor, o Deus do céu, que fez o mar e a terra. JONAS 1:7-9

Como vimos no devocional de ontem, quando Deus quer falar conosco, Ele utiliza qualquer instrumento. Mesmo que seja algo tão estranho como lançar sortes, o Senhor pode permitir que todas as coisas cooperem para a realização da Sua vontade. Os marinheiros, com pouco discernimento, chegaram à conclusão de que o culpado por aquela situação era Jonas e, por isso, passaram a interrogá-lo.

Quero me deter por um instante na resposta que o profeta deu: "...Sou hebreu e temo ao Senhor, o Deus do céu, que fez o mar e a terra". O dicionário bíblico define a palavra "temor" como uma atitude de respeito, reverência e adoração. Esse termo é usado para descrever uma postura de submissão a uma autoridade. Por isso, o temor anda ao lado da obediência porque quando o superior fala, suas palavras têm peso e se colocam acima de qualquer consideração pessoal.

Podemos dizer muito a respeito de Jonas. Há algo, no entanto, que podemos dizer sem medo de errar: ele não era, nem por acaso, um homem que temia a Deus. Porém, em sua declaração disse que o temia e que também o reconhecia como o Criador da terra e do mar.

Como alguém pode afirmar que Deus é o criador de todas as coisas e estar num barco tentando fugir daquele que fez o mar por onde ele navega? É absurdo!

O que Jonas disse revela a contradição entre as palavras e as ações das pessoas que apenas creem com a cabeça. Como bom israelita e profeta tinha todas as respostas corretamente na memória. Quem sabe, até testemunhava aos vizinhos, colegas de trabalho ou aos seus filhos. Ele proclamava seu compromisso ao afirmar essas verdades, mas sua vida mostrava a existência de outros princípios em seu coração.

Nós, muitas vezes, também temos percorrido esse caminho afirmando o valor das verdades eternas de Deus, mas vivendo conforme nossos princípios pessoais. Essa contradição sempre vem com um sentimento de vergonha e exclamamos como Tiago em sua epístola: "...Meus irmãos, não é conveniente que estas coisas sejam assim" (Tiago 3:10).

Para pensar:
Quais são as áreas da sua vida espiritual em que as palavras não coincidem com os seus atos? Quais os passos para unir palavras à ação? Peça ao Senhor que o ajude a colocar no coração aquilo que você crê com sua mente.

O momento decisivo

9 de abril

Disseram-lhe: Que te faremos, para que o mar se nos acalme? Porque o mar se ia tornando cada vez mais tempestuoso. Respondeu-lhes: Tomai-me e lançai-me ao grande tempestade. JONAS 1:11,12

Não podemos saber o que Jonas pensava quando pediu aos marinheiros que o lançassem ao mar. Com certeza, não poderia imaginar o grande peixe que o Senhor usaria para resgatá-lo. Sabemos, sim, que a consciência de pecado levou-o a assumir a responsabilidade por aquela terrível tormenta que açoitava o navio. O seu discernimento o fez compreender que ele tinha provocado tudo aquilo.

No entanto, ele persiste em vivenciar sua liberdade. O certo seria ele clamar a Deus por misericórdia, confessar o seu pecado e afirmar sua vontade em cumprir o que o Senhor lhe ordenara. Porém, Jonas não conhecia o coração misericordioso de Deus. Ele entendia que, ao se desviar, seu pecado não teria solução. Já que estava perdido mesmo, pediu para ser jogado ao mar e aceitou a morte certa.

Você como líder, alguma vez enfrentou lutas com sentimentos semelhantes a esses? Parece que os pecados nos pesam mais quando ministramos ao povo de Deus. Pode ser que, por estarmos sendo observados pelo público, o nosso sentimento de vergonha pelo que temos feito é maior. Somos tomados pelo desejo de abandonar tudo, julgando que nosso pecado tenha acabado com a possibilidade de continuarmos sendo úteis nas mãos de Deus. Como Pedro, admitimos seriamente voltar às redes de pesca.

Esta forma de pensar é uma das razões de pouco praticarmos a confissão. O inimigo de nossa alma se encarrega de trabalhar em nossas mentes para nos levar a crer que nosso pecado não tem conserto. O sentimento de culpa é a algema com a qual nos conserva presos. Acreditamos que Deus já não nos ouve mais, porque nossa maldade não tem solução. Convictos dessa realidade nós caímos em desespero e procuramos dar cabo ao nosso ministério.

O grande obstáculo em nosso relacionamento com Deus não é a enormidade do nosso pecado, mas os requisitos que impomos a nós mesmos para nos aproximarmos dele. Nosso pecado é abominável, mas pode ser perdoado com uma simples confissão. Nós, entretanto, queremos enfeitar a nossa confissão com demonstrações práticas de arrependimento que são totalmente desnecessárias. Mergulhados no pecado, o melhor caminho é nos aproximarmos de Deus, sem hesitar, arrependidos e confiantes no Seu imenso amor.

Para pensar:
Em seu magnífico livro *Oração: o refúgio da alma* (Editora Vida, 2011), Richard Foster descreve a "oração simples" como a base de todas as outras orações. Ele diz: "Nós cometemos erros — muitos deles; pecamos; falhamos muitas vezes — mas a cada vez nos levantamos e recomeçamos. Oramos e tentamos seguir a Deus novamente. Então, nossa insolência e nossa autoindulgência nos levam ao fracasso de novo [...] e de novo. De fato, às vezes, a oração simples é chamada de oração do novo começo.

Apesar de nós mesmos

10 de abril

Então, clamaram ao Senhor e disseram: Ah! Senhor! Rogamos-te que não pereçamos por causa da vida deste homem, e não faças cair sobre nós este sangue, quanto a nós, inocente; porque tu, Senhor, fizeste como te aprouve. E levantaram a Jonas e o lançaram ao mar; e cessou o mar da sua fúria. Temeram, pois, estes homens em extremo ao Senhor; e ofereceram sacrifícios ao Senhor e fizeram votos. JONAS 1:14-16

Estamos considerando a vida de Jonas, um obstinado servo do Senhor. A vida dele, como profeta, não teve um início romântico como às vezes queremos atribuir aos que servem a Deus. Ele não gostou da missão que lhe fora dada; pensou estar a salvo fugindo da presença de Deus, e quando julgou que tudo estava perdido, pediu para ser lançado ao mar, procurando assim, acabar com tudo. Não temos neste quadro a imagem de um líder consagrado e inspirador, cuja vida exemplifica a qualidade de serviço que esperamos dos nossos liderados.

O surpreendente no relato é vermos Deus usando este homem apesar das suas atitudes e comportamentos. Na passagem de hoje vemos as consequências da crise de Jonas. A primeira é que os marinheiros reconheceram a ação de Deus. Essa conscientização é valiosa. Vemos ali uma declaração quanto à soberania de Deus, uma condição fundamental para a submissão aos Seus desígnios.

Depois, quando atiraram Jonas ao mar, viram a confirmação das palavras do profeta: cessou o mar da sua fúria e seguiu-se uma grande bonança. Esse acontecimento levou aqueles homens a temer ao Senhor, oferecendo-lhe sacrifícios e fazendo votos. Testemunhamos, então, a conversão desses pagãos ao concluírem que a manifestação do poder do Senhor era superior a de qualquer deus que tivessem conhecido.

Esse incidente deve animar o coração de todos os que servem a Deus nos mais diversos ministérios. A lição é clara: o Senhor se propõe a abençoar àqueles que assim desejarem. Somos convocados a colaborar com Ele nesse projeto celestial e temos o privilégio de sermos usados como Seus instrumentos. É digno de nota, ver o Senhor abençoando "apesar dos nossos esforços". Cometemos erros, desobedecemos e às vezes, fazemos as coisas de má vontade, mas ainda assim, a graça de Deus é derramada e o povo é abençoado.

Como não agradecer ao Senhor tão surpreendente manifestação da graça? Também não devemos pensar: "Na verdade, não importa como fazemos as coisas, porque no final das contas Seus objetivos serão alcançados." De forma alguma, pois esta é a demonstração de serviço mais negligente. Fomos chamados à excelência e a isso devemos almejar. No entanto, conforta-nos saber que nossas debilidades e fraquezas serão cobertas pela graça de Deus. Bendito seja o Seu nome!

Para pensar:
Não podes ser ativo demais no que diz respeito aos teus esforços; não podes ser dependente demais naquilo que tange à divina graça. Faze tudo como se Deus não fizesse nada; depende do Senhor como se Ele fizesse tudo. —J. A. James

Orações emergenciais

Deparou o Senhor um grande peixe, para que tragasse a Jonas; e esteve Jonas três dias e três noites no ventre do peixe. [...] Então, Jonas, do ventre do peixe, orou ao Senhor, seu Deus. Jonas 1:17; 2:1

Muitos têm uma vida de oração que bem poderia levar uma tabuleta com os dizeres: "Usar somente em casos de emergência!" São petições que se elevam quando a crise chegou ao seu auge e nada resta a fazer a não ser clamar para que o Senhor intervenha. Em Sua misericórdia muitas vezes Ele atende, mas nada recebemos além de uma resposta ao nosso problema.

Pensar na oração nesses termos é ter uma visão muito limitada desse aspecto da vida espiritual. É uma concepção bastante arraigada em nós. Como consequência, nossas orações se parecem mais com a lista que preparamos quando vamos às compras. Apresentamos os pedidos a Deus e seguimos nosso caminho.

"A verdadeira oração", dizia Santo Agostinho, "não é outra coisa senão o amor". Sobre esse tema, Richard Foster, em seu livro *Oração: o refúgio da alma* (Editora Vida, 2011) escreve: "Hoje o coração de Deus é uma ferida aberta de amor. Ele se aflige pelo nosso afastamento e preocupações, se lamenta por não nos aproximarmos dele, sofre porque nos esquecemos dele, chora por nossa obsessão pela abundância e anseia pela nossa presença."

Esta afirmação nos leva à verdadeira natureza da oração. Você pensa que o único motivo de Jesus se afastar para lugares isolados era para pedir coisas a Deus? Claro que não! Ele precisava desfrutar da amizade transformadora que é o resultado da intimidade com o Pai. Isto Ele conseguia por meio da oração. Foi por esta razão que os discípulos se aproximaram e lhe pediram que os ensinasse a orar (Lucas 11:1-11). Não foi porque desconheciam como fazer petições a Deus, mas precisavam compreender melhor os mistérios da oração. Reconheciam em Cristo uma dimensão espiritual que lhes faltava.

Como é fácil para nós, na agitação do ministério, transformar a oração numa série de petições para nos tirar das dificuldades. O Senhor nos convida a termos outro tipo de experiência. Por isso, Jesus disse que, ao orarmos, devíamos nos fechar em nosso quarto (Mateus 6:6). Ninguém fecha a porta se pretende sair um minuto depois. Cristo vislumbrava um tempo de intimidade com o Pai onde o resultado principal seria nossa transformação por intermédio da oração. Todos nós precisamos andar por este caminho!

Para pensar:
Você está disposto a fazer a seguinte oração? "Ó meu adorado Deus Trino, ajuda a me desvencilhar de mim mesmo para que eu sossegue em ti, imóvel e pacífico, como se minha alma já estivesse na eternidade. Que nada perturbe minha paz, nem me afaste de ti, Oh! meu Imutável, e que a cada minuto me aprofunde em teu Mistério. Amém!" —I. I. Larrañaga

Votos desesperados

12 de abril

Na minha angústia, clamei ao Senhor, E ele me respondeu; do ventre do abismo, gritei, e tu me ouviste a voz. [...] Quando, dentro de mim, desfalecia a minha alma, eu me lembrei do Senhor; e subiu a ti a minha oração, no teu santo templo. Os que se entregam à idolatria vã abandonam aquele que lhes é misericordioso. Mas, com a voz do agradecimento, eu te oferecerei sacrifício; o que votei pagarei. Ao Senhor pertence a salvação! JONAS 2:2,7-9

O modo de Deus tratar é semelhante a uma suave brisa. Como disse o profeta Isaías, o Seu estilo não é clamar, nem levantar a voz (Isaías 42:2). O terno coração de Deus o leva a tratar os Seus com carinho e paciência esperando uma resposta a este relacionamento personalizado. Porém, Suas palavras nem sempre seguem este caminho. Ele tenta uma ou duas vezes. Depois, Ele precisa usar meios mais enérgicos. Foi o caso de Jacó, que lutou com Deus até o alvorecer; e também o de Pedro, que precisou passar pela negação para poder entender as palavras de Cristo.

Assim também aconteceu com Jonas. Ficou evidente que o profeta já estava quebrantado por sua desobediência. Entretanto, o seu quebrantamento não o havia conduzido à presença de Deus para confessar sua rebeldia. Sua tristeza era mortal e se lançou ao mar de forma insensata. Ao Senhor interessa apenas a tristeza que produz vida "porque a tristeza segundo Deus opera arrependimento para a salvação" (2 Coríntios 7:10). Quando Jonas esteve no ventre do peixe lembrou-se de Deus e lhe fez uma oração em desespero.

Observe que, em sua oração, ele inclui votos e promessas ao Senhor. Esta é uma característica das petições que fazemos ao chegar ao nosso limite. Interessa-nos sair da situação; e para convencer Deus a intervir prometemos fazer algo tão logo nos livremos do aflitivo momento.

Essas promessas, que revelam uma falta de conhecimento de quem é Deus, raramente efetuam mudanças em nossas vidas. Normalmente nos esquecemos delas tão logo a tempestade passe. Deixamos de nos lembrar porque não foram a expressão de algo proveniente do coração, mas são uma espécie de trato entre duas partes: "Tu me salvas e eu em troca te dou isto." No final, acabam colocando a vida cristã num plano meramente comercial.

Precisamos redescobrir o bondoso coração do Pai celestial. O Seu amor não precisa ser comprado. Ele está sempre pronto a abençoar e intervir em nossas vidas. Ouça o que diz o psicólogo cristão Larry Crabb: "Quando nosso mais forte desejo é resolver os problemas, buscamos um plano para seguir, mais do que a uma pessoa em quem confiar." Não permita que seu relacionamento com Deus seja colocado nesse plano. Cultive seu amor a cada dia e não terá necessidade de fazer votos em tempos de crise.

Para pensar:
Você se lembra de algum voto feito a Deus em tempo de crise? Como foi que o cumpriu? Em que situações você sente a tentação de negociar com Deus? Como pode avançar rumo a um relacionamento mais pessoal com ele?

Uma lição repetida

13 de abril

Veio a palavra do S<small>ENHOR</small>, segunda vez, a Jonas, dizendo: Dispõe-te, vai à grande cidade de Nínive e proclama contra ela a mensagem que eu te digo. Levantou-se, pois, Jonas e foi a Nínive, segundo a palavra do S<small>ENHOR</small>. Ora, Nínive era cidade mui importante diante de Deus e de três dias para percorrê-la. JONAS 3:1-3

Quando eu estava na escola, às vezes faltava alguma aula por ser difícil, tediosa ou simplesmente porque não tinha vontade de assisti-la. Isto nada mais era do que uma aventura de jovem. Sempre comemorava minha façanha com os colegas. O que eu não entendia era que a matéria perdida fazia parte do programa anual de ensino. A prova final teria os assuntos dados na aula que eu tinha perdido. Se eu não buscasse aprender a tempo aquele conteúdo, estaria em apuros.

Na vida espiritual acontece o mesmo com o agravante de que as consequências podem ser mais sérias. Não se pode queimar etapas, nem evitar as lições que nosso Pai deseja ensinar. O que não se aprende hoje, deverá ser aprendido amanhã. Quem sabe, o contexto tenha mudado, os anos tenham passado tão depressa e as pessoas sejam outras; entretanto a lição será sempre a mesma.

Sempre me surpreendo com o número de vezes que desejei "faltar" à aula. Diante de um desafio particularmente difícil opto por mudar as circunstâncias, às vezes radicalmente. Anos mais tarde me encontro novamente diante do problema que não consegui resolver espiritualmente, naquela ocasião.

O Senhor tem o propósito de formar em nós a imagem do Seu Filho, Jesus Cristo. Não há em Sua lista de metas para nós elementos opcionais. Tudo o que Ele deseja alcançar é parte do plano que tem para o nosso aperfeiçoamento. Como paciente e cuidadoso artesão, Ele trabalhará em nós até alcançar os Seus objetivos.

Grave em seu coração esta frase "Veio a palavra do S<small>ENHOR</small>, segunda vez..." (Jonas 3:1). Por trás dela percebemos um Deus persistente, que não se dá por vencido. Ela faz eco na declaração do apóstolo Paulo: "...aquele que começou boa obra em vós há de completá-la até ao Dia de Cristo Jesus" (Filipenses 1:6). Observe que a ordem a Jonas é exatamente a mesma: "Dispõe-te, vai à grande cidade de Nínive e proclama contra ela a mensagem que eu te digo."

Quando tentamos evitar as lições e as disciplinas de Deus, veremos duas coisas em nossas vidas: primeiro, os novos projetos não contarão com o total apoio e a autoridade espiritual que precisamos. Segundo, constataremos que estamos, vez ou outra, enfrentando o mesmo desafio que, tempos atrás, tentamos evitar. Os anos podem passar mas o desafio permanece, e ficará até que suas exigências sejam cumpridas.

Para pensar:
Podemos evitar o penoso caminho da repetição. Devemos admitir que as propostas do Senhor são inegociáveis. Às vezes, quando as recebemos, podem ter um aspecto desagradável, mas o seu resultado será de valor eterno. Se nós nos convencermos de que, na escola de Deus não se pode "matar aula", estaremos num bom caminho.

Um coração compassivo

14 de abril

Começou Jonas a percorrer a cidade caminho de um dia, e pregava, e dizia: Ainda quarenta dias, e Nínive será subvertida. Os ninivitas creram em Deus, e proclamaram um jejum, e vestiram-se de panos de saco, desde o maior até o menor. [...] Viu Deus o que fizeram, como se converteram do seu mau caminho; e Deus se arrependeu do mal que tinha dito lhes faria e não o fez. JONAS 3:4,5,10

Como deve ser forte o desejo do Senhor em abençoar o homem que mesmo nas piores circunstâncias, decide dar a meia-volta e buscar o caminho do arrependimento! A ação de Deus não depende do nosso total quebrantamento, mas sim do Seu coração cheio de compaixão. Esta, foi a mensagem recebida pelo profeta Jeremias: "...se a tal nação se converter da maldade contra a qual eu falei, também eu me arrependerei do mal que pensava fazer-lhe" (Jeremias 18:8).

O objetivo final de Deus é a restauração, e nunca o castigo e a destruição. Ele usa a destruição como última alternativa quando todos os recursos para conseguir a reconciliação se esgotam. Em Seu coração existe o anelo de que caminhemos na intimidade com Ele, desfrutando dos Seus tesouros e repartindo com outros o que já recebemos.

Veja como a obra de Jonas foi incompleta. Começou em aberta rebelião contra as ordens do Senhor. Sacudido por uma violenta tempestade, não buscou se aproximar do Criador. Somente no ventre do peixe, diante da morte, lembrou-se de orar e clamar por misericórdia. É possível imaginar que tenha cumprido a missão mais por medo do que pela compaixão pelo povo de Nínive. Apesar de tudo, sua mensagem foi ouvida e o povo se arrependeu.

Você reconhece que os verdadeiros frutos do seu trabalho dependem mais da compaixão de Deus e da bondade dele do que da perfeição dos seus esforços? Como líderes, pensamos que as coisas devem seguir determinado rumo para que a graça de Deus se manifeste. Preocupamo-nos com os pormenores e corremos atrás de elementos que julgamos ser indispensáveis para as coisas saírem a nosso modo. Não é isto que garante a bênção do Senhor. Como escreve o apóstolo Paulo: "Pois ele diz a Moisés: Terei misericórdia de quem me aprouver ter misericórdia e compadecer-me-ei de quem me aprouver ter compaixão. Assim, pois, não depende de quem quer ou de quem corre, mas de usar Deus a sua misericórdia" (Romanos 9:15,16).

Para pensar:
Qual deve ser sua atitude? Relaxe! Não se leve tão a sério! Jogue fora a ansiedade de seu ministério! Não é você quem toca os corações; é Deus. Faça o que lhe cabe realizar e descanse na certeza de que Deus também fará a Sua parte. O interesse do Senhor em redimir os que caíram é maior do que o seu.

O lado obscuro do sucesso

15 de abril

Com isso, desgostou-se Jonas extremamente e ficou irado. E orou ao Senhor e disse: Ah! Senhor! Não foi isso o que eu disse, estando ainda na minha terra? Por isso, me adiantei, fugindo para Társis, pois sabia que és Deus clemente, e misericordioso, e tardio em irar-se, e grande em benignidade, e que te arrependes do mal. Peço-te, pois, ó Senhor, tira-me a vida, porque melhor me é morrer do que viver. JONAS 4:1-3

O sucesso é a prova de fogo do líder. Muitos, em tempos de trabalho e ação, se conduzem com verdadeira santidade e total dedicação, mas fracassam pelo orgulho e soberba quando começam a colher o fruto do seu esforço. Seus ministérios crescem, sua autoridade é reconhecida e sua trajetória cercada de honrarias. Eles, então, começam a pensar que os avanços do reino dependem exclusivamente dos seus esforços. A simplicidade e humildade dos primeiros anos desaparecem assim como as folhas das árvores no outono. Em seu lugar surge uma atitude de menosprezo aos demais.

Esta parece ter sido a experiência de Jonas. As possibilidades de os assírios aceitarem a mensagem que o profeta trazia eram remotas. A única coisa que ele podia esperar era a morte pelo fato de estar vindo com uma palavra de aniquilamento para a nação mais poderosa da terra. Contra toda a expectativa, as pessoas prestaram atenção ao que ele dizia, inclusive o rei. O povo de Nínive se vestiu de panos de saco e clamou a Deus por misericórdia. Que homem não se sentiria com autoridade diante de tal resposta? Qual de nós não se sentiria mais importante do que realmente é? Assim também aconteceu com Jonas.

Em meio a esta surpreendente acolhida, Deus decide perdoar os assírios. Para Jonas este foi um duro golpe. Como justificaria agora sua profecia de que Nínive seria destruída? Acaso Deus não estava retirando sua autoridade como profeta? Em sua análise pessoal, havia perdido a credibilidade. Isto o magoou profundamente.

Como não compreender sua reação? Quantas vezes experimentamos insinuações sutis sobre a importância do nosso papel "fundamental" em produzir uma resposta naqueles aos quais ministramos! Com que facilidade nos entregamos a essa forma de ver as coisas!

Para pensar:
Você é alguém a quem Deus pode conceder sucessos ministeriais? Para isto precisamos ter a mesma convicção de João Batista. Seus discípulos, indignados porque muitos passaram a seguir Jesus, queriam vê-lo defendendo seu ministério. O grande profeta exclamou: "Respondeu João: O homem não pode receber coisa alguma se do céu não lhe for dada. Vós mesmos sois testemunhas de que vos disse: eu não sou o Cristo, mas fui enviado como seu precursor. O que tem a noiva é o noivo; o amigo do noivo que está presente e o ouve muito se regozija por causa da voz do noivo. Pois esta alegria já se cumpriu em mim. Convém que ele cresça e que eu diminua" (João 3:27-30).

Pior que a desobediência

16 de abril

Com isso, desgostou-se Jonas extremamente e ficou irado. E orou ao Senhor e disse: Ah! Senhor! Não foi isso o que eu disse, estando ainda na minha terra? Por isso, me adiantei, fugindo para Társis, pois sabia que és Deus clemente, e misericordioso, e tardio em irar-se, e grande em benignidade, e que te arrependes do mal. Peço-te, pois, ó Senhor, tira-me a vida, porque melhor me é morrer do que viver. JONAS 4:1-3

Henry Smith, um homem de Deus, disse certa vez: "O pecado justificado é pecado em dobro." Quanta verdade nesta afirmação! Não resta dúvida de que a desobediência é abominação para Deus. A esse pecado acrescentamos algo ainda mais desprezível, que é a nossa incurável tendência para justificá-lo, quer aos homens quer a Deus mesmo. Você já observou quantos atos de desobediência vêm acompanhados por uma explicação? Adão, ao ser confrontado, disse: "A mulher que me deste". Eva, por sua vez, declarou: "A serpente me enganou". Arão, ao ser questionado no caso do bezerro de ouro, saiu-se com esta: "Deram-mo [o ouro], e eu o lancei no fogo, e saiu este bezerro". O rei Saul, ao desobedecer à ordem recebida, disse: "...o povo poupou o melhor das ovelhas e dos bois, para os sacrificar ao Senhor..." (1 Samuel 15:15).

Quantas vezes nós fazemos o mesmo! Pense nas vezes que jogamos a culpa em outra pessoa por um erro que cometemos. Temos sempre uma explicação bem elaborada para dizer que o nosso pecado não é pecado. A falha do outro sim é pecado.

Os nossos argumentos não convencem a Deus. Nos casos acima mencionados, cada um recebeu o justo e merecido castigo por seu próprio pecado. Assim acontecerá conosco também. Diante do trono de Deus, os nossos argumentos serão como a palha que o vento leva. "Porque importa que todos nós compareçamos perante o tribunal de Cristo, para que cada um receba segundo o bem ou o mal que tiver feito por meio do corpo" (2 Coríntios 5:10).

Para pensar:
O caminho mais curto e simples para as nossas rebeliões é a humilde confissão de um coração contrito e quebrantado. Foi o que o rei Davi fez: "Pois eu conheço as minhas transgressões, e o meu pecado está sempre diante de mim. Pequei contra ti, contra ti somente, e fiz o que é mau perante os teus olhos, de maneira que serás tido por justo no teu falar e puro no teu julgar" (Salmo 51:3,4). Como líder, você é desafiado a viver em simplicidade de coração e também a dar o exemplo disto ao seu povo. Que o seu grupo o reconheça como alguém que não precisa se justificar diante do óbvio! Escolha o caminho da confissão sem quaisquer subterfúgios. Isto fará bem a você e a todos que estão sob a sua liderança.

Posturas radicais

17 de abril

E orou ao Senhor e disse: Ah! Senhor! Não foi isso o que eu disse, estando ainda na minha terra? Por isso, me adiantei, fugindo para Társis, pois sabia que és Deus clemente, e misericordioso, e tardio em irar-se, e grande em benignidade, e que te arrependes do mal. Peço-te, pois, ó Senhor, tira-me a vida, porque melhor me é morrer do que viver. JONAS 4:2,3

Como você se comporta quando as coisas não acontecem do seu jeito? Em muitas situações isto marca a diferença entre um líder submisso ao Senhor e outro líder, cujo objetivo principal na vida é conquistar os projetos pessoais.

Jonas não gostou do que o Senhor fez com os assírios. Ele ficou ressentido, falou coisas pesadas a Deus e pediu inclusive que lhe tirasse a vida. Foi algo extremo para um problema que, na essência, estava ligado ao seu orgulho ferido.

É precisamente nessas circunstâncias que percebemos a motivação de um líder. Quando eu era jovem, achava que minha visão era a mais adequada para a igreja que eu pastoreava. Outros, na equipe ministerial, pensavam de forma diferente. Para convencê-los, juntava meus argumentos para provar que a minha visão era a mesma do Senhor. Mesmo assim eles não se convenciam. Cansado das discussões e da resistência ao que eu propunha fazer, decidi deixar aquela igreja. Foi uma decisão resultante de um choque entre vontades.

Isto se repete com frequência entre o povo de Deus. Convencidos de sermos os donos da verdade tomamos decisões radicais como pedir a exoneração do pastorado, abandonar o ministério, ou dividir a igreja. Com uma atitude dessas é impossível trabalhar em equipe, porque é necessário que os demais percebam as coisas como o líder as vê. A beleza da diversidade do corpo se perde, o diálogo não é aproveitado, e acaba a possibilidade de se cultivar um caráter santo e aprovado por Deus.

Considere a exortação do apóstolo Paulo: "Nada façais por contenda ou por vanglória, mas por humildade; cada um considere os outros superiores a si mesmo. Não atente cada um para o que é propriamente seu, mas cada qual também para o que é dos outros" (Filipenses 2:3,4). A vanglória nada mais é do que uma glória fictícia. É aquela que parece ser genuína, mas que vem de uma fonte que não pode produzir a verdadeira glória, pois o único que a possui é o próprio Deus. Também há glória quando a Sua mão se manifesta. As outras "glórias" são feitas pelos homens, e têm pouco brilho.

Para pensar:
Volte a meditar na pergunta que aparece no início deste devocional. Como você se comporta quando as coisas não acontecem do seu jeito? Os seus colegas de equipe o consideram uma pessoa humilde? O que você faz para desenvolver o diálogo com eles? Em quais situações você cede, considerando o outro melhor do que você?

O remédio para a pessoa irada

18 de abril

E disse o Senhor: É razoável essa tua ira? Então, Jonas saiu da cidade, e assentou-se ao oriente da mesma, e ali fez uma enramada, e repousou debaixo dela, à sombra, até ver o que aconteceria à cidade. JONAS 4:4,5

Entre os muitos bons conselhos do livro de Provérbios está este: "A resposta branda desvia o furor, mas a palavra dura suscita a ira" (15:1). O fato é que a pessoa irada não está disposta a escutar os motivos dos outros. Tudo o que ouvir servirá para alimentar sua irritação. A pessoa sábia lhe falará com muito cuidado.

Assim Deus agiu com Jonas. A raiva do profeta era descabida e egoísta, mas o Senhor sabe que esse não é o momento para discussões. O forte estado emocional deve seguir seu curso até surgir uma abertura para o diálogo. Por este motivo, o Senhor apenas faz uma pergunta a Jonas: "É razoável essa tua ira?" Ele não induz qualquer resposta, não o ensina a administrar suas emoções e tampouco o repreende. Fica com o profeta a pergunta para gerar o processo de reflexão.

Esse método tem semelhanças com o que aconteceu com Elias no deserto. Cansado e desanimado, se refugiou debaixo de uma árvore. Ele também desejava a morte. O Senhor sabia que o profeta necessitava repor as forças e ter uma clara visão das coisas para poder dialogar com Ele. Deus enviou um anjo que simplesmente lhe disse: "...Levanta-te e come" (1 Reis 19:5).

A nossa atitude com as pessoas iradas fará a diferença entre a possibilidade de ajudar ou torná-las ainda mais presas às teias da irritação.

Observe agora que Jonas não entendeu a pergunta do Senhor. Em vez de refletir sobre seu mau comportamento, continuou vendo as coisas como uma pessoa ofendida. Não soube interpretar o que Deus lhe dissera, creu que Deus tinha lhe dito: "Não se inquiete, Eu os destruirei!"

Deus, como um extraordinário mestre, ensinou uma importante lição ao profeta. Quanta paciência ao lidar com um homem que nós teríamos colocado de lado! Ele trabalha no coração dos Seus servos para torná-los em pessoas ajustadas para os Seus propósitos.

Você, igualmente, deve ser paciente com os seus liderados. Seja sábio no modo como os disciplina. A correção no momento errado só cria dificuldades. A palavra branda, dita na ocasião oportuna, tem o poder para consertar e transformar comportamentos que desonram o Senhor.

Para pensar:
Qual é a sua reação diante de uma pessoa irada? Sua resposta faz o problema aumentar ou ajuda a encontrar soluções? Como encontrar palavras mais sábias para serem usadas nestes momentos? Lembre-se do que já foi dito: A nossa atitude com pessoas iradas fará a diferença entre a possibilidade de ajudar ou torná-las ainda mais presas às teias da irritação.

A repreensão divina

19 de abril

Então, perguntou Deus a Jonas: É razoável essa tua ira por causa da planta? Ele respondeu: É razoável a minha ira até à morte. Tornou o Senhor: Tens compaixão da planta que te não custou trabalho, a qual não fizeste crescer, que numa noite nasceu e numa noite pereceu; e não hei de eu ter compaixão da grande cidade de Nínive, em que há mais de cento e vinte mil pessoas, que não sabem discernir entre a mão direita e a mão esquerda, e também muitos animais? JONAS 4:9-11

Os grandes mestres sabem que a palavra é apenas uma das suas ferramentas. Sabem que o ser humano aprende mais com o que vê e experimenta. Eles não perdem a oportunidade de impactar os alunos na totalidade do seu ser enquanto ensinam a lição. O devocional de hoje nos apresenta uma dessas lições.

Deus sabe que a pessoa se apega rapidamente ao que recebe, especialmente quando faz parte do mundo material. O Senhor se antecipa a esta tendência e faz crescer uma aboboreira perto de onde Jonas estava. O profeta se sentiu dono dela enquanto apreciava a sombra projetada em meio ao deserto com calor sufocante. Quando, no dia seguinte, a planta morreu, lamentou como se tivesse perdido um ente querido.

O contraste que Deus faz nesta extraordinária ilustração, expõe o egoísmo do profeta. A reação dele revela como os nossos interesses estão distantes do que realmente importa ao coração do Pai. Preocupamo-nos principalmente com aquilo que contribui com o nosso bem-estar. Uma rápida avaliação em nossa vida de oração mostra como estamos centrados em nós mesmos.

Como poderemos nos livrar dessa tendência ao efêmero e passageiro? Se não alcançarmos o rompimento com as coisas transitórias da vida, nosso ministério sempre estará afetado pelo que é mesquinho e terreno. Nenhum esforço humano conseguirá operar em nós essa transformação. Pelo contrário, nossa natureza carnal acabará ficando cada vez mais forte, pois "…o pendor da carne é inimizade contra Deus, pois não está sujeito à lei de Deus, nem mesmo pode estar" (Romanos 8:7,8).

Para pensar:
A lição de hoje nos permite ver Deus abrindo Seu coração, permitindo-nos contemplar o que realmente lhe interessa. Ela comunica ao profeta sua insondável preocupação. Neste ato temos a resposta para a transformação de que necessitamos, deixando de lado as preocupações com as coisas passageiras e sem importância da vida. A solução se encontra na contemplação do coração de Deus. Isto só será possível se permitirmos que Ele o revele a nós. A compaixão é mais o resultado de um "contágio" do que do esforço. Acheguemo-nos, pois, a Ele para percebermos o que não pode ser visto à distância.

Fiéis à Palavra

20 de abril

Disse, porém, Josafá: Não há aqui ainda algum profeta do SENHOR para o consultarmos? Respondeu o rei de Israel a Josafá: Há um ainda, pelo qual se pode consultar o Senhor, porém eu o aborreço, porque nunca profetiza de mim o que é bom, mas somente o que é mau. Este é Micaías, filho de Inlá. Disse Josafá: Não fale o rei assim. 1 REIS 22:7,8

A Palavra de Deus frequentemente nos confronta revelando nossa rebelião e a predisposição à desobediência. Ela estabelece os princípios eternos do reino de Deus e nos chama para efetuarmos as mudanças necessárias, a fim de que os nossos corações estejam perfeitamente alinhados à Sua vontade.

Esta foi a tarefa dos profetas. Eles interpretavam ao povo a realidade em que viviam em contraste com os parâmetros da Palavra de Deus. A proclamação da verdade sempre era seguida por uma exortação para voltarem aos caminhos estabelecidos por Deus

É aqui que o ser humano falha. Podemos sacudir a cabeça e lamentar com outros a falta de espiritualidade no povo. Com frequência, vem-nos à mente uma lista de nomes de pessoas que faria bem terem vindo "ouvir esta pregação". Nosso entusiasmo se vai quando essa exortação é dirigida para nós. Nesses momentos nos enchemos de argumentos e raciocínios elaborados para justificar nossa falta de compromisso.

No texto de hoje vemos um caso extremo de resistência à Palavra. O rei, que sabia usar o poder para dobrar a vontade das pessoas, enfrentou um profeta que não cedia às pressões. Micaías sofreu desprezo por falar o que o rei Acabe não gostava de ouvir. Quanta pressão esse homem de Deus deve ter suportado por falar a verdade quando os demais "profetas" já haviam dito palavras agradáveis ao seu senhor!

Para nós que estamos no ministério da Palavra causa-nos incômodo ter que resistir à pressão exercida por alguns que desejam apenas ouvir coisas boas. Somos, então, tentados a "diluir" a Palavra, pois a popularidade nos abre portas importantes. Esse tipo de "respeito" tem um alto preço para nós, já que acabamos perdendo o respaldo divino sobre nossos ministérios.

Para pensar:
Considere a exortação do apóstolo Paulo a Timóteo: "…prega a palavra, insta, quer seja oportuno, quer não, corrige, repreende, exorta com toda a longanimidade e doutrina. Pois haverá tempo em que não suportarão a sã doutrina; pelo contrário, cercar-se-ão de mestres segundo as suas próprias cobiças, como que sentindo coceira nos ouvidos" (2 Timóteo 4:2,3). Não permita que outros imponham sobre o seu ministério a mensagem que desejam ouvir, tampouco imponha a eles a "sua mensagem". Que as suas palavras sempre venham de Deus! Só isso produzirá fruto eterno.

Pobreza com potencial

21 de abril

Vendo ele a Pedro e João, que iam entrar no templo, implorava que lhe dessem uma esmola. Pedro, fitando-o, juntamente com João, disse: Olha para nós. Ele os olhava atentamente, esperando receber alguma coisa. Pedro, porém, lhe disse: Não possuo nem prata nem ouro, mas o que tenho, isso te dou: em nome de Jesus Cristo, o Nazareno, anda! ATOS 3:3-6

Quanto vale uma esmola? Alguns centavos? Quando alguém nos pede, certamente não espera ganhar muito. Ninguém ficará sem comer por ter dado alguns trocados.

Pedro e João foram ao templo sem dinheiro. Eles, entretanto, possuíam algo muito mais precioso. Eles carregavam consigo um tesouro formado pelas experiências com o Mestre da Galileia. Tinham, também, um coração transformado pela compaixão de Jesus. Do que possuíam, deram ao mendigo e este, por sua vez, foi mudado pelo poder de Deus.

Há duas importantes lições neste acontecimento. A primeira é: o que as pessoas pedem nem sempre é realmente o que necessitam. Cada um dá prioridade às coisas que tem a ver com o seu próprio mundo, e faz suas petições de acordo com a sua realidade. O que pedimos, nem sempre é aquilo que precisamos. Podemos agradecer a Deus por Sua infinita bondade em nem sempre nos conceder conforme o que lhe pedimos. Como servos do Senhor, também é importante discernirmos se aquilo que nos pedem é de fato o que lhes é necessário. O bom líder não dará tudo o que lhe solicitarem, mas buscará sempre a orientação do Espírito Santo.

Em seguida, vemos aqui outro importante princípio: devemos agir de acordo com aquilo que temos. Isto parece muito óbvio. A verdade é que muitas igrejas não realizam mais e justificam-se pelos recursos indisponíveis. Pedro e João bem que poderiam ter ficado tristes e frustrados por não poder fazer mais devido à sua escassez de recursos. Podiam voltar à igreja para falar da importância de contribuir e assim atender às muitas necessidades existentes em Jerusalém.

Quantas vezes escuto pastores lamentando-se pela falta de recursos para o ministério! O fato é que Deus tem dado o suficiente para executarmos a tarefa a nós entregue. Ele jamais enviou alguém ao ministério sem equipá-lo com o necessário.

Para pensar:
O necessário nem sempre é o requisito que os homens estabelecem para fazer a obra. Se Deus nos dá um projeto, os recursos virão. Como em tudo mais no reino, o apoio de Deus acontece quando nos colocamos em ação com aquilo de que dispomos. Como afirmou um homem de Deus no passado: "Aquele que não é generoso com o que tem, engana-se ao pensar que o será caso tenha mais."

Superar a adversidade

22 de abril

José foi levado ao Egito, e Potifar, oficial de Faraó, comandante da guarda, egípcio, comprou-o dos ismaelitas que o tinham levado para lá. O Senhor era com José, que veio a ser homem próspero; e estava na casa de seu senhor egípcio. Vendo Potifar que o Senhor era com ele e que tudo o que ele fazia o Senhor prosperava em suas mãos. GÊNESIS 39:1-3

É impossível imaginar o tamanho da calamidade que sobreveio a José ao ser vendido pelos seus irmãos. O relato desse acontecimento ocupa apenas uns poucos versículos da Bíblia, mas as devastadoras consequências de tal traição ficaram escondidas. É claro que o golpe afetou profundamente a vida do jovem hebreu.

Num lapso de poucas semanas ele perdeu tudo. Primeiro, a liberdade ao ser lançado num poço. Depois, sua dignidade ao ser trocado por algumas moedas de prata. Algemado, perdeu seu futuro e a possibilidade de escolher os caminhos a seguir. Chegando ao Egito, deixou sua cultura e o idioma da sua família. Comprado por Potifar como escravo, perdeu a possibilidade de pertencer a uma família. Quem poderia enfrentar semelhante calamidade? Como não se afundar no poço da amargura e desespero, guardando no coração o ódio e o rancor contra seus irmãos?

Na passagem de hoje, entretanto, vemos um José próspero. Os seus ganhos, como bem explica o historiador, foi o resultado da bênção, da companhia e da presença do Senhor em sua vida. Deus estava com ele. Sabemos que o Senhor não abençoa aos que conservam em sua alma pensamentos de ódio, rancor e vingança. O salmista pergunta: "Quem, Senhor, habitará no teu tabernáculo? Quem há de morar no teu santo monte? O que vive com integridade, e pratica a justiça, e, de coração, fala a verdade; o que não difama com sua língua, não faz mal ao próximo, nem lança injúria contra o seu vizinho" (Salmo 15:1-3). Conclui-se que José conseguiu superar a tragédia que a vida lhe apresentou.

Esta é uma das características que distingue o líder. Ele não está livre de dificuldades, contratempos e sofrimento; mas não permite que isso determine a linha de ação da sua vida. Assim escreve Henry Blackaby, autor do livro *Conhecendo Deus e fazendo Sua vontade* (Lifeway, 2003): "Líderes não são pessoas isentas de dificuldades, mas são aquelas que conseguem vencer os obstáculos da vida." A história está repleta de homens que viveram experiências pessoais cruéis. O que os diferenciou, no entanto, é que usaram os mesmos acontecimentos para avançar rumo às coisas maiores. Foi nessas áreas que, mais tarde, conquistaram suas maiores vitórias.

Para pensar:
O erro é um acontecimento cujo benefício ainda não pudemos colher. —Anônimo

A disciplina da gratidão

23 de abril

Celebrai com júbilo ao Senhor, todas as terras. Servi ao Senhor com alegria, apresentai-vos diante dele com cântico. Sabei que o Senhor é Deus; foi ele quem nos fez, e dele somos; somos o seu povo e rebanho do seu pastoreio. Entrai por suas portas com ações de graças e nos seus átrios, com hinos de louvor; rendei-lhe graças e bendizei-lhe o nome. Porque o Senhor é bom, a sua misericórdia dura para sempre, e, de geração em geração, a sua fidelidade. SALMO 100

Observe os verbos usados neste salmo. Todos são mandamentos que convocam a uma celebração ao Senhor: Celebrai, servi, apresentai-vos, sabei, entrai, rendei-lhe graças, bendizei-lhe o nome. Que coisa estranha! Não é?

O salmista nos convida — na verdade nos ordena — a pensar em nossa existência, não numa perspectiva humana, mas como participantes de uma realidade que supera a terrena. Ele nos convoca a unir-nos, como diz Dallas Willard, "a meditar na grandeza de Deus revelada em Sua infinita bondade conosco". O salmista espera que essa reflexão produza em nós um ar festivo, com muita alegria, regozijo, gratidão, louvor e a proclamação da benignidade de Deus.

Pense por um instante em nossa realidade:
Ele criou os céus... nós desfrutamos.
Ele fez o ar... nós respiramos.
Ele providencia a comida... nós degustamos.
Ele nos deu amigos... nós valorizamos.
Ele nos deu sonhos... nós sonhamos.
Ele nos concedeu dons... nós os utilizamos.
Ele nos concedeu um ministério... nós o cumprimos.
Ele nos proveu uma família... nós cuidamos dela.

Se permitirmos ao Espírito Santo nos guiar neste exercício, a lista será interminável. Tudo o que temos, absolutamente tudo que possuímos e vivenciamos a cada dia, chega-nos pela bondosa mão do Senhor.

Como é importante que nós, tão preocupados com as tarefas do ministério, façamos uma parada e celebremos as múltiplas manifestações da graça de Deus. A alegria e a gratidão combatem o desânimo. Por este motivo, o salmista nos chama para nos unirmos em regozijo e celebração: "...Porque o Senhor é bom, a sua misericórdia dura para sempre...".

Para pensar:
Quando chegar o desânimo e a depressão, entre pela porta da gratidão. No começo, apenas a sua vontade o acompanhará. Suas emoções, escondidas em sua alma, lentamente serão contagiadas pelo espírito de celebração que tomará conta do seu ser. Até o corpo entrará nessa festa! Você não será mais a mesma pessoa!

Obediência parcial

24 de abril

Ora, disse o Senhor a Abrão: Sai da tua terra, da tua parentela e da casa de teu pai e vai para a terra que te mostrarei [...]. Partiu, pois, Abrão, como lho ordenara o Senhor, e Ló foi com ele. Tinha Abrão setenta e cinco anos quando saiu de Harã.
GÊNESIS 12:1,4

A orientação que Abrão recebeu de Deus era bastante clara: "Sai da tua terra, da tua parentela...". Ele fez exatamente isso: levantou-se e deixou a casa do seu pai e sua terra, com seus costumes, contatos e toda a vida construída naquele lugar. Saiu para o desconhecido, a uma terra que nem sabia onde ficava. Até aqui, tudo bem.

Com a ordem de deixar para trás a parentela, Abrão enfrentou um desafio. Como homem responsável, tinha de cuidar do seu sobrinho. Pode ser também que ele não quisesse partir sozinho para essa aventura, daí ter buscado a companhia de Ló, um jovem. Muitas podem ser as explicações para justificar a decisão do patriarca.

Aqui entra uma dificuldade em levarmos adiante a tarefa que nos foi entregue. Longe de admitir que não temos a Deus como sócio, achamos sempre muitas razões para explicar o que seria melhor para nós. Achamos difícil reprimir o desejo de fazer as coisas à nossa maneira e, por isso introduzimos pequenas alterações nas ordens recebidas.

Abrão cumpriu grande parte das instruções dadas por Deus. Deveríamos reconhecer o muito que fez, já que não era pequeno o sacrifício de dar às costas a tudo quanto lhe dava segurança. Tudo isso, entretanto é diminuído por uma pequena frase que vem como um apêndice na história principal: "...e Ló foi com ele...".

Vejamos as consequências da sua decisão. Pouco depois de se estabelecerem em Canaã, houve uma contenda entre os pastores de Ló e os pastores de Abrão quanto ao pasto para o gado. Abrão teve de intervir e fazer a partilha da terra (Gênesis 13:1-18). Mais tarde, participou de uma missão de resgate para salvar Ló (Gênesis 18:16-33). Foram situações que complicaram a vida do patriarca. As consequências a longo prazo foram ainda mais sérias. Os descendentes de Ló, os moabitas e os amonitas, se tornaram um verdadeiro espinho na carne para os descendentes de Abrão (Gênesis 36–38).

A obediência incondicional descansa na convicção de que Deus é bom e sabe muito bem o que faz. Enquanto houver alguma dúvida em nós, sempre seremos tentados a modificar Suas orientações. O que não temos é a capacidade de antever as consequências. Cultivemos, então, a disciplina da obediência absoluta. É o caminho que Jesus, o Filho de Deus, escolheu seguir numa perfeita comunhão com o Pai.

Para pensar:
Jesus falou: dele é a palavra, nossa é a obediência. —Dietrich Bonhoeffer

Guardar a unidade

Rogo-vos, pois, eu, o prisioneiro no Senhor, que andeis de modo digno da vocação a que fostes chamados, com toda a humildade e mansidão, com longanimidade, suportando-vos uns aos outros em amor, esforçando-vos diligentemente por preservar a unidade do Espírito no vínculo da paz. EFÉSIOS 4:1-3

Ouço com frequência, no contexto eclesiástico, frases como estas: "Devemos buscar a unidade; precisamos realizar atividades que desenvolvam a unidade; temos que nos aproximar de outras igrejas para cultivar a unidade…". Tais expressões revelam o pensamento de que somos capazes de produzir a união entre os filhos de Deus. É exatamente isso que a passagem de hoje nos desperta a fazer. Não se pode guardar algo que não existe. O apóstolo Paulo nos exorta a preservar o que já é uma realidade na igreja, e não a buscar formas de criar o que não existe.

"Um momento!", você exclama. "Como podemos falar de unidade na igreja quando vemos tantas divisões, discussões e lutas entre os que pertencem à casa de Deus?"

Observe a exortação que serve de base para nossa reflexão. Ela inclui palavras como humildade, mansidão, suportar uns aos outros e ser pacientes. Estas não são frases que falam de um trabalho de construção, mas são, antes, atitudes necessárias para ser mantida a unidade do Espírito pelo vínculo da paz.

O fato é que a unidade não é algo natural em nós; é antes uma realidade sobrenatural. Por esse motivo, tem sua origem no Espírito Santo. Não conseguimos produzir, nem desenvolvê-la. Só podemos experimentá-la como uma manifestação da presença de Deus entre nós. Podemos ser unidos porque o Pai, o Filho e o Espírito formam uma perfeita unidade. Estando unidos à Trindade, por meio do Filho, a unidade será transmitida ao povo.

O que podemos fazer? A verdade é que rompemos a unidade por meio de atitudes de soberba, altivez, egoísmo e impaciência. Por isto, os caminhos para a restauração não são os projetos para produzi-la, mas o arrependimento. A unidade é preservada pela eliminação das atitudes erradas. Para que ela se manifeste em sua total plenitude, precisamos deixar de lado as tendências individuais e abrir caminho para que o espírito de amor e mansidão, que vem do Senhor, comece a operar em nossos corações.

Cabe assinalar que a unidade é uma condição espiritual, e não mental. Nós a entendemos muitas vezes como uma "uniformidade", isto é, todos pensando da mesma maneira e fazendo as mesmas coisas. Com isto em mente, organizamos eventos e chamamos o povo a participar, para assim mostrarmos a existência da unidade na igreja. Era isto que a igreja em Jerusalém queria impor a Paulo e Barnabé. Essa uniformidade não admite diferenças, mas a verdadeira unidade permite que um Pai, um Filho e um Espírito convivam em perfeita harmonia, embora sejam diferentes um do outro.

Para pensar:
A unidade em Cristo não é algo que devemos alcançar, mas é um fato que devemos reconhecer. —A. W. Tozer

Quebrantamento espiritual

26 de abril

Estejam, pois, atentos os teus ouvidos, e os teus olhos, abertos, para acudires à oração do teu servo, que hoje faço à tua presença, dia e noite, pelos filhos de Israel, teus servos; e faço confissão pelos pecados dos filhos de Israel, os quais temos cometido contra ti; pois eu e a casa de meu pai temos pecado. Temos procedido de todo corruptamente contra ti, não temos guardado os mandamentos, nem os estatutos, nem os juízos que ordenaste a Moisés, teu servo. NEEMIAS 1:6,7

Um dos melhores exemplos nas Escrituras do que é oração é o clamor de Neemias. Nesta súplica encontramos os grandes temas que fazem parte de uma verdadeira compreensão do mundo espiritual em que vivemos. Serve de modelo para as nossas orações. Podemos copiar e até imitar os vários aspectos de sua intercessão, mas devemos levar em conta que esta oração revela um homem com um coração quebrantado por Deus, e isto não pode ser reproduzido.

Desejo me concentrar num aspecto desse quebrantamento espiritual, que diz respeito à confissão de pecados que Neemias fez. É comum ouvirmos veementes denúncias de pecados cometidos por outros, ou de pecados que fazem parte da igreja como um todo. Isto vem acompanhado por certo tom de superioridade, pois os denunciantes se sentem como se estivessem completamente livres de culpa.

Este tipo de acusação não provém do Espírito. Uma pessoa quebrantada não fala do pecado "deles", mas sim dos "nossos". Neemias não viveu na época do afastamento espiritual que resultou na invasão de Israel pelo exército babilônico e o consequente exílio. No entanto, ora, dizendo: "pecamos contra ti; também eu e a casa de meu pai pecamos". O copeiro do rei percebeu que a rebeldia e a dureza de coração existentes nos seus antepassados também se encontravam em seu íntimo.

Isaías teve a mesma percepção espiritual quando viu o Senhor assentado sobre um alto e sublime trono no Seu santo templo. Ele não exclamou: "Ai de mim, que habito no meio de um povo imundo!" Mas disse: "…ai de mim! Estou perdido! Porque sou homem de lábios impuros, habito no meio de um povo de impuros lábios, e os meus olhos viram o Rei, o Senhor dos Exércitos!" (Isaías 6:5). A tremenda revelação da grandeza e da santidade de Deus permitiu-lhe ver que o pecado havia contaminado não só a vida dos outros, mas a sua também.

Como líder, você deve entender que pesadas denúncias contra o pecado em outras pessoas raramente produzem mudanças. Pelo contrário, os ouvintes sentem-se agredidos e condenados. Quando essas mesmas pessoas perceberem o quebrantamento no líder, se sentirão incentivadas a buscar em Deus a purificação. Este profundo sentimento é resultado de estar na presença daquele que é luz e santidade.

Para pensar:
Como você reage diante do pecado de alguém? O que isto revela sobre o tipo de pessoa que você é? Quanto tempo dedica à confissão dos seus próprios pecados?

Honrar a noiva

27 de abril

Maridos, amai vossa mulher, como também Cristo amou a igreja e a si mesmo se entregou por ela, para que a santificasse, tendo-a purificado por meio da lavagem de água pela palavra, para a apresentar a si mesmo igreja gloriosa, sem mácula, nem ruga, nem coisa semelhante, porém santa e sem defeito. EFÉSIOS 5:25-27

Que tempo especial é o período do namoro! Os dias são curtos para a descoberta das maravilhosas qualidades do outro. Que deslumbramento ante a perfeição existente nos dois! Não importa o tempo juntos, nenhum defeito é encontrado!

Nós, que estamos de fora, percebemos as imperfeições e sofremos ao ver as incompatibilidades. Preocupamo-nos por sabermos que isso, ao longo do tempo, poderá se converter em obstáculo para o casamento. Observando-os, conseguimos antever os desentendimentos que o casal enfrentará no futuro.

Você tentou alguma vez conscientizar o casal de namorados dos seus defeitos? Como foi? Acho que você se meteu numa enrascada! Ninguém gosta de ouvir algo negativo sobre a pessoa por quem está apaixonada. Em certos casos, essa paixão produz uma espécie de cegueira que nos aflige. Assim é o amor de Cristo pela Igreja!

Ouvimos muitos comentários sobre a superficialidade da igreja, da falta de espiritualidade e de compromisso com o Senhor. Por onde andarmos encontraremos aqueles que, indignados, denunciam suas imperfeições. Alguns, desapontados, afastam-se porque os membros são uma verdadeira pedra de tropeço para suas vidas.

Eles têm razão! A igreja é tudo isso, e muito mais. Se você está servindo em algum ministério pode já ter sofrido pela fraca espiritualidade dos seus liderados. É possível que tenha pregado contra a falta de compromisso. Pode até ter sentido que seus esforços foram inúteis. A igreja nunca será diferente do que é. Sei dessa realidade, porque mais de uma vez lutei com esses mesmos sentimentos.

No meio de tudo isso, Cristo nos fala, e diz: "Atenção! Você está falando da minha noiva." A indignação é tão forte e, por isso, insistimos em falar mal da igreja. Ele nos responde, dizendo: "Você tem razão, mas Eu a amo!"

Se o escutarmos, perceberemos um dos grandes mistérios do reino: o amor de Deus por Seu povo, isto é, por nós. Não há lógica; não tem explicação; resiste a qualquer análise. Basta-nos exclamar: Bendito amor, que não se dá por vencido apesar do que somos!

Para pensar:
Você está cansado da sua igreja? Pesa-lhe servir a noiva de Cristo? Por que não achar tempo para permitir ao Noivo que lhe fale do Seu amor pela igreja? Renove o seu afeto pela noiva passando mais tempo com o Noivo. Com certeza Ele lhe dirá: "Se você me ama, deve também amar a Minha noiva!"

Preso sem saída

28 de abril

Ouvindo, pois, a mulher de Urias que seu marido era morto, ela o pranteou. Passado o luto, Davi mandou buscá-la e a trouxe para o palácio; tornou-se ela sua mulher e lhe deu à luz um filho. Porém isto que Davi fizera foi mau aos olhos do Senhor.
2 SAMUEL 11:26,27

Davi se deitou com a mulher do seu próximo, o que resultou numa gravidez. Este capítulo fala dos desesperados esforços dele para esconder o pecado. Ao tomar conhecimento de que Bate-Seba estava grávida, Davi passou horas e, quem sabe dias em agonia pensando sobre como remediar seu erro. Primeiro, fez o que era mais fácil: trazer Urias do campo de batalha e deixá-lo ficar com a esposa. Como um plano desses poderia falhar, se este homem estivera longe de sua mulher por tantos dias? Davi não considerou, no entanto, o sentido de dever do seu nobre soldado, que se recusou a descer à sua casa enquanto o exército se encontrava em ação.

Desesperado, aumentou os dias de folga e convidou Urias para um banquete regado a muita bebida. Seguramente, em estado de embriaguez, ele colocaria de lado suas convicções! Era o que pensava Davi, mas Urias permaneceu firme.

Não há dúvidas quanto à aflição do rei, porque a qualquer momento poderiam descobrir o estado de Bate-Seba. O desespero o levou ao extremo: provocar a morte do soldado. Planejou tudo com muito cuidado e deu as ordens para o seu cumprimento.

As semanas posteriores devem ter levado a agonia de Davi a níveis insuportáveis. Enquanto a gravidez de Bate-Seba avançava, o rei ficou à espera de notícias. Finalmente chegaram informações de que seu abominável plano tinha dado certo. O homem de valor, que havia honrado seus companheiros e seu rei, estava morto. Rapidamente, o casal cumpriu as formalidades e logo se tornou marido e mulher.

Se você percebeu a angústia de Davi poderá imaginar o alívio que agora experimentava. Finalmente conseguiu uma solução para o problema!

O final da história nos leva a esta frase: "Porém isto que Davi fizera foi mau aos olhos do Senhor." Que tola é a nossa perspectiva! Quão limitada é a nossa compreensão das verdadeiras dimensões do pecado! Vemos o que se relaciona com este mundo e nos acomodamos ao que nos é visível. Tentamos convencer aos outros de que o pecado não aconteceu, e para isso nos armamos de argumentos, arrazoados e intermináveis explicações. Não percebemos que as consequências mais graves não são humanas, mas espirituais. Quantas dificuldades evitaríamos se percebêssemos o que significa nosso pecado para o Senhor. Davi se acomodou às circunstâncias. Encontrou paz por alguns dias, mas seu calvário estava apenas começando.

Para pensar:
Pecar é coisa grave, mas é mais sério ainda tentarmos esconder o pecado. Deus observa os nossos atos permanentemente. Escolhamos o caminho mais curto e mais fácil: confessemos o nosso pecado e vivenciemos o seu perdão.

A eloquência da cruz

29 de abril

Porque não me enviou Cristo para batizar, mas para pregar o evangelho; não com sabedoria de palavra, para que se não anule a cruz de Cristo. 1 CORÍNTIOS 1:17

No seminário, uma das matérias que tive de cursar foi homilética, ou seja, a arte de pregar. O tempo ao lado de um professor com longa experiência na pregação foi de grande proveito para mim. Ganhei confiança, conseguindo perceber erros e hábitos prejudiciais à comunicação. Aprendi também a introduzir técnicas que tornaram mais eficientes e interessantes a tarefa de transmitir a Palavra.

Chegou, também, a inevitável tendência a dar atenção exagerada à retórica. Na preparação cuidadosa dos sermões nada era esquecido: as ilustrações, os vários pontos do esboço, a motivação, o tom da voz, as pausas, a lógica da argumentação etc. Sem perceber, os pormenores passaram a dominar tudo.

O que havia de errado nesse caminhar não demorou a aparecer. Tendo completado o curso de homilética, eu já não podia mais ouvir uma pregação sem fazer uma crítica quanto ao "estilo" do pregador. Ele usou ilustrações? Os pontos do sermão foram claros o bastante? Os versículos usados como texto eram adequados? A conclusão foi bem elaborada, com um apelo convincente? Todas essas perguntas, e outras mais, haviam retirado de mim a simplicidade em receber com mansidão a Palavra de Deus. Eu já não era mais um discípulo desejoso de ser ministrado pelas Escrituras, mas me tornei num analista da comunicação!

Infelizmente, após 20 anos de pregação percebo que alguns colegas de ministério nunca superaram esta etapa. Eles dedicam tempo em excesso "polindo" os aspectos secundários da sua oratória. A preocupação com a eloquência revela uma falha em suas vidas. O tremendo poder de Deus, manifesto na morte de Cristo, não está impactando e produzindo neles a maravilhosa transformação que ultrapassa as palavras. A convicção de que a cruz de Cristo, por si só, é pouco atraente, traz a necessidade de "embelezá-la" com uma eloquência bastante complexa.

Se você está no ministério da pregação não permita que isso suba à sua cabeça. O apóstolo Paulo recusou tal estilo devido à sua profunda reverência pela mensagem voltada para a cruz de Cristo. Em outra versão bíblica o versículo acima é traduzido assim: "Pois Cristo não me enviou a batizar, mas para anunciar o evangelho, e anunciá-lo sem usar a linguagem da sabedoria humana, para não tirar o poder da morte de Cristo na cruz" (NTLH). Como pregadores, devemos desenvolver o dom que Deus nos concedeu, mas não confundamos as coisas: não é a nossa "técnica" que atinge os corações. É o poder da cruz. Esforcemo-nos, portanto, para manter nossas mensagens dentro de um estilo simples, sem muitos enfeites.

Para pensar:
"Porque o reino de Deus consiste não em palavra, mas em poder" (1 Coríntios 4:20). Que sublime verdade para ser lembrada todas as vezes que nos aproximarmos de um púlpito!

Desavenças ministeriais

30 de abril

Houve entre eles tal desavença, que vieram a separar-se. Então, Barnabé, levando consigo a Marcos, navegou para Chipre. Mas Paulo, tendo escolhido a Silas, partiu encomendado pelos irmãos à graça do Senhor. ATOS 15:39,40

Como explicar este ocorrido? A análise sincera da aparente violência deste incidente nos deixa perplexos. Não podemos associá-lo à imagem que temos daqueles dois servos de Deus. Compartilho com você alguns dos meus pensamentos a este respeito.

Ao trabalharmos em equipe num mesmo projeto, sempre haverá diferenças. Alguns acabam se desanimando. Um bom grupo de trabalho não é aquele em que todos pensam mesmo jeito. Quando assim ocorre, é sinal de que o líder está rodeado de gente que simplesmente aprova suas ideias. A diversidade nas opiniões é uma preciosa manifestação da variedade que Deus colocou no corpo (1 Coríntios 12). O ministério fica enriquecido quando admite a perspectiva e a contribuição de pessoas que são diferentes entre si.

Outra questão é que as diferenças devem ser administradas em nível espiritual. O que causa dano ao corpo é o fato de admitirmos que isso nos dá liberdade para atacar quem pensa de forma diferente. Por mais acertado que seja nosso ponto de vista, Deus não nos permite humilhar o próximo. "Longe de vós, toda amargura, e cólera, e ira, e gritaria, e blasfêmias, e bem assim toda malícia. Antes, sede uns para com os outros benignos, compassivos, perdoando-vos uns aos outros, como também Deus, em Cristo, vos perdoou" (Efésios 4:31,32).

Por último, existem situações em que a única alternativa é a separação. Não há dúvida que é uma decisão extrema para um problema muito sério. Revestidos da bondade de Cristo, devemos insistir na busca de um ponto no qual as ideias possam se ajustar, porque dele vem esta palavra: "Nada façais por partidarismo ou vanglória, mas por humildade, considerando cada um os outros superiores a si mesmo. Não tenha cada um em vista o que é propriamente seu, senão também cada qual o que é dos outros" (Filipenses 2:3,4). Depois de esgotadas todas as tentativas de conciliação, por vezes, a separação é o melhor caminho a seguir. Paulo e Barnabé, dois gigantes espirituais, escolheram essa solução e ambos prosseguiram em seus ministérios altamente produtivos. Como somos muito menores do que eles, seria realista da nossa parte acreditar que um acordo sempre é possível?

Para pensar:
Observe que o texto não diz ter acontecido uma divisão; mas, sim, que se separaram. A divisão enfraquece as duas partes. A separação capacita-os a seguir em frente. A atitude faz a diferença. Quando os corações partem cheios de amargura, rancor e irritação, fica provado que a decisão foi tomada numa base carnal. Em minha experiência, 95% das separações não foram feitas de forma amigável. Foram divisões.

Líderes com graça

Estêvão, cheio de graça e poder, fazia prodígios e grandes sinais entre o povo.
ATOS 6:8

1 de maio

Ao descrever seus líderes o povo se refere a diferentes características. Podem falar do senso de responsabilidade e dedicação ao ministério. Quem sabe, alguns queiram se referir à capacidade de resolver problemas. Outros podem falar das suas virtudes como pregador e mestre. Como se vê, são diversas as qualidades e os elementos que distinguem a vida dos que atuam na igreja. Mas não é comum alguém dizer que seu líder é "uma pessoa cheia da graça".

Em que o autor do livro de Atos teria pensado quando identificou Estêvão com essa virtude? Com certeza, ele se referiu ao testemunho da própria igreja a respeito desse extraordinário diácono. Quais seriam então essas qualidades? Alguns versículos mais adiante e encontramos Lucas dizendo que os integrantes do conselho ao fixar os olhos nele, "…viram o seu rosto como se fosse rosto de anjo" (Atos 6:15).

É possível que esta frase nos ajude a compreender o significado de "cheio da graça". Parece estar se referindo a algo sobrenatural, não produzido por homens; algo de origem celestial. Na realidade, talvez seja por isso que seja difícil compreender porque é um conceito que transcende a realidade cotidiana do ser humano. Vivemos no contexto da lei do esforço. Ninguém chega a algum lugar sem passar por esse caminho. Isto implica ter de competir com outros para deixá-los fora de combate. Só os mais disciplinados e ousados conquistam lugares de maior poder e prestígio.

A graça se move numa esfera bem diferente. O contexto ideal para a sua manifestação é a debilidade, fragilidade e insegurança. Vemos isso naqueles que não possuem a característica de serem lutadores. A graça se mostra mais forte em situações em que os recursos tenham se esgotado. Ela vem sobre nós quando reconhecemos que o caminho a seguir é impossível de ser vencido.

Quando a igreja descreveu Estêvão como homem cheio da graça, estava se referindo a um líder que ministrava a partir da sua fraqueza, e não da sua força. Era uma pessoa com profunda consciência da falta de capacidade para executar a tarefa que lhe competia realizar. Desconhecemos quais eram suas debilidades. Podemos afirmar que a igreja via nele um homem dependente de Deus para tudo. Enfim, Estêvão era um homem cheio da graça.

Para pensar:
Como o povo da sua igreja o descreveria? Que qualidades salientariam? Percebem-no como alguém consciente de suas limitações para a execução das tarefas? Como seria maravilhoso se pudessem dizer: é uma pessoa cheia da graça!

Orações que não são orações

2 de maio

O fariseu, posto em pé, orava de si para si mesmo, desta forma: Ó Deus, graças te dou porque não sou como os demais homens, roubadores, injustos e adúlteros, nem ainda como este publicano; jejuo duas vezes por semana e dou o dízimo de tudo quanto ganho. LUCAS 18:11,12

Nossa reação a essa cena é previsível. Sentimos indignação pela hipocrisia do fariseu. Como é possível um homem ser tão cego e orgulhoso para erguer diante de Deus tal monumento à vaidade? Certos de que nunca elevamos ao céu uma oração tão grosseira, não nos é difícil descartá-lo. Prosseguindo em nossa leitura encontramos o publicano. O contraste é marcante. Quem de nós não sabe que a postura desse cobrador de impostos é a atitude aceitável a Deus?

Espere um pouco! Uma frase importante nos passou despercebida. Observe que o autor do evangelho se refere ao líder religioso como alguém que, posto em pé, "orava consigo mesmo". Outra versão traduz este versículo assim: "O fariseu, em pé, orava no íntimo…" (NVI). Esqueça, por um instante, o caráter egoísta das frases desse homem e reflita nesta realidade: existem orações que não são dirigidas a Deus, mas a nós mesmos. Isto não o assusta? Sabemos que o coração do homem é enganoso e isso nos inclui.

O exercício da oração tem uma característica que a torna propensa a uma fraqueza: não escutamos a voz audível do Senhor nos corrigindo e dirigindo nossa mente às coisas espirituais. Ouvimos apenas a nós mesmos. Devemos, portanto, prestar atenção ao sussurro do Espírito Santo que testemunha com o nosso espírito sobre o que é acertado orar. É muito comum nos perdermos nesse caminho.

Este assunto não é de fácil solução, daí a necessidade de estarmos em permanente vigilância contra esse perigo. Manter-nos conscientes de que nossas orações podem estar dirigidas mais a nós mesmos do que a Deus, já é um avanço bem importante. No mínimo, devemos nos conduzir com cautela.

Quero acrescentar duas observações. Primeiro, existe o perigo do excesso de palavras. O autor do livro de Eclesiastes nos recomenda: "Guarda o pé, quando entrares na Casa de Deus; chegar-se para ouvir é melhor do que oferecer sacrifícios de tolos, pois não sabem que fazem mal. Não te precipites com a tua boca, nem o teu coração se apresse a pronunciar palavra alguma diante de Deus; porque Deus está nos céus, e tu, na terra; portanto, sejam poucas as tuas palavras" (5:1,2). Segundo, nossas orações podem estar centradas em nós mesmos: meus desejos, meus pedidos, minhas necessidades, meus planos, minhas confissões. Quando você perceber que as palavras "eu" e "meu" são muito frequentes em suas orações, comece a se preocupar.

Para pensar:
Alguma vez você já analisou suas orações? São genuínas? Quantas palavras desnecessárias as acompanham? Quais mudanças você deve fazer para que não acabe "orando para você mesmo"?

A alma abatida

3 de maio

Por que estás abatida, ó minha alma? Por que te perturbas dentro de mim? Espera em Deus, pois ainda o louvarei, a ele, meu auxílio e Deus meu. SALMO 42:5

Este salmo foi escrito por um homem dominado por uma grande luta interior. No versículo 3 ele descreve sua condição: "As minhas lágrimas têm sido meu alimento de dia e de noite …". No verso 6 há uma confissão que nos assusta pela franqueza: "Sinto abatida dentro de mim a minha alma…".

Para muitos de nós, a depressão não é admitida entre os que pertencem ao povo de Deus. Como alguém, que tem acesso direto ao ilimitado poder do Deus dos céus e da terra, pode ficar deprimido? Por crermos que isto não agrada ao Senhor, esforçamo-nos para mostrar corajosas evidências de triunfalismo, numa tentativa de convencer os outros da nossa vitória em Cristo ao longo de cada dia.

A verdade é que a vida nos leva, com frequência, por caminhos em que experimentamos uma série de emoções e sentimentos próprios da nossa frágil natureza humana. Na sincera confissão do salmista nada encontramos além de uma expressão de sentimentos tão comuns a todos nós. Até o próprio Filho de Deus teve de enfrentá-los. No Getsêmani, Ele confessou: "…A minha alma está profundamente triste até à morte…" (Mateus 26:38).

O problema não está em vivenciarmos tais sentimentos. Eles são a resposta da nossa alma às situações adversas e tristes, normais em qualquer pessoa. A complicação surge quando deixamos que controlem a vida. É precisamente neste ponto que muitos cristãos falham. Entregam-se aos sentimentos de angústia, abatimento, tristeza e desânimo, e isto os leva a abandonar a oração, a igreja e sua vida devocional com Deus, o que, por sua vez, os leva a uma depressão ainda mais grave.

As emoções variam, são instáveis e pouco confiáveis. Pense nas muitas coisas a fazer no decorrer do dia e concluirá que não podemos depender dos sentimentos. O simples sair da cama para muitos representa uma verdadeira batalha na esfera das emoções! Não obstante, apesar disto, colocamos o pé fora da cama e vamos para as atividades que nos aguardam.

O salmista reconhecia esse perigo e o confrontava com disciplina, dizendo em seu coração: "Por que estás abatida, ó minha alma, e por que te perturbas em mim?" Depois, com a voz firme, ordenou à sua alma: "Espera em Deus, pois ainda o louvarei a ele, meu auxílio e Deus meu" (v.5). Isto significa impor os princípios eternos da Palavra de Deus sobre os sentimentos passageiros. Como líder, muitas vezes, você terá de dar esse exemplo de disciplina aos seus liderados.

Para pensar:
Quais são os sentimentos contra os quais você luta com maior frequência? Quais comportamentos eles geram? Como evitar que esta emoções controlem a sua vida? De que maneira é possível experimentar maior estabilidade emocional?

Um testemunho incontestável

4 de maio

Tendo dito estas coisas, ajoelhando-se, orou com todos eles. Então, houve grande pranto entre todos, e, abraçando afetuosamente a Paulo, o beijavam, entristecidos especialmente pela palavra que ele dissera: que não mais veriam o seu rosto. E acompanharam-no até ao navio. ATOS 20:36-38

Com frequência se fala do caráter firme e do coração um tanto duro do apóstolo Paulo. Para justificar essas afirmações, usa-se o incidente relacionado com João Marcos (Atos 15). Segundo o apóstolo, uma pessoa que tivesse desistido do ministério uma vez, não devia continuar a acompanhá-los em viagens futuras. Barnabé, entretanto, desejava lhe dar uma segunda oportunidade. A discussão entre eles foi tão grande que resultou numa separação. Muitos comentaristas apontam Paulo como o maior culpado, principalmente, por sua intolerância.

É certo que Deus irá tratar a vida de um líder, no decorrer dos anos, para retirar as asperezas que ferem os outros. Não há dúvida de que o grande apóstolo não foi deixado de lado pelo Oleiro Divino. Em sua segunda carta aos Coríntios, Paulo fala de açoites, prisões e um sem número de padecimentos menores que havia sofrido.

A verdadeira natureza de um líder é percebida por aqueles que lhe são mais próximos. Eles o acompanharam em suas dificuldades, conheceram suas fraquezas e viram a graça de Deus ser derramada sobre sua vida. São pessoas que o observaram com maior atenção, que vivenciaram seus sonhos, suas vitórias e derrotas. Como tal, estão autorizados a emitir um parecer sobre sua vida e ministério.

A despedida de Paulo em Mileto nos oferece o melhor comentário sobre o tipo de pessoa que ele era, porque o vemos rodeado por aqueles que o acompanhavam mais de perto. Lucas, autor do livro de Atos, diz que houve grande pranto entre todos quando receberam do apóstolo a notícia de que não mais veriam o seu rosto. É triste saber que em muitas igrejas a saída de um líder é motivo de alívio. Tal não aconteceu com Paulo porque o abraçaram e o beijaram, enquanto derramavam lágrimas pela sua partida. Não é necessário perguntar o que sentiam por ele. Os gestos e o comportamento deles falavam com eloquência que Paulo tinha conquistado os seus corações.

Talvez as pessoas só comecem a valorizar tudo o que você fez como líder, quando não estiver mais entre elas. A forma como se despedirão de você, quando partir, falará mais que mil palavras sobre o respeito e o carinho pelos anos que ministrou a elas.

Para pensar:
Se você tivesse de se despedir do seu grupo hoje, como receberiam a notícia? No que você se baseia para acreditar que se despediriam como você imagina? Como desenvolver um relacionamento mais pessoal com aqueles que o cercam? O que você precisa fazer para lhes assegurar de que as ama de forma incondicional?

Os segredos do Senhor

A intimidade do SENHOR é para os que o temem, aos quais ele dará a conhecer a sua aliança. SALMO 25:14

5 de maio

Durante muitos anos, parte da minha atividade aconteceu em contextos acadêmicos de instituições teológicas. Muito esforço e tempo dos estudantes eram gastos em estudo, análise e observação de todos os aspectos relacionados com a vida espiritual. Ali, homens e mulheres muito inteligentes falavam sobre Deus e a sua atividade junto aos seres humanos. Em poucas ocasiões ouvi algum professor ou aluno admitir a existência de aspectos da realidade espiritual que não entendiam. E como poderia ser de outra forma, uma vez que essas instituições existem precisamente para fornecer respostas aos seus alunos?

Quando nos referimos à pessoa de Deus, não consideramos esta matéria como qualquer outra. Ele não pode ser analisado, dissecado e explicado em termos facilmente compreensíveis. É um ser cuja essência difere totalmente de tudo quanto existe na face da terra. Transcende as leis que governam o mundo criado e não pode ser contido na abundância de sabedoria acumulada pelos homens. Em resumo, está além do alcance da inteligência humana.

Na pessoa de Deus nos confrontamos com uma realidade diferente. Quando nos aproximamos dele para estudá-lo dependemos totalmente de um requisito: precisamos que Ele se revele a nós. Se Ele não o fizer, nada alcançaremos por nossa conta. A conclusão a que chegamos, após nossa observação e análise, é que Seus caminhos são inescrutáveis, isto é, fogem da nossa capacidade de entendê-los. A resposta mais adequada seria nos curvarmos diante da Sua grandeza, em adoração.

Observe a ironia do salmista: "A intimidade do SENHOR é para os que o temem..." (Salmo 25:14). O que faltava naquelas instituições teológicas era mais temor a Deus. Viam-se professores e alunos com explicações para tudo. O Senhor revela Seus segredos justamente àqueles que reconhecem que não sabem tudo a respeito dele. Estas pessoas têm no coração a forte consciência de que Deus é um mistério e de que devem se aproximar dele em silêncio e humildade. Ele, então, as tornará participantes de um conhecimento que ultrapassa as dimensões da realidade acadêmica.

O que o salmista quer nos dizer? Que Deus não é conhecido pelo estudo, mas pela vivência em Sua presença. Essa experiência é concedida àqueles cuja paixão não é o estudo sobre Deus, mas o próprio Deus.

Para pensar:
Que importância você dá aos estudos? Quanto do seu tempo você investe estudando sobre Deus, e quanto vivenciando o Senhor? De que maneira você pode desenvolver maior temor à Sua pessoa?

Ignorância fatal

...pois dizes: Estou rico e abastado e não preciso de coisa alguma, e nem sabes que tu és infeliz, sim, miserável, pobre, cego e nu. APOCALIPSE 3:17

6 de maio

Muitas vezes, quando analisei esta passagem com os meus alunos, lhes perguntei qual seria, em seu ponto de vista, o problema da igreja de Laodiceia. Ouvi deles muitas respostas. Alguns achavam que era a falta de compromisso, e outros, o orgulho. Houve quem pensasse que a igreja era muito individualista.

Tudo isto pode explicar a forte palavra de condenação do Senhor à igreja. Com certeza, muitos outros problemas espirituais faziam parte da sua realidade, mas nenhum deles toca a questão fundamental que afetava essa congregação. A chave para compreendermos o que se passava naquela igreja encontra-se na expressão "nem sabes".

Muitos fatores podem condicionar o nosso crescimento espiritual. No entanto, o verdadeiro obstáculo é a nossa incapacidade de discerni-los. Como alguém pode se tratar de uma enfermidade sem saber da sua existência? Como solucionar um problema se não houver consciência de que ele existe? A verdadeira dificuldade dessa igreja estava no total desconhecimento de que havia uma situação que precisava ser tratada.

Esta diferença pequena, mas importantíssima, é crucial para nós. Nenhum ser humano tem condições para fazer um diagnóstico exato da sua realidade espiritual. "Quem pode dizer: Purifiquei o meu coração, limpo estou do meu pecado?" Pergunta o autor do livro de Provérbios (20:9). A resposta está dentro da própria declaração: ninguém pode afirmar que limpou seu coração. Esta tarefa é do Espírito de Deus, que sonda e examina todas as coisas à luz dos princípios eternos da verdade. Antes de enfrentarmos qualquer problema em nossas vidas, precisamos primeiro reconhecer a sua existência.

Como líder, é importante que você invista tempo para que o Senhor examine sua vida e ministério. Só o veredito dele sobre sua vida espiritual importa. Para isso, é necessário vir à Sua presença livre de todo preconceito e, em silêncio, permitir que Ele fale sobre o que está percebendo em você. Permita que Ele o surpreenda com a Sua revelação. Considere a dramática diferença entre a avaliação da igreja de Laodiceia e a de Cristo. Eles se julgavam ricos. Jesus lhes disse que eram pobres, cegos e nus! É possível que esta assustadora diferença exista em nossas próprias vidas. Só Ele poderá revelá-la para nós.

Para pensar:
Quais instrumentos você usa para avaliar sua condição espiritual? Como sabe que eles são eficazes? Qual é o lugar do Espírito de Deus neste processo?

Força sobrenatural

7 de maio

Desceu, pois, com seu pai e sua mãe a Timna; e, chegando às vinhas de Timna, eis que um leão novo, bramando, lhe saiu ao encontro. Então, o Espírito do Senhor de tal maneira se apossou dele, que ele o rasgou como quem rasga um cabrito, sem nada ter na mão; todavia, nem a seu pai nem a sua mãe deu a saber o que fizera. JUÍZES 14:5,6

Você já viu algum filme sobre a vida de Sansão? Nos que eu vi, ele aparecia como um colosso humano, com estatura imponente, pernas e braços volumosos. Com todos estes atributos poderia se apresentar num concurso de fisiculturismo! Sua presença provocava assombro e temor! As Bíblias ilustradas mostram o mesmo tipo de imagem.

Observe o versículo que estamos considerando hoje. Sansão estava indo a Timna para buscar uma mulher dentre os filisteus. No caminho, um filhote de leão saiu ao seu encontro. O texto nos diz que o Espírito do Senhor se apossou dele. Como resultado, ele agarrou o animal e o despedaçou usando só as mãos. O versículo é claro ao dizer que o leão não foi esmagado pela força natural de Sansão, mas sim pelo do poder concedido pelo Espírito de Deus. A força não vinha dele, mas sim do Espírito.

Se isto ocorreu, Sansão bem poderia ter sido um homem cujo aspecto passasse despercebido. Suas medidas físicas não seriam diferentes de outro ser humano, pois sua força provinha do Espírito.

A maneira como imaginamos esse juiz de Israel mostra como é difícil aceitarmos que uma obra seja completamente realizada pelo Senhor. Concluímos que Ele abençoa realidades já existentes em nós. Assim, 70% do mérito é nosso e os 30% restantes são do Senhor.

Quantas vezes, na igreja, escolhemos pessoas por seus talentos naturais e pedimos a Deus que abençoe o que eles já possuem! No reino espiritual há um princípio bem diferente. "Mas Deus escolheu as coisas loucas deste mundo para confundir as sábias; e Deus escolheu as coisas fracas deste mundo para confundir as fortes" (1 Coríntios 1:27). Foi sempre assim! Ele escolheu um casal de idosos, em que um deles era estéril, para serem os pais de uma nação; um escravo para ser o primeiro ministro da nação mais poderosa da terra; um homem gago para representar o povo de Israel junto a Faraó; e incultos pescadores para serem os apóstolos da futura igreja. Como líderes, o melhor que pode acontecer é nos sentirmos incapazes para a tarefa que nos foi entregue. Só isto nos levará a uma total dependência do Senhor!

Para pensar:
Quantas vezes você consegue reconhecer a sua pequena capacidade para realizar a obra? O que isto revela sobre o seu estilo ministerial? Como combater a excessiva confiança em si mesmo?

Crer nele

8 de maio

Ninguém te poderá resistir todos os dias da tua vida; como fui com Moisés, assim serei contigo; não te deixarei, nem te desampararei. [...] Não to mandei eu? Sê forte e corajoso; não temas, nem te espantes, porque o Senhor, teu Deus, é contigo por onde quer que andares. JOSUÉ 1:5,9

Permita-me fazer uma pergunta: Você apostaria seu futuro baseado numa promessa? O momento de Josué assumir a liderança do povo de Israel chegou. Não seria nada fácil substituir o grande líder Moisés. Um difícil caminho o aguardava e ele não tinha qualquer ilusão sobre isso. Quando Deus lhe disse que estivera com Moisés, vieram-lhe à mente as incontáveis vezes quando viu a mão do Senhor agindo por meio do Seu servo. Não resta dúvida de que ele se recordava dos obstáculos, dificuldades e contratempos ao longo dos 40 anos no deserto. Para fortalecer seu coração, o Senhor lhe faz uma promessa: "...o Senhor, teu Deus, é contigo por onde quer que andares".

Uma promessa contém extraordinário poder para motivar, porque coloca diante de nós a esperança que nos anima e alimenta a imaginação quanto às coisas futuras. Quando a recebemos, nós a guardamos no íntimo pela certeza do seu cumprimento. Uma promessa só tem valor quando acreditamos nela.

É triste ver que, para muitos, a vida é um somatório de promessas não cumpridas. Em alguns casos, isso começou na infância com palavras que os pais nunca cumpriram. Mais tarde, vieram parentes, amigos e pessoas próximas que contribuíram com a sua cota de compromissos não honrados. Na vida adulta, temos as palavras de empresas de serviços, de políticos e de governantes que tentam nos convencer de que vivem somente para atender às nossas necessidades. Com o passar dos anos somos alcançados pelo ceticismo de quem tantas vezes se vê enganado por palavras vazias.

Aqui se encontra um dilema. A vida espiritual que Deus nos propõe exige, como elemento indispensável, que creiamos nas promessas que Ele nos faz. O apóstolo Pedro declara que Deus nos tem dado "...as suas preciosas e mui grandes promessas, para que por elas vos torneis coparticipantes da natureza divina..." (2 Pedro 1:4). Assim, a promessa é parte fundamental no plano de Deus.

Precisamente por este motivo, o Senhor diz a Josué: "Sê forte e corajoso; não temas, nem te espantes...". Diante de circunstâncias particularmente difíceis acreditamos que fomos esquecidos. Como não sentir medo se juntarmos a isso todos os nossos desapontamentos? O temor paralisa porque não permite o cultivo de uma convicção ousada, que é a característica essencial daqueles que escolheram crer nas declarações de Deus. E se não crermos, as Suas promessas não farão sentido em nossas vidas.

Para pensar:
O nosso desafio é sermos corajosos para evitar as mentiras que nos chegam em tempos de crise. Para vencer, temos de confiar nas promessas que o Senhor nos fez, com a certeza de que Ele as cumprirá.

A restauração do pecador

Irmãos, se alguém for surpreendido nalguma falta, vós, que sois espirituais, corrigi-o com espírito de brandura; e guarda-te para que não sejas também tentado.
GÁLATAS 6:1

9 de maio

A restauração dos que ficaram pelo caminho é uma das mais importantes responsabilidades dos membros do Corpo de Cristo. O pecado é parte da realidade da vida cristã e constantemente produz estragos na família de Deus. Desta maneira, é bom prestarmos atenção às instruções da Palavra para que o nosso trabalho nesta área seja correto.

Primeiro, devemos entender que há dois tipos de pecado. Um deles é o resultado de uma atitude obstinada e rebelde que age com a plena consciência de estar fazendo algo mau. Recusa-se ouvir conselhos e persiste na prática do mal. O outro pecado mencionado pelo apóstolo Paulo é o que acontece inesperadamente, sem premeditação. A palavra que ele usa fala de uma pessoa que repentinamente é aprisionada pelo pecado. Nenhuma forma de erro é aceitável, mas existe uma diferença na atitude a seguir na hora da restauração. Numa observação simplista, acreditamos que todo pecado é fruto de uma atitude de rebeldia.

Devemos também entender que a tarefa do líder é restaurar. Essa palavra significa fazer o objeto voltar ao seu estado original, à sua funcionalidade. Não deixamos de reconhecer que, na igreja, a chamada "restauração" de uma pessoa acontece de forma contrária a isto. Em vez de trazê-lo a uma condição saudável, esse indivíduo acaba afundando cada vez mais como resultado da condenação com que é cercado. Isto dificulta muito sua recuperação. Deus chama Seus obreiros a trabalhar no resgate de vidas. Mesmo quando Paulo aconselha entregar alguém a Satanás, o objetivo será sempre para lhe salvar a alma no Dia do Senhor (1 Coríntios 5:5).

Esse trabalho deve ser feito com um espírito de mansidão. Quer dizer, que nenhuma agressão, violência ou ira devem estar presentes na ação restauradora, porque são elas que mais dificultam o processo. É provável que haja resistência, mas devemos fazer tudo para que isso não se transforme em rebeldia, daí a constatação de que nossa atitude deve ser de ternura e mansidão. No entanto, isto será possível sem precisemos deixar de lado a necessária firmeza na confrontação.

O que mais nos ajudará neste processo todo será a visão das nossas próprias vidas. Nada nos torna mais duros e implacáveis do que a soberba que nos faz crer que jamais fracassaríamos como aconteceu com o nosso irmão. Recordar que estamos sujeitos às mesmas fraquezas nos ajudará a proceder com misericórdia e permitir que a graça de Deus atue poderosamente na vida daquele que fracassou.

Para pensar:
A doutrina da graça humilha o homem sem degradá-lo, e o exalta sem inflá-lo.
—Carlos Hodge

Maravilhoso mistério!

10 de maio

Quando contemplo os teus céus, obra dos teus dedos, e a lua e as estrelas que estabeleceste, que é o homem, que dele te lembres? E o filho do homem, que o visites? SALMO 8:3,4

Quando jovem, tive a oportunidade de embarcar num navio rumo a mar aberto e passar nele mais de cinco meses. Antes da partida houve uma trabalhosa atividade para abastecê-lo de tudo o que iríamos precisar nesse tempo no mar. Dezenas de caminhões se alinharam junto ao costado e todo o carregamento foi transferido para os compartimentos internos. Ancorada no porto, a embarcação se mostrava imponente comparada aos caminhões e as gruas que operavam dia e noite sem parar. Eu era novo na marinha e me impressionava a sofisticação daquele barco com os instrumentos de navegação, os intermináveis corredores e as centenas de tubos, cabos etc.

Finalmente chegou o dia da partida. Lentamente nos afastamos da costa e em poucas horas estávamos completamente rodeados pela água. De horizonte a horizonte, o mar se estendia, interminável e indomável. Não tardei a experimentar o que todo marinheiro sente: o sentimento de pequenez. O navio nas docas, tão imponente, agora não passava de um pequeno objeto no imenso oceano. Foi nesse momento que entendi aquilo que o salmista quis dizer nos versículos do texto de hoje.

Ao erguer seus olhos aos céus, Davi vivenciou idêntica sensação de pequenez ao contemplar a imensidão da criação de Deus. Sentindo-se insignificante, não podia deixar de perguntar ao Senhor: "Se Tu és tão grande, e o que fizeste é tão vasto e majestoso, como te deténs em nós, tão pequenos e sem importância?"

Quem pode entender semelhante mistério? O Deus que criou os céus e a terra, que deu ordem às estrelas e conhece os segredos mais profundos, escolheu ter comunhão conosco, nós que não passamos de uma simples gota no universo!

Neste tempo em que o homem avança nas experiências em clonagem e os avanços tecnológicos parecem não ter fim, é bom que recuperemos o sentimento de pequenez. Quando o perdemos deixamos de nos maravilhar ante o eterno mistério de Deus em se aproximar de nós e ter interesse pelas nossas vidas. Não só perdemos a capacidade de nos maravilhar-nos, como também passamos a inflar-nos pelo exagero da nossa importância. Acreditamos que as coisas acontecem porque temos participação nelas. Consideramos indispensável a nossa contribuição para o bom funcionamento de tudo quanto nos rodeia. A nossa própria importância reduz o nosso sentido de necessidade. E se não temos necessidades, que esperança haverá para nós?

Para pensar:
Encontre tempo para meditar na grandeza de Deus. Permita ao Espírito Santo produzir em você mais uma vez o santo deslumbramento que o leve a exclamar: "Que é o homem, que dele te lembres? E o filho do homem, que o visites?" As coisas têm outra cor quando as contemplamos na devida dimensão.

O conhecimento que vale

Visto como, pelo seu divino poder, nos têm sido doadas todas as coisas que conduzem à vida e à piedade, pelo conhecimento completo daquele que nos chamou para a sua própria glória e virtude. 2 PEDRO 1:3

11 de maio

Num esforço para traduzir com fidelidade a palavra "conhecimento", a *Nova Versão Internacional* usa a expressão "o pleno conhecimento". É uma boa alternativa porque há conhecimentos que têm apenas aparência.

No grego existem dois termos diferentes para designar "conhecimento". Uma é a palavra *gnosis*. Ela indica erudição, fruto do estudo. É o que acontece no mundo acadêmico em que a análise em profundidade permite atingir o conhecimento amplo de determinada matéria. Assim, a pessoa que termina o processo pode ser considerada especialista nessa área.

A outra palavra é *epignosis*, também traduzida na maioria das versões da Bíblia por "conhecimento". No idioma original, entretanto, há muita diferença entre as duas. Esta segunda palavra não é o resultado de estudo, mas de observação. É o que acontece entre os cônjuges. Ninguém ensina ao marido que a esposa gosta de duas colheres de açúcar no café, ou de ser presenteada com flores. O que é apreendido vem da convivência ao longo de muitos anos. Entre eles existe um relacionamento que produz um conhecimento que outros não conseguem alcançar.

Esse tipo de conhecimento mencionado pelo apóstolo Pedro é o ponto central da vida para a qual fomos chamados. Não é aquilo que conseguimos alcançar mediante a leitura, nem pelo que outros nos transmitiram ou que obtivemos pelo nosso estudo. É antes, o que conseguimos apreender em função da nossa convivência com Deus. Falamos com segurança a respeito da Sua pessoa porque temos com Ele a intimidade que é comum entre pessoas que se amam.

Essa forma de conhecimento, diz-nos o apóstolo, é a chave para a vida espiritual. Temos plena confiança no Senhor porque sabemos por meio da experiência pessoal que Ele não nos desapontará, mesmo nas piores situações. Permite-nos que o busquemos quando necessitamos da Sua graça sabendo que jamais voltaremos de mãos vazias.

Para pensar:
O apóstolo Paulo, autor das mais profundas doutrinas do Novo Testamento e exímio conhecedor da Palavra, reconhecia o longo caminho a percorrer no seu conhecimento sobre a pessoa de Deus. Pouco antes de morrer, declarou: "Mas o que, para mim, era lucro, isto considerei perda por causa de Cristo. Sim, deveras considero tudo como perda, por causa da sublimidade do conhecimento de Cristo Jesus, meu Senhor; por amor do qual perdi todas as coisas e as considero como refugo, para ganhar a Cristo e ser achado nele, não tendo justiça própria, que procede de lei, senão a que é mediante a fé em Cristo, a justiça que procede de Deus, baseada na fé; para o conhecer, e o poder da sua ressurreição, e a comunhão dos seus sofrimentos, conformando-me com ele na sua morte" (Filipenses 3:7-10).

Andar confiante

Quem anda em integridade anda seguro, mas o que perverte os seus caminhos será conhecido. PROVÉRBIOS 10:9

12 de maio

A integridade é o bem mais precioso que um líder pode ter. Provavelmente seja o fator que mais influencie a confiança dos liderados com relação ao seu líder. Quando ela é perdida fica difícil reconquistá-la porque o dano à credibilidade do ministro é muito grande. Em alguns casos, irrecuperável.

O dicionário Houaiss a define como "caráter, qualidade de uma pessoa íntegra, honesta, incorruptível, cujos atos e atitudes são irrepreensíveis; honestidade e retidão".

Quando o dicionário se refere a "incorruptível", não fala de pecados ocasionais, mas à incoerência entre os princípios e o comportamento do líder. É o que acontece quando o ensino ou a pregação não se harmoniza com a prática do líder. Ele fala de amor, mas é duro e insensível com a família. Exorta à obediência, mas falha em cumprir as leis do país. Aprégoa a honestidade, entretanto é pouco transparente no assunto das finanças. Essa duplicidade anula a autoridade do líder. Um autor que fala sobre este assunto é enfático ao afirmar: "a prova definitiva sobre a qual descansa a credibilidade de um líder é a prática daquilo que ele prega".

A integridade é difícil de ser encontrada em qualquer contexto, mas é particularmente rara entre nós que vivemos e ministramos na América Latina. De alguma maneira, a igreja fez uma separação entre a doutrina e a realidade diária da vida espiritual. Há membros em nossas igrejas que são uma coisa nos cultos e outra completamente diferente durante a semana. Seu testemunho no trabalho e junto aos vizinhos não só é pobre, como chega a ser uma pedra de tropeço para outros chegarem ao conhecimento da verdade.

Não podemos, como líderes, ignorar esta triste realidade. Muitas vezes, o nosso grupo nada mais faz do que imitar o que vê em nós, pois o nosso exemplo fala mais alto do que as nossas palavras.

A passagem de hoje aborda a questão da confiança que o homem íntegro tem. Ele enfrenta problemas, dificuldades e contratempos. Não obstante, seu compromisso com uma vida sem duplicidade lhe proporciona uma convicção e uma segurança, que são um fator de inspiração a todos ao seu redor. Ele sabe que a verdadeira batalha não é aquilo que as circunstâncias lhe apresentam, mas o que ocorre cada dia em seu próprio coração. Cultivando este aspecto da sua vida, não teme as dificuldades que tem de enfrentar. Existe uma firmeza moral em seu espírito que lhe permite caminhar com a cabeça erguida em cada situação.

Para pensar:
O grande comentarista Matthew Henry escreveu: "Os bons princípios firmados na mente produzirão boas decisões no coração e bons comportamentos na vida".

Aprender com nossos erros

13 de maio

Depois de terem comido, perguntou Jesus a Simão Pedro: Simão, filho de João, amas-me mais do que estes outros? Ele respondeu: Sim, Senhor, tu sabes que te amo. Ele lhe disse: Apascenta os meus cordeiros. JOÃO 21:15

A maioria das traduções não capta a diferença entre as palavras usadas por Jesus e por Pedro. Quando o Senhor perguntou ao discípulo se o amava escolheu o termo *ágape*; Ele expressa o amor na sua forma mais sublime. Personifica a atitude de Jesus ao longo da Sua vida e obra na Terra. É um amor que tem o maior grau de compromisso e se manifesta no sacrifício pelo bem-estar do próximo. A melhor descrição sobre Ele encontramos na epístola aos Filipenses 2:5-11.

Na resposta que deu Pedro preferiu empregar outra palavra, fileo, que fala do relacionamento entre irmãos e fica abaixo do vínculo que o amor ágape expressa, e traduzida relata o que Pedro disse: "Sim, Senhor, tu sabes que te amo".

Talvez você ache que estejamos perdendo tempo com este detalhe, mas a diferença revela um importante princípio na vida de Pedro. Naquela noite em que Jesus foi traído, ele se declarou disposto a segui-lo por onde Ele fosse. Cristo o advertiu que não seria assim. Pedro insistiu em dizer que, caso necessário, estaria disposto a dar a vida por Jesus. Em outras palavras, Pedro acreditava que o seu compromisso estava à altura do compromisso exigido pelo amor *"ágape"*.

Agora ele percebia a presunção da sua declaração anterior. Estava envergonhado pelo fato de ter negado o Senhor três vezes. Creio firmemente que Jesus estava ali restaurando Pedro para ocupar uma posição-chave na igreja que surgiria. Era necessário o discípulo aprender a lição sobre como seu entusiasmo e zelo pelas coisas de Deus eram limitados.

A resposta de Pedro revela que compreendera a lição. Anteriormente, ele tinha afirmado seu amor incondicional com confiança. Mas não estava disposto a seguir por esse caminho pela segunda vez.

Nossos erros e derrotas podem ser a fonte para algumas importantes lições de vida. Cada erro tem potencial para nos ensinar, mas para aprender devemos estar dispostos a refletir sobre o ocorrido, avaliar em que nos equivocamos e decifrar quais são os comportamentos necessários para evitar que passemos novamente pelo mesmo caminho. Desta forma, nossos fracassos podem se converter em experiências muito preciosas, pois temos a capacidade de aproveitar todo o seu potencial.

Para pensar:
Como você reage quando comete erros? Quanto tempo perde se lamentando e se recriminando? O que isto revela sobre você? É possível usar seus erros para seu próprio crescimento?

Cartas abertas

14 de maio

Começamos, porventura, outra vez a recomendar-nos a nós mesmos? Ou temos necessidade, como alguns, de cartas de recomendação para vós outros ou de vós? Vós sois a nossa carta, escrita em nosso coração, conhecida e lida por todos os homens, estando já manifestos como carta de Cristo, produzida pelo nosso ministério, escrita não com tinta, mas pelo Espírito do Deus vivente, não em tábuas de pedra, mas em tábuas de carne, isto é, nos corações. 2 CORÍNTIOS 3:1-3

Os filhos de um casal podem muito bem falar sobre o tipo de pessoa que são seus pais. Vemos neles pequenas cópias dos adultos porque imitam e repetem os modismos, os comportamentos e as atitudes de seus genitores. Suas convicções e os princípios que governam a vida de seus pais passam aos poucos a fazer parte da vida dos filhos, mesmo quando isso não é ensinado ou discutido no contexto da família. Ao compartilharem do mesmo teto, eles se comunicam diariamente por meio de inúmeras mensagens que acabam se incorporando à realidade de cada um dos seus membros.

O mesmo princípio atua na igreja. Se desejarmos saber como é o líder que a dirige, basta olhar a forma de ser dos seus liderados. Eles serão um fiel reflexo das convicções, do compromisso e do estilo de liderança do seu ministro. Assim como acontece na família, pelo simples fato de estarem convivendo com seu pastor, o comportamento dele é absorvido pela congregação.

Muitos líderes não compreendem esta importante verdade. Quando observam certas atitudes, comportamentos e compromissos sem consistência, passam a condenar os membros, enquanto imaginam que tudo seria diferente se pudessem contar com pessoas realmente comprometidas. O principal problema, na maioria dos casos, não está nos membros da igreja, mas na pessoa que os pastoreia.

Howard Hendricks, um extraordinário educador, contou sobre um convite que recebeu para ministrar numa igreja de várias centenas de membros. Quando chegou o momento de começar a reunião havia pouquíssimas pessoas. O pastor, que havia feito grande divulgação para o evento, se queixava da falta de compromisso dos membros. Hendricks o escutou e depois lhe disse: "Pastor, já sei qual é o problema". Ele ficou feliz por saber que encontraria uma solução para melhor motivar seu grupo, mas quando indagou qual era a dificuldade, Hendricks lhe respondeu sem hesitar: "É você! pois deveria estar dando graças pelas 20 pessoas que vieram e não se lamentar pelas 480 que não compareceram!" Você pode ter certeza de que estas pessoas presentes tinham percebido a insatisfação do pastor.

Para pensar:
Suas atitudes e convicções se refletem fielmente no seu grupo. Talvez eles até repitam frases que você usa, mas é o comportamento deles que revela o trabalho que você realiza como líder. Se não colaboram, este é o momento de reavaliar o seu estilo de liderança.

A medida da fé

15 de maio

Então, disseram os apóstolos ao Senhor: Aumenta-nos a fé. Respondeu-lhes o Senhor: Se tiverdes fé como um grão de mostarda, direis a esta amoreira: Arranca-te e transplanta-te no mar; e ela vos obedecerá. LUCAS 17:5,6

O pedido dos discípulos não nos deve causar estranheza levando-se em conta o que Cristo pretendia lhes ensinar. O tema em pauta era o perdão. Nesta ocasião o Senhor lhes pedira algo impossível de ser cumprido. Se algum irmão chegasse sete vezes ao dia para suplicar perdão por uma ofensa cometida, com arrependimento, os discípulos deveriam perdoá-lo. Diante de um desafio de tal importância, aflitos, tiveram de pedir que lhes aumentasse a fé. É difícil conviver com um irmão, mas desculpá-lo sete vezes num único dia sem se ofender ou ficar amargurado, isto é apenas para gigantes espirituais!

Na reação dos discípulos se encontra um dos conceitos populares mais arraigados no povo de Deus. É a ideia de que a fé chega em quantidades diferentes para ser dividida em maior ou menor grau aos que seguem ao Senhor. Daí provém frases tão comuns como "irmãos, cantemos este hino com mais fé" ou "você é uma pessoa de muita fé, por isso Deus a usa". Conclui-se assim que as vidas necessitadas de mais deslumbrantes manifestações de Deus pertencem ao grupo das pessoas que têm pequena fé.

Cristo procurou corrigir essa equivocada concepção da fé. Ao pensarmos que o tamanho da fé é que faz a diferença, avançamos numa direção errada porque damos ênfase à nossa pessoa e não a Deus. Para modificar essa forma de pensar, o Senhor usou a ilustração de um grão de mostarda, que é muito pequeno. São poucas as pessoas que ao vê-lo acreditam existir em algo tão pequeno um incrível potencial.

Em relação à fé, a chave não se encontra no seu tamanho, mas no objeto onde ela se firma. É por isso que na vida espiritual não há falta de grandes quantidades de fé, já que o tamanho do fundamento onde ela se baseia é que fará a diferença. Deus é Todo-poderoso, soberano e maravilhoso. Quem nele crê pode experimentar em sua vida todos os Seus extraordinários atributos.

Na realidade, a questão não está em ter ou não ter fé, porque nós todos a possuímos. Infelizmente, muitos não baseiam sua fé em Deus, mas a orientam a seus próprios critérios ou nas opiniões de outras pessoas. Não é de se surpreender que nossa fé produza tão poucos resultados. Para que Deus comece realmente a agir em nós é necessário que nossa fé, por menor que seja, volte-se exclusivamente para a pessoa dele. Aí sim, veremos a extraordinária manifestação de uma árvore sendo arrancada e plantada ao mar!

Para pensar:
Alguns acreditam que precisam de fé do tamanho de uma montanha para mover um grão de mostarda. —Anônimo

A essência da fé

16 de maio

Então, disseram os apóstolos ao Senhor: Aumenta-nos a fé. Respondeu-lhes o Senhor: Se tiverdes fé como um grão de mostarda, direis a esta amoreira: Arranca-te e transplanta-te no mar; e ela vos obedecerá. LUCAS 17:5,6

O conceito de obediência aparece três vezes nesta curta passagem. Ele se encontra no texto de hoje, também no versículo 9 e mais uma vez no verso 10. A menção à obediência neste contexto fornece-nos uma importante pista sobre o significado da fé.

Entre nós é comum pensar que uma pessoa de fé é aquela que ousa pedir o que jamais teríamos coragem de mencionar a Deus. Olhamos com certa dose de inveja porque ela conseguirá resultados mais extraordinários que nós. Cremos que isto é consequência da sua grande fé e a capacidade de sonhar coisas grandes.

A fé, segundo o ensino de Jesus, vincula-se aos planos de Deus, e não dos homens. Ela não é um cheque em branco que o Senhor entrega para os discípulos pedirem o que desejarem na plena certeza da resposta à sua petição. É antes, a certeza de que Deus cumprirá o que prometeu.

Uma caminhada pela vida dos grandes heróis da fé mostra que eles simplesmente cumpriram as ordens recebidas. Abraão pôde oferecer Isaque porque creu na palavra recebida quanto a um herdeiro. Moisés dividiu o mar Vermelho, porque acreditou naquilo que Deus lhe havia dito. Também, junto à rocha fez brotar a água segundo a orientação do Senhor. Josué viu a destruição de Jericó, porque isto foi ordenado por Deus. Elias conseguiu o êxito contra os profetas de Baal, porque estava em sintonia com o Senhor.

Este é o principal argumento do autor da epístola de Hebreus. Dele temos esta palavra: "Temamos, portanto, que, sendo-nos deixada a promessa de entrar no descanso de Deus, suceda parecer que algum de vós tenha falhado. Porque também a nós foram anunciadas as boas-novas, como se deu com eles; mas a palavra que ouviram não lhes aproveitou, visto não ter sido acompanhada pela fé naqueles que a ouviram" (Hebreus 4:1,2). Isto nos leva à conclusão de que é impossível exercermos fé em algo que não tenhamos recebido de Deus, porque ela só se aplica às situações em que Ele tenha falado com clareza e nos convida a nele depositar nossa confiança. No ato de agirmos em obediência às Suas instruções, encontraremos a demonstração da fé.

Para pensar:
Jamais poderás entender o Senhor naquilo que faz; mas se creres, isso te bastará. Aprendamos a confiar nele pelo que Ele é. —Elizabeth Elliot

O comum da fé

Porventura, terá de agradecer ao servo porque este fez o que lhe havia ordenado? Assim também vós, depois de haverdes feito quanto vos foi ordenado, dizei: Somos servos inúteis, porque fizemos apenas o que devíamos fazer. LUCAS 17:9,10

Já analisamos alguns ensinos de Jesus sobre a fé. Hoje vamos considerar a sua prática na vida do cristão.

Entre nós existe a crença de que o exercício da fé representa algo muito especial. Quando ouvimos relatos sobre extraordinárias manifestações de fé ficamos assombrados como quem está diante de algo incrível. Há os que acreditam na existência de pessoas com uma capacidade especial para agir em função dela, vivendo quem sabe, em outra dimensão da realidade espiritual. Isto torna evidente o fato de estarmos distanciados da verdadeira vida em Cristo.

No texto de hoje, Jesus exemplifica esta verdade com o serviço de um empregado trabalhando no campo. Com as instruções recebidas pela manhã, saiu e cumpriu tudo o que dele se esperava. Ao cair da tarde, receberia algum prêmio pelo seu bom desempenho ao longo do dia? Claro que não! Nenhum reconhecimento haveria por ter feito simplesmente o que lhe fora determinado.

De igual forma, o discípulo de Cristo que vive por fé não demonstra qualquer compromisso fora do comum, nem avança além do que se espera dele. Ele age simplesmente conforme mandado. No fundo, é seguir as orientações recebidas, fazendo conforme o que foi determinado. Não há qualquer mérito naquilo que executou.

Tratar com especial respeito pessoas que se conduzem pela fé nada mais é do que um eloquente testemunho da pobreza da nossa vida espiritual.

Conta-se que George Müller, fundador de muitos orfanatos em Bristol, Inglaterra, nos últimos anos da sua vida esteve em muitas igrejas. Vivendo pela fé, mostrou como o Senhor havia fielmente sustentado as instituições que abrigavam milhares de crianças. As pessoas ouviam-no admirando-se do grande compromisso que tinha este homem. Ele declarava que nada de extraordinário havia feito. Simplesmente decidiu crer nas promessas do Senhor ao longo de cada dia. Havia realizado o que se pede a cada um que crê em Cristo, e isto não tem mérito no reino. Ele foi, em última análise, nada mais que um servo inútil!

Para pensar:
A fé, no mundo espiritual, é o mesmo que o dinheiro no mundo comercial. —Anônimo

"Eu também sou homem"

18 de maio

Aconteceu que, indo Pedro a entrar, lhe saiu Cornélio ao encontro e, prostrando-se-lhe aos pés, o adorou. Mas Pedro o levantou, dizendo: Ergue-te, que eu também sou homem.
ATOS 10:25,26

O ministério nos coloca à frente do público porque nossa vocação é servir às pessoas. Muitas se encontram em necessidade. Consultam-nos para ajudá-las a enfrentar importantes decisões. Quando estão atribuladas, buscam em nós consolo e compreensão para enfrentar suas tristezas. Em momentos de perplexidade pedem nossa orientação para ajudá-las a entender o agir do Senhor em sua vida. Outras nos procuram porque percebem em nós uma sincera expressão do amor de Deus.

Tudo isto nos confere autoridade diante daqueles aos quais ministramos. Somos tratados com respeito. Muitos agradecem a ajuda prestada no momento oportuno. Diante dessa atitude de respeito e apreço também surge um dos grandes perigos do ministério. Nossa tendência é pensar que alguma qualificação especial nos torna diferentes dos demais homens. Perdemos de vista que os frutos do nosso trabalho se devem aos dons e à graça de Deus derramada sobre nós. Passamos a ter uma falsa admiração pelo nosso valor. Isto, por sua vez, nos conduz ao orgulho, que acaba minando a eficácia do nosso ministério para o qual fomos chamados.

Lembro-me, com tristeza, de um pastor cujo ministério cresceu notavelmente e hoje anda sempre rodeado de guarda-costas. De um pastor de almas converteu-se num mestre de cerimônias. Agora ele só pode ser visto quando sobe à plataforma. Com que facilidade somos aprisionados pela nossa vaidade!

Cornélio precisava de ajuda. Recebeu a notícia de que ninguém menos que um dos apóstolo iria visitá-lo. Quando Pedro entrou em sua casa, Cornélio fez o que era inadmissível diante de um ser humano: ele se prostrou e o adorou! Mas Pedro, com admirável simplicidade, ajudou-o a se levantar, e lhe disse: "…eu também sou homem". Neste gesto podemos perceber o esforço do apóstolo em evitar a adulação que muitos desejavam lhe oferecer pelo fato de ter convivido com Cristo.

Se o seu ministério alcança êxito, muitos vão querer elevá-lo a uma posição inconveniente tanto para você como também às pessoas com as quais trabalha. O pastor sábio trabalha para que outros tenham uma correta perspectiva sobre a sua pessoa. Não alimenta o sentimento de que é indispensável. Não busca um trato reverente nem diferenciado, mas ajuda a todos a entender que ele é um peregrino em processo de transformação. Ele foi chamado para uma obra muito importante, mas isto não o eleva acima dos outros, nem lhe concede privilégios especiais. Na simplicidade e na sinceridade do seu andar estará o verdadeiro segredo do seu impacto sobre a vida do seu povo.

Para pensar:
Os grandes homens nunca pensam que são grandes, os pequenos nunca pensam que são pequenos. —Anônimo

A meta do ministério

19 de maio

...o qual nós anunciamos, advertindo a todo homem e ensinando a todo homem em toda a sabedoria, a fim de que apresentemos todo homem perfeito em Cristo; para isso é que eu também me afadigo, esforçando-me o mais possível, segundo a sua eficácia que opera eficientemente em mim. COLOSSENSES 1:28,29

Nestes versículos encontramos bem delineada a filosofia ministerial do apóstolo Paulo. Vale a pena investirmos algum tempo para meditar nela.

Primeiro, ele afirma que seu objetivo é apresentar todo homem perfeito em Cristo. Para compreendermos isto, precisamos observar o sentido dessa palavra na língua original, o grego. Quando Paulo fala de "perfeito" não está querendo indicar um estado no qual não haja mais o pecado. A perfeição, na concepção paulina, tem a ver com a restauração do ser humano aos propósitos originais da criação. Em outras palavras, a obra ministerial tem por objetivo colocar o homem novamente no relacionamento e com a funcionalidade que Deus tinha em mente ao criá-lo. É restaurar tudo aquilo que foi desvirtuado pelo pecado. Sem dúvida, é uma tarefa para toda vida.

Em seguida, o apóstolo diz que o método a seguir tem uma dupla função: admoestar e ensinar. Quem conhece algo da vida espiritual sabe ser impossível a construção sobre um fundamento equivocado. A base deve ser o que a Palavra de Deus apresenta. Para isto, a tarefa de admoestar faz-se necessária, pois denuncia tudo que existe no homem que ofende a Deus. Uma vida não pode ser edificada apenas por admoestações. Estas devem vir acompanhadas de um ensino que conduza as pessoas à compreensão do que o Senhor deseja para os Seus filhos.

Além disto, este ensino deve ser ministrado com toda a sabedoria. Não se pode tratar um ser humano como se fosse uma máquina, nem como se todos tivessem sido criados exatamente iguais. Embora todos tenham características em comum com os seus semelhantes, também é verdade que há características únicas. Ensinar com sabedoria significa discernir a realidade do indivíduo e apresentar a verdade num formato compreensível à sua cultura pessoal. Como mestres, devemos evitar os ensinos "enlatados", iguais para todos.

Por último, Paulo afirma que esse plano requer trabalho e esforço. Este é, quem sabe, o ponto onde, com frequência, falhamos em nosso ministério. Pensamos que algumas lições sobre um tema são suficientes e, pronto, já teremos capacitado as pessoas em determinado aspecto de suas vidas. Formar os que nos foram confiados demanda perseverança e um permanente compromisso. Incorporar a verdade à mente é a parte mais fácil do ministério. O verdadeiro desafio consiste em orientar as pessoas a viver essa mesma verdade em seu comportamento diário.

Para pensar:
Paulo esclarece que o seu ministério era movido pelo poder de Cristo, que agia poderosamente nele. Este é um conceito-chave para o êxito, pois realizar o ministério contando apenas com as próprias forças produzirá um intolerável desgaste no líder.

Sábias advertências

20 de maio

Disse-lhe Pedro: Ainda que venhas a ser um tropeço para todos, nunca o serás para mim. Replicou-lhe Jesus: Em verdade te digo que, nesta mesma noite, antes que o galo cante, tu me negarás três vezes. Disse-lhe Pedro: Ainda que me seja necessário morrer contigo, de nenhum modo te negarei. E todos os discípulos disseram o mesmo. MATEUS 26:33-35

Com frequência os ensinos sobre esta passagem enfocam a insensatez de Pedro ao não escutar o Senhor. Convido-o a uma reflexão um pouco diferente, agora sob a perspectiva de Cristo. Coloque-se no lugar de Jesus como líder do grupo e com a responsabilidade de levar adiante o processo de formação destes doze homens. Em algum momento você se viu numa situação assim? Você percebe no outro uma atitude ou decisão que lhe resultará danosa. Tenta aconselhá-lo, mas ele não quer ouvir. O que faz numa situação dessas?

O que Cristo pode ter sentido diante da obstinada insistência de Pedro? Não dá para concluir que ele não tenha entendido o que Cristo quis dizer, porque o Senhor lhe falou pessoalmente que por três vezes ele o negaria. Pedro não estava aberto para receber uma palavra como esta. Você percebe a frustração e a dor de Jesus? Ele quis ajudar este discípulo a evitar o cálice amargo, mas este não quis receber o apoio que lhe era oferecido.

A forma como atuamos na liderança, numa situação como esta, é a chave para futuras ações junto àqueles que pretendemos formar. Muitas vezes esta obstinada insistência no erro leva-nos a agir com firmeza pelo uso de argumentos e pressão, para que a pessoa mude de rumo. Este proceder raramente gera mudanças. Mais sério ainda é o fato de que esse comportamento pode prejudicar irreparavelmente a possibilidade de ajudarmos mais tarde quando esta pessoa entrar em crise por reconhecer sua atitude.

Cristo optou pelo silêncio. A palavra já tinha sido dada. Agora o Espírito Santo a usaria para, no momento certo, produzir em Pedro o quebrantamento necessário. O silêncio do Mestre, não só criou o espaço para esse agir do Espírito, como também abriu caminho para a maravilhosa restauração relatada no último capítulo do evangelho de João. Por não ter escolhido o caminho do confronto, Jesus manteve aberta a porta para seguir agindo na vida do Seu discípulo.

Para pensar:
Estamos investindo para a eternidade. Muitas vezes forçamos um avanço em determinado momento da vida, sem levarmos em conta os prejuízos desse comportamento em longo prazo. O amor, que avalia tudo, sabe quando é melhor guardar silêncio e quando é preferível falar. O líder amadurecido compreende a diferença.

Interpretações convenientes

21 de maio

Atirava pedras contra Davi e contra todos os seus servos, ainda que todo o povo e todos os valentes estavam à direita e à esquerda do rei. Amaldiçoando-o, dizia Simei: Fora daqui, fora, homem de sangue, homem de Belial; o Senhor te deu, agora, a paga de todo o sangue da casa de Saul, cujo reino usurpaste; o Senhor já o entregou nas mãos de teu filho Absalão; eis-te, agora, na tua desgraça, porque és homem de sangue. 2 SAMUEL 16:6-8

O cenário de hoje nos leva ao tempo em que Absalão se rebelou contra o seu pai, Davi. O rei, temendo pela sua vida e de todos os seus, deixou Jerusalém e fugiu para o deserto. No caminho, exausto e triste, veio-lhe ao encontro um dos descendentes de Saul, com pedradas e insultos verbais.

Façamos uma análise na interpretação deste homem sobre os acontecimentos. Com o rancor e a ira pelo que acontecera a Saul quando ocupava o trono de Israel, Simei falou com desprezo: "…o Senhor te deu, agora, a paga de todo o sangue da casa de Saul, cujo reino usurpaste; o Senhor já o entregou nas mãos de teu filho Absalão…". Não lhe faltava certa satisfação perversa, pois ele via nisso o pagamento pelo mal que sobreveio à casa de Saul.

O que devemos temer é a facilidade com que interpretamos as ações de Deus sempre em função da nossa própria conveniência. No fundo, temos a convicção de que as coisas são exatamente como as descrevemos. Saul mesmo, com todos os seus delírios por ter rejeitado a Deus, praticou idêntica interpretação quando um dos seus homens lhe revelou o lugar onde Davi se escondera: "Foi anunciado a Saul que Davi tinha ido a Queila. Disse Saul: Deus o entregou nas minhas mãos; está encerrado, pois entrou numa cidade de portas e ferrolhos" (1 Samuel 23:7). Fazia tempo que o Espírito de Deus se apartara de Saul, mas ele continuava crendo que o Senhor o ajudava no esforço para matar Davi.

Sabemos que nos dois momentos a interpretação estava equivocada, porque temos o completo relato destes acontecimentos. Em quantas situações, não contando com estes elementos, pensamos que a nossa interpretação das ações de Deus estão corretas, sem imaginar que estamos equivocados. É fácil errar porque somos arrastados pelos nossos próprios interesses. Supomos que Deus esteja restrito a somente acomodar todas as coisas para a nossa satisfação.

Para pensar:
A verdade é muito diferente. Os caminhos do Senhor não são nossos caminhos, tampouco os pensamentos dele são os nossos. Se formos honestos, temos que reconhecer que o Seu agir é radicalmente diferente. Por esta razão, convêm termos muita cautela ao interpretarmos espiritualmente os fatos que nos cercam. Quem, de verdade, pode compreender os mistérios de Deus?

Lealdade

22 de maio

Que te farei, ó Efraim? Que te farei, ó Judá? Porque o vosso amor é como a nuvem da manhã e como o orvalho da madrugada, que cedo passa. [...] Pois misericórdia quero, e não sacrifício, e o conhecimento de Deus, mais do que holocaustos. OSEIAS 6:4,6

Quando leio esta passagem sinto-me um tanto envergonhado ao pensar nas muitas reuniões em nossas igrejas. Nelas, cantamos e afirmamos nosso profundo amor ao Senhor, acompanhado por lágrimas e quebrantamento espiritual. No dia seguinte, entretanto, a vida segue seu rumo como de costume. Ninguém ao nosso redor suspeita que no dia anterior declaramos votos de compromisso e amor incondicional a Deus.

Nada há nada de mal em expressarmos publicamente nosso amor ao Pai. Graças a Deus pelas muitas oportunidades para nos reunirmos e declarar, junto ao povo escolhido, a nossa lealdade ao Senhor! Este deve ser um elemento importante na vida de cada discípulo de Cristo.

O problema está no fato de que nossa lealdade é, justamente, como a "nuvem da manhã". Como é clara esta ilustração! A neblina pela manhã é espessa, esconde tudo e domina o ar completamente. Quando a contemplamos, temos a impressão de que não vai desaparecer. Nem bem o sol desponta e a névoa se desfaz. Em pouco tempo não vemos qualquer sinal que evidencie sua existência durante a noite.

O que faz a neblina se dissipar é o calor do sol. De igual modo, nossa lealdade ao Senhor persiste, muitas vezes, até a chegada de alguma dificuldade. Quando a vida nos apresenta suas intermináveis complicações, nossos bons sentimentos, promessas e compromissos de amor eterno se evaporam. Em seu lugar fica a desesperada busca de uma saída para a situação que enfrentamos.

A verdadeira lealdade não pode ser comprovada até que as dificuldades surjam. Qualquer um pode expressar votos de compromisso a Deus e ao próximo. Esta é a parte fácil. O difícil é manter-se fiel quando a vida nos convida a descartá-los e é precisamente neste ponto que a vida espiritual de muitos fracassa. Assim como o povo de Israel no deserto, ao primeiro sinal de dificuldade questionamos indignados os propósitos de Deus conosco.

Para pensar:
Devemos, então, deixar de cantar e proclamar nosso amor a Deus? É claro que não! Devemos ser, sim, mais cautelosos ao fazermos votos sabendo que por trás das nossas palavras existe uma vontade fraca. Melhor que isto é termos uma vida consagrada a Deus, que não seja o resultado das emoções do momento, nem das eloquentes palavras do pregador. Assim como Ele disse a Israel, também nos diz: "Sabe, meu amado? Alegro-me muito quando você diz que me ama no meio Meu povo. Mas, fico ainda mais feliz ao ouvi-lo dizer sem ninguém por perto e quando a vida fica difícil. Isso sim alegra o Meu coração!"

Confiança perigosa

23 de maio

Assim diz o Senhor: Maldito o homem que confia no homem, faz da carne mortal o seu braço e aparta o seu coração do Senhor! JEREMIAS 17:5

Como compreender esta declaração à luz da passagem de 1 Coríntios 13:7, onde o apóstolo Paulo declara que o amor "...tudo sofre, tudo crê, tudo espera, tudo suporta"? Será que Jeremias está condenando toda e qualquer confiança no próximo? Ele está nos convidando a seguir pela vida afora numa atitude de permanente desconfiança?

Se você conheceu alguém que por natureza era desconfiado entenderá não ter sido este o pensamento do profeta. O desconfiado sempre imagina que os outros queiram tirar vantagem. Quando lhe oferecem algo interessante, procura descobrir o que vem por trás disso. Olha para o mundo e diz consigo mesmo: "se não cuido do que é meu, ninguém mais o fará". Está convencido de que, deixando a postura de permanente vigilância, outros se aproveitarão dele e o prejudicarão. É difícil um contato mais achegado com ele porque a suspeita contamina tudo. Em resumo, é evidente que tais pessoas não estão vivendo em função da graça de Deus, mas no temor dos homens.

De que então o profeta está falando? O final do versículo nos esclarece. Fala da pessoa que deixou de lado a confiança no Senhor para depositá-la nos homens. A confiança à qual o Senhor convida a todas as pessoas, consiste em permitir que "Ele seja nosso Deus e nós sejamos Seu povo." Quer dizer, que seja Ele quem nos supre as necessidades, nos guie em nossas decisões e seja nosso consolo em tempos de crise. O homem que escolher confiar em outro ser humano e fazer dele a sua força, espera que ele o ampare em suas necessidades, guie quando tiver que decidir e traga consolação em momentos de dor.

Na realidade, estes comportamentos fazem parte do nosso relacionamento com outras pessoas. Muitas vezes, elas nos ajudam, nos orientam e nos consolam. É uma grande bênção podermos desfrutar da comunhão mais íntima com os nossos semelhantes, e aceitamos isso como um presente de Deus. O problema está em pretendermos que outros cumpram com estas responsabilidades por nós. Uma vez que lhes transferimos esta carga, quando falharem, nos sentiremos traídos, defraudados ou desiludidos. A essência do problema é querermos receber dos homens o que somente Deus nos pode dar. Aquele que busca entre os homens o que o Senhor nos prometeu conceder encontrará frequentes desilusões.

Para pensar:
Resista à tentação de buscar entre os homens o que somente Deus pode dar. Se eles falharem, não se aborreça. Peça ao Senhor perdão por ter expectativas irreais e volte a depositar sua lealdade no Único cujo compromisso é seguro.

A todos por igual

24 de maio

Porém Davi disse: Não fareis assim, irmãos meus, com o que nos deu o Senhor, que nos guardou e entregou às nossas mãos o bando que contra nós vinha. Quem vos daria ouvidos nisso? Porque qual é a parte dos que desceram à peleja, tal será a parte dos que ficaram com a bagagem; receberão partes iguais. 1 SAMUEL 30:23,24

Este é um dos muitos relatos da vida do grande rei Davi que confirma suas notáveis convicções espirituais. Nesta ocasião, ele voltava do combate contra os amalequitas que haviam atacado o povoado em sua ausência. Eles tinham levado tudo, bens, mulheres e crianças. Com a bênção de Deus, a missão de resgate foi bem-sucedida. Trouxeram de volta as mulheres e os filhos, e também grande quantidade de despojos que os amalequitas haviam tomado em outras incursões. À chegada, eles se encontraram com 200 homens que não participaram da campanha por estarem cansados. Como ficaram cuidando da bagagem, os guerreiros de Davi não queriam repartir com eles os bens conquistados.

Esta reação revela a tendência humana de formar sistemas hierárquicos que separam as pessoas em categorias. A predisposição em criar isso, e assim perpetuar uma forma de elitismo, é um eloquente testemunho dos efeitos devastadores do pecado. Quando o pecado surgiu, o primeiro casal experimentou a separação e a alienação que resultam do afastamento de Deus.

Esta hierarquização acha-se presente nos valores mais elementares da sociedade. O sistema econômico parte do princípio de que algumas pessoas valem mais do que outras. Por este motivo, o executivo de uma grande empresa pode chegar a receber até cem vezes mais do que um servidor mais humilde. Assim se encontra estruturado o mundo no qual vivemos.

A parte triste da história é encontrarmos o mesmo sistema instalado no contexto das igrejas. Consideramos alguns membros mais importantes do que outros. Em alguns casos são aqueles que mais contribuem. Em outros, são os que mais trabalham no ministério, em muitos casos são os líderes a receber maior honra. A verdade é que estabelecemos diferenças entre um ser humano e outro nas igrejas.

Davi considerava o valor de todos os homens, mas é certo que alguns arriscaram a vida no campo de batalha enquanto outros ficaram cuidando do equipamento. Os que lutaram sentiam-se aliviados porque alguns zelavam pelos pertences. Davi insistiu para que todos fossem tratados com o mesmo privilégio e direito. Apesar do protesto dos seus soldado, ele insistiu que os despojos fossem repartidos por igual.

Para pensar:
É importante identificarmos essas ideias preconcebidas e depois evitarmos seus danosos efeitos. Cada pessoa que o Senhor nos entregou para cuidar tem valor inestimável para Ele. Devemos honrar e valorizar a todos, e reconhecer que cada um é parcela importante no Corpo de Cristo.

Riscos do conselheiro

25 de maio

Vendo, pois, Aitofel que não fora seguido o seu conselho, albardou o jumento, dispôs-se e foi para casa e para a sua cidade; pôs em ordem os seus negócios e se enforcou; morreu e foi sepultado na sepultura do seu pai. 2 SAMUEL 17:23

Como atuar quando outros não aceitam nosso conselho? Para entendermos o dramático final da história de hoje é preciso considerar o papel exercido por Aitofel entre os conselheiros do rei. O cronista diz: "…os conselhos que Aitofel dava eram seguidos como se fossem a própria palavra de Deus; tanto Davi como Absalão os seguiam" (2 Samuel 16:23 NTLH). Ele era uma pessoa que, pela graça de Deus, podia aconselhar nos problemas mais difíceis. Era de grande confiança a ponto de homens poderosos da nação o buscarem para ouvir seus conselhos. O povo e as autoridades o tinham em alta estima.

No entanto, chegou o dia quando o usurpador do trono, Absalão, decidiu não seguir o conselho de Aitofel. Ele optou pelo conselho de Husai, desconsiderando assim a orientação de um homem que, durante anos, havia guiado os passos de Davi. Num surpreendente desfecho, Aitofel voltou à sua casa, colocou em ordem seus assuntos e se enforcou.

Ser ouvido como conselheiro produz em nós um efeito intoxicante. Quanto mais nos escutam mais pensamos na importância da nossa participação em solucionar o problema. Quando nossa trajetória como conselheiros é extensa, são muitos os que nos procuram para ouvir nossa palavra de sabedoria. Não nos causa surpresa a facilidade com que se instala a ideia de que nossa participação em cada decisão é indispensável.

Um conselho deve ser dado apenas como uma sugestão e não como um mandamento. Alguns pedem nosso parecer quanto à determinada situação porque gostam de nos ouvir. Ninguém é obrigado a seguir nossas orientações. O bom aconselhamento se baseia na seguinte premissa: o total respeito pela liberdade que a outra pessoa tem para tomar decisões (e também para arcar com as consequências).

Não é assim que o Pai Celestial nos trata? Ele pode ser, em certas ocasiões, muito persuasivo. O mistério do nosso relacionamento gira em torno do respeito que o Senhor tem pela nossa liberdade de escolha. O autor Richard Foster afirma: "Deus nos concede plena liberdade porque deseja que as pessoas escolham livremente ter um relacionamento com Ele." Este tipo de relacionamento jamais pode ser manipulado ou forçado. De igual forma, o conselheiro sábio concede o bem mais precioso àqueles que o escutam quando lhes dá a liberdade de aceitar ou rejeitar seus conselhos.

Para pensar:
Como você reage quando as pessoas não o escutam? O que isto revela a seu respeito? Quais são as mudanças necessárias em seu aconselhamento para demonstrar respeito pelos outros?

Raízes de amargura

26 de maio

Segui a paz com todos e a santificação, sem a qual ninguém verá o Senhor, atentando, diligentemente, por que ninguém seja faltoso, separando-se da graça de Deus; nem haja alguma raiz de amargura que, brotando, vos perturbe, e, por meio dela, muitos sejam contaminados. HEBREUS 12:14,15

Esta passagem apresenta aspectos interessantes sobre o problema da raiz de amargura na vida dos cristãos. Primeiro, observe que está ligada aos relacionamentos interpessoais. O autor inicia recomendando a busca da paz e da santificação. Isto significa levar a interação com outras pessoas à dimensões bem diferentes daquilo que se vê no mundo em que vivemos. Ela deve ser caracterizada por uma pureza e forma de vida que testifiquem da ação do Espírito Santo em todo momento. Os conflitos e as diferenças se resolvem no âmbito da harmonia e respeito mútuo.

Nesta perspectiva é possível compreender a advertência contra a raiz de amargura. O termo usado para descrevê-la é bastante ilustrativo. A raiz é a parte da planta que não se vê. Ela penetra fundo na terra e cumpre uma função vital que alimenta e nutre a planta. De igual modo, a raiz de amargura se instala nos recantos mais escondidos e obscuros da alma. É difícil localizá-la, mas seus amargos frutos são facilmente percebidos. Dali, ela alimenta e determina as ações da pessoa.

Embora seja difícil detectá-la, o versículo anterior informa como esta raiz de amargura surge. Todos os conflitos e injustiças vividos pelo ser humano que fazem parte da existência, e não são resolvidos espiritualmente, tornam-se terreno fértil para ela se desenvolver. A planta que sai dessa raiz se caracteriza por um estado de insatisfação e acidez que permeia todas as coisas. Como consequência, não se pode deixar de pensar nem de falar sobre outra coisa além da experiência dolorosa que foi vivenciada. A primeira vítima desta raiz de amargura é a alegria. A solução para a sua maligna influência é a graça de Deus. Por esta razão o autor da epístola de Hebreus insiste que ninguém se prive de alcançar a graça, esse fator divino que permite resolver perfeitamente as situações mais devastadoras.

Por último, devemos observar que a raiz de amargura cresce rápido na vida de uma pessoa e logo contamina a todos ao redor. A sua influência prejudica àqueles que antes levavam uma vida saudável. Por isso, a firmeza no processo de localizar e depois arrancá-la é urgente.

Para pensar:
Ouvistes que foi dito: Amarás o teu próximo e odiarás o teu inimigo. Eu, porém, vos digo: amai os vossos inimigos e orai pelos que vos perseguem; para que vos torneis filhos do vosso Pai celeste, porque ele faz nascer o seu sol sobre maus e bons e vir chuvas sobre justos e injustos (Mateus 5:43-45).

Intimidades divinas

27 de maio

Então, veio a palavra do Senhor a Samuel, dizendo: Arrependo-me de haver constituído Saul rei, porquanto deixou de me seguir e não executou as minhas palavras. Então, Samuel se contristou e toda a noite clamou ao Senhor. 1 SAMUEL 15:10,11

Estes versículos do relato sobre a segunda desobediência de Saul passam quase despercebidos. No entanto, o historiador colocou genialmente em meio ao relato puramente humano uma nova perspectiva para que pudéssemos ver por um instante a parte espiritual desta história. Quando, como espectadores, nos atentamos a este segundo cenário, não podemos deixar de nos sentir atraídos pela extraordinária intimidade que apresenta.

Observe o tom da conversa entre Deus e o profeta. O comentário tem as características de uma confidência entre dois amigos acostumados a revelar os sentimentos mais profundos do coração. Como quem fala de igual para igual, o Senhor se abre a Samuel e lhe fala da Sua desilusão com Saul. Assim, com tristeza, Deus torna o profeta participante do Seu sentimento. Este tipo de intimidade não acontece com qualquer um. Vemos que este profeta desfrutava de uma proximidade com o Senhor, o que lhe dava acesso aos Seus aspectos mais secretos e misteriosos.

A atitude de Samuel nos mostra a essência do que significa conhecer de perto os planos de Deus. A missão para a qual fomos chamados depende absolutamente da capacidade de discernirmos o que é importante para o Senhor. Perto dele começamos a perceber quais são os Seus anelos, os desejos mais profundos do Seu coração e quais as coisas que o comovem. Descobrimos que os planos e as realidades tão importantes para nós nem sempre coincidem com as prioridades do nosso Pai celestial.

Quem não percebe os desejos do coração de Deus se condena a improvisar planos para agradá-lo. E se formos honestos, perceberemos que, em grande escala, isto acontece em nossos ministérios. Por não termos uma clara ideia dos desejos e anelos de Deus para a igreja que lideramos, inventamos empreendimentos que esperamos sejam do Seu agrado. A igreja pode ser muito ativa, mas nem sempre em conformidade com as obras que o Senhor preparou para ela.

Cristo, nos dias do Seu ministério entre os homens afirmou: "...Em verdade, em verdade vos digo que o Filho nada pode fazer de si mesmo, senão somente aquilo que vir fazer o Pai; porque tudo o que este fizer, o Filho também semelhantemente o faz" (João 5:19). E como Ele sabia o que o Pai estava fazendo? Exatamente como aconteceu com Samuel em suas experiências com Deus, nos momentos quando sentia o pulsar do Seu coração e via onde o Pai agia.

Para pensar:
Como líderes, é fundamental encontrarmos espaço para, em silêncio, prestarmos atenção àquilo que pesa no coração do nosso Pai celestial. A eficácia do nosso ministério depende desta revelação. Você encontra tempo para ter um relacionamento de intimidade com Deus?

Firmes na fé

Guardemos firme a confissão da esperança, sem vacilar, pois quem fez a promessa é fiel. HEBREUS 10:23

28 de maio

Muitas aflições da vida cristã pouco têm a ver com as circunstâncias adversas. O nosso sofrimento se deve à falta de capacidade para superar as dificuldades e os contratempos que se nos apresentam. Se o bem-estar dependesse exclusivamente de um contexto agradável, haveria pouca esperança de vida plena para a maioria de nós! O versículo de hoje nos desperta a uma firmeza interior para que, em momentos críticos, conservemos a esperança que um dia declaramos ter.

A esperança é um fator básico na vida cristã. Por isso, o apóstolo Paulo orou pela igreja de Éfeso desejando que seus olhos espirituais fossem iluminados para que soubessem "...qual é a esperança do seu chamamento" (Efésios 1:18). Ele felicita os irmãos da igreja em Tessalônica pela "...paciência da vossa esperança em nosso Senhor Jesus Cristo" (1 Tessalonicenses 1:3). A esperança motiva o coração porque traz consigo a promessa de melhores coisas.

Muitos de nós, infelizmente, nada mais têm do que uma tênue ideia do significado da esperança em Cristo. Sabemos que já nos foi dada a promessa da vida eterna, mas não temos certeza do que se trata. Tal esperança não fortalece o coração das pessoas.

Não nos surpreende então, que haja muita vacilação em nossa esperança. Ela varia com as circunstâncias e os sentimentos nos diversos momentos da vida. Quando tudo vai bem, permanece firme. Em tempos de crise, oscilamos entre a esperança e a desesperança.

Observe que o autor da epístola de Hebreus não se preocupa com as particularidades da nossa situação pessoal. Ele ressalta o caráter irrepreensível e absolutamente confiável daquele que nos deu a esperança. É precisamente isto que nos mantém firmes. Se Ele prometeu vida plena e abundante aos que creem, fazendo brotar neles rios de água viva, então também é fiel para realizar isto.

A fé pode falhar exatamente neste ponto. Em tempos de crise, questionamos a bondade de Deus e Sua capacidade para nos amparar. Pense nas incontáveis vezes que o povo de Israel, na peregrinação pelo deserto, questionou o caráter de Deus. Quantas vezes duvidaram dos bons propósitos do Senhor para com eles! Chegaram ao ponto de sentir saudade do que haviam deixado no Egito.

Não é possível viver um relacionamento de intimidade com Deus quando não há plena certeza de podermos confiar nele. Por este motivo, o autor de Provérbios exorta: "Confia no SENHOR de todo o teu coração e não te estribes no teu próprio entendimento" (3:5).

Para pensar:
A estratégia mais eficaz do inimigo das almas é colocar dúvidas quanto à bondade de Deus. Mas não se aparte da convicção que sempre o tem sustentado. Aquele que prometeu é também fiel para cumprir a palavra empenhada.

Tempo de se retirar

29 de maio

Isbi-Benobe descendia dos gigantes; o peso do bronze de sua lança era de trezentos siclos, e estava cingido de uma armadura nova; este intentou matar a Davi. Porém Abisai, filho de Zeruia, socorreu-o, feriu o filisteu e o matou; então, os homens de Davi lhe juraram, dizendo: Nunca mais sairás conosco à peleja, para que não apagues a lâmpada de Israel. 2 SAMUEL 21:16,17

Quando um líder deve passar o bastão a outro líder mais jovem? Todos nós já vimos situações em que um pastor, que não possui mais a vitalidade e o dinamismo da sua juventude, persiste em se manter à frente do ministério procurando realizá-lo da mesma forma que em anos passados. Isto gera frustração em muita gente.

Na passagem de hoje temos um acontecimento parecido com aquele em que Davi alcançou uma grande vitória contra Golias. Naquela ocasião, bastante jovem, o Senhor lhe concedeu uma façanha que ficou registrada para sempre nos anais da história do povo de Israel. A esta vitória inicial Davi somou uma extensa lista de extraordinárias demonstrações de valentia e coragem no campo de batalha.

Nesta altura, ele já não era mais o mesmo homem. A determinação que o caracterizara por toda a vida continuava sendo uma qualidade acentuada de sua pessoa, mas lhe faltava a destreza e a força de outros tempos. A consequência foi que esse segundo gigante, Isbi-Benobe, quase lhe tirou a vida. Felizmente, Abisai, um homem valente que o acompanhava, socorreu-o e assim evitou uma grande tragédia para o povo.

Passado esse momento, os homens de Davi recomendaram que não mais saísse para a batalha, e isto para lhe preservar a vida. Era o momento de transição para o grande rei de Israel; um tempo de ajustes levando-se em conta as crescentes debilidades que o acompanhavam.

Davi poderia se ofender ao ouvir esta sugestão. O momento era propício para tentar manter aquilo que se desvanecia lentamente com o passar dos anos. Mas a grandeza do seu espírito que sempre caracterizou sua vida, não o abandonou neste momento. Ele reconheceu as suas limitações e teve a humildade de atender à recomendação dos seus liderados. Nunca mais saiu em batalha. Era chegada a hora de homens mais jovens assumirem a responsabilidade de zelar pela segurança de Israel.

Oração:
Como é bom se preparar desde a juventude para esse momento! Você concorda em fazer a oração a seguir? "Senhor, permite-me envelhecer com graça. Guarda-me de me apegar a um cargo. Dá-me um espírito disposto a ceder, com alegria, o lugar àqueles que vêm após mim. Livra-me da amargura nos anos da minha velhice. Amém."

Legando dignidade

30 de maio

Disse o Senhor a Moisés: Toma Josué, filho de Num, homem em quem há o Espírito, e impõe-lhe as mãos; apresenta-o perante Eleazar, o sacerdote, e perante toda a congregação; e dá-lhe, à vista deles, as tuas ordens. Põe sobre ele da tua autoridade, para que lhe obedeça toda a congregação dos filhos de Israel. NÚMEROS 27:18-20

Como é difícil para um líder jovem assumir o lugar de um obreiro veterano! Ainda mais quando a pessoa que está se aposentando é alguém com profunda trajetória espiritual e muito querido pelos seus liderados. As comparações serão inevitáveis e quem sairá perdendo será o mais jovem. Poucos se lembrarão que um obreiro experiente também já foi jovem, que cometeu seus desacertos e, em algum momento, confundiu-se no caminho a seguir.

A etapa de transição na liderança é crucial para a continuidade do projeto ministerial. No presente caso, Moisés havia conduzido o povo até os limites da Terra Prometida. A sua missão estava cumprida. Josué, o sucessor designado por Deus, tinha diante de si uma dupla tarefa: guiar um povo sem qualquer experiência de guerra e tomar posse da herança de Jacó.

Na passagem de comando o povo pode desanimar e se rebelar com facilidade, porque toda mudança gera insegurança e necessita um pulso firme para guiar os passos. Vemos nas instruções que Moisés recebeu, o tremendo cuidado de Deus. Não é uma convocação para que o líder seja apagado. A transmissão de comando de uma geração para outra seria levada a efeito em ato público.

Como todo o povo deveria estar presente, a cerimônia teria grande peso, o que não aconteceria se fosse realizada em particular. O povo deveria ser testemunha do respaldo de Moisés a Josué e saber do seu pleno apoio ao novo líder. Perceba a ênfase que é dada à imposição de mãos. Este é um ritual que significa pouco para nós, mas dizia muito para o povo de Israel. Jacó abençoou os seus netos impondo-lhes as mãos (Gênesis 48:14). As pessoas impunham as mãos sobre os que haviam blasfemado para lhes transferir a culpa por suas declarações (Levítico 24:14). Os adoradores colocavam as mãos sobre o animal a ser sacrificado para indicar que ele assumia o lugar deles pelo pecado que eles cometeram (Levítico 1:4). Por meio deste ato, o povo de Israel tomaria conhecimento de que ocorria uma transferência espiritual.

Nesta transferência de comando, Moisés lega a Josué as duas coisas mais importantes que ele necessita para o ministério: autoridade e dignidade. A autoridade tem a ver com o apoio ao líder, e a dignidade, com a integridade da pessoa. Os dois atributos tinham um propósito bem definido: conseguir que o povo obedecesse em tudo ao seu novo líder.

Para pensar:
Por meio desta cerimônia, Josué ficou com parte da riqueza espiritual que Moisés tinha cultivado ao longo da sua vida. Que maravilhoso legado para um jovem líder!

Olhos espirituais

31 de maio

Oro também para que os olhos do coração de vocês sejam iluminados a fim de que vocês conheçam a esperança. EFÉSIOS 1:18 (NVI)

Quais motivos você inclui nas suas orações pelas pessoas que lidera? Muitas vezes peço a Deus coisas corriqueiras que nada representam para a vida espiritual. Quando isto acontece, volto a estudar as orações de Paulo pelas igrejas que ele havia fundado (Efésios 1:15-23; 3:14-19; Filipenses 1:4-6; Colossenses 1:9-12). Que profunda percepção nessas intercessões! Com clareza, Paulo compreendia o que era verdadeiramente essencial na vida cristã.

A frase de hoje, que faz parte de uma oração mais extensa, é um bom exemplo desta realidade. Com frequência, o que impede o crescimento do filho de Deus é o fascínio pelas realidades desta vida terrena e passageira. Veem as circunstâncias com os olhos físicos. Consideram seus relacionamentos sob a perspectiva humana. Avaliam seus recursos segundo os parâmetros dos homens do mundo. O seu caminhar sofre os efeitos das deficiências em sua visão. Sentem depressão, medo, angústia, irritação e outras emoções negativas.

Paulo começa sua oração pedindo a Deus que ilumine os olhos do coração de cada membro da igreja de Éfeso. A frase é simples, mas guarda uma mensagem bastante ilustrativa. O homem espiritual possui dois pares de olhos. Com os olhos físicos vê as coisas do mundo natural. Os olhos do coração, que somente podem ser abertos pela ação do Espírito Santo, permitem-lhe perceber exclusivamente o que diz respeito ao mundo espiritual. Considerando que essas realidades espirituais têm valor eterno, deduz-se que a segunda visão é muito mais importante que a primeira.

Pense por um momento em Jesus e considere as vezes em que Ele viu coisas que outros não conseguiam perceber. Observe, por exemplo, a Sua lamentação quando se aproximava de Jerusalém (Lucas 19:41-44). Ao contemplar a cidade, chorou. Onde outros viam edifícios, ruas e multidões, Cristo viu uma cidade que não reconheceu o tempo da Sua visitação. Pense nos 70 discípulos que Ele enviou em missão. Na volta deles, houve alegria pela obra que realizaram, mas Cristo viu Satanás cair do céu como um raio (Lucas 10:18). E que dizer da mulher samaritana? Na perspectiva dos discípulos era uma mulher com quem não se devia falar (João 4:27). Jesus viu nela uma oportunidade produzida pelo Espírito Santo para o Seu ministério. O mesmo se pode dizer do jovem rico que procurou Jesus. Ele era visto como um homem piedoso que desejava se identificar com os propósitos do reino de Deus. O Senhor percebeu nele alguém cujo deus era o dinheiro (Lucas 18:22).

Para pensar:
A visão da realidade espiritual é resultado da ação do Espírito Santo, mas também é a consequência de uma disciplina desenvolvida por nós. Paulo testificou que, em meio às constantes provações, não colocava seu olhar "...nas coisas que se veem, mas nas que se não veem; porque as que se veem são temporais, e as que se não veem são eternas" (2 Coríntios 4:18).

Lamento inútil

1 de junho

Disse o Senhor a Samuel: Até quando terás pena de Saul, havendo-o eu rejeitado, para que não reine sobre Israel? Enche um chifre de azeite e vem; enviar-te-ei a Jessé, o belemita; porque, dentre os seus filhos, me provi de um rei. 1 SAMUEL 16:1

Uma das coisas que mais nos custa superar são as frustrações e os fracassos do passado, especialmente quando nos encontramos no ministério. Tal responsabilidade coloca um peso adicional nas situações que não tiveram o resultado que esperávamos. Tivemos grandes expectativas em alguém; investimos muito na sua formação, mas nos frustramos com o que aconteceu. Talvez o desânimo venha de uma decisão nossa, imaginando ter sido a melhor opção para a igreja. Com o passar do tempo, percebemos o erro da nossa escolha e, por isso, pagamos um alto preço. Poderia ter sido, quem sabe, um problema na igreja que não soubemos enfrentar de forma correta. Hoje sentimos as consequências, inclusive recriminações e tensões que afetam o nosso relacionamento com os outros. O fato é que o nosso desapontamento poderia ser atribuído a uma série de fatores. A vida raramente se ajusta às nossas expectativas. As coisas não são tão simples como esperávamos e a frustração é uma constante presença em nossa experiência ministerial. O processo do amadurecimento pessoal deve reconhecer que isto faz parte da realidade de cada dia.

Para muitos, as frustrações e os dissabores podem se converter em obstáculos mais difíceis de superar que os problemas que deram origem a tais sentimentos. Presos a fortes emoções, a vida pode se transformar em um contínuo lamento. Uma frase frequentemente ouvida nesta situação é: "Se apenas eu tivesse feito isto, ou dito aquilo…" Dominados por este pensamento, voltamos continuamente ao passado, imaginando como as coisas teriam acontecido se tivéssemos agido de forma diferente.

Observe a pergunta do Senhor a Samuel: "Até quando terás pena de Saul…?" A lamentação nada modifica, porque o passado não pode ser mudado. Com ele só podemos aprender as lições para não cometermos os mesmos erros no futuro. Enquanto Samuel continuava se lamentando, o Senhor avançava para a etapa seguinte em Seu plano: "…dentre os seus filhos, me provi de um rei" (v.1). O seu olhar já estava posto em outro homem e em tudo o que conquistaria por seu intermédio.

Nas instruções do Senhor a Samuel existe um desejo de mobilizar mais uma vez o Seu profeta e livrá-lo da melancolia. O fato é que há apenas um caminho a seguir, e este consiste em avançar rumo ao que nos aguarda. Não devemos perder tempo além do necessário meditando nas derrotas do passado. Depois de aprendermos as lições em cada experiência, podemos dar às costas ao passado e seguir com passo firme em direção ao futuro. A vida está por vir!

Para pensar:
"Irmãos, quanto a mim, não julgo havê-lo alcançado; mas uma coisa faço: esquecendo-me das coisas que para trás ficam e avançando para as que diante de mim estão, prossigo para o alvo…" (Filipenses 3:13,14).

O Deus suficiente

2 de junho

Eu te amo, ó Senhor, força minha. O Senhor é a minha rocha, a minha cidadela, o meu libertador; o meu Deus, o meu rochedo em que me refugio; o meu escudo, a força da minha salvação, o meu baluarte. SALMO 18:1,2

A observação que aparece abaixo do título deste Salmo diz o seguinte: "Ao mestre de canto. Salmo de Davi, servo do Senhor, o qual dirigiu ao Senhor as palavras deste cântico, no dia em que o Senhor o livrou de todos os seus inimigos e das mãos de Saul." Ainda que não contássemos com esta explicação sobre o contexto no qual nasce esta eufórica proclamação dos múltiplos atributos de Deus, o tom da poesia não daria margem a qualquer dúvida. Saberíamos que foi escrita por alguém que havia experimentado maravilhosas intervenções do Senhor.

Davi menciona pelo menos sete diferentes características de Deus, todas elas relacionadas com algum momento especial em sua vida. Por anos, ele se refugiara no deserto. Sua permanência ali não foi tranquila como a de Moisés em Midiã. Escondido em cavernas, sempre atento aos movimentos do rei Saul, havia enfrentado situações de perigo em que só a milagrosa intervenção divina o livrara da morte certa. O tema principal deste salmo é precisamente este.

Para Davi, estas características do Senhor eram reais e fruto da sua experiência ao longo de cada dia. Para alguns de nós, nada mais são que atributos que conferimos a Deus, porque nosso intelecto o exige. Sabemos, intelectualmente, que Ele é uma rocha, uma cidadela, fortaleza e libertador. Nós o louvamos por esses atributos em nossas reuniões. Conhecemos muitos textos que assim o descrevem. Outros nos falam do que vivenciaram ao andar com o Pai celestial. Em nossa vida, entretanto, estas verdades não saíram do contexto da teoria.

De que maneira é possível comprovar que Deus é realmente tudo isto? De fato, Ele é assim, mas quem sabe, não para mim nem para você. Para que estes aspectos sejam reais em nossa vida precisamos estar dispostos a abrir-lhe espaço para que demonstre a Sua fidelidade em momentos de aflição. Quer dizer, para nos certificarmos de que Ele é uma cidadela, uma fortaleza, precisamos reconhecer a nossa fraqueza. Se desejarmos conhecê-lo como nossa rocha, devemos observar se não estamos firmados sobre fundamentos movediços. Para senti-lo como nosso lugar forte, temos que admitir que estamos desprotegidos. Para que se manifeste como nosso libertador, devemos considerar que estamos presos. Para que seja nosso escudo, devemos declarar que nos sentimos indefesos. Para que se levante como força da salvação, devemos admitir que estamos perdidos. Para ser um alto refúgio, precisamos reconhecer que estamos afundados no mais profundo poço.

Para pensar:

A realidade de Deus expressa por esses atributos divinos só é percebida na vida dos que reconhecem a sua necessidade dele. Não lamentemos nossa angústia e falta de esperança. Pelo contrário, alegremo-nos porque teremos Sua poderosa visitação em tempos de aflição.

Quando a disciplina aflige

3 de junho

...basta-lhe a punição pela maioria. De modo que deveis, pelo contrário, perdoar-lhe e confortá-lo, para que não seja o mesmo consumido por excessiva tristeza. Pelo que vos rogo que confirmeis para com ele o vosso amor. 2 CORÍNTIOS 2:6-8

Na igreja de Corinto, alguém tinha caído em pecado. Por decisão da maioria, a pessoa foi disciplinada, e isto com o aval do próprio apóstolo Paulo. Conforme o que ele diz na epístola de 1 Coríntios 5:3, embora não estivesse presente, acompanhou tudo em espírito. Agora o apóstolo trata de corrigir a severidade com que o infrator foi disciplinado. O objetivo de toda correção é restaurar o caído e ajudá-lo a voltar a caminhar em santidade com o Senhor.

Existe em nós a tendência de acrescentar à disciplina uma boa dose de ira ou rancor. Quantas vezes, como pais, fomos excessivamente duros com os nossos filhos porque agimos na hora errada! A nossa paciência se tornou em negligência porque permitimos que sentimentos de aborrecimento e raiva se acumulassem. Quando chegou o momento de corrigir, descarregamos todo o peso em nosso filho. Isto anula o efeito benéfico da disciplina, porque o fazemos com um espírito um tanto vingativo.

De igual modo, nas igrejas a disciplina é frequentemente aplicada com dureza contra a pessoa que pecou. Ela é submetida a humilhações desnecessárias e muitos preferem evitar qualquer contato. A disciplina, pelo contrário, é uma experiência altamente positiva para os que desejam alcançar maior crescimento espiritual. Por meio dela, podemos ser corrigidos e encaminhados de forma correta. Devemos admitir, também, que é algo sumamente desagradável. Sentimo-nos agredidos e o nosso orgulho pede algum tipo de reparação. Afundamo-nos na tristeza e falta de consolo, caso se prolongue, pode resultar em prejuízo para a vida espiritual. Sabendo disto, o apóstolo Paulo pede que não aflijam com demasiado pesar a pessoa que foi disciplinada. O seu desejo é que a pessoa não seja destruída pela ação de seus irmãos, porque assim a disciplina perderia o seu sentido.

Em vez disto, Paulo os encoraja a reafirmar o seu amor à pessoa que caiu. Esta exortação realça uma das grandes verdades do reino de Deus. O poder que mais transforma a vida de alguém é o amor. A disciplina corrige, mas é o amor que invade fundo no coração e o abre para mais experiências espirituais. Por este motivo, Cristo renovou Seu amor a Pedro após este o negar por três vezes. O amor incondicional demonstrado nesta atitude de Jesus conduziu o apóstolo rumo ao ministério que lhe fora confiado.

Para pensar:
O lugar mais solitário do planeta é o coração humano onde falta amor. —Anônimo

Interpretações duvidosas

4 de junho

Então, disse Isaías a Ezequias: Ouve a palavra do Senhor dos Exércitos: Eis que virão dias em que tudo quanto houver em tua casa, com o que entesouraram teus pais até ao dia de hoje, será levado para a Babilônia; não ficará coisa alguma, disse o Senhor. Dos teus próprios filhos, que tu gerares, tomarão, para que sejam eunucos no palácio do rei da Babilônia. Então, disse Ezequias a Isaías: Boa é a palavra do Senhor que disseste. Pois pensava: Haverá paz e segurança em meus dias. ISAÍAS 39:5-8

Temos dois desafios em relação à Palavra de Deus. O primeiro é recebê-la. Isto é óbvio para quem deseja caminhar em retidão diante do Senhor. Existe, no entanto, grande diferença entre compreender que precisamos desta Palavra e experimentá-la dia após dia enquanto o Senhor nos fala por meio dela.

O desafio de receber a Palavra é grande porque vivemos ocupados e totalmente envolvidos nas atividades diárias. Primeiramente, para que Ele nos fale, todo o agito das nossas vidas precisa cessar, ainda que por alguns minutos. É difícil falar com alguém que esteja concentrado em outras coisas. Mesmo quando as atividades cessam, não há plena certeza de termos a capacidade de ouvir o Senhor. Em nosso interior também existe um incessante movimento das muitas coisas que estimulam os nossos pensamentos e alimentam nossa preocupação. Por isso é imprescindível desenvolvermos a disciplina de aquietar o espírito. O silêncio e um ouvido atento são condições indispensáveis para escutarmos o Senhor.

Se conseguirmos calar nossa alma para receber com mansidão a Palavra já teremos vencido metade da batalha. O outro desafio consiste no entendimento daquilo que ouvimos. É neste ponto que muitas vezes nos desviamos da verdade dando à Bíblia uma interpretação equivocada sempre favorável para nós. O desejo de ouvir da parte do Senhor somente aquilo que nos é agradável é uma realidade. Estas interpretações convenientes livram o nosso espírito do mal-estar em perceber que a Palavra entre fundo em nosso coração.

Nenhum de nós teve a bênção de ver um profeta da envergadura de Isaías vir para nos anunciar a Palavra de Deus. O rei Ezequias, um homem temente ao Senhor, teve este privilégio. Por meio do profeta foi informado de que seus bens e seus filhos seriam levados para a Babilônia. Para um rei extremamente preocupado com um povo inimigo e cruel, os assírios, isto soou como uma aliança estratégica para a proteção de Israel. Ele aceitou a palavra dizendo com alegria: "Boa é a palavra do Senhor que disseste".

Como Ezequias se equivocou em sua interpretação! A mensagem de Isaías não anunciava outra coisa exceto a destruição de Jerusalém e o cativeiro para o povo de Israel. Para nós fica a lição. Sejamos cuidadosos na hora de proclamarmos o significado da Palavra de Deus.

Para pensar:
O problema principal quando se interpreta a Bíblia é acreditar que existe uma única interpretação possível para o que se disse. Tenha cuidado com as conclusões que lhe forem favoráveis. A Palavra de Deus geralmente nos incomoda.

Terríveis surpresas

5 de junho

Na quarta vigília da noite, foi Jesus ter com eles, andando por sobre o mar. E os discípulos, ao verem-no andando sobre as águas, ficaram aterrados e exclamaram: É um fantasma! E, tomados de medo, gritaram. MATEUS 14:25,26

Como é limitada a nossa capacidade em aceitar o sobrenatural! Podemos nos convencer de que cremos em qualquer manifestação divina porque, teologicamente falando, é possível. Deus pode se manifestar da maneira que desejar, em qualquer lugar e usando os meios que mais lhe convierem. Confessamos não ter problemas com isso, pois acreditamos num Deus cujo poder é ilimitado.

Tudo isto, no entanto, não deixa de ser um exercício de probabilidades, as quais, consideramos remotas. Ninguém duvida de que Deus possa fazer isto ou aquilo, mas quando Ele age, ficamos confusos com os meios que escolheu usar. Isto gera um conflito em nós mesmos.

Os discípulos acompanharam o Messias ao longo de dois anos. Conheciam bem o Seu rosto. Tinham caminhado, trabalhado e servido com Ele. Tiveram ampla liberdade de conhecer Seus traços físicos, mas quando Ele apareceu caminhando sobre a água, ficaram com medo achando que estavam vendo um fantasma.

Eles não reconheceram Jesus. Não estamos falando do Jesus físico, de carne e osso. Era a mesma pessoa com quem tinham compartilhado momentos de intimidade. Ali não era para a pessoa dele que estava em foco, mas sim o modo como agora se apresentava. Transcendia o que era aceitável. Nem sequer conseguiam imaginar tal possibilidade. A presença dele numa forma diferente do que tinham visto antes, não lhes permitiu reconciliar a imagem do Cristo que conheciam com a figura que agora aparecia sobre as águas. As Suas estruturas mentais não possuíam parâmetros para definir uma cena tão incrível e assombrosa. Descartaram a evidência apresentada pelos seus olhos e encontraram explicações preconcebidas. Estavam certos de que viam um fantasma!

Esta reação nos dá uma ideia do quanto estamos condicionados pelos parâmetros que usamos para compreender e explicar o mundo no qual vivemos. O povo de Nazaré não podia aceitar que Jesus fosse alguém mais do que um simples carpinteiro (Mateus 13:55). Ele era muito mais do que isso, mas os fortes condicionamentos pessoais dos nazarenos não lhes permitiam ver que Jesus era o Messias. Nós também, quando formamos uma ideia sobre determinado assunto, dificilmente a modificamos, mesmo com muitas evidências que provam o contrário.

Para pensar:
A que nos leva esta reflexão? Ela nos mostra que as nossas estruturas têm forte influência sobre a maneira como vemos a Deus e aos que estão ao nosso redor. É bastante positivo recordar que a vida é muito mais profunda e misteriosa do que podemos entender. Se dermos um caráter mais relativo para as nossas explicações não perderemos a capacidade para que outros nos corrijam, ensinem e, acima de tudo, nos surpreendam.

Propósitos celestiais

6 de junho

...para mostrar, nos séculos vindouros, a suprema riqueza da sua graça, em bondade para conosco, em Cristo Jesus. EFÉSIOS 2:7

Os dois primeiros capítulos da epístola aos Efésios trazem a mais extraordinária descrição da obra de Deus ao nos redimir do domínio da morte na qual estávamos cativos. Paulo apresenta versículo após versículo o que Deus realizou e inclui uma lista dos fabulosos benefícios àqueles que fizeram de Cristo o seu Senhor. É um trabalho que deve ser estudado cuidadosamente, pois uma simples leitura não permitirá entender a profundidade nem a extensão das graças que recebemos do Senhor.

Observe a declaração quanto ao propósito desta dádiva aos homens: "...para mostrar, nos séculos vindouros, a suprema riqueza da sua graça, em bondade para conosco, em Cristo Jesus". É importante considerarmos dois fatores desta verdade bíblica.

O primeiro deles é que o propósito de Deus vai muito além dos nossos objetivos. Mesmo no caso das pessoas mais espirituais, os interesses raramente ultrapassam os eventos relacionados à nossa própria vida. Para a maioria de nós, as metas se expressam em termos de meses e anos. Os poucos que planejam a longo prazo fixam seus alvos em décadas. A afirmação de Paulo impressiona porque nos mostra Deus falando em séculos. Muito depois da morte do apóstolo e os pormenores das suas viagens terem caído no esquecimento, o Senhor estará colhendo os frutos da obra que Paulo realizou.

Todos desejamos contribuir com algo para a geração em que vivemos. O Senhor tem a perspectiva da eternidade e faz-nos lembrar que o esforço e a luta só são válidos por aquilo que pode ser colocado dentro desta dimensão de tempo. Muito do que nos parecia importante será esquecido pelas futuras gerações.

Em seguida, vemos o que Deus quer dar a conhecer aos homens de todas as épocas: "a suprema riqueza da sua graça". Isto é, para que os homens possam, ao recordar o passado, dizer de coração: "realmente Deus tem sido muito bom para conosco".

Certo dicionário do Novo Testamento define "graça" como "uma especial manifestação da presença, atividade, poder ou glória divina, um favor, uma dádiva, uma bênção". Neste sentido, o que é visível, com o passar dos anos, das décadas e dos séculos, será o caráter bondoso, misericordioso e paciente de Deus, que tem, ao longo de todos os tempos, buscado com amor insistente, o ser humano obstinado e pervertido em seus caminhos. Que testemunho nos dá essa atitude do Pai celestial? O amor de Deus é perseverante e não conhece a expressão "dar-se por vencido".

Oração:
Ó Deus eterno, Tua misericórdia não deixa qualquer sombra de dúvida! Tua compaixão e bondade nunca falham, e pelos séculos serás sempre o mesmo!

O brilho da nossa luz

Assim brilhe também a vossa luz diante dos homens, para que vejam as vossas boas obras e glorifiquem o vosso Pai que está nos céus. MATEUS 5:16

7 de junho

Com frequência quando faço a seguinte pergunta em minha igreja: Se você não pudesse usar a boca para falar aos outros que é discípulo de Cristo, como eles descobririam? Antes de colocar a pergunta de lado, medite nas implicações para a sua vida. Para a maioria dos cristãos a comunicação verbal é a base do seu testemunho. Se o comportamento contradiz nossa palavra, as pessoas nada percebem, salvo que afirmamos ser cristãos.

No versículo de hoje aparece o caminho indicado por Cristo aos Seus discípulos. Ele permite que se evidencie para os de fora aqueles que estavam claramente identificados com Sua pessoa. A Sua expectativa era que se dedicassem às boas obras de tal maneira que outros ficassem maravilhados com a forma radicalmente diferente de viver dos Seus seguidores. As boas ações não geram a luz, mas a manifestam. Em outras palavras, a luz não precisa executar atividades especiais para se dar a conhecer. Quem vê seu resplendor chegará a inevitável conclusão de que é uma luz. Da mesma forma, a vontade de Jesus era de que Seus seguidores fizessem sempre o bem aos outros para que, não sendo possível usar palavras, as pessoas pudessem identificá-los como pessoas diferentes.

No contexto cristão, existe forte resistência à ideia das boas obras. Não queremos que digam que o nosso propósito é ganhar a entrada no céu por meio delas. Como resultado, descartamos as boas obras da vida espiritual. Consideremos as seguintes afirmações da Palavra de Deus: "Pois somos feitura dele, criados em Cristo Jesus para boas obras, as quais Deus de antemão preparou para que andássemos nelas" (Efésios 2:10). "Torna-te, pessoalmente, padrão de boas obras…" (Tito 2:7). "…o qual a si mesmo se deu por nós, a fim de remir-nos de toda iniquidade e purificar, para si mesmo, um povo exclusivamente seu, zeloso de boas obras" (Tito 2:14). "Fiel é a palavra, e isto quero que deveras afirmes, para que os que creem em Deus procurem aplicar-se às boas obras…" (Tito 3:8). "Consideremo-nos também uns aos outros, para nos estimularmos ao amor e às boas obras" (Hebreus 10:24). "…mantendo exemplar o vosso procedimento no meio dos gentios, para que, naquilo que falam contra vós outros como de malfeitores, observando-vos em vossas boas obras, glorifiquem a Deus no dia da visitação" (1 Pedro 2:12).

Nenhum destes versículos declaram que as boas obras não são importantes para os discípulos de Cristo. Pelo contrário, afirmam que os seguidores de Cristo são conhecidos por intermédio delas. Peçamos ao Senhor que nos mostre em que Ele está trabalhando para que façamos as boas obras que Ele preparou de antemão para que andássemos nelas.

Para pensar:
Faça todo o bem que puder, a todas as pessoas, de todos os modos, por todo o tempo que puder. —John Wesley

Palavra de vida

8 de junho

...e também por mim; para que me seja dada, no abrir da minha boca, a palavra, para, com intrepidez, fazer conhecido o mistério do evangelho. EFÉSIOS 6:19

Que interessante pedido de Paulo aos cristãos da igreja de Éfeso! Seria bom se todos os envolvidos na pregação da Palavra fizessem o mesmo antes de cada compromisso ministerial.

A construção da frase mostra no que podemos errar no ministério da proclamação da Palavra. É fácil abrir a boca, mas não é tão simples falar da Palavra que vem do alto. Uma coisa que mais nos preocupa é a ausência da Palavra em muitas igrejas do século 21, tanto nas pregações como no ensino. É comum a leitura de um versículo seguido de opiniões pessoais sobre como Deus age e o que vem fazendo neste tempo. O resultado é que temos uma interminável sucessão de "intérpretes" espirituais, fascinados com as suas próprias ideias, porém escasseiam a pura exposição da Palavra de Deus, que é poderosa para transformar os ouvintes.

Os que receberam a formação na arte da boa comunicação correm um perigo ainda maior, pois conseguem disfarçar, com muita elegância, sua ignorância das Escrituras pelo uso dos recursos da boa oratória. Isto pode entreter os que ouvem, mas não ajuda no crescimento rumo à maturidade em Cristo.

Paulo tinha um desejo idêntico ao de Cristo. O Filho de Deus disse aos Seus discípulos: "O meu ensino não é meu, e sim daquele que me enviou" (João 7:16). Mais tarde, Jesus falou: "Porque eu não tenho falado por mim mesmo, mas o Pai, que me enviou, esse me tem prescrito o que dizer e o que anunciar" (João 12:49). Da mesma forma, o apóstolo, que não era um neófito no assunto da comunicação, tremia ante a possibilidade de gastar tempo apresentando suas próprias opiniões e ideias. Esta era a razão de pedir que os cristãos orassem por ele, para que ao abrir sua boca não ouvissem a palavra de um homem, mas a de Deus.

Como líderes, devemos ter a convicção de que esta é a única Palavra que vale a pena proclamar. A nossa palavra informa, entretém e esclarece, mas ela se perde entre milhares de palavras que se ouvem cada semana pelo rádio, televisão, vizinhos, colegas de trabalho e amigos. Somente a Palavra de Deus é "...viva, e eficaz, e mais cortante do que qualquer espada de dois gumes, e penetra até ao ponto de dividir alma e espírito, juntas e medulas, e é apta para discernir os pensamentos e propósitos do coração" (Hebreus 4:12). Ela pode ser pregada com extrema simplicidade, mas seu efeito será profundo e duradouro porque é a Palavra que possui vida.

Para pensar:
Para podermos anunciar a Palavra precisamos estudá-la. Quanto tempo você investe no estudo sério das Escrituras? Quais os efeitos em sua vida pessoal? Em seu ministério? Que poderá fazer para crescer no conhecimento da Palavra de Deus?

Entusiasmo passageiro

9 de junho

Estando ele em Jerusalém, durante a Festa da Páscoa, muitos, vendo os sinais que ele fazia, creram no seu nome; mas o próprio Jesus não se confiava a eles, porque os conhecia a todos. E não precisava de que alguém lhe desse testemunho a respeito do homem, porque ele mesmo sabia o que era a natureza humana. JOÃO 2:23-25

Esta visita a Jerusalém provavelmente aconteceu no primeiro ano do ministério de Jesus, um período de rápido crescimento em Sua popularidade. Por onde andava, os sinais e prodígios atraiam multidões cada vez maiores. A passagem por Jerusalém fez que muitos, vendo os sinais que Ele fazia, cressem em Seu nome. O autor deste evangelho esclarece que foram os milagres que os levaram a crer em Cristo.

É possível que, pela monotonia das nossas vidas, o sobrenatural e o que é sensacional nos despertem tanto a atenção. Onde acontecem milagres, também encontraremos curiosos. A eles se juntam outros interessados em conservar e perpetuar o caráter milagroso dos fatos. Todos são movidos pela visão do que é fora do comum, mas isto pouco tem a ver com a fé e as coisas da vida espiritual. É a mesma admiração e entusiasmo que tantas vezes acompanha a nossa experiência no contexto do "crer". Gostamos da eloquência do pregador, ficamos emocionados ao ouvir os cânticos, somos tocados pelo comovente testemunho de alguém ao falar à igreja. Não podemos duvidar que Deus use isso tudo para nos falar ao coração. Devemos entender que a maioria destas reações não são espirituais, mas emocionais. A convicção que resulta disto tem pouco poder para transformar a vida. Se a nossa convicção não produz transformação, o seu valor para a eternidade será quase nulo.

Cristo não acreditava neles porque sabia que grande parte do seu interesse não se fundamentava numa genuína convicção espiritual. Ele conhecia o coração humano e sabia que decisões tomadas em momentos de euforia, não conseguem mudar o que lá existe. As mudanças só acontecem após um profundo quebrantamento feito por Deus para Sua obra purificadora em nós.

Considere as coisas nas quais cremos, mas que em nada alteram o nosso comportamento. Poucos duvidam da importância de uma boa dieta acompanhada de moderação na hora de comer. É difícil encontrar quem a pratique. A maioria sabe ser imprescindível o descanso. São poucos os líderes ministeriais que o levam a sério. Na área do ensino é importante uma boa preparação. Quantos dedicam o tempo que ele exige? Isto revela que nossas convicções, em muitos casos, pouco afetam nossa forma de viver. Não é de se surpreender, portanto, que Jesus não se comovesse com as decisões baseadas num momento de euforia que via acontecer ao Seu redor.

Para pensar:
A ênfase da vida deve estar nas mudanças que produzimos em nossa maneira de viver. Quando elas acontecem, podemos estar certos de que a decisão foi espiritual.

A firmeza do líder

10 de junho

Então, pela terceira vez, lhes perguntou: Que mal fez este? De fato, nada achei contra ele para condená-lo à morte; portanto, depois de o castigar, soltá-lo-ei. Mas eles instavam com grandes gritos, pedindo que fosse crucificado. E o seu clamor prevaleceu. LUCAS 23:22,23

O líder muitas vezes enfrenta a necessidade de tomar decisões, sendo algumas delas muito sérias. Com sabedoria, ele formará uma equipe que o ajudará a estudar os assuntos, podendo ouvir também a opinião dos seus colegas no ministério. Em última análise, no entanto, a decisão final e a sua comunicação ao público são de exclusiva responsabilidade dele.

Em alguns momentos, ele se vê diante de situações em que entram em jogo complexos princípios éticos que nem sempre têm uma solução fácil. A decisão será o resultado de um processo de avaliação bastante penoso, após analisados os prós e os contras do tema em consideração. O caminho para se chegar a esse ponto sempre será solitário.

Seja qual for o método para se chegar à decisão, sempre haverá pressões para que as circunstâncias sigam o rumo desejado por determinadas pessoas. A pressão pode vir pela amizade com o líder. Em alguns casos, ela virá por meios mais agressivos, desde a apresentação de textos bíblicos que apoiem a opinião daquele que sugere o caminho a ser seguido, até à ameaça e a formação de grupos que trabalham incansavelmente para conseguir o que pretendem.

Pilatos se encontrava numa situação assim. Sendo o julgamento de Jesus fora da sua alçada, encaminhou-o a Herodes. Este, por sua vez, deu de ombros e fez Jesus voltar a Jerusalém. Pilatos não encontrando qualquer culpa no Filho de Deus, enfrentou a multidão enfurecida que o pressionava a violar sua consciência, pedindo a condenação. Ele tentou apaziguá-la com a promessa de um castigo a Jesus. A multidão queria a morte, não a Sua liberdade. "E o seu clamor prevaleceu." Que frase mais abominável! Pilatos, não conseguindo resistir à pressão, cedeu para fazer o que contrariava claramente as suas convicções e avaliação da situação.

Para pensar:
O líder deve estar disposto a enfrentar as consequências das suas decisões mesmo quando o povo o condena, sabendo que a verdade virá à tona ao longo do tempo. Muitas vezes, a voz do povo é a voz do pecado. É preciso muita coragem para permanecer firme até as últimas consequências. O Senhor recompensará, no devido tempo, aquele que escolhe o que é certo.

Não está à venda

Vendo, porém, Simão que, pelo fato de imporem os apóstolos as mãos, era concedido o Espírito [Santo], ofereceu-lhes dinheiro, propondo: Concedei-me também a mim este poder, para que aquele sobre quem eu impuser as mãos receba o Espírito Santo. ATOS 8:18,19

Um elemento crucial para influenciar pessoas é a autoridade, que pode vir pelo simples fato de se ocupar um cargo. Ela também vem pelo reconhecimento atribuído em função de seu saber, da trajetória ou de algo na pessoa que a torna diferente. Seja qual for a manifestação da autoridade na vida do líder, o certo é que não poderá impactar outros se não a tiver.

É por esta razão que Deus sempre confere autoridade às pessoas que escolhe para ministrar ao Seu povo. Para Moisés, a credibilidade diante do povo era uma questão fundamental. Deus concedeu-lhe três sinais para serem usados a fim de convencer aos que duvidassem da sua legitimidade (Êxodo 4:1-9). Quando o Senhor nomeou Josué como sucessor de Moisés, determinou que houvesse um ato público para que o povo visse a transmissão de autoridade ao novo líder (Números 27:18-20). Cristo atuou da mesma forma ao chamar os Doze e lhes dar autoridade para expulsar demônios (Marcos 3:14,15). O mesmo aconteceu quando foram enviados dois a dois (Lucas 9:1). Antes de subir ao céu, Jesus reuniu Seus discípulos e ordenou que fossem às nações pregando o evangelho. Para tanto, revelou-lhes que toda a autoridade lhe fora entregue tanto no céu como na terra. A tarefa deles estaria respaldada pela supremacia do Messias ressurreto.

No livro de Atos, vemos os apóstolos agindo livremente com a autoridade que lhes fora delegada. A confiança no apoio divino lhes permitia enfrentarem com ousadia as situações mais difíceis. Eles foram testemunhas das mais extraordinárias manifestações do Senhor por meio de seu serviço.

Foram exatamente estas situações que fizeram Simão, o mágico, — um homem acostumado a encantar — pedir que lhe vendessem o poder que tinham. Ele foi duramente repreendido pelos apóstolos. O que havia no coração de Simão pode também se instalar de maneira sutil no ministério de muitos líderes: o desejo de usar a autoridade que Deus nos deu para benefício próprio. Eles a usam para chamar atenção a si mesmos, para conquistar popularidade ou para manipular pessoas. Tudo isto é condenável. A autoridade que recebemos só pode ser exercida no contexto da obra para a qual fomos chamados. Assim, Deus recebe toda a glória.

Para pensar:
De que forma podemos abusar do poder que recebemos? Como nos precavermos contra isso? Quais os cuidados para evitar situações de mau uso de autoridade?

Os mistérios do reino

12 de junho

Disse ainda: O reino de Deus é assim como se um homem lançasse a semente à terra; depois, dormisse e se levantasse, de noite e de dia, e a semente germinasse e crescesse, não sabendo ele como. A terra por si mesma frutifica: primeiro a erva, depois, a espiga, e, por fim, o grão cheio na espiga. E, quando o fruto já está maduro, logo se lhe mete a foice, porque é chegada a ceifa. MARCOS 4:26-29

Quando jovem, eu pensava que tudo era compreendido e explicado após uma análise cuidadosa e persistente. Como muitos jovens daquele tempo, me atrevia a dar explicações até para aquilo que não entendia. Muitas vezes também, como professor, me vi na obrigação de dar resposta aos alunos sobre coisas que não compreendia com clareza.

Com o passar dos anos, entendo cada vez mais que grande parte do que acontece ao nosso redor está envolto num manto de mistério. A vida me mostrou que em muitas situações sobre as quais eu fazia afirmações categóricas não eram exatamente como as descrevia. Hoje me sinto mais à vontade (e creio, também, mais honesto) para admitir, junto àqueles que lidero, a existência de realidades que não entendo muito bem.

Com certeza, esta era uma verdade que Jesus desejou comunicar aos discípulos e o fez por meio da parábola da semente. O cultivo da terra era uma atividade muito antiga em Israel. A maioria das pessoas tinha contato com as atividades de semear e colher. O processo de transformar uma pequena semente numa planta frondosa era um mistério para os que cuidavam da terra. Eles só podiam afirmar que uma semente lançada resultaria meses depois numa planta da qual poderiam retirar alimentos.

O processo de crescimento no reino de Deus também está cercado de mistério. Quem pode explicar o processo pelo qual uma pessoa rebelde, irada ou deprimida se transforma num discípulo alegre e comprometido com Cristo? Quem entende como se processa a mudança que nos torna mais semelhantes ao Senhor? Em que momento isto acontece? Quais são os agentes? Que fenômenos a acompanham? O fato é que podemos afirmar ser verdade, porque percebemos os frutos após certo tempo.

Por que é importante entendermos isto? Porque temos a tendência de acreditar que o nosso esforço produz os resultados, que são os programas que promovem o crescimento da igreja, que nossa eloquência produz a convicção nos ouvintes. Tudo isto é um engano. A maioria das coisas no mundo espiritual resiste às explicações. Não as compreendemos. Somente podemos nos alegrar com elas, dando graças pelos frutos que colhemos.

Para pensar:
O crescimento nunca é o produto do esforço, mas da vida. —Augusto Strong

Doar com sacrifício

13 de junho

Então, disse Araúna a Davi: Tome e ofereça o rei, meu senhor, o que bem lhe parecer; eis aí os bois para o holocausto, e os trilhos, e a apeiragem dos bois para a lenha. Tudo isto, ó rei, Araúna oferece ao rei; e ajuntou: Que o Senhor, teu Deus, te seja propício. Porém o rei disse a Araúna: Não, mas eu to comprarei pelo devido preço, porque não oferecerei ao Senhor, meu Deus, holocaustos que não me custem nada. Assim, Davi comprou a eira e pelos bois pagou cinquenta siclos de prata.
2 SAMUEL 24:22-24

Deus havia instruído Davi, segundo a palavra do profeta Gade, que fosse à eira de Araúna — o jebuseu, e ali oferecesse um sacrifício para deter a praga que sobreviera a Israel devido ao censo. Chegando lá, Araúna deu-lhe liberdade de escolher tudo o que quisesse dentre seus pertences para realizar o holocausto. Na resposta de Davi temos dois importantes princípios.

O rei poderia ter usado o que bem quisesse. Este era um dos seus privilégios. Além disso, Araúna lhe ofereceu, de própria vontade, o que seria necessário, mas Davi entendia ser responsabilidade do governante zelar pelos direitos dos seus súditos. Assim, colocou de lado privilégios que lhe eram perfeitamente lícitos. Vemos, então, o primeiro princípio: quanto maior a autoridade, maior deve ser a cautela ao usá-la, e isto para que os mais humildes não se sintam lesados.

Faria bem a muitos pastores recordar que sua posição exige um sério cuidado na hora de usar privilégios especiais junto aos seus liderados.

O segundo princípio está na recusa de Davi à oferta de Araúna por entender que sacrifícios sem preço não têm valor algum para a vida espiritual. Este princípio tem importância especial porque, com frequência, damos apenas aquilo que nos sobra. Se é algo que nos resta, evidentemente não nos pesa porque não precisamos disso.

Por que nossa oferta deve ir acompanhada por um sacrifício pessoal? A resposta se relaciona com a essência do reino de Deus. O preço pago para resolver a condição pecaminosa do homem foi a vida do Seu Filho. O valor foi extremamente alto pela gravidade do problema. As soluções fáceis evidenciam uma consideração superficial da realidade humana. Quem considera com leviandade a questão do pecado se sujeita a viver aflito e preso aos seus devastadores efeitos. Apenas quando estivermos dispostos a nos negarmos mesmos em função do sacrifício de Cristo é que poderemos ver um fruto genuíno na vida espiritual. Davi entendia esta realidade, e por isso ofereceu um sacrifício.

Para pensar:
Uma religião que nada nos custa, tampouco tem valor. —J. C. Ryle

"Não sabeis o que pedis"

14 de junho

Mas Jesus respondeu: Não sabeis o que pedis. Podeis vós beber o cálice que eu estou para beber? Responderam-lhe: Podemos. Então, lhes disse: Bebereis o meu cálice; mas o assentar-se à minha direita e à minha esquerda não me compete concedê-lo; é, porém, para aqueles a quem está preparado por meu Pai.
MATEUS 20:22,23

O Senhor Jesus, várias vezes reiterou aos Seus discípulos, no evangelho de João 14–15, a seguinte promessa: "E tudo quanto pedirdes em meu nome, isso farei, a fim de que o Pai seja glorificado no Filho" (João 14:13). Mas, além desta condição estabelecida, esta é uma declaração que tem despertado gerações de filhos de Deus encorajando-os a orar em qualquer circunstância e a todo o momento.

Na igreja, nem sempre entendemos o fato de nossas orações serem feitas em nome de Jesus. Com inocência, que às vezes beira o contrassenso, aceitamos que toda petição será atendida desde que acrescentemos a frase "mágica" no final da oração: "…e isto pedimos em nome de Jesus".

O verdadeiro significado desta condição é mais bem entendido se imaginarmos um pai dizendo ao seu filho: "Vá e diga à mamãe que preciso das chaves do carro." O filho vai à mãe e passa o pedido feito pelo pai. A solicitação não é do filho, mas do pai. O filho apenas faz o papel de porta-voz do pai. Da mesma forma, pedir algo em nome de Jesus é elevar ao Pai uma súplica como se o Filho a fizesse pessoalmente por nosso intermédio.

Muitas das nossas orações carecem de resposta porque falham nessa condição fundamental: não estamos pedindo o que Cristo pediria se estivesse em nosso lugar. A oração não é uma atividade que tenha como única finalidade conseguir uma resposta da parte de Deus. Esta misteriosa disciplina espiritual nos conduz a uma atividade que nos transforma enquanto falamos com o Pai. Neste sentido, Santo Agostinho foi feliz ao dizer: "aquele que buscou, já encontrou". Encontra-se o que se busca durante o processo de orar e não na resposta.

Temos que afirmar também que nas respostas está a mão formadora de Deus. Em Sua sabedoria por vezes nos concede o que lhe pedimos, mesmo que não estejamos plenamente conscientes do que lhe suplicamos. Em função da nossa insistência somos atendidos. Ao povo de Israel foi dado um rei mesmo que não o necessitassem. Aos filhos de Zebedeu, Tiago e João, Jesus lhes permitiu beber do mesmo cálice que Ele bebeu, embora isso tivesse sido totalmente contrário ao que eles tinham em mente. Da mesma maneira, Deus nos responde mesmo quando não oramos com sabedoria. A resposta não implica Sua aprovação ao nosso pedido, mas sim a existência de uma lição a aprender.

Para pensar:
Se Deus fosse obrigado a nos dar tudo quanto lhe pedíssemos, eu nunca mais oraria porque não teria confiança na minha própria sabedoria para suplicar coisas a ele. —J. A. Motyer

O alcance da visão de Jesus

15 de junho

Respondeu-lhes: Não vos compete conhecer tempos ou épocas que o Pai reservou pela sua exclusiva autoridade; mas recebereis poder, ao descer sobre vós o Espírito Santo, e sereis minhas testemunhas tanto em Jerusalém como em toda a Judeia e Samaria e até aos confins da terra. ATOS 1:7,8

No último encontro com o Cristo ressurreto, os discípulos ainda se preocupavam com o assunto da restauração de Israel. Diante da insistência, Jesus lhes falou da tarefa que os aguardava. Ele desejava que estivessem mais preocupados com a visão do Pai do que com os assuntos ligados ao mundo em que viviam.

Vencer a preocupação deles não era fácil. Quando Deus levantou o apóstolo Paulo para estender o trabalho da Igreja nascente aos confins da terra, os líderes da igreja em Jerusalém se opuseram fortemente. Só depois de um intenso debate, os apóstolos concordaram com esta iniciativa, mas eles mesmos preferiram ficar na capital de Israel (Atos 15).

A resistência da igreja atual ao chamado universal continua sendo muito semelhante ao que aconteceu no primeiro século. A obsessão pela obra no âmbito local se deve a uma equivocada interpretação desta passagem. Esta leitura dá a entender que a obra em Samaria só teria início depois de terminado o trabalho em Jerusalém. Assim, os confins da terra seriam alcançados depois de tudo completo em Samaria. Com essa perspectiva em mente, muitos pastores justificam sua falta de visão colocando o seguinte: "Como nos envolvermos em Missões se ainda não alcançamos o nosso bairro?"

Encontramos uma tradução mais fiel desta ordenança em outra versão da Bíblia: "Mas receberão poder quando o Espírito Santo descer sobre vocês, e serão minhas testemunhas em Jerusalém, em toda a Judeia e Samaria, e até os confins da terra" (Atos 1:8 NVI). A obra em Jerusalém devia ser realizada ao mesmo tempo que a ação em Samaria e também nos confins da terra. Tudo isto de forma simultânea.

Não podemos deixar de mencionar que o atual movimento missionário, embora muito positivo para a igreja no continente americano, ainda peca por sua visão bastante limitada. No caso da obra no tempo apostólico o objetivo de se chegar aos confins da terra era mais importante que a ação em Jerusalém.

Para pensar:
Deus tem forte interesse por tudo o que acontece no limitado contexto da vida de cada um dos Seus filhos. Entretanto, a visão dele alcança os países mais distantes. Os acontecimentos devem ser simultâneos: levar o evangelho ao nosso bairro e nossos vizinhos; bem como aos lugares mais remotos do mundo, para assim viver em toda a sua dimensão a obra para a qual fomos chamados.

O valor da paciência

Aquietai-vos e sabei que eu sou Deus; sou exaltado entre as nações, sou exaltado na terra. SALMO 46:10

16 de junho

Vivemos num tempo em que esperar é algo quase intolerável. No passado, a demora se media em dias e meses. Hoje, ela representa o que vai do instante em que o computador é ligado e o programa aparece na tela, ou o micro-ondas para aquecer o café, ou o que a pessoa leva para atender ao telefone, ou o semáforo mudar de vermelho para verde. Isto significa que a impaciência se instalou com tal prepotência em nós e o tempo passou a ser medido pelos segundos. Mesmo quando a espera é insignificante, dificilmente conseguimos controlar os nossos sentimentos. Tudo isto faz parte da existência do homem na sociedade contemporânea.

A sabedoria popular afirma que a paciência é a arte de saber esperar. O problema com esta definição é se fundamentar em crer que a nossa "atividade" principal consiste na espera quando não podemos fazer o tempo correr mais depressa. O salmista nos fornece um importante elemento no processo de acalmar o espírito e dominar os impulsos do desespero: "Aquieta-vos e sabei que eu sou Deus…". Nosso chamado primordial é orientarmos nossa existência integral aos constantes convites de Deus para andarmos com Ele e buscá-lo nas situações mais frustrantes. Assim sendo, poderíamos definir a paciência como o desafio para nos deleitarmos em Deus quando as circunstâncias procuram nos levar à preocupação, à ansiedade e ao ativismo.

Considere esta situação típica. Estamos na fila em uma repartição do pública. Entregamos os papéis, e aí chega um funcionário para dizer que o sistema do computador "caiu". Todos terão que esperar até que volte. Quanto tempo vai levar? Ninguém sabe! Pensamos nas inúmeras coisas que temos de fazer. Coisas ruins vêm à mente contra o governo, os funcionários, o sistema etc.! Quanto maior a demora, mais cresce a nossa inquietação interior e mais visível fica o nosso enfado. Com certeza podemos afirmar que estamos esperando, mas não desfrutando do momento. Perdemos ali uma excelente oportunidade para entrar em sintonia com Aquele que, dois dias antes, na igreja, declaramos ser o Criador do universo.

Para pensar:
O nosso maior desafio em momentos de aborrecimento pelas intoleráveis demoras é aquietar o espírito. A nossa responsabilidade é tirar os olhos das circunstâncias e elevá-los a Deus, para saber que Ele reina soberano em todos os momentos. Na próxima vez, que estiver em meio a uma situação sobre a qual não tenha controle, concentre-se na presença do Pastor de Israel e permita que Ele o conduza às águas de descanso.

Buscar Sua intervenção

17 de junho

...se o meu povo, que se chama pelo meu nome, se humilhar, e orar, e me buscar, e se converter dos seus maus caminhos, então, eu ouvirei dos céus, perdoarei os seus pecados e sararei a sua terra. 2 CRÔNICAS 7:14

Esta é uma passagem bem conhecida e é adequada para o nosso atribulado continente tão castigado pelo abuso de poder e pela corrupção que notoriamente dizimam nossos recursos naturais. Nela, encontramos uma série de passos a seguir para conseguirmos a intervenção de Deus em tempos de crise.

Devemos entender que só a combinação desses passos resultará numa resposta do Altíssimo Deus. Em diversas ocasiões optamos por um ou outro elemento, mas não os tomamos em conjunto. No entanto, tomados isoladamente perdem a sua eficácia. Por exemplo, quando Deus declarou que Israel andaria errante pelo deserto por 40 anos, o povo se arrependeu, mas falhou porque não buscou a face de Deus (Números 14:40-45). Mais tarde, o profeta Isaías condenou o povo porque se humilhou, mas não se arrependeu do seu mau caminho (Isaías 58:1-4).

Diante disto, podemos afirmar que o arrependimento é um processo muito mais profundo do que a experiência de um momento. Há passos concretos que confirmam sua decisão para ajustar a vida aos preceitos de Deus. Trilhar este caminho garante que a mudança não será apenas um exercício religioso.

O processo do arrependimento tem quatro etapas: humilhar-se, orar, buscar a face de Deus e converter-se dos maus caminhos. Em humilhar-se está o reconhecimento do orgulho e da autossuficiência, por não ter andado conforme o Senhor determina. É admitir os fracos resultados em nossos planos. Ao orarmos, garantimos que o ato de nos humilhar é genuíno, e não apenas uma atitude depressiva momentânea. Colocamos palavras em nossos sentimentos e expressamos ao Senhor nossa vergonha pelo modo como temos vivido. Buscar Seu rosto implica numa postura de adoração, de contemplação. Agindo desta maneira, asseguramos que o nosso arrependimento não se fundamenta em nossas ideias sobre como acertar as coisas, como pretendia fazer o filho pródigo. Ao buscarmos o seu rosto ficamos numa atitude de espera, para que Ele nos guie no caminho a seguir. Mais que solucionar nosso problema, queremos firmar o nosso relacionamento com o Senhor. Por último, devemos ter a certeza de que jamais transitaremos por onde andamos. Converter-se dos maus caminhos significa a rejeição de tudo que fazíamos antes por compreender que isto é a causa dos nossos problemas. É uma forma de dizer que abandonamos esses caminhos.

Assim como José com seus irmãos no Egito, Deus não resiste a um coração humilde e contrito. Quando há uma mudança verdadeira em nós, Deus nos ouve dos céus, perdoa os nossos pecados e cura as nossas vidas. Que maravilhoso presente!

Para pensar:
Arrepender-se é muito mais do que pedir desculpas a Deus. —Anônimo.

O pecado à espreita

18 de junho

Então, lhe disse o Senhor: Por que andas irado, e por que descaiu o teu semblante? Se procederes bem, não é certo que serás aceito? Se, todavia, procederes mal, eis que o pecado jaz à porta; o seu desejo será contra ti, mas a ti cumpre dominá-lo.
GÊNESIS 4:6,7

É admirável ver nas Escrituras como são simples os ensinamentos de Deus aos Seus filhos. Ele os apresenta em linguagem e contexto facilmente assimiláveis. Desse modo a verdade fica gravada no coração. O Senhor usa uma analogia da vida real para comunicar a Caim um princípio eterno.

Caim e Abel eram pessoas acostumadas à vida do campo, um lavrador e outro como pastor de ovelhas. Não há dúvida que tiveram de enfrentar feras que chegavam para atacar o rebanho. Foi a partir desta experiência que Deus extraiu a ilustração para ensinar como o pecado funciona em nossas vidas.

Quando escolhemos fazer o que não é certo, optamos por seguir uma vida com resultados danosos para nós. Quem anda no caminho mau, atrai o mal. Falando a Caim o Senhor usou a frase: "o pecado jaz à porta". A palavra "jaz" poderia ser traduzida por "está agachado", e descreve a posição de um animal de caça pronto para se lançar contra a presa. Vêm-nos à mente a imagem de documentários onde aparece um leão aproximando-se lentamente para atacar um animal, que não suspeita de sua presença. Da mesma forma, quem segue o mal é "escolhido" pelo pecado como uma presa fácil.

A vítima tem características que a tornam atraente para o inimigo. Por isto, o Senhor usou a expressão: "o seu desejo será contra ti". Ao contrário do que se crê, os animais de caça nem sempre conseguem agarrar a presa que escolheram. Os leões, por exemplo, perdem mais de 50% dos animais escolhidos como alvo. Por isto, parte de sua estratégia é atacar animais fracos e desprovidos de proteção. Quem segue o mal enfraquece suas defesas espirituais e abre espaço para os ataques imprevisíveis do pecado, que facilmente se instalarão em sua vida.

Continuando a analogia, o Senhor insiste que Caim domine o "animal" que está em posição de ataque. Deveria tomar a iniciativa de atacar primeiro. Aqui se encontra a segunda lição a respeito do pecado. Temos a responsabilidade de não permitir que ele cresça em nosso ser. Ninguém pode fazer isto por nós. Devemos resistir aos seus ataques e lançá-lo fora antes que nos agarre. Uma postura de permanente vigilância é indispensável para que possamos nos livrar dele.

Para pensar:
Vigiai e orai, para que não entreis em tentação; o espírito, na verdade, está pronto, mas a carne é fraca (Mateus 26:41).

Outro nome

José, a quem os apóstolos deram o sobrenome de Barnabé, que quer dizer filho de exortação, levita, natural de Chipre. ATOS 4:36

19 de junho

O costume de dar outro nome a uma pessoa, para melhor mostrar a ação de Deus em sua vida, acontecia com frequência no passado. O Senhor mudou o nome de Abrão para Abraão porque ele foi chamado para ser pai de muitas nações (Gênesis 17:5). Jacó passou a ser Israel porque lutou com Deus e prevaleceu (Gênesis 32:28). O anjo instruiu Maria a colocar em seu filho o nome de Jesus para simbolizar a essência da missão que Ele cumpriria. Jesus, por sua vez, deu a Simão o nome de Pedro (Mateus 16:18), para mostrar a obra transformadora do Espírito Santo, convertendo um insignificante pescador numa rocha no contexto da igreja.

Por trás desse costume parece haver um princípio. O Senhor nos vê e nos considera de acordo com os propósitos espirituais que tem para nossa vida. Estes diferem dos caminhos que nós, seres humanos, escolhemos para a nossa trajetória na terra. Esses nomes espirituais refletem o que de fato somos com maior fidelidade do que os nomes que nos foram dados por nossos pais.

É interessante notar que o mesmo aconteceu na igreja do primeiro século, quando nomes foram mudados. Ao homem chamado José, os apóstolos colocaram Barnabé, que significa filho da consolação. Pelo que aparece no livro de Atos, isto era algo que o caracterizava. Foi ele quem levou Paulo a Jerusalém e o apresentou aos apóstolos. Ele foi enviado a Antioquia para estar com os novos irmãos convertidos entre os gentios. Também deu uma segunda oportunidade a João Marcos depois que este abandonou Paulo e Barnabé em sua primeira viagem missionária.

A importância desta reflexão não está em mudarmos os nossos nomes, mas sim em imaginar como seríamos chamados se Deus resolvesse mudar nosso nome, para que este refletisse melhor o que Ele tem feito em nós, que nome nos daria? Observe o contraste entre esse costume bíblico e o hábito atual de se dar apelidos às pessoas em função de fatos sobre os quais elas não podem exercer qualquer controle: magrelo, gorducho, negão, narigudo, polaco, russo etc. Esses apelidos raramente engrandecem a pessoa; pelo contrário, a depreciam.

Para pensar:
Entre os que fazem parte da família de Deus não deve ser assim. Devemos cultivar a capacidade de ver a obra espiritual que Deus está realizando na vida de irmãos e irmãs em Cristo. Ao percebê-la, poderemos animar nossos irmãos e colaborar nesta obra da graça de Deus. Somos súditos de outro reino e nossos relacionamentos devem refletir esta verdade.

Avançar rumo à maturidade

20 de junho

Por isso, pondo de parte os princípios elementares da doutrina de Cristo, deixemo-nos levar para o que é perfeito, não lançando, de novo, a base do arrependimento de obras mortas e da fé em Deus. HEBREUS 6:1

A preocupação do autor da epístola de Hebreus, que também deveria ser a nossa, se relacionava com os cristãos que haviam parado no seu processo de crescimento. Ele estava falando sobre temas profundos da vida espiritual, mas em meio a este ensino exclama frustrado: "A esse respeito temos muitas coisas que dizer e difíceis de explicar, porquanto vos tendes tornado tardios em ouvir" (Hebreus 5:11). A evidência parece mostrar que os leitores tinham longos anos de vida cristã, mas continuavam necessitados de "leite", um alimento próprio para crianças e não para adultos.

O conceito de avançar rumo à maturidade é algo difícil de se entender. No mundo físico, o crescimento se processa sem a nossa intervenção. Salvo em casos de extrema desnutrição, o corpo cresce naturalmente e chega ao estado de um adulto sem a nossa participação. É bem verdade que uma boa alimentação, exercícios e descanso em boa medida contribuem com uma vida mais saudável. No entanto, mesmo que as pessoas não sigam essas normas, seu corpo chega à maturidade.

No mundo espiritual, porém, outra realidade governa o processo do crescimento. Aqui não se alcança o nível de um adulto com o simples passar do tempo. É antes o resultado de um esforço deliberado em se manter um contínuo relacionamento com Deus, que é quem opera o crescimento. Sem esse esforço, que deve ser feito em função da graça de Deus, as pessoas não conseguirão ver qualquer transformação. É por este motivo que encontramos tantas pessoas na igreja que jamais ultrapassam a etapa inicial da sua vida com Cristo. Infelizmente, apesar disso, é frequente ver pessoas colocadas em funções de responsabilidade com base nos anos passados na igreja, e isto sem antes constatar se houve um verdadeiro crescimento espiritual em suas vidas.

O autor da epístola de Hebreus insta os leitores a caminhar para a maturidade com determinação e equilíbrio. Aqui não se fala de entusiasmo passageiro, mas de disciplinas cuidadosamente cultivadas. Em inúmeras oportunidades apresentam circunstâncias que nos convidam a abandonar estas práticas. A pessoa que deseja fervorosamente atingir a maturidade não dará ouvidos a outros argumentos, nem levará em consideração a fadiga e o cansaço na busca de um relacionamento profundo e pessoal com Deus. Ela se propôs, deliberadamente, a avançar, e fará isto pela graça e ajuda de Deus.

Para pensar:
Qual é o seu plano para conquistar um contínuo crescimento espiritual em sua vida? Quais disciplinas este programa inclui? Que mudanças precisa fazer em sua rotina para que você seja mais determinado na busca deste crescimento?

Surpreendido por Cristo

Quando Jesus chegou àquele lugar, olhando para cima, disse-lhe: Zaqueu, desce depressa, pois me convém ficar hoje em tua casa. LUCAS 19:5

21 de junho

Para os judeus no tempo de Jesus, ninguém era mais odiado do que os publicanos. Estes cobradores de impostos eram desprezíveis por três motivos: 1) colaboravam com os romanos, que dominavam a Palestina, 2) estavam em permanente contato com os gentios e 3) eram notoriamente corruptos na administração da riqueza. Zaqueu, como chefe dos publicanos, não só cobrava os impostos, como também recebia uma parte do que era arrecadado pelos seus empregados.

Imagine o que deve ter sido a vida deste homem. Na rua, poucos o saudavam; muitos o insultavam. Seus filhos não tinham qualquer tipo de educação. No caso de algum litígio não conseguiam um defensor legal pelo fato de não terem cidadania. Estavam proibidos de entrar e participar das atividades da sinagoga. Os seus vizinhos, com certeza, o ignoravam. Por onde andasse, seria considerado um inimigo público.

Ao pensar em Zaqueu pendurado naquela árvore, vem-me à mente a imagem de milhares de pessoas se acotovelando à entrada do pavilhão onde se entregam os prêmios do Oscar. Cada um deseja ver seu atores preferidos chegar. Este é seu sonho e por um momento estão dispostos a tolerar horas de espera e o incômodo de estarem parados juntos à multidão de pessoas com as mesmas aspirações. E no final, conseguem vê-los apenas durante alguns segundos ao descerem dos carros e entrarem no edifício.

Se pudéssemos conversar com alguém da multidão, ninguém nos diria que espera algum desses famosos parar e lhe cumprimentar. Para os famosos as pessoas da multidão não existem! Não têm qualquer interesse em conhecê-los. Estão embriagados com a sua própria grandeza. Assim também Zaqueu, a quem absolutamente ninguém dava atenção, não tinha mais esperança do que simplesmente ver o Cristo. Ele nem podia imaginar que Jesus olhasse para ele. Se da calçada ninguém o reparava, muito menos seria visto entre a folhagem de uma árvore.

Imagine o impacto quando Jesus se deteve, mencionou seu nome e escolheu sua casa para descansar. Devemos nos surpreender que Zaqueu tenha se convertido? Nos seus mais fantasiosos sonhos ele jamais poderia imaginar que Jesus o visse. E nem falar da possibilidade de tê-lo em sua casa! Assim é o nosso Deus. Ele supera os nossos mais atrevidos sonhos. Ele irrompe em nossas vidas da forma mais incrível e fenomenal. A ação dele é extraordinária. Que maravilhosa sensação de assombro quando Ele nos surpreende!

Para pensar:
Ora, àquele que é poderoso para fazer infinitamente mais do que tudo quanto pedimos ou pensamos, conforme o seu poder que opera em nós, a ele seja a glória, na igreja e em Cristo Jesus, por todas as gerações, para todo o sempre. Amém! (Efésios 3:20,21).

Uma questão de momentos

22 de junho

Tinha ela uma irmã, chamada Maria, e esta quedava-se assentada aos pés do Senhor a ouvir-lhe os ensinamentos. Marta agitava-se de um lado para outro, ocupada em muitos serviços. Então, se aproximou de Jesus e disse: Senhor, não te importas de que minha irmã tenha deixado que eu fique a servir sozinha? Ordena-lhe, pois, que venha ajudar-me. LUCAS 10:39,40

O nosso estudo seria pouco proveitoso caso nos concentrássemos no valor relativo das atividades das duas irmãs. Jesus não quis colocar a passividade em contraste com o ativismo. Ambos podem ser prejudiciais quando levados ao exagero.

Por um lado, existe o perigo da pessoa irrequieta. Ela nunca pode parar. Deve estar sempre fazendo alguma coisa. Em muitos casos, tal pessoa possui carências afetivas. Escondem sua dor ou insegurança num estilo de vida que não permite momentos de recolhimento, intimidade ou reflexão. É difícil conviver com pessoas assim porque sua agitação não permite dedicar-se a outras realidades além do trabalho e de planejamentos. O ministério os atrai porque lhes provê um meio para conseguirem afeto e aprovação, coisas de que tanto necessitam. Um pastor me contou que fizera uma entrega "incondicional" de sua vida ao Senhor, e que não tirava férias e nem pausas para descanso há sete anos! É uma atitude comum neste tipo de personalidade.

Por outro lado, temos a pessoa sem interesse por qualquer atividade. A vida é governada pela lei do menor esforço e ela sempre procura um jeito de alcançar o máximo de resultados com o mínimo de trabalho. Este é o grupo que, quando na igreja, espiritualiza sua preguiça dizendo que Deus os tem chamado para "coisas maiores". Têm visões, recebem palavras e profecias, e sempre estão prontos para dissertar sobre a Palavra. Nunca lhes chega o momento de arregaçar as mangas e entrar num projeto que implique esforço e sacrifício. Também há em abundância destes na casa de Deus.

Concluímos que o ativismo em excesso e o ócio desmedido são altamente prejudiciais àqueles que desejam fielmente andar com Cristo.

Que lição Ele quis passar a Marta neste incidente cotidiano, tão comum à vida de cada um de nós? Não condenava a ação de Marta, que por si era boa, mas sim o fato de realizá-la na hora errada. Aqui temos a diferença entre a pessoa madura e a imatura. Existe um tempo certo para o trabalho e para o esforço. Quem se dedica ao descanso, estudo e à meditação quando é tempo de trabalhar age de forma errada. De igual modo, quem se lança ao trabalho quando é tempo de descanso, de instrução e de reflexão comete o mesmo erro.

Oração:
Senhor, ensina-me a discernir o momento para estas atividades, a fim de me dedicar de coração a cada uma delas, no momento oportuno. Amém.

Transformação total

Indo ter com Jesus, viram o endemoninhado, o que tivera a legião, assentado, vestido, em perfeito juízo; e temeram. MARCOS 5:15

23 de junho

Não é somente para acrescentar brilho ao relato, que o autor do evangelho descreve a condição exata na qual os trabalhadores encontraram aquele que tinha sido endemoninhado. Foi precisamente sua condição transformada que impactou tão profundamente aquela gente.

Se juntássemos o que Marcos e Lucas escreveram, teríamos a triste imagem de um homem atormentado pela vida e pelas circunstâncias. Marcos diz que o gadareno morava entre os sepulcros, gritava e se feria continuamente com pedras. Este comportamento traduzia, quem sabe, um esforço para colocar fim ao seu tormento. Lucas acrescenta que aquele homem andava sem roupa, de modo que era visto correndo pelos montes totalmente nu.

Devemos observar os "métodos" usados para dar solução ao problema desse endemoninhado. Nenhum deles se caracterizava pela misericórdia e compaixão. Com violência injustificável, haviam prendido o homem com algemas e correntes de ferro, e isto para poderem segurá-lo. Estes são os meios deste mundo em que é mais importante assegurar nossa comodidade e tranquilidade do que libertar os cativos do seu sofrimento. Hoje não mais o fazemos com cadeias e algemas, mas temos instituições para isolar e tirar do caminho estes "desequilibrados mentais".

Jesus, com clareza, declarou ter vindo ao mundo para curar pessoas como esse endemoninhado (Lucas 4:18,19). Longe de ignorá-lo, o Senhor lhe ministrou e acabou com sua tortuosa experiência, para em seguida encaminhá-lo a uma vida normal e restaurada. Desejamos observar, nesta reflexão, a profundidade desta mudança. Antes, o homem andava sem roupa; agora ele está vestido. Antes, corria e procurava se ferir com pedras; agora se encontra sentado. Antes, urrava; agora seu juízo é perfeito. Que fantástica transformação! Esta é a transformação que Deus quer fazer na vida de todos aqueles que Ele toca.

Na igreja, nem sempre compreendemos esta realidade. Preferimos somente atender aos aspectos espirituais do ser humano. No entanto, não podemos separar a realidade espiritual da parte emocional, mental e física. A redenção que Deus propõe ao homem é algo que afeta o seu ser como um todo. Devemos nos envolver na transformação do ser humano em todos os aspectos da sua vida.

Para pensar:
Tiago, em sua epístola, fez um pedido incisivo aos cristãos do primeiro século, algo que há mais de dois mil anos ainda não perdeu a sua força: "Se um irmão ou uma irmã estiverem carecidos de roupa e necessitados do alimento cotidiano, e qualquer dentre vós lhes disser: Ide em paz, aquecei-vos e fartai-vos, sem, contudo, lhes dar o necessário para o corpo, qual é o proveito disso?" (Tiago 2:15,16). É uma pergunta sobre a qual vale a pena refletir.

O valor do domínio próprio

Como cidade derribada, que não tem muros, assim é o homem que não tem domínio próprio. PROVÉRBIOS 25:28

24 de junho

No passado, a defesa de uma cidade não era apenas um fator de segurança para os seus habitantes, mas era uma questão de vida ou morte. Nos tempos do rei Salomão, conforme o costume, as guerras incluíam a subjugação das populações mediante o saqueamento dos bens nas cidades conquistadas. Nelas, estavam os centros de administração, comércio e distribuição de alimentos. Os habitantes ao redor encontravam ali o socorro e a proteção quando os inimigos apareciam.

Geralmente, a cidade era rodeada por um muro. Estes muitas vezes tinham até 7 m de largura e 10 m de altura. Na sua base eram colocados planos inclinados, cheios de pedregulhos, para dificultar o intento de escalá-los. O plano inclinado, em alguns casos, terminava num fosso que impossibilitava ainda mais a aproximação ao muro. As cidades tinham poucas entradas e estas eram feitas para impedir a passagem de muitas pessoas ao mesmo tempo. Sobre os muros havia aberturas por onde o exército defensor podia ferir o inimigo com flechas e outros artefatos. Havia também torres onde os soldados se concentravam, em maior quantidade, para a defesa de pontos estratégicos. Alguns historiadores afirmam que uma cidade assim construída chegava a resistir ao cerco por vários anos.

Qual era o propósito deste sistema defensivo? Evitar que o exército invasor entrasse na cidade e destruísse tudo pelo caminho. Uma vez conquistada, seus edifícios eram destruídos, os habitantes levados como prisioneiros e os bens passavam a ser despojos de guerra do exército invasor. Como cidade, deixava de ter qualquer utilidade.

Assim também é o homem que carece de domínio próprio, diz o autor do livro de Provérbios. Pense na pessoa que não consegue se calar. Ela se envolve em discussões e se enrosca em todo tipo de problema, porque não sabe guardar silêncio no momento oportuno. Imagine a pessoa que tem dificuldade em dizer não aos pedidos que lhe fazem. Ela perde o controle da sua vida e passa o tempo procurando satisfazer as exigências a todos quantos cruzarem o seu caminho. Observe a pessoa que não sabe se controlar no assunto da comida. Perde a saúde e adquire um peso desproporcional à sua estatura, sofrendo depois todas as complicações da obesidade. Pense na pessoa que não consegue resistir aos sedutores apelos do pecado. Perde a santidade e se envolve em práticas que enfraquecem profundamente sua vida espiritual.

Para pensar:
Ter domínio próprio é saber tomar as medidas necessárias para cuidar e proteger os recursos que Deus nos concedeu. É possuir a disciplina para resistir aos impulsos da natureza humana. É uma decisão que, no momento, parece ser desnecessária, mas que no futuro trará um precioso fruto. Todo líder deve ser um especialista no exercício do domínio próprio.

Viver na abundância e na escassez

...tudo posso naquele que me fortalece. FILIPENSES 4:13

25 de junho

Este versículo apresenta um amplo princípio da vida espiritual, mas se torna mais interessante quando considerado dentro do contexto onde Paulo escreveu tais palavras.

O tema desta parte do capítulo 4 é exatamente a resposta do cristão diante de diversas situações econômicas. A igreja de Filipos enviara ao apóstolo uma oferta, o que lhe deu enorme alegria. Paulo esclarece que seu regozijo não era tanto pela ajuda que recebeu, como pela oportunidade que aqueles irmãos tiveram em demonstrar a veracidade da sua nova vida em Cristo. No que se referia a si próprio, Paulo podia afirmar: "Digo isto, não por causa da pobreza, porque aprendi a viver contente em toda e qualquer situação. Tanto sei estar humilhado como também ser honrado; de tudo e em todas as circunstâncias, já tenho experiência, tanto de fartura como de fome; assim de abundância como de escassez" (Filipenses 4:11,12). Logo, ele acrescenta: "...tudo posso naquele que me fortalece" (v.13).

Consideremos este contexto. Há desafios na vida do discípulo de Cristo que, para serem vencidos, exigem um sério compromisso com Deus. De todos eles, o maior perigo encontra-se na área financeira. Em outra carta, o apóstolo faz uma declaração muito enfática: "Porque o amor do dinheiro é raiz de todos os males; e alguns, nessa cobiça, se desviaram da fé e a si mesmos se atormentaram com muitas dores" (1 Timóteo 6:10). Em minha experiência pastoral não encontrei algo com tanta capacidade para roubar o coração do filho de Deus como os assuntos que envolvem o dinheiro.

A que perigos, precisamente, Paulo se refere? Ao desafio de viver na abundância e na escassez. A abundância traz consigo o desafio da soberba provocada pelas riquezas, que fazem o cristão confiar mais nos tesouros deste mundo do que no Senhor. A pobreza por outro lado, é também um desafio porque faz o indivíduo pensar que o dinheiro é a solução para todos os problemas da vida. O pobre é oprimido pelas constantes necessidades e também pode ficar como o rico, obcecado pelo dinheiro.

O apóstolo Paulo disse aos cristãos em Filipos que ele já tinha aprendido a experimentar o contentamento. Quer dizer, ele podia sempre dar graças pelo que havia recebido sem se preocupar com o que estivesse em falta. Esta é uma profunda convicção de que tudo quanto temos, quer muito quer pouco, vem das mãos de um Deus generoso, que não tem a obrigação de nos dar coisa alguma. Em última instância, tudo é um presente, daí o contínuo regozijo do apóstolo.

Para pensar:
...afasta de mim a falsidade e a mentira; não me dês nem a pobreza nem a riqueza; dá-me o pão que me for necessário; para não suceder que, estando eu farto, te negue e diga: Quem é o SENHOR? Ou que, empobrecido, venha a furtar e profane o nome de Deus (Provérbios 30:8,9).

As sutilezas do orgulho

26 de junho

Porque eis que te fiz pequeno entre as nações, desprezado entre os homens. O terror que inspiras e a soberba do teu coração te enganaram. Tu que habitas nas fendas das rochas, que ocupas as alturas dos outeiros, ainda que eleves o teu ninho como a águia, de lá te derribarei, diz o Senhor. JEREMIAS 49:15,16

Nenhuma condição neutraliza de modo tão eficaz o filho de Deus como o orgulho. Ele acaba o relacionamento com o Altíssimo e deixa as pessoas expostas a todo tipo de engano espiritual. Quando não é eliminado a tempo, traz condenação e o merecido castigo. Basta ver o que aconteceu com o rei Saul. Como as consequências do pecado da soberba em sua vida foram irreversíveis!

Considerando os devastadores efeitos do pecado do orgulho, deveríamos andar com temor e tremor para que esta atitude não se instale em nosso coração. A luta contra o orgulho é muito complicada porque é um problema difícil de ser identificado. Ele é enganoso. Por estar intimamente ligado à vida espiritual, facilmente se confunde com uma verdadeira paixão e devoção com as coisas de Deus. Por causa de sua essência é mais fácil vê-lo na vida dos outros do que em nós mesmos, pois ele nos engana quando se trata de descobrir e descartá-lo.

Em seguida, mesmo quando detectamos a sua presença em nós (pela ação do Espírito Santo), constatamos que o orgulho não nos abre espaço para desmascará-lo. Encontramos argumentos, razões e explicações para nos convencermos de que não é tudo aquilo que pensamos. Exige sempre ter a última palavra em tudo e jamais permite que peçamos desculpas ao constatarmos nossos próprios erros, dando preferência a outra pessoa.

Onde fica a raiz do orgulho? A passagem de hoje se une a outros textos da Palavra de Deus e nos mostra que a sua essência consiste em nos fazer ocupar um lugar de supremacia que não nos pertence. Somente o Senhor merece ser exaltado. Todos somos iguais, mas o orgulho, que provocou a derrota de Lúcifer, quer nos ver ocupando um posto acima dos demais e, quem sabe, até mesmo de Deus. Ele não me permite aceitar críticas e reconhecer os erros. Faz-me julgar os outros e me impede de relacionar-me com os que pensam de forma diferente da minha. Sempre me coloca numa posição onde me considero superior ao próximo.

Devemos tremer ante a possibilidade de sermos aprisionados pelo orgulho. Só o Senhor tem o poder para nos conservar livres dele. Só Ele pode identificar a sua presença em nosso coração. Não nos contentemos em analisar a nossa vida. Sabendo como o orgulho é sutil, peçamos que o Senhor examine nosso coração. Depois, com uma atitude corajosa, silenciemos, para que Ele nos diga o que vê em nós. Ainda que doa, o Seu diagnóstico é exato e produzirá a libertação.

Para pensar:
Quem há que possa discernir as próprias faltas? Absolve-me das que me são ocultas. Também da soberba guarda o teu servo, que ela não me domine; então, serei irrepreensível e ficarei livre de grande transgressão (Salmo 19:12,13).

Buscar a reconciliação

27 de junho

Se, pois, ao trazeres ao altar a tua oferta, ali te lembrares de que teu irmão tem alguma coisa contra ti, deixa perante o altar a tua oferta, vai primeiro reconciliar-te com teu irmão; e, então, voltando, faze a tua oferta. MATEUS 5:23,24

Este ensinamento contraria as ideias populares sobre o que deve ser feito em situações de conflito entre pessoas. Nós ensinaríamos que caso alguém tenha algo contra outra pessoa, que o ofendido busque o ofensor e conversem. Cristo inverte os papéis e diz que se temos conhecimento de que nosso irmão tem algo contra nós, cabe a nós tomar a iniciativa.

A razão parece estar nas características que assumimos quando estamos ofendidos. Longe de buscarmos uma solução para o conflito, nos irritamos e a tendência é nos afastarmos da pessoa que, segundo entendemos, nos ofendeu. É da nossa natureza não falar no assunto e evitar colocar tudo em pratos limpos. Fechamo-nos e deixamos que o coração se encha de pensamentos indignos sobre a outra pessoa. A intensidade destes sentimentos nos impedem que busquemos o próximo para dialogar sobre o acontecido. Seja qual for a razão, Cristo insiste que a pessoa causadora da ofensa (real ou imaginária) deve tomar a iniciativa de ir conversar com a pessoa ofendida. Assim se consegue que um relacionamento partido não fique permanentemente nesse estado.

O Senhor sabia que a necessidade de reconciliação era tão fundamental para a saúde espiritual dos envolvidos, que ordenou a interrupção de um ato de adoração a Deus para se processar esta restauração. Em muitas situações, cremos que a nossa relação com Deus pode seguir normalmente apesar dos nossos relacionamentos com a família deixarem muito a desejar. Cristo enfatizava que o rompimento nas relações com os nossos irmãos afeta dramaticamente a nossa vivência com o Pai. Mesmo quando tentamos nos convencer de que a nossa oferta é bem recebida, a Palavra de Deus revela que Ele não aceita a adoração daqueles que não vivem em paz com os seus semelhantes. No livro de Isaías 58, um texto que denuncia com dureza a religiosidade de Israel, o profeta condena o povo porque as pessoas jejuavam, vestiam-se de pano de saco e oravam ao Senhor, enquanto oprimiam seus empregados e buscavam seu próprio benefício. Assim ele se expressa: "Eis que jejuais para contendas e rixas e para ferirdes com punho iníquo..." (v.4). O texto bíblico nos convoca para uma vida espiritual que se traduz em relacionamentos harmoniosos com Deus e com os homens.

Por tudo isso, Cristo enfatizou que a restauração dos relacionamentos é prioridade inadiável na vida dos filhos de Deus. Não é uma questão de saber quem tem a razão. O essencial é saber se as pessoas estão dispostas a dar um passo na direção da lei do amor, que é a primeira lei e que resume em si todos os outros mandamentos.

Para pensar:
Somos como animais quando matamos. Somos como homens quando julgamos. Somos como Deus quando perdoamos. —Anônimo

Envergonhar o inimigo

28 de junho

Torna-te, pessoalmente, padrão de boas obras. No ensino, mostra integridade, reverência, linguagem sadia e irrepreensível, para que o adversário seja envergonhado, não tendo indignidade nenhuma que dizer a nosso respeito. TITO 2:7,8

O livro de Jó descreve um encontro de Satanás com Deus, onde o inimigo das almas tenta convencer o Senhor de que a devoção de Jó era a consequência natural da sua riqueza. Se lhe tirassem os bens, Jó deixaria de andar corretamente na presença de Deus. Vemos, nesse acontecimento, Satanás em sua principal atividade, que é acusar os escolhidos de Deus. Conforme a descrição do livro de Apocalipse, ele realiza esta atividade sem descanso, pois a Palavra afirma que ele acusa os santos "...de dia e de noite, diante do nosso Deus" (12:10).

Saber disto nos ajuda a compreender a dimensão espiritual da exortação de Paulo a Tito. Aqui a orientação é clara para não dar lugar ao inimigo e também de não ser participante de nenhuma de suas estratégias em prejuízo para a obra do Senhor. Isto só é possível, de acordo com o conselho do apóstolo, vivendo-se de tal maneira que o inimigo não tenha o que dizer da vida do filho de Deus. Em outras palavras, por mais que procure, ele nada encontrará para nos acusar diante do Pai.

Este objetivo deve nos conduzir a um padrão de conduta longe da ideia tão difundida de que a verdade se define por meio de elaborados exercícios intelectuais. Na visão de Paulo a verdade é proclamada com a vida. O inimigo não analisa a nossa doutrina para ver se acha contradições teológicas ou falta de evidências bíblicas. Ele observa o nosso andar diário. Ele nos vê na família, na rua, no trabalho. Ele nos ouve quando conversamos. Somos analisados quando estamos reunidos e quando estamos a sós. Tudo isto tem um só objetivo: encontrar em nós algo que desonre a Deus, para apresentar diante do Seu trono e colocar ali em evidência a nossa condição indigna.

É consolo sabermos que, frente às insistentes acusações do inimigo, temos um Advogado junto ao Pai: Jesus Cristo (1 João 2:1). Ele intercede por nós e defende a nossa causa. Bendito seja o Seu nome! Apesar disso, o texto de hoje traz uma forte exortação para vivermos em santidade. Paulo pede que andemos de tal forma que o inimigo se envergonhe nada encontrando de que nos acusar, porque não terá outro recurso a não ser mentir sobre a nossa vida. As nossas ações falam de um compromisso sem reservas com Aquele que nos chamou das trevas para a Sua maravilhosa luz. Que tremendo desafio!

Para pensar:
A santidade é a parte visível da salvação. —C. H. Spurgeon

Relacionamentos que "moldam"

Como o ferro com o ferro se afia, assim, o homem, ao seu amigo. PROVÉRBIOS 27:17

29 de junho

O ferro tinha um valor relativamente baixo nos tempos bíblicos, mas grande era a sua utilidade na vida cotidiana. Com ele eram feitos facas, espadas, arados, pregos e outros utensílios para a vida de cada dia. Certas ferramentas precisavam ser afiadas de tempos em tempos. Este trabalho era feito principalmente usando-se uma peça de ferro para limar outra.

O autor do livro de Provérbios usa esta figura para falar de um processo que ajuda o homem a adquirir o "fio" de que necessita para ser firme e eficaz naquilo que faz. Devemos observar primeiro, que essa analogia descarta a possibilidade de se fazer isso sozinho por meio do esforço próprio. Apesar disto, muitas pessoas limitam seus esforços para crescer e amadurecer pelo desejo de cumprir seus projetos pessoais. Vivem rodeadas por pessoas, mas sua existência é solitária, e assim evitam contatos significativos.

Sem este contato não é possível adquirir esta forma nem a "afiação" que torna a vida uma ferramenta útil nas mãos do Senhor. Assim como no trabalho de afiar o ferro com ferro, o contato humano deve ser deliberado, contínuo e feito com esforço. Não são os encontros superficiais e esporádicos que produzirão oportunidades de crescimento. É necessário que tenham continuidade e não sejam feitos ao acaso. Como sabemos, é possível nos encontrarmos com outras pessoas e passarmos longo tempo conversando, mas sem necessariamente tocar em assuntos que nos permitam uma troca de experiências. Para que isso aconteça é necessário que, de comum acordo, estejamos dispostos a levar o relacionamento por caminhos que normalmente não escolheríamos. Devemos abrir espaço às perguntas que convidem ao outro para se abrir ou fazer comentários que permitam a análise de atitudes e comportamentos. Permitamos incorporar ao nosso relacionamento, num contexto de amor e compromisso: a exortação, correção, repreensão, instrução e ao ensino. Todos estes fatores cooperarão para que o nosso encontro não seja apenas um bom momento juntos.

Para os que ocupam algum cargo de responsabilidade na igreja isto é particularmente importante. O ministério tende a isolar-nos. Devemos, por isso, com pessoas chave, cultivar um relacionamento de intimidade que nos conduza a esse tipo de interação. Com elas nos sentiremos desafiados a prosseguir rumo ao nosso máximo potencial em Cristo.

Para pensar:
Você tem algumas pessoas com as quais mantém este tipo de relacionamento? Quais fatores ajudarão para que se "afiem" mutuamente? É possível este relacionamento pode crescer mais neste aspecto?

O preço do sucesso

Não havendo bois, o celeiro fica limpo, mas pela força do boi há abundância de colheitas. PROVÉRBIOS 14:4

30 de junho

Este provérbio nos convida a fazer duas importantes considerações. Primeiro, nossa tendência é dar prioridade a coisas secundárias. Aqui, o autor do livro de Provérbios escolhe o tema da limpeza. Em bom juízo ninguém argumentará que é saudável viver cercado de sujeira, em condições sem higiene; mas conheci pessoas para quem a limpeza era uma verdadeira obsessão. Elas estavam dispostas a lutar para defender e impor condições de extrema limpeza no seu contexto de cada dia, ainda que estas fossem desnecessárias.

Podemos transferir essa obsessão a outros aspectos da vida. Considere a questão da pontualidade. É importante chegarmos no horário e assim mostrar respeito pelo tempo dos outros. A pessoa presa ao relógio insiste em ser pontual mesmo quando se encontra em férias e não existe horário algum a cumprir. Pense também na pessoa perfeccionista. Para ela é inaceitável que um projeto tenha alguma imperfeição. Para nós, é importante fazer tudo com excelência, mas quem vive em função da perfeição jamais se contentará com algo inferior, ainda que seja insignificante.

Nisto tudo vemos que somos propensos, como seres humanos, a construir nossa vida em torno de valores que têm pouca importância para a vida espiritual. O desafio consiste em não permitirmos que tais obsessões dominem e controlem a nossa existência.

O autor de Provérbios nos convida também a uma segunda reflexão: toda conquista envolve aspectos pouco agradáveis. Não podemos alcançar êxito num projeto particularmente difícil se não estivermos dispostos ao sacrifício. A ilustração apresentada pelo versículo de hoje é bastante clara: o boi era um animal indispensável nas tarefas do campo. Com ele, o agricultor conseguia melhores resultados, o que não seria possível caso tivesse de fazer o trabalho sozinho. No estábulo, à noite ele lançava seus dejetos no piso. Era o preço pago por se ter um animal. Da mesma forma, quem deseja alcançar metas deve estar disposto a arcar com os respectivos custos. Você deseja que a igreja cresça? Deve se dispor a enchê-la de pessoas comprometidas com a igreja. Quer ajudar os pobres? Deve estar pronto a caminhar por lugares simples, onde nem a água é adequada. Quer formar discípulos? Deve dispor-se a suportar a imaturidade e as tolices deles. Cada projeto tem seus aspectos desagradáveis. Não há como evitar. Devemos estar prontos a pagar o preço necessário para conquistar o êxito.

Para pensar:
O que ocupa o lugar mais importante em sua vida, mas não deveria? Qual é o preço a pagar para que os seus projetos deste momento cresçam? Que passos dar para seguir rumo ao êxito?

Contra a intolerância

Disse-lhe João: Mestre, vimos um homem que, em teu nome, expelia demônios, o qual não nos segue; e nós lho proibimos, porque não seguia conosco. Mas Jesus respondeu: Não lho proibais; porque ninguém há que faça milagre em meu nome e, logo a seguir, possa falar mal de mim. MARCOS 9:38,39

Observe os detalhes das palavras do apóstolo João. Os discípulos tinham se encontrado com alguém que ministrava aos endemoninhados. Quem sabe ele fosse uma das incontáveis pessoas alcançadas pelo ministério de Cristo. Restaurado pela graça de Deus, dedicava-se a ajudar quem vivia em tormento e opressão. Ao vê-lo em ação, os discípulos de Jesus tentaram impedi-lo. Qual foi o critério para censurá-lo? Era simplesmente por não pertencer ao seleto grupo que seguia o Mestre. Não procuraram analisar os frutos da sua ministração, nem buscaram entender se ele agia genuinamente no poder e na graça do Espírito Santo. Rejeitaram o que realizava só porque não os acompanhava. E se não ia com eles, concluíram evidentemente que aquilo que fazia não era obra de Deus.

Este pequeno incidente revela uma das mais persistentes tendências em nós: crer que existe uma única forma aceitável de fazer as coisas, e logicamente é a nossa! Este posicionamento dá origem à maioria dos conflitos na igreja. Revela o quanto somos propensos a crer que a nossa metodologia é a única válida e que estamos investindo o tempo no único ministério que realmente importa.

Esta atitude está presente em muitas igrejas com pessoas apaixonadas pelos seus projetos. Uns têm profundo zelo por missões e tentam convencer que outros, não totalmente engajados, estão fora do centro da vontade de Deus. Outros, sentindo grande peso pelo povo judeu afirmam ser este ministério uma prioridade para o povo de Deus. Outros ainda, apaixonados pela evangelização, fazem-nos sentir culpados se não compartilharmos o evangelho a pelo menos uma pessoa cada dia. Todos promovem sua área de ação menosprezando o que outros realizam.

Cristo quis ensinar aos Seus discípulos que o reino é muito mais amplo do que eles imaginavam. Deus age de variadas formas e usa pessoas diferentes em muitos projetos importantes para os Seus propósitos. Ele deseja que Seus filhos cultivem uma relacionamento de maior integração com outros que também o servem, ainda que de maneira completamente diferente da nossa. É o Senhor que determina a validade de um ministério, não os nossos pontos de vista ou opiniões.

Para pensar:
Graças a Deus porque nem todos realizam o mesmo trabalho que nós fazemos e nem têm as mesmas convicções! Isto é parte da maravilhosa experiência de sermos membros do Corpo de Cristo com suas variadas expressões e funções. Crie o hábito de orar e promover o ministério de outros que trabalham em projetos diferentes do seu.

Agradar a Cristo

Porventura, procuro eu, agora, o favor dos homens ou o de Deus? Ou procuro agradar a homens? Se agradasse ainda a homens, não seria servo de Cristo.
GÁLATAS 1:10

2 de julho

A igreja da Galácia enfrentou conflitos relacionados à questão da forma de viver dos discípulos de Cristo. Um grupo de judaizantes argumentava ser necessário que os novos convertidos incorporassem a prática da lei à sua vida para serem salvos. Uma das acusações contra o apóstolo Paulo era de que ele tinha diminuído as exigências da lei simplesmente para cair nas boas graças dos gentios. Caso estes soubessem dos verdadeiros "requisitos" para seguir Jesus, muitos deles não teriam se convertido. Os judaizantes achavam que Paulo era culpado por adaptar o evangelho para não ofender aos seus ouvintes.

Tal acusação deve ser tomada em consideração, porque nós desejamos ser bem aceitos pelos que nos rodeiam. Ninguém gosta de viver isolado ou ser marginalizado pelos seus semelhantes. Para alguns, este desejo de aprovação é tão intenso que se dispõem a ceder em suas convicções.

Para aqueles que servem a igreja em ministérios de ensino e pregação da Palavra tal perigo está sempre presente. Considere como são impopulares as verdades da Palavra de Deus, tais como a chamada à santidade, à vida simples, à negação de si mesmo, ao total abandono de práticas pecaminosas. Os princípios do reino de Deus contradizem e confrontam os conceitos populares do mundo. Quem se dedica a proclamá-los na sua inteireza pode ser considerado radical, insensível, antiquado ou desorientado. É muito fácil "adaptar" a mensagem à cultura em que vivemos, falando e pregando sobre aquelas verdades que serão bem recebidas pelo povo. Infelizmente, esta será uma tendência que caracterizará a igreja de Cristo nos últimos tempos. Paulo afirma que "...haverá tempo em que não suportarão a sã doutrina; pelo contrário, cercar-se-ão de mestres segundo as suas próprias cobiças, como que sentindo coceira nos ouvidos; e se recusarão a dar ouvidos à verdade, entregando-se às fábulas" (2 Timóteo 4:3,4).

Perceba como é radical a resposta de Paulo à acusação que os judaizantes da igreja da Galácia lhe fizeram. Ele declara, sem rodeios, não ser possível servir a Cristo tentando agradar a homens. São coisas incompatíveis. Quem se dedica a proclamar a Verdade de Deus deve estar disposto a conviver com as críticas e as reclamações dos que se escandalizam com o seu ensino. Não procuramos escandalizar alguém de propósito, mas isto será a consequência inevitável no compartilhar da Palavra. Todo ministro deve avaliar se está disposto a pagar o preço para ser fiel ao seu chamado.

Para pensar:
Viva em paz, se for possível; mas viva a Verdade custe o que custar. —Martinho Lutero

A bênção de sentir fome

Bem-aventurados os que têm fome e sede de justiça, porque serão fartos. MATEUS 5:6

3 de julho

A sensação de fome e sede, por mais desagradável que seja, cumpre um papel importante no bom funcionamento do corpo. Ela nos alerta para o fato de nossas reservas de energia estarem baixas e precisarem ser renovadas. Estimula-nos a buscar alimentos e água para satisfazer as necessidades básicas de nosso ser. Caso não sentíssemos fome, correríamos o perigo de ser negligentes e alimentar o corpo de forma errada.

Podemos transferir esta observação ao âmbito espiritual. É por meio da consciência de necessidade que somos impelidos a buscar de Deus os elementos que precisamos para a nutrição de nossa vida espiritual. Por este motivo, Cristo podia chamar de "bem-aventurado" aquele com fome e sede de justiça, pois sua necessidade abria o caminho para a provisão de Deus.

Um simples princípio se deduz desta observação: o caminho que o Senhor frequentemente recorre em Seu trato conosco é o de gerar em nós uma necessidade para que depois busquemos Sua face e supliquemos a Sua intervenção. Ele nos leva a situações onde tomamos consciência da nossa necessidade e isto ativa nossa busca por Ele. As experiências que revelam as nossas fraquezas podem ser bastante desagradáveis. Às vezes chegam através de fracassos e derrotas pessoais. Quando tudo é bem processado, reconhecemos as nossas necessidades e fixamos o olhar em Jesus Cristo para que Ele supra o que não podemos obter por nossos meios. Sem tal sentido de carência nós deixaríamos de buscá-lo.

O mesmo princípio se aplica à evangelização. Os nossos esforços para "salvar" os outros não irão dar resultados se eles não estiverem convencidos de que estão "perdidos". Queremos que eles se interessem por algo, mesmo que não estejam conscientes dessa necessidade. É fundamental que exista neles, primeiro, fome e sede.

Ao observarmos a "escola" pela qual passaram muitos dos grandes servos de Deus, constataremos que viveram tempos e experiências de profunda angústia pessoal; resultado dos próprios esforços que fizeram para avançar nos propósitos de Deus. Foi o caso de Abraão que tomou Agar e com ela gerou um filho. Moisés pensou libertar o povo de Israel pela violência, e também Pedro que se prontificou a dar a vida por Cristo. A frustração dos seus projetos abriu o caminho para que Deus agisse em suas vidas de forma tremenda. Foi preciso que experimentassem a derrota, para que depois o Senhor construísse suas vitórias.

Devemos, assim, nos regozijar grandemente nas situações que revelam a necessidade, a nossa condição de famintos e sedentos. Essas sensações nos conduzem à fonte de todo o bem, que é o próprio Deus.

Para pensar:
Vinde, e tornemos para o SENHOR, porque ele nos despedaçou e nos sarará; fez a ferida e a ligará (Oseias 6:1).

A disciplina de Deus

…porque o Senhor corrige a quem ama e açoita a todo filho a quem recebe.
HEBREUS 12:6

4 de julho

A disciplina é um assunto difícil de compreender, especialmente porque estamos condicionados pela cultura na qual estamos inseridos. Em muitos contextos educacionais já foi descartado qualquer tipo de disciplina por se entender que provoca danos emocionais irreparáveis aos estudantes. Influenciados por esta filosofia humanista, muitos pais cristãos hesitam diante da responsabilidade de disciplinar seus filhos, a fim de criá-los no temor do Senhor. Por outro lado, em nossa cultura latina não é difícil encontrar pais extremamente violentos, porque ao disciplinar os filhos descarregam neles suas frustrações e a raiva contida. Nestes casos a disciplina perde a sua utilidade.

Em nossa reflexão interessa-nos meditar na disciplina como resultado de um compromisso de amor para com a pessoa disciplinada. Observe primeiramente, que a disciplina e o amor não são incompatíveis. Pelo contrário, o autor da epístola aos Hebreus assinala que a disciplina é uma das formas de conhecer o amor que Deus tem por nós. Esta aparente contradição é resolvida quando não nos fixamos no processo da disciplina, mas nos seus efeitos. Ela não é feita para conseguir resultados em curto prazo, mas sim ao longo de muitos anos. Quem a aplica tendo esta verdade em mente, sabe que é necessário este momento desagradável, porque consegue visualizar seus frutos positivos no futuro. Nesta perspectiva, o autor do livro de Provérbios exorta: "Não retires da criança a disciplina, pois, se a fustigares com a vara, não morrerá. Tu a fustigarás com a vara e livrarás a sua alma do inferno" (Provérbios 23:13,14). A administração da disciplina tem consequências relacionadas à eternidade.

A pessoa disciplinada não é a única que sofre nesta experiência. Aquele que a aplica também sente. Os pais e mães comprometidos em educar seus filhos com amor sabem o que isto significa. Por outro lado, sofremos também com o mau comportamento que fez necessária sua aplicação.

Neste sentido podemos entender a dor do nosso bondoso Pai celestial quando é necessário que nos discipline. Certamente, Seu coração se entristece pelos maus atos que deram origem à Sua disciplina. Ele o faz para o nosso bem. Assim também nós, chamados a discipular outros, devemos estar dispostos a exercê-la quando necessário, sempre com espírito manso, mas firme. Esta é uma parte essencial em nosso trabalho pastoral e, por isso, não devemos descartá-la.

Para pensar:
Toda disciplina, com efeito, no momento não parece ser motivo de alegria, mas de tristeza; ao depois, entretanto, produz fruto pacífico aos que têm sido por ela exercitados, fruto de justiça (Hebreus 12:11).

Andar nele

Ora, como recebestes Cristo Jesus, o Senhor, assim andai nele. COLOSSENSES 2:6

5 de julho

Pense por um momento na sua experiência de conversão. Por uma série de circunstâncias, você chegou a uma profunda convicção de que algo lhe faltava e sentiu que precisava de Jesus Cristo. Talvez estivesse cansado do vazio da sua existência ou deprimido ao ver seus esforços não produzirem os resultados desejados. Ou numa situação extrema, sem a esperança de reverter sua realidade pessoal. Quaisquer que tenham sido as experiências, você se deu conta que só Deus conseguiria pôr ordem em sua vida. Você se entregou incondicionalmente, sem reservas, confessando sua fragilidade e pedindo ao Altíssimo que o socorresse. Tudo o que você tinha era uma profunda convicção de que Jesus lhe oferecia o que você necessitava.

Paulo encoraja os cristãos de Colossos que caminhem no mesmo espírito do início da sua vida espiritual, isto é, com a mesma simplicidade e confiança que caracterizou sua conversão. Esta exortação não é vã, pois tendemos a deixar tudo o que era simples quando vivenciávamos o primeiro amor para entrarmos na complexidade de uma experiência religiosa com suas múltiplas exigências. A vida em Cristo, no entanto, é um relacionamento que deve ser levado com a mesma paixão e absoluta confiança que caracterizaram nossos primeiros dias no evangelho.

Para esclarecer isto, o apóstolo fala de quatro aspectos que julga indispensáveis no andar diário com Cristo. Primeiramente, faz alusão às raízes da planta que as nutrem e as fortalecem. Assim também, o filho de Deus precisa estar firmemente arraigado em Cristo, buscando nele os nutrientes necessários. Depois, o apóstolo se refere a um edifício, dizendo que a construção deve ser firmada em Jesus. Isto quer dizer, todos os projetos e realizações do discípulo devem estar permeados e impregnados da pessoa de Jesus. O terceiro elemento relaciona-se à confirmação da fé. Nela, concedemos ao Senhor a oportunidade de demonstrar que as ações praticadas pela fé terão seu fruto e recompensa nele. Por último, Paulo deseja que o andar com Cristo esteja sempre cercado com frequentes expressões de gratidão pelas bênçãos recebidas.

Para pensar:
A vida cristã perde sentido quando procuramos reduzi-la a uma série de atividades para garantir sua continuidade. O caminho certo é sempre fazer do Senhor parte de tudo o que vivemos e experimentamos. Pouco mais adiante, o apóstolo Paulo explica porque isto é necessário:"...porquanto, nele (Cristo), habita, corporalmente, toda a plenitude da Divindade. Também, nele, estais aperfeiçoados. Ele é o cabeça de todo principado e potestade" (Colossenses 2:9,10).

Escravos da obediência

6 de julho

Não sabeis que daquele a quem vos ofereceis como servos para obediência, desse mesmo a quem obedeceis sois servos, seja do pecado para a morte ou da obediência para a justiça? ROMANOS 6:16

Ouvimos com frequência nas igrejas que Cristo nos tornou livres. A ideia é que agora temos a liberdade de escolher o caminho que desejarmos, gozando ainda uma vantagem adicional: contamos com a bênção de Deus em nossas escolhas. De fato, Paulo afirma em sua epístola aos Gálatas: "...Permanecei, pois, firmes e não vos submetais, de novo, a jugo de escravidão" (5:1). Mas a liberdade mencionada nas Escrituras não é uma liberdade que nos foi entregue.

Para compreendermos melhor esse conceito, será bom meditar sobre o texto de hoje. Com o propósito de esclarecer uma verdade espiritual, Paulo lança mão de uma realidade bastante conhecida no mundo em que vivia: a escravidão. Como bem sabemos, um escravo era considerado como um patrimônio do seu dono. Não era uma pessoa; era um objeto. O seu dono podia dispor do seu servo conforme quisesse, tirando-lhe a vida se assim desejasse. Se usássemos esta analogia sobre a liberdade em Cristo segundo o pensamento popular, a salvação poderia ser comparada a um escravo já liberto e que agora tem a possibilidade de construir sua vida como as demais pessoas.

A passagem de hoje contradiz tal ideia. Na verdade, diz que passamos de uma escravidão a outra. Antes o nosso dono era o pecado. Mesmo desejando praticar o bem, não conseguíamos porque o pecado reinava em nós. Agora, segundo o texto, temos um novo senhor: a obediência. Voltando à analogia dos escravos do Império Romano, a imagem seria a seguinte: a liberdade que nos foi concedida não é algo incondicional, mas sim, fomos libertos dos caprichos e desejos do antigo dono. Agora, um novo Senhor — Jesus Cristo — nos comprou e devemos prestar-lhe o mesmo serviço que prestávamos ao antigo dono. Quer dizer, passamos de uma escravidão a outra. Não foi a nossa condição que mudou mas o senhor ao qual servimos.

É interessante notar que Paulo poderia ter declarado que agora somos escravos de Cristo, o que é verdade. Mas o apóstolo escolheu dizer que somos escravos da obediência. Em outros termos, fomos introduzidos num estilo de vida no qual a Palavra de Deus se constitui num guia de instruções para o nosso viver diário. Não opinamos nem discutimos o que o Senhor nos pede porque, como escravos, simplesmente nós lhe obedecemos. Mesmo que desejássemos fazer diferente não poderíamos, porque nosso lema é obedecer em todo lugar e a qualquer momento.

Para pensar:
Porque assim é a vontade de Deus, que, pela prática do bem, façais emudecer a ignorância dos insensatos; como livres que sois, não usando, todavia, a liberdade por pretexto da malícia, mas vivendo como servos de Deus (1 Pedro 2:15,16).

Pastores, não senhores

7 de julho

...pastoreai o rebanho de Deus que há entre vós, não por constrangimento, mas espontaneamente, como Deus quer; nem por sórdida ganância, mas de boa vontade; nem como dominadores dos que vos foram confiados, antes, tornando-vos modelos do rebanho. 1 PEDRO 5:2,3

A tendência de confundir a responsabilidade pastoral com uma chamada para ser como "dono" dos membros do Corpo de Cristo é um dos problemas que mais frequentemente anulam o ministério de um pastor. Possivelmente seja esta postura que mais tenha contribuído para "frear" os projetos do reino e ferir profundamente a vida espiritual dos filhos de Deus.

A passagem de hoje tem um chamado para apascentar o rebanho de Deus. A palavra "apascentar" comunica o conceito de bondade, ternura e tranquilidade. Quem teve a oportunidade de observar um pastor de ovelhas em ação conclui que, dentre todos os trabalhos com animais, este requer mansidão e sossego. A ovelha é um animal indefeso e se envolve facilmente em problemas. O bom pastor a conduz com um espírito calmo e assim contagia com o seu comportamento manso e pausado. Os movimentos bruscos e agressivos espantam o rebanho.

Para esclarecer, o apóstolo Pedro instrui especificamente aos anciãos (pastores) que não assenhoreiem-se do rebanho. O dicionário Houaiss (2009) define esta palavra como "exercer postura e prerrogativas de senhor, tornar-se senhor; apossar-se, apoderar-se". Esta definição revela um espírito agressivo de competência que busca uma posição de supremacia sobre os outros. Trazem a ideia implícita de que o pastor merece esta posição de superioridade por ser melhor do que os outros, seja pela sua experiência, pelos dons ou por seu chamado.

Na prática, esta atitude cria igrejas cheias de conflitos. A palavra do pastor não pode ser questionada por ele ter maior autoridade que os demais. O pastor tem o direito de tomar decisões pelos outros sem lhes dar a oportunidade de dizer o que pensam ou de participar do processo. Pode impor mudanças na igreja sem consultar aos outros, simplesmente por ser ele o pastor. Todas as decisões que os demais devam tomar precisam ser autorizadas por ele. Ninguém pode avançar em algum projeto sem que ele tenha dado o seu "Ok".

Você já terá percebido que esta atitude tem características doentias. Infelizmente, é triste ver quantas igrejas funcionam dentro destes parâmetros. Pedro apresenta uma alternativa para este modelo: que o pastor (ancião) seja um exemplo. Neste enfoque, a ênfase se encontra na vida do líder. Ele deve estar mais preocupado com o seu comportamento do que em vigiar os que lidera. O motivo é simples: o que mais impacta a vida dos outros em seu processo de transformação é uma vida santa. O pastor não deve coagir os outros, mas antes, com sua própria devoção, exercer influência sobre eles para serem mais semelhantes a Cristo. Que tremendo desafio! Vale a pena investir neste estilo de liderança. As pessoas às quais você ministra jamais serão as mesmas!

Para pensar:
Que tipo de líder você é? Como as pessoas que o conhecem o descreveriam? O que você precisa fazer para ser mais pastor e menos "senhor"?

A esperança do miserável

8 de julho

Desventurado homem que sou! Quem me livrará do corpo desta morte? Graças a Deus por Jesus Cristo, nosso Senhor… ROMANOS 7:24,25

"Porque nem mesmo compreendo o meu próprio modo de agir, pois não faço o que prefiro, e sim o que detesto. […]. Porque não faço o bem que prefiro, mas o mal que não quero, esse faço" (Romanos 7:15,19). Quem de nós já não se colocou dentro da acertada descrição que Paulo faz da luta contra o pecado? Lendo esta passagem não podemos deixar de exclamar: este sou eu! É o nosso Calvário de cada dia. O espírito anela por tudo quanto é bom e puro, mas o corpo é governado por uma lei que, por vezes, parece ser indomável. A cada momento, sentimos as sedutoras insinuações do pecado convidando-nos a andar por esse caminho que detestamos. Que miserável somos!

A pergunta do apóstolo, "Quem me livrará do corpo desta morte?" não é tão teológica quanto uma frustrada exclamação de alguém que se sente aflito pela constante luta contra a carne. Ela reflete a sua angústia pessoal.

Prestemos atenção à resposta, pois nela está a liberdade tão esperada. A solução para a nossa luta não é um programa, mas sim uma pessoa: Jesus Cristo. Isto é contrário a nossa formação, pois fazemos parte de um povo que construiu sua existência sobre o ativismo, o fazer. A nossa filosofia valoriza o movimento e a ação enérgica, e não a passividade e a quietude. Quando somos desafiados, procuramos encontrar formas eficazes para enfrentar a situação e depois avançamos resolutamente na solução do problema. Cremos que a cota de esforço e perseverança é suficiente para eliminar o obstáculo. Em muitas áreas da vida assim acontece. O pecado, entretanto, não se resolve com nenhum plano, nem cede à mais firme disciplina. O pecado é uma realidade que não podemos vencer.

Quem nos pode libertar? Só Jesus Cristo, o nosso Senhor! Como Ele o faz? Não sabemos, mas Ele é a solução para o nosso conflito. Mais uma vez vem à mente Sua imagem em agonia no Getsêmani. A Sua luta é também a nossa: o espírito queria se submeter à vontade do Pai, mas a carne se rebelava contra este desejo. Como solucionou o dilema? Ele o fez buscando a presença do Pai. Não vemos qualquer manifestação física do Espírito naquela cena. Não somos testemunhas de algo dramático na vida de Cristo. Só conseguimos vê-lo derramando a Sua angústia diante do Pai. Após voltar pela terceira vez, a luta terminou. A paz se instalou em Seu interior. A carne havia se sujeitado ao Espírito.

É o aspecto misterioso do processo que cria em nós uma resistência em aceitar uma solução tão simples. Não podemos escapar desta realidade. A Palavra de Deus nos exorta a buscarmos a Cristo. Não coloquemos nossa esperança num programa de cinco passos, livro ou curso. Quem é capaz de nos libertar? "Graças a Deus por Jesus Cristo, nosso Senhor!"

Para pensar:
O que você sente quando faz o que não quer? Quais medidas você toma para resolver isso? De que maneira Cristo participa na busca desta solução?

A "lógica" do fracasso

Então, deixando-o, todos fugiram. MARCOS 14:50

9 de julho

A tarefa de formar líderes é complexa. Exige compromisso e perseverança pouco comuns daquele que está à frente. A formação não pode ser enquadrada num programa rígido porque envolve pessoas diferentes entre si. Cada um tem um passado próprio, com uma perspectiva pessoal da vida e do ministério. Cada um é produto da sua própria cultura, influenciado pela família, amigos e experiências. O formador de líderes deve estar disposto a mudar e adaptar o processo às necessidades individuais de cada discípulo que lhe foi confiado.

Diante de tal desafio buscamos a inspiração em Jesus. Ele era a pessoa que sabia transformar homens em discípulos fiéis. Soube aproveitar cada oportunidade para levar os Seus seguidores a um contato maior com a verdade e a realidade do reino de Deus. Que tremendo privilégio este grupo de escolhidos teve de caminhar dia após dia com o Filho de Deus! Puderam observar de perto Seu ministério, Sua vida em comunhão com o Pai, hábitos pessoais, Seu amor e compaixão às pessoas que ministrava. Como não ser influenciado se esse era o mais completo programa de formação de líderes aos quais os filhos de Deus tinham acesso? Que extraordinário "fruto" poderia ser esperado de semelhante modelo?

Apesar disso, na primeira grande prova a que foram submetidos todos fracassaram, absolutamente todos. Para que serviram os esforços e a dedicação com resultados tão desanimadores? O que podemos esperar se Jesus, que se dedicou com tamanha paixão para formar os Doze, obteve estes resultados?

Existem duas lições claras nesta situação. Primeiro, quando se trata de pessoas nenhum processo pode garantir resultados. Os efeitos desejados só podem ser alcançados quando se trabalha com material inanimado, que se submete a tudo que lhe fazemos. Quanto aos indivíduos, cada um tem personalidade e processos internos próprios. Não existe programa algum que assegure uma determinada consequência. É o risco que todo discipulador precisa assumir quando investe em pessoas.

A segunda lição ensina que o fracasso no reino não se mede por fatos isolados. Um acontecimento na vida de alguém pode marcá-lo profundamente. Entretanto, nosso Pai celestial avalia a vida de uma pessoa e mede os resultados considerando a totalidade da sua peregrinação por este mundo. A cena descrita pelo texto de hoje representa apenas um fracasso numa jornada cheia de realizações e vitórias.

Para pensar:
O investimento que Cristo fez foi muito bom e os efeitos só seriam vistos ao longo da vida dos onze apóstolos que, depois desta amarga experiência, voltaram a andar com o Senhor. Eles, com o tempo, se converteram em fiéis ministros do reino. O trabalho do Mestre não foi em vão!

Toda a autoridade

Jesus, aproximando-se, falou-lhes, dizendo: Toda a autoridade me foi dada no céu e na terra. MATEUS 28:18

10 de julho

Com frequência pergunto aos meus alunos qual é a Grande Comissão. A maioria responde sem pestanejar: "Ide, portanto, fazei discípulos de todas as nações…" o que é correto, mas só em parte. Ela não começa no verso 19, mas no 18, que ocupa hoje a nossa atenção. É um eloquente testemunho de como estamos centrados em nossas atividades, tanto é que a maioria das pessoas crê que ela começa com o que nos compete realizar: ir e fazer discípulos.

Se fizéssemos parte do grupo de discípulos que acompanhou Jesus em Sua peregrinação terrena, creio que ficaríamos intimidados ante a magnitude da tarefa que lhes foi confiada. Fazer discípulos de todas as nações? Eles haviam saído dos limites de Israel apenas uma ou duas vezes. Como podiam eles, que já estavam confusos e um tanto perdidos, abraçar semelhante empreendimento? Por onde poderiam começar? Como superar os obstáculos que certamente iriam encontrar? E que dizer do ambiente hostil que haviam visto algumas semanas antes?

Cristo compreendia todas essas perguntas e tantas outras mais que os discípulos nem sequer sabiam formular. Por esta razão, fez esta declaração, pois de outra forma a imensidão do projeto os deixaria aflitos. Fica claro que, pelo modo como Jesus falou, não lhes entregando um fardo insuportável, Ele os convocava para avançar confiados na vitória que conquistara por meio da Sua morte e ressurreição. Foi precisamente esta conquista que lhe permitiu receber toda a autoridade no céu e na terra.

O dicionário *Houaiss* (2009) define a palavra "autoridade": "direito de poder, de ordenar, de decidir, de atuar, de se fazer obedecer, domínio, força, governo, poderio, senhorio, superioridade". Basta ler esta lista para nos inteirarmos do conteúdo das palavras de Cristo: "toda a autoridade me foi dada". O Senhor fala da permissão que lhe foi concedida de avançar em qualquer direção, tomar o que quisesse, quando e onde quisesse. Quer dizer, os obstáculos que o inimigo apresentara a Seus projetos desapareceram. Sentado à direita do Pai, com um nome acima de qualquer outro, Cristo é agora a suprema e absoluta autoridade nos céus e na terra.

Os discípulos devem avançar sob essa autoridade. A timidez e o medo já não devem fazer parte da sua experiência diária. Eles pertencem à família daquele que conquistou a morte. Enquanto viverem na total dependência do Rei, ninguém poderá fazer frente nem opor-lhes resistência. Para nós que estamos envolvidos na tarefa de fazer discípulos, sabermos que Ele tem toda a autoridade deve gerar em nós ousadia e audácia que beira a insensatez. Avançamos pelo caminho que Ele já conquistou!

Para pensar:
Com certeza Cristo antecipava algo assim quando disse a Pedro: "…sobre esta pedra edificarei a minha igreja, e as portas do inferno não prevalecerão contra ela" (Mateus 16:18). A igreja avança ousadamente, alicerçada em Sua vitória e entra na cidade do inimigo. Suas portas não podem impedir o avanço do povo de Deus!

Enquanto prosseguem

Ide, portanto, fazei discípulos de todas as nações, batizando-os em nome do Pai, e do Filho, e do Espírito Santo. MATEUS 28:19

11 de julho

A conjunção "portanto" é uma clara indicação de que esta ordem se relaciona com a declaração que Cristo acabara de fazer: "Toda a autoridade me foi dada no céu e na terra" (Mateus 28:18). É de vital importância para o êxito desse empreendimento que os discípulos avancem sob essa autoridade.

Na reflexão de hoje desejamos chamar a atenção para o verbo "ir", que no original grego não se encontra no modo imperativo "ide". Não é um mandamento, ainda que a maioria dos cristãos pense que a ordem na Grande Comissão seja para sair de um lugar a outro e ali fazer discípulos. De fato, muitas organizações missionárias usam este versículo para motivar alguns dentro da igreja a se envolver com o trabalho transcultural. Esta interpretação levou a igreja a considerar a formação de discípulos como o resultado de um ministério programado. Se o virmos como ministério especial a consequência lógica será crer que somente alguns têm este chamado. Os que não o responderam sentem-se descansados na convicção de que esta não é a sua vocação.

Ao não ser usada a forma imperativa no grego, o verbo poderia ser traduzido por: "enquanto prosseguem". Quer dizer, o "ir" não é o resultado de uma ação planejada nem determinada por nós. É antes a consequência do que acontece quando caminhamos pela vida. Com os desafios e as oportunidades, cada um se coloca em contextos e leva adiante suas atividades cotidianas. Embora invistamos tempo planejando a vida, raramente temos tudo sob controle. O certo é que nos ajustamos às circunstâncias que se nos apresentam. É neste mesmo ambiente de nossas atividades diárias que devemos obedecer ao comando de fazermos discípulos.

Esta exortação coincide com o estilo de Cristo, para quem o fazer discípulos era o resultado do Seu andar ao longo de cada dia. Nós o vemos caminhando no meio da multidão e dando atenção às situações que o Espírito lhe apresentava. Não programava atividades especiais para formar discípulos, mas aonde quer que fosse, aproveitava as oportunidades para trazer outros ao reino dos céus.

Nesta perspectiva, para se obedecer à Grande Comissão não se requer a criação de programas especiais pela igreja, mas o compromisso de todos os membros fazerem discípulos como resultado da vida que levam de segunda-feira a sábado. O açougueiro apresenta Cristo aos seus fregueses. O empresário compartilha as boas-novas com seus companheiros na empresa. O taxista fica atento às oportunidades de falar do evangelho aos passageiros. Cada um exerce este ministério no lugar em que Deus o colocou e em seu andar diário vai formando novos discípulos para Cristo.

Para pensar:
Para nós que estamos envolvidos na tarefa de capacitar os santos à obra do ministério é fundamental lhes transmitir este conceito. Só assim conseguiremos cumprir os requisitos da Grande Comissão. Fazer discípulos é responsabilidade de toda a igreja.

Fazer discípulos

Ide, portanto, fazei discípulos de todas as nações, batizando-os em nome do Pai, e do Filho, e do Espírito Santo. MATEUS 28:19

12 de julho

No devocional anterior meditamos sobre o verbo "ir", reconhecendo que não é um mandamento. O que a Grande Comissão determina é "fazer discípulos". O versículo bem que poderia ser traduzido assim: "Enquanto vão pela vida afora, dediquem-se a fazer discípulos em todas as nações…".

Acaba sendo um tanto cômico que a igreja tenha transformado em mandamento aquilo não é, e coloca como opcional, aquilo que é uma ordem. Com isso criamos uma situação onde um punhado de gente trabalha incansavelmente para realizar o que todo o Corpo de Cristo deveria fazer.

Não é por acaso que o verbo "fazer" esteja no imperativo. Isto nos ajuda a entender que o discípulo não se faz sozinho. Quando alguém se converte ainda não é um discípulo. Ele deve ser formado e capacitado para se tornar discípulo. Para que isto aconteça é necessário haver o tipo de compromisso que Paulo teve, pois afirmou que seu ministério consistia em anunciar a Jesus Cristo, "…o qual nós anunciamos, advertindo a todo homem e ensinando a todo homem em toda a sabedoria, a fim de que apresentemos todo homem perfeito em Cristo; para isso é que eu também me afadigo, esforçando-me o mais possível, segundo a sua eficácia que opera eficientemente em mim" (Colossenses 1:28,29). Observe que o trabalho de formação consistia em pelo menos três atividades: anunciar, advertir e ensinar.

É suficiente passarmos pelas páginas dos evangelhos para constatarmos que a tarefa de fazer discípulos não se consegue num curso de três semanas. Jesus conviveu com os Doze e os tornou participantes da maioria das Suas experiências. Eles o escutaram pregar e o viram realizar curas. Ouviram-no debatendo com os fariseus e o observaram expulsando demônios. Acompanharam-no em Suas caminhadas e notaram Suas ausências para estar a sós com o Pai. Tudo isto fazia parte da valiosa tarefa de formá-los discípulos.

Fica bastante claro que a formação de um discípulo é o resultado de um sério compromisso da parte do discipulador. Devemos estar dispostos a caminhar juntos, a lutar por eles, a perseverar até que Cristo venha a ser visto em suas vidas. Requer um pacto e um sacrifício da nossa parte. Faltando este compromisso, acabamos por introduzir na igreja pessoas cuja experiência cristã consistirá em simplesmente observar o que outros fazem, enquanto se limitam a assistir reuniões como prova da sua lealdade a Cristo.

Deus nos chamou para muito mais do que isto. A nossa responsabilidade é trabalhar de forma incansável para que alcancem seu máximo potencial em Cristo. É um trabalho sacrificial, mas não existe na igreja outra atividade que proporcione ao líder tanta satisfação como a de fazer discípulos.

Para pensar:
Como líderes corremos sempre o risco de ministrar a todos, sem investir em alguém. Confiados que o nosso trabalho com o povo produzirá frutos, evitamos o compromisso de trabalhar em profundidade na vida de alguns. Este é o investimento mais produtivo que podemos fazer. Todo líder deve dar, sem pensar muito, os nomes de cinco ou seis pessoas às quais esteja discipulando pessoalmente.

Discípulos

Jesus, aproximando-se, falou-lhes, dizendo: Toda a autoridade me foi dada no céu e na terra. Ide, portanto, fazei discípulos de todas as nações, batizando-os em nome do Pai, e do Filho, e do Espírito Santo; ensinando-os a guardar todas as coisas que vos tenho ordenado. E eis que estou convosco todos os dias até à consumação do século. MATEUS 28:18-20

13 de julho

Ao meditarmos sobre a última ordem de Jesus aos Seus discípulos, vimos que esta atividade se realiza no contexto da vida de cada dia, e vimos também que a formação de um discípulo requer um compromisso incondicional da parte do discipulador. Um discípulo não nasce; ele se faz.

Hoje queremos nos deter no propósito do nosso esforço: fazer discípulos. Existe uma grande diferença entre um discípulo e um cristão. A ênfase na vida daquele que crê, que vem da própria palavra, está no fato de crer. É uma atividade puramente intelectual. Isto nos ajuda a compreender porque tantos em nossas igrejas levam uma vida que não testifica do poder de Cristo que produz transformação neles. São vidas construídas sobre uma informação de valor de certas verdades doutrinárias. Mas estas verdades armazenadas na mente, carecem do poder para efetuar mudanças ou gerar um genuíno compromisso com o Senhor. Como consequência, vemos que a igreja tem muitos adeptos ao cristianismo, mas poucos discípulos.

Na época em que a narrativa do Novo Testamento aconteceu, quando se falava em discipulado, imediatamente se pensava na relação existente entre um aluno e seu mestre. A vida dos discípulos era inseparável da vida dos seus respectivos mestres. Quando as multidões viam os discípulos de Cristo sabiam que andavam com o Mestre da Galileia. Eram vistos ao Seu lado a todo o momento e eles o seguiam aonde quer que Ele fosse. Temos aqui, então, a mais simples e clara definição do que é ser um discípulo: ser um seguidor de Cristo.

A palavra "seguir" indica movimento. Nosso chamado consiste em levar as pessoas a uma vida de ação. Com isto, não estamos nos referindo às idas e vindas às reuniões. O movimento é o que existe como resultado de seguir a Jesus, enquanto caminhamos em nossos relacionamentos com familiares, em nosso trabalho, em nosso tempo de descanso e com aqueles que são da Casa de Deus. Ele nunca está parado e Seus filhos tampouco podem pensar em parar. Formar um discípulo é, em essência, ensinar ao outro o segredo de caminhar com Cristo todos os dias.

Mais uma vez concluímos que não se trata de uma aula, nem de um curso de três semanas. O discipulado pede um relacionamento em que, primordialmente, a outra pessoa nos veja como exemplo. Fomos chamados a esta santa e difícil missão. Temos que considerar, no entanto, que o cristão necessita de uma contínua atenção porque não possui em si a capacidade para gerar a verdadeira vida espiritual. O discípulo, porém, aprenderá a caminhar sozinho e também se reproduzirá em outras vidas. É desta forma que o reino de Deus se expande.

Para pensar:
O discipulado consiste em algo mais do que saber o que o mestre sabe. É chegar a ser como o mestre. —Juan Carlos Ortiz

De todas as nações

14 de julho

Ide, portanto, fazei discípulos de todas as nações, batizando-os em nome do Pai, e do Filho, e do Espírito Santo. MATEUS 28:19

Temos meditado sobre as últimas instruções de Cristo aos Seus discípulos, as quais fixaram os objetivos e as metas para o caminho que eles percorreriam no futuro. Em sua forma mais simples, a Grande Comissão determinava que eles praticassem o modelo que viram em Jesus Cristo. Neste sentido, o mandamento é muito simples, pois de todos os encargos que nos são atribuídos, o mais fácil de cumprir é aquele que nos manda repetir as experiências por nós já vividas. Como parte desta tarefa, Cristo lhes indicava o alcance do Seu projeto: "todas as nações".

Esta exortação, igual a todos os ensinos de Jesus, encontra-se perfeitamente alinhada ao espírito do Antigo Testamento. No princípio, quando o Senhor falou a Abraão foi-lhe descrito um plano: "…de ti farei uma grande nação, e te abençoarei, e te engrandecerei o nome. Sê tu uma bênção! Abençoarei os que te abençoarem e amaldiçoarei os que te amaldiçoarem; em ti serão benditas todas as famílias da terra" (Gênesis 12:2,3). Deus formaria para si uma nação, não só porque desejava ter comunhão com ela, mas também para ser um instrumento que chegasse a todos os povos da terra, para que fosse, no dizer do profeta Isaías, "luz dos gentios" (Isaías 42:6).

Uma das tragédias na história de Israel foi que nunca compreenderam o chamado para cumprir sua missão na terra. Em vez disto, os israelitas se isolaram numa atitude de desprezo e condenação aos demais povos. Mas o plano de Deus continuou de pé, e agora Jesus lembra aos discípulos que devem ir a todas as nações com a tarefa de ali formarem novos discípulos.

A palavra "nação", em grego, vem da expressão "etnia". Este termo esclarece que Cristo não pensava nas divisões políticas onde os grupos humanos formam "nações", mas sim nos conjuntos de pessoas que têm a mesma cultura, o mesmo idioma e a mesma história. Nesta perspectiva, existem muito mais etnias do que nações sobre a terra. Cada uma delas deve ter acesso ao evangelho, que são as boas-novas de Deus.

No incrível alcance deste objetivo, vemos expresso o extraordinário amor de Deus. Abrange não só todas as pessoas da nossa própria cultura, como também as de culturas diversas. Não devemos nos limitar àqueles que vivem e pensam como nós. Nossa missão é chegar àqueles cujas vidas são completamente diferentes da nossa. Estes também devem ser conscientizados de que são preciosos para o Deus que fez os céus e a terra.

Para pensar:
O que a sua igreja faz para alcançar grupos étnicos diferentes do seu? Quanto se esforça em orar e promover o trabalho de Deus em outras partes do mundo? Como cultivar uma visão mais global em seu ministério?

Identificados com Cristo

Ide, portanto, fazei discípulos de todas as nações, batizando-os em nome do Pai, e do Filho, e do Espírito Santo. MATEUS 28:19

15 de julho

Nos devocionais destes dias temos pensado nas implicações da Grande Comissão, a última ordem de Jesus aos discípulos. Analisamos a importância de caminhar sob a autoridade de Cristo, assumindo o compromisso de fazer discípulos nas circunstâncias diárias. Também consideramos o esforço envolvido no processo de formar outros para serem discípulos do Senhor.

Como parte das instruções sobre a forma de execução deste trabalho, Cristo lhes diz para batizarem os discípulos. Para nós nem sempre é claro o motivo por que o batismo é importante em sua formação. Em nossas igrejas este ato muitas vezes nada mais é do que uma cerimônia religiosa. No contexto do Novo Testamento, porém, ele revelava uma genuína conversão e a plena identificação com a mensagem do reino de Deus.

Encontramos no ministério de João Batista um claro exemplo deste importante passo, ao vermos as multidões chegando para ouvi-lo. O evangelho de Lucas diz que ele "…percorreu toda a circunvizinhança do Jordão, pregando batismo de arrependimento para remissão de pecados" (Lucas 3:3). Considerando os termos da sua mensagem, constatamos que a experiência do batismo estava intimamente ligada ao arrependimento. Em termos práticos e pessoais, João exortava que cada um vivesse de forma diferente a partir de então. Não apresentava uma lista de requisitos, mas aplicava a mudança ao contexto pessoal de cada um. As exortações aos fariseus eram diferentes daquela dirigida aos soldados. O mesmo acontecia quando falava aos publicanos. Ele chamava a todos para uma transformação pessoal.

Encontramos nesta mudança a essência do significado do batismo. No ato físico da imersão em água tornamos pública a nossa decisão de nos unirmos a Cristo, fazendo morrer a forma de viver anterior. A água, que faz a limpeza do corpo, abre caminho a uma purificação espiritual na qual a antiga vida é sepultada e nascemos para uma nova existência. O apóstolo Paulo explica o seu significado na carta aos Romanos: "Ou, porventura, ignorais que todos nós que fomos batizados em Cristo Jesus fomos batizados na sua morte? Fomos, pois, sepultados com ele na morte pelo batismo; para que, como Cristo foi ressuscitado dentre os mortos pela glória do Pai, assim também andemos nós em novidade de vida" (6:3,4).

Para pensar:
Esta identificação de forma tão radical é a base fundamental na construção de uma nova vida. Nela damos as costas à antiga maneira de viver. Não nos comprometemos a tentar reformar, mas descartá-la para seguirmos por um novo caminho. O antigo deixa de existir e começa para nós o projeto de Deus.

Enviados em nome de Deus

16 de julho

Ide, portanto, fazei discípulos de todas as nações, batizando-os em nome do Pai, e do Filho, e do Espírito Santo. MATEUS 28:19

Falamos da Grande Comissão e nela meditamos nestes últimos dias, como sendo as últimas instruções de Jesus aos Seus discípulos. Ao mencioná-las, algumas vezes nos esquecemos que o Filho não atuava sozinho. Ao exortá-los a batizar os novos convertidos disse que deviam fazê-lo em nome da "equipe", isto é, do Pai, do Filho e do Espírito Santo.

Custa-nos entender a dimensão da unidade existente entre os três membros da trindade. A nossa experiência ministerial baseia-se por demais em nosso próprio esforço e na maneira de atuarmos. Só em raras ocasiões pude ver um colegiado ministerial funcionando como equipe. Estou falando de um grupo onde todos os seus membros respeitam os demais. Trabalham considerando a opinião dos companheiros e reconhecem o dom pessoal de cada um como uma graça dada por Deus para fazer parte dos projetos do reino dos céus. Na maioria das equipes de ministério existe um que faz prevalecer suas opiniões sobre os demais. Em muitos colegiados existe um acordo implícito de que a opinião deste "líder" não pode ser questionada. É pena ver que, muitas vezes, ele é o que ocupa a função de pastor.

Como é diferente o relacionamento entre o Pai, o Filho e o Espírito Santo. Cada um deles procura dar honra e glória aos demais membros da equipe. Cristo disse: "Quem fala por si mesmo está procurando a sua própria glória; mas o que procura a glória de quem o enviou, esse é verdadeiro, e nele não há injustiça" (João 7:18). Sobre o Pai Jesus falou: "Se eu me glorifico a mim mesmo, a minha glória nada é; quem me glorifica é meu Pai, o qual vós dizeis que é vosso Deus" (João 8:54). Em sua última oração, pediu: "Pai, é chegada a hora; glorifica a teu Filho, para que o Filho te glorifique a ti" (João 17:1). A respeito do Espírito, Ele declarou: "Ele me glorificará, porque há de receber do que é meu e vo-lo há de anunciar" (João 16:14). O prazer deste "trio" é um exaltar aos outros dois. A atuação deles corre em perfeita harmonia e tudo é realizado em total acordo.

Os discípulos deveriam trabalhar com o respaldo da trindade santa em tudo quanto fizessem, mas também eram chamados a se unir a esta mesma equipe. Não trabalhariam sozinhos. Eles agiriam como se fossem uma extensão de Deus, e sujeitos às Suas ordens. O seu caminhar deveria revelar este mesmo propósito de honrar, bendizer e buscar a glória de Outro muito maior que eles.

Para pensar:
Pois há três que dão testemunho [no céu]: o Pai, a Palavra e o Espírito Santo; e estes três são um (1 João 5:7).

O ministério do ensino

17 de julho

...ensinando-os a guardar todas as coisas que vos tenho ordenado. E eis que estou convosco todos os dias até à consumação do século. MATEUS 28:20

Continuamos a meditar nas instruções de Jesus quanto à tarefa de fazer discípulos em todas as nações. Considerando o tamanho e a extensão deste trabalho, vamos refletir agora sobre os passos a seguir na sua execução. O primeiro, requer que os seguidores de Cristo se identifiquem com a Sua morte por meio do batismo. O segundo passo que consideraremos hoje, é a ministração do ensino ao discípulo.

Para a nossa mentalidade moderna, pensar no ensino leva-nos a imaginar, quase automaticamente, em salas de aula, livros e cursos. Ensino para nós é sinônimo de "aula". Devemos colocar isto de lado caso queiramos entender o que Jesus tinha em mente quando falou sobre este tema. Embora nenhum dos discípulos tenha feito algum curso sobre pedagogia ou técnicas de ensino, a metodologia que teriam que aplicar seria a mesma que tinham visto na vida e no ministério do Mestre.

O ensino no ministério de Jesus seguiu por vários caminhos. O mais formal era a Sua pregação. Há um exemplo no Sermão do Monte. Ele é um método de ensino em que a ênfase está na transmissão da verdade por meio da proclamação pública. Uma técnica menos formal foi o diálogo. Em muitas situações surgidas na realidade cotidiana, os discípulos lhe traziam suas inquietações e lhe faziam perguntas. Jesus conversava com eles e os conduzia à verdade. Outra forma de ensino se relacionava com a vivência deles como discípulos. Cristo os enviou a realizar diferentes tarefas ministeriais. Depois achavam tempo para falar sobre o que haviam feito e avaliavam o que tinha sido a experiência de cada um. Na sua reflexão surgiam preciosas lições sobre os princípios que orientam um ministério eficaz.

O método que Jesus usou com maior frequência foi o de ensinar por meio do Seu exemplo. Os discípulos tinham-no visto e escutado Suas orações. Viam a qualidade da Sua comunhão com o Pai, algo que eles ainda não haviam experimentado, por isso se aproximaram dele e lhe pediram que os ensinasse a orar (Lucas 11:1). Em outra ocasião, sem nada falar, lavou-lhes os pés, dando-lhes assim uma clara lição sobre o serviço.

Em tudo isto vemos que o ensino passa por muitos caminhos diferentes. O mestre eficaz não pode limitar sua atividade a uma sala e a uma aula de 45 minutos. O ensino é muito mais amplo e profundo do que isto. Neste sentido, todo cristão pode exercer o ministério do ensino sem necessariamente possuir a habilidade de fazer uma apresentação formal da verdade. Por este motivo, o chamado para ensinar discípulos é uma tarefa para todo o povo de Deus.

Para pensar:
O método de Deus sempre é encarnacional. Ele tem prazer em tomar a Sua verdade e envolvê-la com a vida de alguns dos Seus filhos. —H. Hendricks

Guardar Sua Palavra

...ensinando-os a guardar todas as coisas que vos tenho ordenado. E eis que estou convosco todos os dias até à consumação do século. MATEUS 28:20

18 de julho

A meditação de ontem, como parte da série sobre a Grande Comissão enfocou diversos métodos na realização da tarefa de ensinar os novos discípulos. Em Suas instruções, Jesus especificou que o ensino devia instruir os "alunos" a guardar todas as coisas que Ele havia mandado.

Vamos nos deter, por um momento, na expressão "todas as coisas que eu vos tenho ordenado", para podermos entender a que Ele se referia. Grande parte do que é ensinado nas igrejas hoje em dia tem por objetivo informar aos seus membros. São intermináveis os estudos sobre todos os assuntos possivelmente relacionados à vida cristã. Ao examinarmos os evangelhos, no entanto, constatamos que Cristo nunca teve em mente apenas fornecer informações aos discípulos. Em vários momentos pediram que lhes desse explicações, como por exemplo, sobre o tempo em que seria restaurado o reino de Israel. Ele se esquivou da pergunta e concentrou-se em dar-lhes orientações sobre como deveriam se conduzir no reino de Deus. Os Seus ensinos não constituíam uma opinião sobre o que Ele sabia da vida espiritual. Jesus lhes apresentou uma série de mandamentos para produzir neles a obediência.

Este é um ponto-chave para cada discípulo. Tiago nos adverte do perigo de nos tornarmos em simples ouvintes que logo se esquecem da Palavra (Tiago 1:22). Este tipo de pessoa é aquela que engana a si mesma, porque acredita que a Palavra é boa para a edificação, mas nada faz com ela. Os bem-aventurados são os que convertem a Palavra em seu estilo de vida (Tiago 1:25).

Provocar uma transformação naqueles que ouvem a Palavra de Deus é um dos objetivos primordiais do nosso ministério de ensino. De nada vale que os ouvintes apenas se entusiasmem com o ensino, mas continuem vivendo como antes. Quando muitos judeus se empolgaram com as palavras de Jesus e creram nele, Ele os confrontou e lhes disse de forma muito enfática: "...Se vós permanecerdes na minha palavra, sois verdadeiramente meus discípulos" (João 8:31).

O Dr. Bruce Wilkinson, autor de vários livros sobre o ensino, chama essa decisão como uma das sete leis do estudante. Ele diz que a palavra que mais impacta a vida de um aprendiz é aquela que primeiro impactou a vida do mestre. Por esta razão, devemos estar permanentemente vigilantes contra a tentação de nos entreter com os detalhes das Escrituras e perder de vista que ela foi escrita "...para que creiais que Jesus é o Cristo, o Filho de Deus, e para que, crendo, tenhais vida em seu nome" (João 20:31).

Para pensar:
As Escrituras não nos foram dadas apenas para a nossa informação, mas para a nossa transformação. —D. L. Moody

Todo o conselho de Deus

19 de julho

...ensinando-os a guardar todas as coisas que vos tenho ordenado. E eis que estou convosco todos os dias até à consumação do século. MATEUS 28:20

A nossa meditação sobre este texto nos levou a refletir sobre as diferentes implicações da última grande tarefa que Jesus deu aos discípulos. Considerando o que Ele expôs, vimos a importância da identificação com a morte de Cristo, e também analisamos as várias formas de se ensinar a Palavra de Deus aos novos discípulos. Hoje vamos nos deter na exortação deste ensino, que se refere a tudo o que Cristo ensinou a Seus discípulos.

Há pelo menos duas observações a fazer sobre este aspecto. Primeiramente, as instruções de Cristo se referem a todas as coisas que Ele ordenara. Observemos que não disse que deviam passar adiante o que Ele lhes tinha ensinado, mas sim o que fora ordenado. Quer dizer, não deviam simplesmente contar as histórias e as verdades que escutaram do Mestre. Em nosso contexto, muitas vezes o ensino consiste em repetir o que outros nos falaram. Cristo lhes mandava ensinar aquelas verdades às quais estavam presos e deviam obedecer.

Isto significa que a tarefa de ensinar deve ser fundamentada na prática pessoal. Eles não estavam isentos de cumprir os mandamentos que transmitiam aos outros. Pelo contrário, seus ministérios estavam construídos sobre a sólida base da vivência pessoal. Isto garantia que o ensino jamais procederia de um plano teórico. Esta é uma das razões porque o ensino dos nossos tempos não impacta: porque se apoia numa compreensão intelectual da vida espiritual, e não em uma experiência cotidiana. É precisamente essa vivência diária que outorga ao mestre a verdadeira autoridade espiritual.

Em seguida, notamos que a "matéria" a ser ensinada era tudo aquilo que receberam do Mestre. Muitas vezes, condensamos toda a verdade em três ou quatro princípios que o novo discípulo deve compreender, como se a vida espiritual consistisse apenas nisto. Cristo, entretanto, queria uma completa transformação em Seus discípulos. Assim, era necessário que cada aspecto da vida espiritual fosse examinado à luz de todo o conselho de Deus. Não se trata de uma lista de temas, mas antes, um chamado para um novo estilo de vida em que todos os aspectos do viver, sejam tocados pela Palavra de Deus: nossa forma de vestir, nossos hábitos alimentares, nossos relacionamentos familiares, nosso conceito do trabalho, nossa vida em público, nossos divertimentos, nossos pensamentos mais íntimos e uma infinidade de outros assuntos. A verdadeira transformação do discípulo acontece quando ele é confrontado pela Palavra de Deus em cada área da sua vida, de modo que se veja obrigado a entronizar a Cristo como seu Senhor em todo momento e em qualquer lugar.

Para pensar:
Todo o conhecimento que você desejar ter se encontra num livro, a Bíblia. —John Wesley

Um companheiro eterno

...ensinando-os a guardar todas as coisas que vos tenho ordenado. E eis que estou convosco todos os dias até à consumação do século. MATEUS 28:20

20 de julho

Começamos esta série de reflexões sobre a Grande Comissão meditando no fato de que a tarefa de fazer discípulos tem suas raízes na absoluta autoridade que Cristo recebeu tanto nos céus como na terra. Isto nos permite avançar com ousadia e confiança, firmados na convicção de que em Cristo "somos mais que vencedores" (Romanos 8:37).

Essa certeza, entretanto, não nos livra das dificuldades e dos contratempos que fazem parte do ministério. Jesus os experimentou a cada dia. Enfrentou o cansaço, o aperto das multidões, a incompreensão e os questionamentos. Além disto, teve que conviver com os constantes desafios que os próprios discípulos lhe apresentavam. Por vezes o questionaram; em outras ocasiões, demonstraram ter falta de maturidade ou de visão espiritual. Em mais de uma oportunidade eles o decepcionaram com as suas atitudes egoístas.

Jesus os havia advertido de que viveriam uma experiência semelhante à dele. Seriam bem-aventurados quando, por Sua causa, "...vos injuriarem, e vos perseguirem, e, mentindo, disserem todo mal contra vós" (Mateus 5:11). Também lhes disse que o "discípulo não está acima do seu mestre, nem o servo, acima do seu senhor. Basta ao discípulo ser como o seu mestre, e ao servo, como o seu senhor. Se chamaram Belzebu ao dono da casa, quanto mais aos seus domésticos?" (Mateus 10:24,25). Explicou em termos muito ilustrativos que o discipulado consiste em tomar a cruz e segui-lo (Mateus 10:38), numa clara alusão de que haveria perseguição e sofrimento para os que se identificassem com Ele.

Por tudo isto e muito mais, os discípulos sabiam que o caminho deles estaria repleto de dificuldades. Entretanto, foi-lhes garantida que a vitória final já lhes havia sido concedida pelo Messias ressuscitado. Sabendo desta realidade, eles teriam um firme espírito de perseverança. Agora Cristo acrescentava esse outro elemento: a Sua companhia em todo momento e em qualquer lugar. Quando os perseguissem, Ele estaria presente. Assim também, quando estivessem sozinhos, quando questionados, quando testemunhassem da sua fé, quando enfrentassem a pobreza e as enfermidades. Quer dizer, jamais lutariam sozinhos neste grande empreendimento. Jesus seria um permanente companheiro em cada passo do seu viver.

Para os que estão envolvidos em servir o povo, esta verdade não tem preço. Não temos porque nos afligirmos com as dificuldades, os contratempos e as adversidades pensando que temos que ministrar sozinhos, ainda que alguns pastores o façam. Temos a quem buscar, a quem confiar nossas lutas mais intensas. Ele está atento ao nosso clamor, desejoso de intervir para aliviar o nosso fardo. Como não aproveitarmos, então, tamanha vantagem a nosso favor?

Para pensar:
Cristo está apenas a uma oração distante de nós! —Anônimo

Cristo, em primeira mão

21 de julho

Muitos outros creram nele, por causa da sua palavra, e diziam à mulher: Já agora não é pelo que disseste que nós cremos; mas porque nós mesmos temos ouvido e sabemos que este é verdadeiramente o Salvador do mundo. JOÃO 4:41,42

O diálogo de Cristo com a mulher samaritana junto ao poço é um dos mais emocionantes encontrados nas Escrituras. Jesus não foi agressivo nem faltou com o respeito, mas a conduziu com tremenda habilidade ao momento de confrontá-la em sua necessidade de uma profunda mudança na vida.

Quando analisamos as verdadeiras dimensões deste encontro podemos compreender porque o testemunho desta mulher foi tão convincente. Sua reputação não era muito sólida. Casara-se cinco vezes e estava a caminho do sexto fracasso. Depois da conversa com Cristo algo aconteceu com ela, e suas palavras se transformaram num testemunho vivo e dramático. Toda a cidade veio conhecer o "profeta" que lhe revelara a verdade de Deus. Acabaram pedindo que Jesus ficasse mais um pouco entre eles, e muitos creram nele como Salvador.

O testemunho dessas pessoas mostra a importância de uma experiência pessoal com Cristo. À mulher disseram: "Já agora não é pelo que disseste que nós cremos; mas porque nós mesmos temos ouvido e sabemos que este é verdadeiramente o Salvador do mundo." A experiência inicial baseada na palavra da samaritana logo foi substituída pelo contato pessoal que cada um teve com o Messias, e suas vidas foram transformadas.

A maioria de nós teve uma conversão bastante parecida com isto. Chegamos a Cristo pelo que outros nos contaram ou pelo que vimos em suas vidas. O testemunho deles despertou em nós o desejo de conhecer Jesus pessoalmente. Esta experiência estabeleceu a base pessoal para nossas primeiras vivências cristãs.

É importante observar que esse princípio é o fundamento de todo exercício espiritual transformador. Infelizmente, muitos cristãos não avançam além desta experiência inicial. A "evidência" da eficácia da vida espiritual volta a repousar sobre testemunho de outras pessoas, porque não alimentaram esse relacionamento incipiente com Cristo levando-a muito além do entusiasmo e o fervor dos primeiros tempos. Por falta de um contato diário com Jesus, contentam-se em ver nos outros, o que eles de fato não têm. Sabem que Cristo é real, não por experiência própria, mas por intermédio do testemunho de outros. Com o passar do tempo, isto produz cinismo e a religiosidade que seca qualquer expressão de graça.

Como é importante que cada dia renovemos nosso caminhar com Ele! Devemos buscar uma comunhão que nos permita dizer como os samaritanos: "Já agora não é pelo que disseste que nós cremos; mas porque nós mesmos temos ouvido e sabemos que este é verdadeiramente o Salvador do mundo" (João 4:42).

Para pensar:
Como está o seu relacionamento com o Senhor? Você pode compartilhar do que Ele lhe fala e lhe ministra diariamente? O que fazer para cultivar intimidade muito maior com Ele? Qual é a expectativa de Cristo decorrente deste relacionamento com você?

Conviver com as ondas

Reparando, porém, na força do vento, teve medo; e, começando a submergir, gritou: Salva-me, Senhor! MATEUS 14:30

22 de julho

A experiência de Pedro andar sobre as águas exerce fascínio em nós. Temos uma cena diferente de tudo quanto já vivenciamos. Por outro lado, o pedido tão ousado que ele fez também nos toca. Nunca deixamos de nos surpreender com as impulsivas e espontâneas respostas do mais audacioso participante do grupo dos Doze. Quero fazer algumas observações sobre este momento, quando a intensidade do vento e a fúria das ondas puseram fim à breve aventura do futuro apóstolo.

As ondas não surgiram quando Pedro começou a andar sobre a água. O texto nos diz que os discípulos haviam remado umas quantas horas sem conseguir avançar muito, porque o vento lhes era contrário e as ondas batiam no costado do barco (Mateus 14:24). Estas condições os acompanharam ao longo da noite, e nada mais eram que um péssimo contratempo para os seus esforços. Eram homens acostumados ao mar e esta certamente era uma situação que conheciam muito bem. Do mesmo modo, nós vivemos cercados pelas dificuldades e aflições que, muitas vezes, não têm qualquer impacto sobre a nossa vida.

Quando Pedro deixou o barco, as ondas continuavam sendo as mesmas de quando estava dentro dele. A sua empolgação com a aventura ou o fascínio com a pessoa de Cristo permitiram-lhe ignorar a existência das ondas. Ele estava concentrado e extasiado pelo desafio de caminhar sobre o mar até chegar a Jesus. Nós também, nos momentos de grande excitação espiritual nem percebemos a existência de contratempos e obstáculos na vida. Eles em nada afetam a nossa vivência espiritual.

Em determinado momento, no entanto, Pedro deixou de olhar para Cristo e olhou para as águas. Ao fazer isto, tomou consciência das ondas que estiveram ali à noite toda. Mas agora a situação dele tinha mudado: era extremamente precária e perigosa. As mesmas ondas agora lhe provocaram um temor paralisante e puseram fim à sua experiência de andar sobre as águas. Quando começou a se afundar, a rápida intervenção do Mestre salvou-o de se afogar.

Que conclusão tiramos destas observações? Muitas vezes cremos serem as circunstâncias ao redor que nos fazem cambalear na vida. A experiência de Pedro nos revela outra coisa: não são estas circunstâncias que nos afetam, mas sim a perspectiva com a qual as observamos. O lugar onde estivermos parados no momento da tempestade determinará o tipo de resposta que vamos dar. As ondas eram as mesmas. Pedro no barco, Pedro caminhando e Pedro se afogando mostra-nos que a mesma pessoa não terá sempre a mesma reação. A nossa visão das coisas é que fará a diferença!

Para pensar:
Como você reage em tempos de crise? O que estas reações dizem sobre você? Em quais aspectos deve trabalhar para ter reações mais espirituais?

Paz em Cristo

23 de julho

Estas coisas vos tenho dito para que tenhais paz em mim. No mundo, passais por aflições; mas tende bom ânimo; eu venci o mundo. JOÃO 16:33

A sinceridade de Jesus com os discípulos apresenta um contraste marcante com a mensagem de muitos "profetas" do nosso tempo. Eles oferecem uma existência cheia de bênçãos, onde tudo é vitória e alegria. Inclusive, um dos famosos grupos religiosos surgidos ultimamente tem como lema: "Pare de sofrer!"

Jesus não deu voltas nem escondeu a realidade de Seus discípulos. A Sua declaração é simples e direta: "No mundo, passais por aflições!"

Ele não precisava dar maiores explicações sobre o tema, porque os discípulos foram testemunhas dos sofrimentos pelos quais passou na terra. Ele se viu obrigado a enfrentar fome, cansaço e frio. Cada dia precisava administrar o assédio das multidões, com a sua interminável procissão de curiosos, interessados e necessitados. Além disto, teve de lidar com os questionamentos, as suspeitas e as agressões da parte dos movimentos religiosos daquele tempo. E o que dizer das aflições provocadas pelo grupo de homens que andavam com Ele em mais de uma ocasião? Tudo isto fazia parte da Sua peregrinação pelo mundo.

Cristo faz esta revelação acompanhada de importantes princípios. Grande parte do nosso sofrimento em tempos de aflição não procede das circunstâncias, mas da forma como reagimos a elas. A reação geralmente é negativa porque nos surpreende ter que enfrentá-las. A inocência do nosso pensar fica admiravelmente exposta quando exclamamos: "E por que eu?" Jesus afirmou que lhes falara disso para que tivessem paz nele. Isto significa que nenhum deles poderia alegar que ninguém os advertira sobre o que os esperava como consequência de ser discípulo do Messias. Assim se evitava um importante obstáculo na administração de conflitos.

Feita esta declaração, disse que, como filhos de Deus, teriam acesso à paz. Esta é de fato, a característica mais evidente daqueles que vivem de acordo com o Espírito, e não segundo a carne. Não é que estejam livres de dificuldades, imprevistos e sofrimentos, mas antes, em meio às mais terríveis tormentas, experimentam uma calma e paz interior sem qualquer explicação. São inabaláveis em suas atitudes, porque o que lhes acontece exteriormente não consegue derrubar sua realidade interior.

Cristo os fez ver que essa paz era encontrada somente nele. Não era fruto de uma disciplina, nem do cumprimento de uma série de requisitos religiosos nem de alguma decisão tomada no passado no sentido de seguir a Jesus. A paz estava na pessoa de Cristo e só teria acesso a ela quem estivesse junto dele. Esta paz, em última análise, é o resultado direto da Sua vitória, e não da nossa.

Para pensar:
Deus em Sua sabedoria não nos dá a paz, mas acesso Àquele que tem a paz. Isto nos faz buscá-lo sempre como fonte eterna de vida e plenitude.

Pecados particulares?

24 de julho

Prevaricaram os filhos de Israel nas coisas condenadas; porque Acã, filho de Carmi, filho de Zabdi, filho de Zera, da tribo de Judá, tomou das coisas condenadas. A ira do SENHOR se acendeu contra os filhos de Israel. JOSUÉ 7:1

Este é um relato que nos fere porque vem logo após uma extraordinária vitória concedida pelo Senhor aos israelitas na conquista de Jericó. A forma como aconteceu a tomada da cidade foi um poderoso testemunho do que o povo poderia esperar caso andasse com o Senhor. No capítulo seguinte vemos Israel derrotado e humilhado por um adversário insignificante. A passagem de hoje faz parte da história deste lamentável episódio e nos oferece a explicação para a derrota: havia pecado entre o povo e isto interrompeu a ação de Deus.

O incrível desta situação foi o fato de apenas um homem ter pecado. Acã, da tribo de Benjamim, viu entre os despojos de Jericó um bom manto babilônico, 200 siclos de prata e um lingote de ouro de 50 siclos, o qual cobiçou e guardou (Josué 7:21). Deus, entretanto, havia dado ordens bastante específicas ao dizer: "Porém a cidade será condenada, ela e tudo quanto nela houver; somente viverá Raabe, a prostituta, e todos os que estiverem com ela em casa, porquanto escondeu os mensageiros que enviamos. Tão somente guardai-vos das coisas condenadas, para que, tendo-as vós condenado, não as tomeis; e assim torneis maldito o arraial de Israel e o confundais" (Josué 6:17,18).

Chama a atenção o fato de todo o povo sofrer as consequências do ato praticado por um único homem. A nossa surpresa, revela como somos convencidos de que o pecado é assunto de caráter pessoal, algo entre nós e Deus. Este relato nos mostra uma dramática e contundente evidência de que não existe "pecado particular". Todo pecado é ofensa contra Deus e contra o Seu povo, e tem consequências que vão muito além da nossa própria vida.

Ser parte do povo de Deus implica na existência de vínculos espirituais que não dependem de nós. Não existimos de forma isolada, tendo ou não uma fluente ligação com os demais. Quando alguns de nós pecamos não fazemos somente contra Deus, mas também prejudicamos o relacionamento com os irmãos, pois interrompemos o agir de Deus na coletividade e não somente na vida do indivíduo. O pecado secreto é um assunto muito sério porque afeta todas as pessoas relacionadas ao que pecou, da mesma maneira que o alcoólatra traz miséria a todos os vivem com ele. Mesmo que não vejamos as consequências, os resultados das nossas ações não podem ser sustados.

Para pensar:
Com certeza, esta realidade esteve presente em Paulo ao dizer que "...se um membro sofre, todos sofrem com ele..." (1 Coríntios 12:26). A ideia não é que devemos sofrer com o próximo, mas sim que a dor de um membro afeta todo o corpo, ainda que tentemos ignorá-lo. Da mesma forma, o pecado tem efeitos sobre a comunidade. Saber disto dá um peso adicional ao chamado para vivermos em santidade.

O caminho da humilhação

25 de julho

Ele, angustiado, suplicou deveras ao Senhor, seu Deus, e muito se humilhou perante o Deus de seus pais; fez-lhe oração, e Deus se tornou favorável para com ele, atendeu-lhe a súplica e o fez voltar para Jerusalém, ao seu reino; então, reconheceu Manassés que o Senhor era Deus. 2 CRÔNICAS 33:12,13

Depois que o povo de Israel (as dez tribos do norte) foi levado em cativeiro pela política expansionista da Assíria, Manassés assumiu o trono no reino de Judá. Ele sucedeu seu pai, Ezequias, o rei das reformas. O reinado dele se estendeu por intermináveis 40 anos. O cronista bíblico afirma que Manassés "Fez o que era mau perante o Senhor, segundo as abominações dos gentios que o Senhor expulsara de suas possessões, de diante dos filhos de Israel" (2 Crônicas 33:2). Ele introduziu em Judá as abomináveis práticas dos cananeus, ao ponto de colocar ídolos dentro do templo de Salomão. Pensa-se que o profeta Isaías foi morto nesse tempo durante a forte perseguição contra todos os que se mantinham fiéis ao Senhor.

Deus julgou Manassés, que foi levado como prisioneiro a Nínive. Era costume dos assírios conduzirem os reis capturados com um gancho preso ao nariz ou ao lábio. Depois eram colocados para trabalhar como escravos em condições de extrema crueldade. Foi neste tempo que Manassés elevou ao Senhor o clamor referido no texto de hoje. Angustiado e humilhado, pediu perdão ao Deus dos seus pais e clamou suplicando que o livrasse daquele tormento. O Senhor o atendeu e o levou de volta a Jerusalém para assumir o trono. Manassés, profundamente arrependido, programou uma série de reformas, retirando os ídolos e os altares que anteriormente mandara erguer.

Esta história nos deixa duas lições. A primeira é que vemos que não importa o quanto alguém tenha caído da graça de Deus, o caminho para a volta sempre estará aberto. Deus é, em Sua essência, misericordioso e compassivo. O clamor da pessoa arrependida chega imediatamente ao Seu coração, não importa que terríveis caminhos tenham percorrido. Ele está sempre desejoso de restaurar, uma vez mais, o Seu relacionamento com Seus filhos. Cada vez que nos arrependermos e nos humilharmos Ele estará pronto a intervir para restaurar o que nossa maldade tiver destruído.

A segunda lição é que devemos observar que foi por meio desse processo de grande sofrimento que Manassés reconheceu que o Senhor era Deus. Ao contrário da nossa tendência vingativa que busca infligir aos outros o mesmo sofrimento que nos causaram, o Senhor sempre nos trata com o desejo de que o conheçamos como Ele realmente é. O tratamento dele pode ser difícil e doloroso, mas o resultado será um conhecimento verdadeiro e certo da Sua pessoa. Este conhecimento não tem preço, mesmo que tenha vindo pela dor, lágrimas e angústia.

Para pensar
A alternativa para a disciplina é a ruína. —V. Havner

A meditação do sábio

Todos os que ouviram se admiraram das coisas referidas pelos pastores. Maria, porém, guardava todas estas palavras, meditando-as no coração. LUCAS 2:18,19

26 de julho

Como os pastores não ficariam maravilhados pelo que lhes aconteceu? Eles eram homens simples, cujas vidas transcorriam no silêncio e na solidão dos que vivem ao ar livre conduzindo suas ovelhas. Repentinamente, a quietude foi interrompida por uma cena de proporções dramáticas e sobrenaturais. Um anjo do Senhor lhes apareceu e a glória de Deus os cercou de resplendor. O anjo aquietou seus corações cheios de medo e lhes anunciou as boas-novas de Cristo. Mal acabara de falar, uma multidão das hostes celestiais rodeou o anjo e proclamou as maravilhas do Altíssimo.

Com a simplicidade das pessoas humildes, foram ao local indicado pelo anjo e encontraram o menino Jesus exatamente onde devia estar. Com certeza, esta segunda experiência lhes acrescentou uma cota adicional de espanto. Podemos vê-los compartilhando os pormenores do que lhes havia acontecido. E todos quantos escutavam ficaram igualmente maravilhados.

Aí está uma amostra da nossa reação diante das manifestações do divino. Pode ser que tenhamos presenciado uma visitação do Senhor a uma pessoa nossa conhecida, ou visto a milagrosa manifestação dele na cura de um enfermo, ou assistido à conversão de alguém muito resistente ao evangelho que decidiu aceitar o convite de Cristo. Seja qual tenha sido o acontecimento a verdade é que ficamos com uma sensação de euforia e entusiasmo.

Ao testemunho daquela experiência que os pastores relataram, o evangelho de Lucas acrescenta esta pequena observação: "Maria, porém, guardava todas estas palavras, meditando-as no coração." A palavra "porém" indica um contraste entre a postura da mãe de Jesus e a dos pastores. Será que ela não estava igualmente surpresa? Com certeza, ela estava, porque não cessava de se admirar pelo que Deus vinha realizando em sua vida. Este contraste se deve ao fato de ela juntar o elemento meditação ao que estava acontecendo. Quer dizer, Maria sabia que por trás das incríveis manifestações do Altíssimo existia uma realidade espiritual que precisava ser compreendida. Esta compreensão é concedida àqueles que se dispõem a analisar cuidadosa e atentamente, nos lugares secretos do coração, tudo aquilo que lhes é dado viver.

Esta é uma atitude de maturidade digna de imitação. Passado o momento de entusiasmo, Deus convida a meditarmos nos acontecimentos e nas experiências que vivenciamos. É por meio da reflexão que a completa dimensão daquilo que nos aconteceu, em toda a sua riqueza e profundidade, nos será revelada.

Para pensar:
A reflexão espiritual sempre nos confronta com a pessoa de Jesus e nos convoca a nos vestir do Seu caráter, pensamentos, hábitos, Sua dedicação e Sua compaixão. —Richard Foster

Semear com lágrimas

Os que com lágrimas semeiam com júbilo ceifarão. Quem sai andando e chorando, enquanto semeia, voltará com júbilo, trazendo os seus feixes. SALMO 126:5,6

27 de julho

O conhecido autor A. W. Tozer escreveu num dos seus livros: "A Bíblia foi escrita com lágrimas e ao que derrama lágrimas ela revelará seus melhores tesouros." Assim Tozer identificou um importante princípio do mundo espiritual, mostrando que as lágrimas sempre fizeram parte daqueles que tiveram a mais profunda intimidade com Deus. Possivelmente a maioria de nós não entende muito bem o porquê disso, e nem sequer procura saber. Basta-nos aceitar que é um componente imprescindível na vida espiritual.

Percorrendo as páginas da Bíblia, constatamos que os heróis da fé também experimentaram o quebrantamento. Jó chorou amargamente diante do Senhor pela angústia da sua aflição (Jó 16:20). José não pôde conter as lágrimas quando voltou a se encontrar com os seus irmãos (Gênesis 43:30). Ana, a mãe de Samuel, chorou desconsolada pela sua esterilidade (1 Samuel 1:7). Quando Davi encontrou a cidade destruída pelos amalequitas chorou até perder as forças (1 Samuel 30:4). Nos salmos, o mesmo Davi confessa terem sido as lágrimas o seu pão de dia e de noite (Salmo 42:3). Elias fugiu para o deserto e, angustiado, desejou morrer (2 Reis 17). O rei Ezequias chorou com grande aflição quando lhe foi comunicado que iria morrer, e foi ouvido em função das suas lágrimas (Isaías 38:5). Jeremias é conhecido como o profeta chorão (Jeremias 13:17). Jesus chorou em várias ocasiões. A Palavra de Deus testifica que Ele orou com clamor e lágrimas (Hebreus 5:7). Paulo serviu o Senhor com humildade, e com muitas lágrimas e provas (Atos 20:19).

Sem compreender bem o processo, sabemos que algo acontece em nosso coração quando choramos. Com o choro, existe a possibilidade de ele ficar mais brando. Devemos reconhecer que a dureza do coração é um sério obstáculo para uma vida de comunhão mais profunda com Deus. Com a carga de frustrações e fracassos, falham nossos esforços para levarmos a vida em frente, e admitimos diante de Deus a nossa frágil e instável condição. É o começo de algo novo. Seguramente, por isso Jesus podia declarar: "Bem-aventurados os que choram, porque serão consolados" (Mateus 5:4).

As lágrimas, no entanto, nem sempre são fruto de alguma frustração. Podem também indicar um coração trabalhado por Deus e sensível às coisas do Espírito. Este grupo de pessoas é formado por aqueles que sofrem pelas mesmas coisas que trazem quebrantamento ao coração de Deus. Observe as lágrimas de Cristo por Jerusalém (Lucas 19:41), ou de João no Apocalipse (5:4). Eles percebiam uma realidade espiritual de tal magnitude que os levou a chorar diante de Deus.

Seja qual for a razão, para os que andam com o Senhor, as lágrimas são a porta de entrada para coisas mais profundas e espirituais.

Para pensar:
Manter a mão no arado, enquanto enxugamos nossas lágrimas, isso é cristianismo.
—Watchman Nee (*Contra a maré*, CLC, 1989)

Soberano absoluto

Então, enviou Saul mensageiros para trazerem Davi, os quais viram um grupo de profetas profetizando, onde estava Samuel, que lhes presidia; e o Espírito de Deus veio sobre os mensageiros de Saul, e também eles profetizaram. 1 SAMUEL 19:20

28 de julho

Este é um dos muitos cenários incomuns que encontramos nas Escrituras, porque não conseguimos captar a verdadeira essência dos acontecimentos que nos são descritos.

De qualquer modo vale a pena uma pequena reflexão sobre os acontecimentos descritos na passagem. O ódio de Saul contra Davi havia chegado a proporções verdadeiramente grotescas. Em dois momentos ele havia tentado atingir Davi com a lança. Ordens foram dadas para que o prendessem, mas Davi sempre conseguia escapar. Na presente ocasião, Saul foi avisado quanto ao local onde Davi se escondia e os mensageiros foram enviados para prendê-lo. Entretanto, o Espírito de Deus veio sobre eles e começaram a profetizar junto aos demais profetas reunidos com Samuel. Esta cena se repetiu três vezes, quando os mensageiros foram tomados pelo Espírito de Deus. Por último, Saul decidiu capturar pessoalmente Davi. Nessa altura dos acontecimentos, o rei já não conseguia dominar a fúria despertada pela aparente incapacidade dos seus homens. Quando chegou ao local onde Samuel se encontrava com os profetas, sobreveio-lhe o Espírito do Senhor e ele começou a profetizar. Isto durou um dia e uma noite. Ele nada pode fazer para evitar a situação, e nem conseguiu levar adiante seu plano maligno contra aquele que despertava tanta inveja em seu coração.

Ousamos fazer algumas simples considerações sobre o acontecido. Inicialmente, vemos que todos os mensageiros, inclusive o rei, profetizaram, mas nenhum deles se tornou profeta. Isto é importante observar porque existe em nós uma tendência para confundir as ações com a pessoa que as executa. Pensamos que, ao fazer o trabalho, qualquer um conta com a aprovação de Deus sobre si. O Senhor, contudo, pode usar qualquer um inclusive um jumento, caso necessário! Isto não torna o animal num consagrado servo do Senhor. Ser um servo na casa do Senhor exige muito mais que a habilidade de fazer coisas boas para Deus.

Em seguida, constatamos que nenhum plano do homem prospera se Deus não o autorizar, mesmo quando os propósitos são maldosos. Muitas vezes, acreditamos que o inimigo anda solto fazendo tudo o que deseja sem que tenhamos como nos defender dele. Esta história nos revela com clareza que o inimigo avança até onde lhe é permitido, e nem um milímetro além. A autoridade de Deus se estende até sobre a vida daquele que trama o mal dia e noite.

Para pensar:
...é ele quem reduz a nada os príncipes e torna em nulidade os juízes da terra (Isaías 40:23).

Verdadeiros adoradores

29 de julho

Mas vem a hora e já chegou, em que os verdadeiros adoradores adorarão o Pai em espírito e em verdade; porque são estes que o Pai procura para seus adoradores.
JOÃO 4:23

Esta cena tem valor muito especial para todos os que desejam conhecer melhor o nosso Deus. É uma das poucas ocasiões quando Jesus expressa em palavras os desejos do Pai. Não podemos deixar de nos sentir um pouco incomodados em face de Sua revelação, pois no contexto de uma discussão sobre as formas de se adorar, algo que parece insignificante, Cristo coloca uma frase que nos leva à essência da adoração.

Um dos aspectos da Sua declaração logo se destaca: há dois tipos de adoradores, os verdadeiros e falsos. Não é preciso dizer que se um adorador é falso, na realidade não é, adorador, ele apenas interpreta este papel. Isto nos obriga a meditar em nossas próprias experiências de adoração. Será que verdadeiramente adoramos ou fingimos estar adorando nos momentos públicos destinados a esta atividade?

Só de pensar nisto, percebemos a diferença entre uma coisa e outra. O falso adorador é precisamente aquele que admite a adoração como atividade. Quer dizer, por alguns momentos deixa de lado o que estava fazendo para se dedicar a uma nova tarefa: adorar ao Pai. Não está fazendo mais do que assumir movimentos e introduzir palavras apropriadas a tal ato. Talvez tenha visto outros fazendo isto e saberá imitá-los com facilidade. Em sua mente, a adoração é uma das muitas coisas relacionadas à vida espiritual.

Quando Cristo fala do verdadeiro adorador não está descrevendo o que ele faz, mas sim o que a pessoa é. Assim como podemos descrever alguém por sua origem indicando que é grego, polonês ou espanhol, pois isso não fala de atividade, mas identidade, Cristo identifica certas pessoas dentro do reino pelo coração que possuem: são verdadeiros adoradores do Pai.

Um adorador não pode conviver com a carne e com o pecado. A adoração, em última instância, é o resultado de um emocionante e profundo encontro com Deus, em que tais coisas se tornam abomináveis. O verdadeiro adorador que o Pai busca é o que o faz em espírito e em verdade. É alguém que combina a realidade espiritual produzida pelo Espírito de Deus (pois ninguém pode se relacionar com Deus a não ser por intermédio do Espírito) e a purificação do ser interior que vem por meio da verdade eterna. Quer dizer, é aquele que reflete com todo o seu ser o relacionamento em que se encontra profundamente envolvido.

Para pensar:
Como você se define como adorador? A sua adoração se limita as atividades em reuniões públicas? De que maneira é possível desenvolver ainda mais a sua identidade como adorador?

Bênçãos invisíveis

30 de julho

A rainha do Sul se levantará, no Juízo, com os homens desta geração e os condenará; porque veio dos confins da terra para ouvir a sabedoria de Salomão. E eis aqui está quem é maior do que Salomão. LUCAS 11:31

Multidões acompanhavam Jesus ao longo do Seu ministério. Muitos eram os curiosos que se mostravam dispostos a se comprometer com Ele. Faltava-lhes apenas um sinal vindo do céu para estarem seguros de que Ele era realmente o Messias. Jesus lhes falou dizendo: "...Esta é geração perversa! Pede sinal; mas nenhum sinal lhe será dado, senão o de Jonas" (Lucas 11:29).

A questão do sinal era nada mais que uma desculpa. Quem não deseja crer não o fará diante das mais dramáticas e contundentes evidências da ação de Deus. Assim foi a geração dos israelitas que saíram do Egito, um pouco obstinada e volúvel, que não confiava ainda que visse coisas que nenhum outro povo tivesse presenciado. A fé é, na essência, uma resposta espiritual ao trabalho do Espírito em nosso coração. Apesar disto, com frequência nos convencemos de que nossa fé seria mais firme caso víssemos maiores evidências da atuação de Deus em nossa vida. Deste modo, reconhecemos que o esforço de crer recai sobre nós e por isso um "empurrãozinho" para a nossa fé seria bem-vindo.

O Senhor, porém, queria lhes mostrar algo diferente: os sinais que desejavam ver já existiam, só eles é que não os percebiam. Assim como fez em outras ocasiões, Jesus escolheu o exemplo de alguém que não pertencia ao povo de Israel para ilustrar uma verdadeira atitude de fé. Ele mencionou os habitantes de Nínive que acreditaram na pregação de Jonas, um profeta de maneiras rudes na comunicação da mensagem. Entretanto, creram porque neles havia a abertura espiritual necessária.

Jesus mencionou, na passagem que hoje consideramos, a rainha do Sul, ou seja, a rainha de Sabá, que veio visitar o rei Salomão (1 Reis 10:1-13). Essa mulher era a soberana de um país da África, acostumada a ter súditos fazendo a sua vontade. No entanto, deixou de lado seus privilégios reais e fez uma longa viagem para conhecer a sabedoria do lendário rei de Israel. Os ninivitas e a rainha do Sul tiveram algo em comum: a abertura para as realidades espirituais, algo que faltava aos israelitas. Temos que considerar, além disto, que nem os ninivitas nem a rainha de Sabá possuíam a rica herança espiritual do povo de Deus. Os que estavam junto a Jesus tinham acesso ao mais extraordinário sinal jamais visto pelos homens. No entanto, entre os que mais possuíam, se observava maior pobreza de espírito.

O mesmo acontece conosco. Frequentemente estamos determinados a buscar algo que julgamos estar faltando. Nossa obstinação não nos permite ver nem desfrutar as bênçãos que nos cercam e que, muitas vezes, são maiores do que aquelas que buscamos.

Para pensar:
A mente carnal não vê Deus em lugar algum nem sequer nas coisas espirituais. A mente espiritual vê Deus em tudo, mesmo nas coisas naturais. —R. Leighton

A estupidez de um rei

Entristeceu-se o rei, mas, por causa do juramento e dos que estavam com ele à mesa, determinou que lha dessem; e deu ordens e decapitou a João no cárcere.
MATEUS 14:9,10

Deus decidiu que João Batista morreria, mas de que triste modo isso aconteceu! O seu destino foi decidido num momento de agitação em que os julgamentos corretos e justos ficam à mercê das emoções. O rei Herodes, encantado pelos graciosos movimentos da filha de Herodias, encontrou uma forma perfeita de ganhar o aplauso dos convidados, fazendo-lhe uma oferta tão generosa que impressionaria a todos os presentes. O exagero do seu voto revela que falou o que primeiro lhe veio à mente sem medir as consequências de suas palavras. Assim morreu João Batista, vítima do descontrole de um perverso governador numa festa de aniversário.

Os desejos do homem para agradar e impressionar os outros são profundos. Essa vontade de "ficar bem", de impressionar as pessoas pelo modo como atuamos e assim conquistarmos o favor e a admiração deles, é algo que se origina na essência do que somos como seres humanos. Todos nós temos sede de reconhecimento, de sermos levados em consideração e valorizados pelos que nos cercam. Muitos obreiros que vêm de lares onde viveram experiências da falta de afeto tornam sua necessidade em verdadeira obsessão. As horas e os dias não bastam para servir aos irmãos, de quem esperam receber expressões de gratidão e afeto.

A história de Herodes demonstra até que ponto chegamos quando permitimos que os desejos governem as nossas ações. O rei se entristeceu pela palavra dada, porque de repente se deu conta de como a promessa feita foi insensata. No entanto, o seu desejo de não prejudicar sua imagem diante dos convidados foi mais forte do que seu momentâneo incômodo pela estupidez de suas ações. O arrependimento exigiria um tipo de coragem que estes homens não possuíam.

Neste forte desejo de agradar, muitas vezes nos comprometemos a fazer coisas que não podemos cumprir. Nenhuma delas tem a magnitude nem a seriedade da promessa que Herodes fez, mas todas elas são igualmente perniciosas. Acabamos envolvidos em situações indesejadas ou, até mesmo, detestáveis. Por este motivo, muitas vezes o cumprimento do nosso voto é acompanhado de lamentos e queixas. Além disto, as nossas palavras impensadas, com o passar do tempo, desgastam a nossa autoridade como líderes, porque não podemos cumprir muitas delas. Corremos então o risco de sermos conhecidos como pessoas cuja palavra tem pouco peso.

Para pensar:
Quando Jesus ensinou que a nossa palavra deve ser sem juramento (Mateus 5:37), Ele se referia à simplicidade em nossas expressões. Isto também inclui uma economia no uso das palavras, para sermos mais calmos e pensativos na hora de nos comunicarmos. Assim evitaremos nos comprometer com aquilo que dissermos.

Bendito amor celestial!

Quem nos separará do amor de Cristo? Será tribulação, ou angústia, ou perseguição, ou fome, ou nudez, ou perigo, ou espada? ROMANOS 8:35

1 de agosto

Era difícil compreender este versículo porque não se enquadrava na realidade da minha vida, nem no que via em muitos que compartilhavam a experiência cristã comigo. "Como Paulo podia falar que nada poderia nos separar do amor de Deus", eu me perguntava, "se a cada dia vejo uma infinidade de situações que competem com o nosso amor por Cristo?" Cada uma delas, não só luta contra o nosso desejo de segui-lo, mas às vezes consegue afastar-nos completamente do caminho que Deus traçou para nós.

O problema com esta interpretação era o fato de eu considerar este versículo por uma ótica errada, concentrando-me em nossa devoção a Deus. A minha falha revela como a crença de que somos os protagonistas da vida espiritual está profundamente arraigada em nós. No fundo acreditamos que a nossa atividade mantém pujante e vivo o nosso relacionamento com o Altíssimo. Minhas dificuldades desapareceram quando compreendi que Paulo nessa passagem não se refere ao nosso amor a Deus, tão frágil e vacilante, mas se refere ao amor dele para conosco. É interessante observar que todos os termos por ele escolhidos como possíveis separadores desse amor divino remetem ao sofrimento. Considere-os por um momento: tribulação, angústia, perseguição, fome, nudez, perigo, espada. Cada um destes elementos envolve situações em que vivenciamos angústias pessoais e difíceis de enfrentar.

Por que o apóstolo escolheu mencionar estas experiências em particular? A reação quase universal de muitos cristãos em meio ao sofrimento, seja qual for sua origem, é crer que Deus os tenha abandonado e esquecido. Veja, por exemplo, a resposta de Gideão ao anjo que o visitou (Juízes 6:13), a dos israelitas junto ao mar Vermelho (Êxodo 14:11,12), ou então Davi no Salmo 42:9, ao exclamar: "…por que te olvidaste de mim?". É em tempos de angústia que ficamos especialmente propensos a questionar a existência do amor de Deus para conosco. O apóstolo afirma não existir qualquer criatura, nem qualquer experiência que possa eliminar o Seu amor por nós. Você e eu podemos, quem sabe, "sentir" que Ele não está conosco nestes tempos difíceis. Mas quem de nós tem sentimentos que sempre expressam a verdade? O que Paulo diz aqui é uma das verdades centrais na qual se fundamenta a vida espiritual. A pessoa que experimenta a vida vitoriosa em todas as suas dimensões é aquela que não duvida do amor de Deus, mesmo diante da morte. Ela tem uma inabalável certeza de que o amor insistente incansável e perseverante de Deus por nós é um fato tão verdadeiro como a existência dos céus e da terra.

Para pensar:
Porque eu estou bem certo de que nem a morte, nem a vida, nem os anjos, nem os principados, nem as coisas do presente, nem do porvir, nem os poderes, nem a altura, nem a profundidade, nem qualquer outra criatura poderá separar-nos do amor de Deus, que está em Cristo Jesus, nosso Senhor (Romanos 8:38,39).

Tristeza com potencial

2 de agosto

> O rei me disse: Por que está triste o teu rosto, se não estás doente? Tem de ser tristeza do coração. Então, temi sobremaneira, e lhe respondi: viva o rei para sempre! Como não me estaria triste o rosto se a cidade, onde estão os sepulcros de meus pais, está assolada e tem as portas consumidas pelo fogo? NEEMIAS 2:2,3

O primeiro capítulo do livro de Neemias relata o encontro com Hanani que voltava de uma viagem a Jerusalém. Neemias, ansioso por saber como estavam as coisas na terra natal, perguntou sobre a situação dos judeus que tinham escapado do exílio. Hanani lhe disse que os "...restantes, que não foram levados para o exílio e se acham lá na província, estão em grande miséria e desprezo; os muros de Jerusalém estão derribados, e as suas portas, queimadas" (Neemias 1:3). O texto informa que isto provocou grande tristeza em Neemias, e ele se quebrantou e chorou.

Do mesmo modo que Neemias, vivemos tempos em que não faltam más notícias. Na América Latina a violência, a pobreza e as injustiças sociais aumentam. Não passa um dia sequer sem ouvirmos pelo rádio ou vermos pela televisão as consequências destes males. Além disto, como pastores e líderes, diariamente, estamos em contato direto com as mais angustiantes manifestações da maldade humana. As dificuldades que vemos enchem nosso coração de tristeza, e resultam em desânimo, desesperança e resignação. Quantas vezes participamos de encontros em que as tragédias e tristezas de outros servem apenas para alimentar a nossa mórbida tendência de investigar cada detalhe do ocorrido? À medida que vamos alimentando o ambiente com novos relatos de desgraças, vemos que o ânimo de todos diminui e um sentimento de angústia generalizado se instala. Com isto, não fazemos mais do que repetir o modelo de forma permanente ao nosso redor em que falar do quanto as coisas estão ruins é quase um passatempo.

O que nos diferencia de Neemias é que ele não permaneceu no desânimo. A sua tristeza o fez entrar na presença de Deus e derramar sua angústia diante do trono. No processo de compartilhar sua dor, o profeta se dispõe a fazer algo para solucionar o problema.

Precisamos inserir esta resposta em nosso viver de cada dia. Assim, a nossa tristeza pode servir de meio para algo produtivo acontecer em um novo projeto de Deus. O que vemos e ouvimos pode ser um incentivo para buscarmos a presença do bom Pai celestial. Ele tem a perspectiva correta de todas as coisas e sabe muito bem qual é o caminho a seguir. Quem sabe, Ele tenha alguma orientação para nos dar sobre a situação em específico. Deixemos de nos fixar no problema e comecemos a mirar a solução. Hoje, o nosso continente precisa desesperadamente de pessoas que tragam soluções.

Para pensar:
Confia os teus cuidados ao Senhor, e ele te susterá; jamais permitirá que o justo seja abalado (Salmo 55:22).

Vivendo entre tensões

3 de agosto

Então, ele disse: Rogo-te que me mostres a tua glória. Respondeu-lhe: Farei passar toda a minha bondade diante de ti e te proclamarei o nome do SENHOR; terei misericórdia de quem eu tiver misericórdia e me compadecerei de quem eu me compadecer. E acrescentou: Não me poderás ver a face, porquanto homem nenhum verá a minha face e viverá. ÊXODO 33:18-20

A vida espiritual é uma vida de polaridades que se encontram em perfeito equilíbrio. Uma das tensões, por exemplo, é a que existe entre a fé e as obras. Fomos chamados a viver pela fé. No entanto, como bem sinaliza Tiago em sua epístola, "...a fé, se não tiver obras, por si só está morta" (Tiago 2:17). De igual forma as obras quando não têm uma fé viva e eficaz para apoiá-las, convertem-se em meros projetos humanos. Outra tensão se refere ao esforço pessoal e a graça. Considere a aparente contradição na exortação de Paulo na epístola a Timóteo: "Tu, pois, filho meu, fortifica-te na graça que está em Cristo Jesus" (2 Timóteo 2:1). A graça está relacionada com o agir de Deus em nós o qual supre as nossas fraquezas. O esforço vem da nossa disciplinada contribuição a cada empreendimento que o Senhor coloca diante de nós. Quando só existe o esforço, cremos que somos nós quem fazemos as coisas. Quando existe apenas a graça, caímos numa apatia espiritual que o teólogo Bonhoeffer qualificou de "graça barata", isto é, uma graça que não valoriza o custo do que recebeu.

A passagem de hoje coloca em destaque outra polaridade que existe bem no cerne da nossa experiência espiritual. É a que acontece entre as sensações de plenitude e de insatisfação. Moisés teve o privilégio de viver em profundidade e em intimidade com Deus. A palavra diz que "Falava o SENHOR a Moisés face a face, como qualquer fala a seu amigo..." (Êxodo 33:11). Não há muitos homens dos quais se possa dizer o mesmo. No texto de hoje vemos Moisés pedindo a Deus que lhe conceda uma experiência ainda mais profunda: "Rogo-te que me mostres a tua glória...".

Temos aqui uma das realidades mais difíceis de suportar. Por um lado, Deus preenche os nossos desejos mais profundos. Quando vivemos plenamente a comunhão com Ele, sentimos um êxtase espiritual difícil de ser descrito. Entretanto, estas experiências despertam em nós um sentimento de insatisfação. A nossa percepção sobre o quanto necessitamos do Senhor se intensifica. A sensação de que algo ainda nos falta se acentua em nós e isto, por sua vez, nos impele a continuar buscando.

Para pensar:
O nosso desafio é aprender a conviver com estas duas realidades. Se não aceitarmos isto, condenaremos a nossa experiência espiritual como sendo algo inútil, porque ela nunca nos concede tudo o que buscamos. Esta sede, porém, também é santa. Por meio dela, o Senhor nos chama continuamente à Sua presença para bebermos da fonte de águas eternas. Se não a tivéssemos, jamais saberíamos que Cristo está agindo em nós.

Profissionais do evangelho

Tenho, porém, contra ti que abandonaste o teu primeiro amor.
APOCALIPSE 2:4

4 de agosto

A carta que o apóstolo João escreve ao anjo da igreja de Éfeso não é de modo algum condenatória. Ele os felicita por suas obras, que incluíam um árduo trabalho realizado com muita paciência. Esta igreja tinha desenvolvido uma louvável intolerância ao pecado. Também enfrentara os que se diziam apóstolos e não o eram, e os havia denunciado como falsos ministros do evangelho. Os cristãos de Éfeso igualmente tinham suportado com resignação as provas que vieram como resultado de seguir a Cristo. Em tudo, escreve João, "...suportaste provas por causa do meu nome, e não te deixaste esmorecer" (Apocalipse 2:3). Em meio a esses elogios, entretanto, vem a seguinte frase: "Tenho, porém, contra ti que abandonaste o teu primeiro amor." De forma surpreendente tomamos conhecimento que nessa admirável congregação faltava o ingrediente mais importante: a paixão por Aquele a quem serviam.

Nisto a igreja reflete o que acontece na maioria dos relacionamentos humanos. Consideremos, por exemplo, o caminho percorrido por muitos casais. Começam com paixão e encantamento e levam o relacionamento ao centro de todos os seus pensamentos e atividades. Os dias são curtos para estarem juntos, desfrutando a companhia um do outro e procurando descobrir os tesouros escondidos que brindam a relação profunda com outro ser humano. Entretanto, com o passar dos anos desaparecem as expressões apaixonadas e o casamento entra numa rotina que prioriza o costume.

Esta experiência é tão frequente que somos induzidos a crer que a igreja nada mais faz do que expressar a mesma realidade com o passar do tempo. Como manter viva a paixão após 20 ou 30 anos? O anjo convoca a igreja a se lembrar de onde havia caído e a exorta para que volte a praticar as primeiras obras. Ou seja, pede-lhes para ter outra vez a vibrante forma de viver que teve no início do seu relacionamento com Cristo.

Recuperar esta paixão não é tão complicado como cremos. A falta de tempo é o fator que mais afeta a continuidade de um relacionamento. Preocupados e envolvidos com tantas atividades que compõem a nossa vida, o relacionamento murcha simplesmente porque não lhe damos a devida atenção. Estamos muito ocupados com outras coisas. Para mantê-lo vivo é indispensável lhe dedicarmos tempo. Esta dedicação é a materialização do compromisso assumido com outra pessoa, e que não admite qualquer exceção. O romance e a paixão só podem ser mantidos quando continuamos celebrando cada dia, o relacionamento que nos une. Isto se faz com presentes, atos de serviço, dedicação e abundantes demonstrações de carinho e gratidão ao nosso cônjuge.

Para pensar:
O que o anjo lhe diria sobre o seu primeiro amor? O que você fazia para Cristo quando era recém-convertido? O que deixou de fazer? Quais destas coisas você deve voltar a incluir em sua vida?

O caminho do arrependimento

5 de agosto

Então, caindo em si, disse: Quantos trabalhadores de meu pai têm pão com fartura, e eu aqui morro de fome! Levantar-me-ei, e irei ter com o meu pai, e lhe direi: Pai, pequei contra o céu e diante de ti; já não sou digno de ser chamado teu filho; trata-me como um dos teus trabalhadores. LUCAS 15:17-19

A parábola do filho pródigo é uma das mais belas ilustrações do amor misericordioso de Deus, demonstrado a dois filhos que não entendiam como era compassivo o coração do seu pai. No texto de hoje vemos o caçula sentado entre porcos, sujo, cansado, faminto e esquecido por todos. O tempo de festas acabara e a falta de esperança tomou conta de tudo.

A passagem nos diz que foi naquele momento que o jovem caiu em si. É uma expressão que bem poderia ser aplicada a alguém que esteve anestesiado durante uma cirurgia. Dá-nos a entender que o jovem não esteve consciente do que lhe acontecia na vida. De fato, é isso que o pecado faz conosco: entorpece os nossos sentidos e não nos permite compreender a insensatez dos nossos caminhos. O primeiro passo ao arrependimento acontece quando voltamos a recuperar a consciência. De repente constatamos como a nossa vida foi errada. A luz ilumina o nosso entendimento e passamos a ver as coisas com outros olhos. A realidade da vida deste jovem falava de forma eloquente o quanto havia descido ao deixar a casa paterna.

Em seguida, o moço entendeu que o caminho que trazia a recuperação era o que o levava de volta à sua casa e que o bem e a saúde se encontravam no relacionamento com seu pai. O arrependimento consiste não só no reconhecimento de que seguimos por uma direção errada, como também no início de uma jornada rumo à comunhão e à intimidade com Deus. Esta viagem de volta porá fim ao silêncio e à alienação de nossa vida.

É no terceiro passo que detectamos um erro no pensamento do jovem. Ele monta um plano para corrigir sua vida: "...trata-me como um dos teus trabalhadores". É precisamente neste ponto que o arrependimento falha. Reconhecemos o mal cometido e nos aproximamos do Pai, mas levamos também nosso plano para consertar o que fizemos de errado. Deus não precisa dos nossos projetos, nem da nossa ajuda para desfazer as coisas. Ele tem os seus próprios métodos, que são eficazes e certos. Basta-nos dar liberdade para Ele agir em nossa vida. O Pai é a solução para todas as nossas dificuldades. Precisamos nos aproximar dele, não para falar, mas para ouvir. Se tivermos que fazer algo, Ele certamente nos mostrará. Se nada nos diz, desfrutemos os beijos e os abraços que nos oferece, sabendo que na casa do nosso Pai sempre seremos bem-vindos.

Para pensar:
O arrependimento e a fé são presentes que recebemos, e não metas que alcançamos.
—Anônimo

A oração de um servo

Agora, pois, ó SENHOR, meu Deus, tu fizeste reinar teu servo em lugar de Davi, meu pai; não passo de uma criança, não sei como conduzir-me. Teu servo está no meio do teu povo que elegeste, povo grande, tão numeroso, que se não pode contar. Dá, pois, ao teu servo coração compreensivo para julgar a teu povo, para que prudentemente discirna entre o bem e o mal; pois quem poderia julgar a este grande povo? 1 REIS 3:7-9

Salomão ainda era jovem quando o Senhor apareceu em sonhos e lhe disse: "...Pede-me o que queres que eu te dê" (1 Reis 3:5). Ele poderia ter pedido o que desejasse e Deus lhe teria concedido, porque Ele não é homem para descumprir Sua Palavra. O que lhe pediríamos caso Ele nos tivesse feito a mesma oferta? A resposta de Salomão não só impacta pela profundidade da sua visão, mas revela um contraste com os pedidos egoístas que costumamos fazer. Esta oração poderia servir de modelo para muitos que têm responsabilidades na casa do Senhor.

Primeiramente, Salomão estava consciente de que não era pelo esforço próprio que fora colocado neste lugar, nem graças às suas qualidades como homem. Ele sabia que Deus o escolhera para ser rei.

Depois, Salomão estava absolutamente convencido de não ter a necessária capacidade para cumprir a tarefa à sua frente: "...não passo de uma criança, não sei como conduzir-me...". Como é agradável encontrar alguém que honestamente confessa suas limitações e reconhece sua falta de experiência para realizar o ministério! Sabemos que as nossas fraquezas são o principal meio para a manifestação da graça de Deus, e nós, pelo contrário, fazemos grande esforço para esconder ou dissimulá-las.

Em seguida, Salomão reconhecia que liderava o povo de Deus. Não era um povo do qual poderia dispor como bem entendesse, usando para tal seus critérios e desejos. Era um povo que fora comprado pelo Deus Soberano, e que devia ser cuidado e honrado como tudo aquilo que não nos pertence. Que bom seria se regularmente nos lembrássemos, como pastores, o povo sob a nossa liderança não nos pertence, mas é propriedade do Senhor! Chegará o dia em que daremos conta de cada um, até do menor deles.

Por último, Salomão sabia que levaria adiante sua responsabilidade somente se Deus lhe concedesse os dons e as habilidades necessários para a tarefa. Ele não conseguiria realizá-la com as próprias forças. Precisava ser revestido do poder do alto, daí a sua petição: "Dá, pois, ao teu servo coração compreensivo para julgar a teu povo, para que prudentemente discirna entre o bem e o mal...". Ele não aspirava ter fama, reputação, nem reconhecimento. Só desejava a capacitação necessária para agradar ao seu Deus.

6 de agosto

Para pensar:
Esta oração realmente inspira. Você sente o desejo de apropriar-se dela para convertê-la em sua oração em relação ao ministério que lhe foi confiado?

A crise do justo

Em só refletir para compreender isso, achei mui pesada tarefa para mim; até que entrei no santuário de Deus e atinei com o fim deles. SALMO 73:16,17

7 de agosto

O salmista se afundara numa crise de fé muito semelhante ao que vivenciamos em algum momento da nossa peregrinação. Quem sabe, sua depressão veio em consequência de intensa provação em sua vida espiritual. Talvez estivesse envolvido em alguma experiência de sofrimento e perseguição pelo desejo de honrar a Deus. O fato é que, em meio às circunstâncias pessoais, olhou para a vida dos ímpios e viu que era mais cômoda e fácil do que a vida dos justos. Os ímpios não são apenas prósperos, como também não há apertos em sua morte. O seu vigor é permanente e não têm que se esforçar e trabalhar duro toda a vida como acontece com a maior parte dos mortais. Com uma facilidade que chega a parecer zombaria eles alcançam aquilo que seu coração deseja (Salmo 73:7). Como se isso não bastasse, caminham pela vida com uma intolerável arrogância, fazendo alarde da sua situação e desprezando os que lutam dia após dia para sobreviver.

Como o salmista não entraria em crise? Quanto mais refletia sobre isto, maior era a sua indignação. Para que tanto esforço e tanta fidelidade, se outros chegam a uma posição mais confortável sem passar por toda a angústia dos que vivem de forma correta e justa? Os magros resultados que colhera não correspondiam ao quanto se empenhara. Completamente frustrado, ele exclamou: "Com efeito, inutilmente conservei puro o coração e lavei as mãos na inocência" (Salmos 73:13).

Com certeza, em algum momento, enfrentamos sentimentos bem similares. E em muitas ocasiões nos parece que nada conquistamos com a nossa devoção. Passamos pelos mesmos tormentos e dores que os ímpios; sofremos as mesmas fraquezas e cometemos os mesmos erros. Os esforços para honrar o Senhor parecem fazer nada mais do que acrescentar complicações às nossas vidas. A nossa honestidade é ridicularizada. A nossa santidade no viver é motivo de chacotas. A nossa dedicação ao trabalho é envolvida por críticas e ingratidão. Quem de nós já não sentiu vontade de "jogar a toalha"?

A resposta às nossas dúvidas não se acha na observação nem na análise da realidade ao nosso redor. Assim como o salmista, quanto mais pensarmos, mais injusta nos parecerá a vida que levamos. O salmista nos indica o caminho a seguir: ele entrou no santuário de Deus. Ali, na presença do Senhor, ele compreendeu que a sua perspectiva estava seriamente limitada pela sua condição humana. Deus o conduziu a outro nível, ao plano das coisas eternas. A nossa vida não se limita à rápida passagem por este mundo. Foi precisamente aí que o salmista pôde entender: "...e atinei com o fim deles" (Salmos 73:16), e viu como estava perto de uma decisão fatal. Por esse motivo, com gratidão exclamou: "...quase me resvalaram os pés; pouco faltou para que se desviassem os meus passos" (Salmo 73:2). O Senhor o fez voltar do abismo.

Para pensar:
O salmo nos deixa um importante princípio. Os dilemas, as dúvidas e as angústias da vida se resolvem na presença do Altíssimo. Não demore a buscar, como primeira opção, o Seu rosto!

Fome de Deus

Então, me invocareis, passareis a orar a mim, e eu vos ouvirei. Buscar-me-eis e me achareis quando me buscardes de todo o vosso coração. JEREMIAS 29:12,13

8 de agosto

Este texto faz parte de uma carta que Jeremias enviou aos judeus que viviam exilados na Babilônia. Entre eles surgiram os mensageiros da facilitação que anunciavam o breve regresso a Judá. Jeremias, pelo contrário, dá instruções para que o povo crie raízes na Babilônia porque a permanência deles ali seria prolongada. A profecia contém a promessa de que Deus será achado pelo povo quando este deixar de lado suas práticas religiosas e se dedicar a buscá-lo sinceramente, de todo o coração.

Apesar do seu contexto histórico, é um texto que bem poderia estar sendo dirigido à igreja dos nossos dias. Não é uma referência à má condição do povo de Deus em nosso tempo, mas ao reconhecimento da tendência básica do ser humano para a experiência religiosa. Nisto entendemos a série de atividades que o homem executa para receber em troca a bênção de Deus. Não se trata de um relacionamento com o Senhor, mas sim de um simples intercâmbio de favores. Nós cumprimos as exigências da religião e o Ser Supremo nos concede as Suas graças.

Este modo de pensar não é uma característica de um grupo em particular, embora seja mais visível em alguns do que em outros. Infelizmente devemos reconhecer que muitas atividades em nossas próprias igrejas têm algo a ver com isso. O nosso fervor não dura mais que o tempo da reunião a que assistimos. Depois, retornamos à nossa cansativa vida rotineira na qual tudo continua como antes.

"Buscar-me-eis e me achareis quando me buscardes de todo o vosso coração" (Jeremias 29:13). A frase diz tudo. Existe a promessa de um encontro com Deus que poderia ter até as conotações dramáticas do que alguns dos grandes heróis da fé vivenciaram: Abraão, Moisés, Davi, Isaías, Pedro, Paulo ou João. Sem definir os pormenores desse encontro com o Senhor, a profecia afirma que findara o tempo de se recorrer a complicadas explicações para demonstrar que Deus se encontra presente. A vida espiritual será outra, muito diferente, onde a experiência com o Pai a preencherá totalmente. Quem receberá esta experiência? Ela será outorgada aos que o buscarem de todo o coração. A frase descarta as "buscas" que duram horas ou dias. Aqui se fala da pessoa cuja paixão o consome. São os que têm "fome e sede de justiça". É o clamor do salmista: "Ó Deus, tu és o meu Deus forte; eu te busco ansiosamente; a minha alma tem sede de ti; meu corpo te almeja, como terra árida, exausta, sem água" (Salmo 63:1). Para estas pessoas está reservada uma plena experiência com Deus.

Para pensar:
Onde estão hoje os que "gemem pelo Senhor"? Onde se encontram os que não conseguem descansar porque continuamente clamam por uma visitação de Deus? Será que tarda o avivamento que tanto anelamos porque ainda não existe um povo suficientemente faminto?

Unção

O Espírito do Senhor está sobre mim, pelo que me ungiu para evangelizar os pobres; enviou-me para proclamar libertação aos cativos e restauração da vista aos cegos, para pôr em liberdade os oprimidos. LUCAS 4:18

9 de agosto

Em nossa cultura existe uma firme convicção de que a maneira como fazemos as coisas determina o êxito ou o fracasso de um empreendimento. Quando não aconteceram conforme o esperado, analisamos tudo procurando ver onde nos enganamos. Para nós, que somos parte da igreja, esta mentalidade resulta em intermináveis seminários e encontros nos quais aprendemos quais os passos para alcançar determinados resultados. Um típico exemplo é a euforia existente hoje por tudo quanto se refere a células. Multiplicam-se em toda a parte os mestres que se dedicam a explicar os processos e os passos necessários para se chegar a ter uma mega igreja. Muitos líderes que assistem a estas classes aplicam com fidelidade o que aprenderam sem conseguir os resultados prometidos.

A reflexão de hoje nos faz pensar no tema da "unção". O texto que Jesus leu na sinagoga em Nazaré menciona uma lista de atividades que lhe estavam designadas: dar, curar, anunciar, pôr em liberdade etc. Tudo isto se relaciona com a prática do ministério. A chave, entretanto, não se encontra nas realizações, mas no Espírito que unge, no respaldo que Deus dá ao que ocupa o cargo no ministério. Dois pastores podem executar as mesmas atividades em suas igrejas. Numa delas não são vistos resultados apesar dos esforços do seu líder. Na outra, eles são visíveis. Qual é o motivo para tal diferença? Ela está na unção daquele que serve.

Em que consiste esta unção? Alguns grupos tentam nos convencer de que eles a possuem e podem passá-la àqueles que escolherem. Outros dão a ela um conceito mais amplo considerando como "ungido" todo aquele que ensina ou prega. É evidente, no entanto, que a unção não é algo administrado pelos homens, mas sim outorgado por Deus. Na história bíblica, era um rito pelo qual passava aquele que foi separado para um serviço especial. No caso de reis e profetas, era acompanhada por uma visitação do Espírito que os capacitava para a tarefa a eles entregue.

Esta capacitação divina é o que falta em nossos ministérios. Temos o método, mas nos falta o "motor", que é o mover do Espírito. Assim como no caso do jovem epiléptico, o erro não está na forma como servimos, mas na falta de oração e jejum.

Para pensar:
A autoridade divina é vista em homens e mulheres que têm grande intimidade com Deus. Não existem atalhos para isso. A igreja geme por uma nova geração de ministros cuja credencial não é saber trabalhar, mas conhecer o que é ter uma íntima comunhão com o Pai. Sobre esses repousará a unção do Alto.

Orando no Espírito

10 de agosto

...com toda oração e súplica, orando em todo tempo no Espírito e para isto vigiando com toda perseverança e súplica por todos os santos. EFÉSIOS 6:18

É evidente que este versículo indica algo muito mais do que falar em línguas, embora isto seja uma das manifestações do Espírito. As palavras escolhidas pelo apóstolo para acompanhar a sua exortação — orar, suplicar, vigiar com toda a perseverança — falam de uma intensidade que vai além da nossa experiência de oração. Para nós, ela muitas vezes consiste em fazer uma lista de pedidos e a levarmos ao Senhor na esperança de que Ele se compadeça e acrescente Sua bênção.

Meditemos no significado da expressão "no Espírito". Qual é a diferença entre uma oração feita pela nossa devoção e outra que é movida pelo Espírito? Só de fazermos a pergunta começamos a vislumbrar o contraste que há entre uma e outra. A oração elaborada por nós mesmos pode ser profunda e intensa, mas tem um problema: ela é nossa. A oração no Espírito é, em sua essência, aquela em que o protagonista é precisamente o Espírito Santo. Quer dizer, quem estimula as petições e as palavras para Deus é o próprio Senhor. É, de acordo com um autor, "Cristo orando por nosso intermédio."

Considere isto à luz da seguinte declaração de Paulo: "E da mesma maneira também o Espírito ajuda as nossas fraquezas; porque não sabemos o que havemos de pedir como convém, mas o mesmo Espírito intercede por nós com gemidos inexprimíveis" (Romanos 8:26). Duas ideias ficam claramente expostas neste versículo. A primeira é que a nossa oração surge num contexto de fraqueza, e isto consiste no fato de não sabermos o que pedir. Quanto a nós, na maior parte das nossas orações agimos como se soubéssemos o que pedir, totalmente seguros do que devemos dizer. Orar no Espírito requer, então, que sejamos muito mais cautelosos na hora de fazer nossos pedidos, ou inclusive, de falar na presença de Deus. Ele nos convida a ouvir para que o Espírito nos dê indicações sobre o que podemos ou devemos orar.

A segunda ideia é que a declaração de Paulo nos informa que não importa quão "prolixas" sejam as nossas orações, o Espírito as traduz em algo compreensível para o Pai. Estamos afirmando que o Pai não nos entende? De modo algum! O que estamos dizendo é que o Espírito toma as nossas orações muito humanas e as transforma em algo muito mais afinado com os desejos e as preocupações do Pai. Ele interpreta o sentir do nosso coração, mesmo que não consigamos colocar palavras nestes sentimentos.

Da mesma maneira que todas as atividades ligadas à vida espiritual dos filhos de Deus, a oração deve ser feita como resultado da ação do Espírito. Poderemos conter suficientemente nossos próprios impulsos para darmos lugar a Ele?

Para pensar:
Sem a ação do Espírito uma pessoa pode ser líder, mas nunca será um líder espiritual.
—Blackaby

O alcance de um desejo

11 de agosto

Davi estava na fortaleza, e a guarnição dos filisteus, em Belém. Suspirou Davi e disse: Quem me dera beber água do poço que está junto à porta de Belém!
2 SAMUEL 23:14,15

Davi estava em campanha contra os filisteus quando ocorreu este fato. Rodeado dos homens corajosos que sempre o acompanhavam, o rei simplesmente manifestou um desejo: beber água fresca de um dos poços de Belém. Este anelo foi suficiente para despertar três dos seus liderados, que foram àquela cidade arriscando suas vidas para satisfazer a Davi.

É admirável a coragem destes três liderados! O fato de estarem dispostos a correr tamanho risco para conseguir um pouco de água é um eloquente testemunho do grau de lealdade e afeto que sentiam por Davi. Não é fácil um líder conquistar semelhante respeito. Isto é o resultado de um profundo compromisso com os liderados, quando o amor está acima dos projetos, e as pessoas têm a certeza de que suas vidas são importantes para ele. Um pastor consegue isso quando tem mais interesse pelas pessoas que estão servindo na igreja do que pelos ministérios que realizam. Muitas vezes, infelizmente, as pessoas constatam que o pastor só se preocupa em preencher os cargos vagos na igreja porque precisa encontrar professores para a Escola Bíblica Dominical, regentes de coro ou líderes de jovens. Uma vez atendidas estas necessidades, demonstra ter pouco interesse pela vida daqueles que estão servindo. Davi pertencia a uma categoria de líder por quem seus liderados estavam dispostos a sacrificar a vida.

Neste incidente, no entanto, há uma advertência para aquele que se encontra numa posição de autoridade. Quando as pessoas reconhecem e respeitam o líder, ele exerce influência sobre essas vidas, muito mais do que se imagina. As suas palavras têm peso maior do que de outras pessoas. Quando fala escutam-no com especial atenção e interpretam suas palavras de forma diferente daquilo que ouvem de amigos, parentes e conhecidos.

Davi nada mais fez do que expressar um desejo, como qualquer outro poderia ter feito. Seus guerreiros, não obstante, tomaram este desejo como um pedido. O rei só se deu conta de que despertara com suas palavras quando eles voltavam de Belém com a água. Somente então foi tomado pela vergonha e o arrependimento por ter expressado um desejo que acabou colocando em risco a vida de três de seus liderados.

O líder sábio compreende que até as coisas mais corriqueiras que disser serão levadas a sério por seu grupo. É o preço de estar num cargo de autoridade. Esta realidade pode ser mal usada, mas os líderes experientes medirão o que falam. Não sabemos as consequências que as nossas palavras podem ter na vida daqueles que nos admiram.

Para pensar:
O líder sempre está sendo observado, mesmo nos momentos não considerados como "espirituais", ou quando não está agindo oficialmente como líder.

A bênção de conselheiros

Não havendo sábia direção, cai o povo, mas na multidão de conselheiros há segurança. PROVÉRBIOS 11:14

12 de agosto

O texto de hoje nos convida a meditar em dois possíveis resultados na história de um mesmo povo: a derrota ou a vitória. A diferença entre as duas possibilidades não está na falta de um líder para conduzir o povo, mas sim na ausência de conselheiros. A existência deles pressupõe uma abertura naqueles que exercem a autoridade para ouvir opiniões que possam enriquecer a perspectiva que têm das coisas. O líder não foge da obrigação de tomar as decisões que cada situação exige, mas a abundância de conselheiros lhe permitirá basear essas mesmas decisões em informações oportunas depois de considerar cada aspecto dos temas em pauta.

Por este motivo o bom líder sempre tem ao seu lado conselheiros sábios. Não obstante, existe uma tendência entre os que na igreja tem a autoridade de agir de forma totalmente unilateral. Não há dúvida de que esse tipo de liderança é menos problemático do que aquele estilo que exige o esforço de ouvir e considerar atentamente a opinião dos demais. O primeiro estilo expõe o povo aos caprichos e limitações de uma única pessoa, o que acaba provocando situações onde o grupo se enfraquece devido às decisões do líder. Ele se presta ao abuso de poder típico daqueles que não tem que prestar contas a ninguém.

Para trabalhar rodeado de conselheiros são necessárias diversas coisas. Inicialmente, o líder deve ter um espírito ensinável. Quando ele crê que ninguém tem algo a lhe ensinar, porque a sua posição de líder o converte em autoridade para qualquer assunto ligado à igreja, então, para ele, de nada vale a opinião de outras pessoas. Em seu íntimo terá a certeza de que ninguém fará as coisas melhor do que ele, e isto fecha a porta para toda e qualquer comunicação produtiva com os seus irmãos.

O líder deve cercar-se de pessoas que lhe ofereçam uma variedade de opiniões e pontos de vista sobre assuntos da igreja. Muitos têm formado um grupo de conselheiros que os assessoram, mas estes foram escolhidos porque pensam exatamente como pensa o respectivo líder. Nesse grupo, naturalmente, sempre existe unanimidade de critério, porque todos concordam com quem os lidera. Subentende-se que ali só existe abertura para se ouvir aqueles que opinam de forma igual ao pastor.

Por último, para bem aproveitar os conselheiros, o líder deve ouvi-los com atenção e mostrar o maior respeito às suas opiniões, mesmo quando são contrárias às suas ideias. Ele conquista o respeito dos seus liderados quando estes sentem que são parte da equipe na qual se permite a livre expressão de opiniões diferentes. A riqueza em ter uma diversidade de conselheiros é que a perspectiva conjunta de todos permite uma visão mais realista das coisas.

Para pensar:
Prefiro estar com mestres bons e fiéis que me corrijam e me repreendam, a estar com hipócritas que me adulem e aplaudam. —Martinho Lutero

Submissão

...sujeitando-vos uns aos outros no temor de Cristo. EFÉSIOS 5:21

13 de agosto

A submissão é um tema de grande importância para o discípulo de Cristo, mas há pouco entendimento sobre este assunto nas igrejas. Podemos afirmar que em seu nome acontecem tremendas manifestações de abuso de autoridade. É bom, portanto, que meditemos nisso.

O versículo de hoje nos desperta a praticar a submissão mútua. Isto elimina a ideia predominante em muitos líderes de que a submissão é um caminho de mão única. Quer dizer, para eles é algo que os membros da igreja devem praticar, e eles, por sua vez, pelo fato de ocuparem posição de autoridade estão livres desta obrigação. A exortação de Paulo é bem clara: "sujeitando-vos uns aos outros". Para demonstrar a prática desta submissão o apóstolo escolhe três tipos de relacionamentos humanos nos quais existe a reciprocidade e exemplifica as atitudes que devem ser adotadas. Os três são: casamento, família e trabalho. Em cada um deles a submissão assume aspectos diferentes, mas são obrigatórios a todos. No contexto da igreja, pode-se afirmar que o pastor não pode exigir que a submissão seja apenas responsabilidade dos membros. Ele também deve praticá-la junto às pessoas que pastoreia.

É interessante observar, entretanto, que os maiores abusos nesta área acontecem com os líderes que julgam não ter que dar contas a ninguém sobre a sua conduta. Neles, vemos uma constante insistência em "exigir" que os membros da igreja sejam submissos. Um dos princípios básicos da submissão, no entanto, é que ela não pode ser exigida, mas outorgada. Quer dizer, não conseguiremos que outros se submetam a nós mediante inflamados sermões contra a sua rebeldia, nem com o constante uso de textos bíblicos para fazê-los lembrar disto. A submissão se conquista mediante um estilo de vida que instiga nos outros a atitude submissa. Nas páginas dos evangelhos não encontramos um único exemplo de Jesus exigindo a submissão dos discípulos. Eles entendiam ser ela um elemento indispensável para um relacionamento saudável com o Senhor.

O apóstolo nos deixa um segundo princípio no versículo de hoje: que a submissão deve acontecer "no temor de Deus". Frequentemente, não a praticamos, porque não percebemos na outra pessoa qualidades que "mereçam" que nos submetamos a ela. Paulo esclarece que, na hora de praticá-la, não levemos em conta a figura da outra pessoa, mas que o façamos em respeito a Deus. O que nos motiva é compreendermos que é algo agradável ao nosso Pai celestial. De fato, o Senhor trabalhou na vida de grandes servos Seus no passado para lhes ensinar a submissão porque sem ela é impossível agradá-lo. Até mesmo o Filho de Deus submeteu-se à perfeita vontade do Pai.

Para pensar:
O ensino bíblico sobre a submissão não pretende estabelecer uma hierarquia de relações, mas cultivar uma atitude íntima de honra para com os demais. —Richard Foster

Da abundância do coração

14 de agosto

Raça de víboras, como podeis falar coisas boas, sendo maus? Porque a boca fala do que está cheio o coração. O homem bom tira do tesouro bom coisas boas; mas o homem mau do mau tesouro tira coisas más. MATEUS 12:34,35

Quem já tem uns quantos anos de vida sabe que as palavras têm um tremendo potencial. Podem ser o meio de abençoar aqueles ao redor. A palavra certa dita no momento oportuno pode devolver o ânimo ao deprimido. Com as palavras edificamos, confrontamos, exortamos e corrigimos, tarefas estas ligadas ao ministério de formar vidas. No entanto, conhecemos o seu poder destrutivo. Conhecemos pessoas que têm sido sistematicamente envergonhadas pelas palavras dos seus cônjuges, pais ou colegas de trabalho. Embora tenham sido apenas palavras, o que ouviram, feriu profundamente sua alma.

Por isso tudo, a vida nos tem ensinado que devemos ser cautelosos no falar, ainda que muitas vezes a língua seja um dos nossos membros mais resistentes à disciplina. Porém, Cristo nos ensina em Sua declaração que há um caminho mais simples de santificar a boca. A língua, em certo sentido, é apenas porta-voz do que temos armazenado no coração, pois é dali que vêm as nossas palavras. A pessoa realmente sábia, então, concentrará seus esforços mais no coração do que na língua, embora nunca será demais ser comedido nas palavras.

Quando falamos aquilo que não é certo, nada mais fazemos do que revelar o que existe em nosso interior. A pessoa que sempre critica tem um coração legalista, que vive avaliando o que outros fazem. Aquela que encontra sempre o mal em tudo tem um coração ingrato. A que vive se justificando tem um coração cheio de insegurança e medo. Quem sempre fala em dinheiro tem o interior voltado para Mamom, o "deus da riqueza".

Quem atua nos diferentes ministérios da igreja deve analisar o conteúdo das palavras das pessoas com as quais trabalha. Elas o ajudarão a saber quais são os verdadeiros problemas de cada um.

Portanto, o nosso desafio é encher o coração de coisas boas que irão temperar a nossa conversação de tal maneira que os ouvintes sintam-se abençoados e edificados. Por este motivo, é necessário que prestemos atenção ao que falamos e que sejamos absolutamente honestos conosco mesmos. O que as nossas palavras revelam sobre o conteúdo de nosso coração? Quais são os assuntos mais frequentes em nossa conversa? De que modo nos dirigimos aos outros quando lhes falamos? As respostas a estas perguntas revelarão o que há em nosso coração. Ao sabermos o que há em nosso interior, podemos nos aproximar do Senhor para pedir-lhe que inicie em nós a obra de transformação que tanto precisamos. Ao identificarmos e confessarmos o mau, o Senhor terá a oportunidade de começar a colocar em nós o que for bom e justo.

Para pensar:
Portanto, despojando-vos de toda impureza e acúmulo de maldade, acolhei, com mansidão, a palavra em vós implantada, a qual é poderosa para salvar a vossa alma (Tiago 1:21).

Ser como crianças

15 de agosto

E disse: Em verdade vos digo que, se não vos converterdes e não vos tornardes como crianças, de modo algum entrareis no reino dos céus. MATEUS 18:3

Esta declaração surgiu em resposta a uma pergunta que os discípulos fizeram a Jesus: "Quem é o maior no reino dos céus?" Não foi a única vez que Ele teve de tratar desse tema com eles. Em vários momentos houve discussão entre os discípulos sobre os lugares e os cargos que ocupariam quando Cristo finalmente estabelecesse Seu reino.

O Mestre podia ter dado uma detalhada explicação para o seu questionamento, mas não o fez. Tomando uma criança, que certamente estava com algum adulto, colocou-a no meio dos homens que o acompanhavam. Apontando para ela, disse-lhes: "Quem deseja ser grande deve ser como esta criança!"

Torna-se evidente, nestas palavras de Jesus, uma aparente contradição. Basta olhar para o garoto e ver que nele não há qualquer grandeza. Ele não carrega a responsabilidade pelas grandes decisões que definem o rumo dos homens, nem tem que prover o necessário para suprir as necessidades da família. Não participa dos assuntos ligados à base da sociedade. Até pela sua estatura, passará despercebido. Cristo, entretanto, não via esse menino como os demais homens. Ele se referia às características que os adultos perderam e que precisam recuperar. Acompanhe-me enquanto refletimos sobre as crianças.

A primeira coisa que as crianças fazem ao acordar é brincar. Não as vemos preocupadas ou cansadas porque dormiram mal. Acordam e começam a desfrutar a manhã. Elas também não vivem ansiosas pelas necessidades do dia. Não passam horas pensando na comida para o almoço, ou quem irá prepará-lo. Brincam tranquilas porque sabem que outros velam pelo seu bem-estar. Quando precisam de algo se aproximam de um adulto para pedir-lhe, sem rodeios. Elas pedem porque confiam que estes podem suprir suas necessidades. Quando se machucam, imediatamente buscam a mãe ou o pai, e recebem o consolo que precisam. Às vezes, só com um beijo ou um carinho as lágrimas desaparecem e volta a alegria. Também não têm capacidade para recordar as coisas ruins que experimentam. Não guardam rancor, nem procuram se vingar, como fazem os adultos. Podem ser disciplinados pelos pais e logo brincam novamente. Elas possuem uma capacidade incrível para sonhar usando a imaginação. Você já encontrou uma criança questionadora ou desconfiada? Você fala no Papai Noel e elas acreditam cegamente na sua existência. Apenas quando adultos, adquirimos a tendência de duvidar de tudo sempre.

Para pensar:
Por estas e outras razões, as crianças mostram o caminho àqueles que desejam avançar rumo à maturidade espiritual. É o caminho da simplicidade, da vida sem complicação, de fé e alegria, de usufruir a cada momento das coisas da vida.

Não ser como crianças

16 de agosto

Ora, todo aquele que se alimenta de leite é inexperiente na palavra da justiça, porque é criança. Mas o alimento sólido é para os adultos, para aqueles que, pela prática, têm as suas faculdades exercitadas para discernir não somente o bem, mas também o mal. HEBREUS 5:13,14

O autor da epístola aos Hebreus expressa nesta passagem certa frustração pelas pessoas às quais escreve. O tema que ele expõe não é fácil de explicar. A dificuldade aumenta porque elas tinham se tornado tardias para ouvir. Em vez de avançarem para assuntos ligados às pessoas maduras, elas continuavam dando voltas com coisinhas próprias de crianças. Então, neste contexto o autor sinaliza que não é natural uma pessoa com longos anos de vida cristã ter atitudes e comportamentos imaturos.

A que o autor se referia? Primeiramente, as crianças não possuem capacidade de se relacionar adequadamente com os outros. Elas ainda não passaram por experiências, nem viveram situações que lhes ajudassem a compreender que o mundo não gira em função delas. Da mesma forma, os cristãos imaturos têm uma perspectiva egoísta da vida cristã: eles acreditam que a igreja, líderes e ministérios existem exclusivamente para suprir as suas necessidades. Tudo o que acontece na igreja é medido em função deles mesmos e não conseguem separar corretamente os assuntos ligados à vida.

A criança não possui os elementos necessários para saber discernir o que é aceitável e o que é potencialmente perigoso. Ela acha atrativo um brinquedo jogado no chão e da mesma forma a chama acesa no fogão ou a tomada de um eletrodoméstico. Com a mesma curiosidade toca em tudo. Por esta razão é necessário que seus pais estejam atentos para vigiar os seus movimentos. O cristão imaturo não possui o discernimento para saber o que lhe convém ou não. Por isso, ele é levado por todo o "vento de doutrina" e se torna presa fácil para os estranhos ensinos que por vezes surgem nas igrejas.

As crianças não são capazes de atender às suas próprias necessidades. Não sabem procurar alimento, trocar de roupa ou tomar banho. Para tudo dependem dos pais. Da mesma maneira o cristão imaturo precisa sempre ser ajudado. Não sabe estudar sozinho, não consegue apresentar o evangelho a um amigo. Necessita de alguém que o faça por ele, e se ninguém o fizer, as tarefas ficam inacabadas.

Estes comportamentos são compreensíveis naqueles que têm poucos anos de vida. Entendemos e concordamos que nessa etapa devemos lhes proporcionar ajuda. Não vemos como normal fazer isto com alguém de 20 ou 30 anos. Da mesma forma, não se aceita que pessoas com 10, 15 ou 20 anos de igreja continuem com comportamentos infantis.

Para pensar:
Para avançar no trato de assuntos próprios de pessoas maduras é necessário haver o desejo de abandonar o que é próprio das crianças. As atitudes infantis, que são egoístas, devem ser rejeitadas para dar lugar a comportamentos e perspectivas próprias de adultos.

Novidade de vida

17 de agosto

...no sentido de que, quanto ao trato passado, vos despojeis do velho homem, que se corrompe segundo as concupiscências do engano, e vos renoveis no espírito do vosso entendimento, e vos revistais do novo homem, criado segundo Deus, em justiça e retidão procedentes da verdade. EFÉSIOS 4:22-24

Existe algo que é um permanente motivo de preocupação nas igrejas da América Latina. Refiro-me à falta de uma conversão moral naqueles que formam o povo de Deus. Pessoas que estão no caminho já por muitos anos seguem com os mesmos comportamentos questionáveis de quando andavam pelo mundo. Somos testemunhas de que a mentira, a falsidade, a desonestidade e a falta de transparência estão instaladas na vida de muitas igrejas. E isto nada mais é do que a manifestação da cultura comum entre os nossos diversos países, é triste ver que estas condutas continuem sendo praticadas entre os filhos de Deus de forma perfeitamente natural.

Paulo, em um longo texto dedicado a este tema, exorta claramente aos cristãos: "...quanto ao trato passado, vos despojeis do velho homem...". A expressão "vos despojeis" indica que a antiga maneira de viver deve ser descartada, enterrada, repudiada. Quer dizer, não deve haver qualquer lugar para ela. Fica claro que a velha natureza não pode ser redimida. Não se trata aqui de tentar melhorar o que fazíamos de errado em outro tempo. Aquele que vive em Cristo deve andar em novidade de vida, com comportamento totalmente novo.

A exortação é tão ampla que bem poderíamos crer que a sua interpretação ficasse a critério de cada cristão. Para evitar tal conclusão, o apóstolo dá claros exemplos do que significa andar em novidade de vida. Inclui deixar a mentira (Efésios 4:25), a ira (v.26), o furto (v.28), as palavras torpes (v.29) e a gritaria (v.31). Em seu lugar, o discípulo deve andar na verdade, com brandura, generosidade, e palavras de edificação e afeto. No capítulo seguinte Paulo exorta também para que abandonemos a impureza, as palavras desonestas ou chocarrice (Efésios 5:4).

A alternativa para aquele que pertence ao reino é revestir-se do novo homem. Percebemos mais uma vez que não se trata de reformar o velho homem, mas de vestir-se com nova roupa. A chave para isto é o processo de transformação da mente feita pelo Espírito de Deus. Por esta razão, o apóstolo diz que o novo homem foi criado segundo Deus em verdadeira justiça e santidade. É devido à Sua origem que as características são completamente diferentes do velho homem.

Para pensar:
Se for verdade que todo o povo deve se revestir do novo homem, a influência dos líderes é fundamental neste processo. Aqueles com maior responsabilidade devem dar o exemplo de uma vida eticamente transformada. A honestidade, a simplicidade, a verdade e a transparência devem ser qualidades visíveis na vida de todo ministro de Deus.

Fidelidade que aflige

Bem sei, ó Senhor, que os teus juízos são justos e que com fidelidade me afligiste.
SALMO 119:75

18 de agosto

Sem dúvida, a maioria de nós concorda plenamente com a declaração de Davi quanto aos juízos de Deus, reconhecendo-os como verdadeiramente justos. Cremos nisto de coração e por isso estudamos com diligência a Palavra a fim de melhor conhecermos os caminhos e os preceitos do Senhor. A segunda parte da declaração do salmista, entretanto, é bem mais difícil de aceitar. Alguns de nós chegariam até a se opor com veemência à ideia de que Deus em Sua fidelidade nos aflige.

Não nos custa crer que as aflições são parte da vida, embora alguns tenham dificuldade nisso, preferindo antes uma espiritualidade triunfalista que nega a existência da dor, da angústia e do sofrimento. Basta olharmos para a vida e constataremos que as aflições estão inseparavelmente ligadas ao mundo onde estamos. A nossa teologia, portanto, nos mostra que o nosso Pai celestial permite que elas existam para o nosso bem. Temos que buscar nele a força e a integridade para enfrentá-las com fidelidade.

No presente texto, Davi acrescenta uma observação que nos incomoda. Nele o salmista declara que as aflições são uma demonstração do amor de Deus para conosco. Como aceitar essa verdade quando o sofrimento nos provoca tanto pesar? Quem realmente pode crer que Deus, em Sua fidelidade, nos aflige? A frase parece ser contraditória pois a fidelidade, como a entendemos, requer que Deus nos livre das aflições e não as provoque!

Se passarmos para a esfera de relacionamento pai e filho, na qual vemos as mais puras manifestações de fidelidade, poderemos compreender o porquê da nossa resistência à afirmação de Davi. Quem tem filho prioriza a busca de uma maneira de evitar que ele sofra. Pode ser em coisas simples como fazer os deveres para não ter problemas na escola, ou em coisas grandes como lhe garantir o futuro apelando a pessoas influentes em alguma empresa ou no governo. O objetivo é sempre o mesmo: impedir que os filhos passem por maus momentos.

Entretanto, o nosso amor imperfeito terá implicações a longo prazo. A mais fácil de identificar é que este filho não terá a capacidade de enfrentar, nem de dar uma resposta às adversidades que inevitavelmente terá na vida. Tampouco desenvolverá a firmeza de caráter que se cultiva por meio da dor. Assim, evitando-lhe os incômodos no presente, lhe faremos danos para o futuro. O Senhor investe em nós pensando na eternidade. Existem aspectos em nossas vidas que precisam ser tratados. Há lições a aprender, se é que vamos seguir com fidelidade em Seus caminhos. O nosso caráter deve ser polido e refinado. É por este motivo que Deus não só permite a aflição em nossas vidas, como também às vezes a provoca.

Para pensar:
Davi revela uma faceta do amor de Deus que não entendemos bem. Você está disposto a, pela fé, dar graças a Deus porque Ele em Sua fidelidade o aflige? A sua opinião sobre o Pai mudará profundamente quando começar a fazê-lo.

A luta daquele que serve

19 de agosto

Gostaria, pois, que soubésseis quão grande luta venho mantendo por vós, pelos laodicenses e por quantos não me viram face a face; para que o coração deles seja confortado e vinculado juntamente em amor, e eles tenham toda a riqueza da forte convicção do entendimento, para compreenderem plenamente o mistério de Deus, Cristo. COLOSSENSES 2:1,2

Nesta epístola, como nas demais que escreveu, Paulo revela algo do seu coração de servo de Jesus Cristo. Sem entrar em pormenores, ele afirma estar em grande luta pela igreja. Sabemos com certeza que esta batalha incluía toda sorte de provas externas, algumas das quais aparecem na segunda epístola aos Coríntios. Entre elas estão: fome, prisão, açoites e naufrágios, e tudo isto pela causa do evangelho. Mas Paulo, no texto de hoje, refere-se a outra categoria de luta, a do servo. É o peso pastoral que Deus põe no coração daqueles que servem a Seu povo. Na mesma passagem de Coríntios, ele escreveu: "Além das coisas exteriores, há o que pesa sobre mim diariamente, a preocupação com todas as igrejas. Quem enfraquece, que também eu não enfraqueça? Quem se escandaliza, que eu não me inflame?" (2 Coríntios 11:28,29).

Este peso revela a diferença entre um pastor vocacionado por Deus e outro, que nada mais é do que um assalariado. A luta deste mercenário é manter em movimento os diversos programas da igreja. Não encontra tempo para estar com as pessoas por estar muito ocupado com suas atividades. Mas o obreiro pastor de almas entende que os programas são apenas um meio para se alcançar um objetivo mais importante: a formação de Cristo na vida de cada um de seus irmãos. Ele tem seus olhos firmemente colocados neste alvo e sabe, com absoluta certeza, que isto não se consegue com uma boa dose de atividades. A formação de um discípulo é um processo espiritual, e o pastor vive intensamente este processo com oração, petições, lágrimas e súplicas a favor de cada um dos que lhe foram confiados.

A evidência mais contundente de que este peso é produzido pelo Espírito de Deus aparece no fato de Paulo incluir nesta luta aqueles que nunca o haviam visto. Que grandeza de espírito! A maioria de nós luta pelo que é seu. É evidente que temos pouco interesse pela obra e o trabalho realizado pelos outros, principalmente quando vivem distantes de nós. Paulo trabalhava e também sofria pelas igrejas com as quais nunca estivera pessoalmente, mas que eram de grande interesse para seu Senhor. O peso de Cristo também estava no seu coração. Quando as preocupações dos outros começam a ser importantes para nós, temos a certeza de que Deus nos libertou do egoísmo que tanto entorpece Sua obra em nosso coração.

Para pensar:
Como líder, quanto tempo você gasta orando pelo ministério de outros obreiros? Quanto do seu esforço vai para a execução de projetos que não são os seus? O que faz para levar sua igreja a ter este mesmo interesse pelo que é dos outros?

O presente de Jesus

20 de agosto

E ele mesmo concedeu uns para apóstolos, outros para profetas, outros para evangelistas e outros para pastores e mestres, com vistas ao aperfeiçoamento dos santos para o desempenho do seu serviço, para a edificação do corpo de Cristo.
EFÉSIOS 4:11,12

Um comentarista bíblico fez uma interessante observação sobre as três passagens do Novo Testamento que falam dos dons concedidos pelo Deus trino aos homens. Em Romanos 12:6-8 se encontra a lista dos dons que o Pai deu aos Seus filhos. Em 1 Coríntios 12 e 14 estão os dons dados pelo Espírito Santo à Igreja. E em Efésios 4:11,12 aparecem os dons que Jesus entregou à igreja. Se a interpretação dele é correta, temos então uma interessante revelação do coração de Deus para com a sua Igreja, definindo a função particular de cada um na formação do povo.

Os dons que o Pai e o Espírito Santo deram à Igreja são presentes que se manifestam na vida de Seus filhos, tais como a misericórdia, o serviço, a exortação, o discernimento, a palavra de conhecimento e de cura. Por meio deles as boas obras fazem parte da vida a que fomos chamados e podem ser realizadas, pois como diz a Escritura, o povo de Deus deve ser um povo "...zeloso de boas obras" (Tito 2:14).

Quando observamos o presente que Cristo deu à Igreja, vemos uma importante diferença. No texto de Efésios 4, o apóstolo *não* diz que Ele concedeu à Igreja ministérios apostólicos, proféticos, evangelísticos, pastorais e de ensino. O que Cristo deu não foram ministérios, mas sim pessoas. Isto não nos deve surpreender porque Jesus mesmo trouxe, em pessoa, as boas-novas do Pai, porque está escrito: "E o Verbo se fez carne e habitou entre nós, cheio de graça e de verdade, e vimos a sua glória, glória como do unigênito do Pai" (João 1:14). Ao presentear a Igreja com homens e mulheres para serem apóstolos, profetas, evangelistas, pastores e mestres, Jesus nada mais fez do que perpetuar o modelo que Ele mesmo iniciou ao investir na vida dos discípulos.

Esta observação tem importantíssima conotação para todos quantos foram colocados por Cristo nestes ministérios. O principal valor da presença do apóstolo, profeta, evangelista, pastor e mestre na igreja não se encontra no ministério que é desenvolvido, embora sempre procuremos valorizar os homens por suas obras. O que lhes dá importância é o tipo de pessoas que são. Eles ensinam com a vida assim como Cristo o fez. O chamado para ser líder na igreja é uma convocação que exige de nós as mais altas expressões de devoção, compromisso e santidade.

Para pensar:
Em tempos de aflição, confusão e dificuldade, a igreja não deve buscar inspiração nas suas doutrinas, mas na vida dos que foram postos para formar o viver dos santos. O contato do povo de Deus com estes líderes não pode ficar limitado ao tempo das reuniões formais em programas estabelecidos pela igreja. As pessoas que estamos formando devem ter amplo acesso a nós, pois somos o presente de Cristo para as suas vidas.

As dimensões do nosso chamado

21 de agosto

E ele mesmo concedeu uns para apóstolos, outros para profetas, outros para evangelistas e outros para pastores e mestres, com vistas ao aperfeiçoamento dos santos para o desempenho do seu serviço, para a edificação do corpo de Cristo.
EFÉSIOS 4:11,12

Existem alguns textos na Palavra de Deus que hoje poderíamos chamar de "ordem de serviço". Quer dizer, nos ajudam a compreender qual é a função de cada um no contexto do reino de Deus. A passagem de hoje é um deles, com a sua detalhada descrição do trabalho a ser cumprido pelos que foram chamados aos ministérios de liderança da igreja.

A lista que Paulo apresenta tem uma gama de funções que hoje faltam em nossas igrejas. As autoridades mais comuns entre nós são os pastores e mestres. As igrejas não sabem o que fazer com os demais ministérios da lista: apóstolos, profetas e evangelistas. Alguns grupos, por uma inexplicável ginástica exegética, creem que eles já não são válidos. Outros mostram certa tolerância com eles, embora não creim os espaços necessários para a sua expressão dentro do Corpo de Cristo. Isto obriga aqueles que têm estas funções a buscar ministérios "paraeclesiásticos", os quais são frequentemente resultado da frustrante falta de abertura na igreja local. Em anos recentes, temos visto o ressurgimento dos ministérios não tradicionais de apóstolo e profeta, mas suspeito que isto tenha mais a ver com um insaciável desejo de autoridade e prestígio do que com uma genuína compreensão da importância que tem para o Corpo de Cristo.

Paulo faz três afirmações relacionadas a esses ministérios na igreja. Primeira, o papel desempenhado por eles — e não só pelo pastor — é a capacitação dos santos. Entende-se por isso dar-lhes as ferramentas e a formação necessária para o cumprimento das suas tarefas. Isto não foi entregue a nenhuma outra pessoa dentro do Corpo de Cristo. É fundamental que os líderes compreendam isto.

Em seguida, a função dos santos é realizar a obra do ministério. Quer dizer, atividades tais como a visitação, o serviço, o apoio aos que estão afastados, a atenção aos novos decididos, o evangelismo pessoal e outras coisas mais devem ser da responsabilidade dos santos, e não dos líderes. Aqui se encontra o erro mais arraigado nas igrejas, porque as pessoas acreditam que este é o dever do líder. O nosso idioma reflete essa ideia, pois dizemos que o pastor tem um ministério de "tempo integral" na igreja. Na maioria dos casos, isto converte os santos em espectadores passivos.

A terceira afirmação de Paulo é quando cada um atua de forma adequada há a edificação do corpo. Observe que não é dito que o pastor edifica a igreja, mas Cristo, à medida que cada um faz aquilo que lhe corresponde.

Para pensar:
Este modelo tem implicações tremendas e um potencial que não se pode deixar de considerar. Que excelente momento para se descobrir o genial projeto de Deus ao estabelecer na terra a igreja, o Corpo de Cristo.

Quando a carnalidade prega

22 de agosto

Alguns, efetivamente, proclamam a Cristo por inveja e porfia; outros, porém, o fazem de boa vontade. [...] Todavia, que importa? Uma vez que Cristo, de qualquer modo, está sendo pregado, quer por pretexto, quer por verdade, também com isto me regozijo, sim, sempre me regozijarei. FILIPENSES 1:15,18

Paulo se encontrava preso em Roma quando escreveu esta carta à igreja de Filipos. Entre os seus muitos sofrimentos devido ao evangelho, foi-lhe acrescentado mais um, ter que suportar os ataques de pessoas que procuravam desprestigiar a obra do veterano apóstolo. Sempre há este tipo de pessoas entre os que estão na casa de Deus. Eles possivelmente viam na prisão de Paulo um castigo vindo do Senhor sobre sua vida, e aproveitavam as suas pregações para mostrar como ele estava equivocado. O texto não nos oferece detalhes, mas sabemos que isso afligia muito o apóstolo.

Apesar deste sofrimento, Paulo não conseguia esconder sua alegria em meio a essas circunstâncias, porque, embora fizessem por motivações erradas, o evangelho de Cristo levava vantagem com estes ministérios adulterados. Querendo provocar dano ao apóstolo, a palavra de Cristo estava sendo anunciada e o reino continuava avançando.

O nosso texto de hoje revela como a compreensão das coisas espirituais que Paulo tinha era profunda. Isto nos mostra um importante princípio relacionado com o ministério. O Senhor, em Sua soberania, usa as situações mais adversas para prosseguir com Seus projetos. O mais evidente é Ele sempre chamar homens e mulheres que são uma mistura de espiritualidade e carnalidade ao Seu serviço. Jacó, um dos patriarcas de Israel, era um homem propenso à mentira e ao engano. Moisés era um homem violento, cuja ira o levou a matar um egípcio. Raabe foi peça-chave na conquista de Jericó, mas se dedicava à prostituição. Davi, um dos mais ilustres homens na história de Israel, cometeu adultério e para esconder o seu pecado, provocou a morte do marido da mulher com quem pecou. Pedro, chamado a ser apóstolo, negou Jesus três vezes. Paulo, o homem que proclamava a incomparável grandeza do amor de Deus, descartou João Marcos porque este falhou.

Vemos assim, que mesmo no caso das pessoas mais consagradas houve graves manifestações de carnalidade. Deus de qualquer forma usou estas pessoas e os Seus planos não se frustraram. Isto nos faz afirmar que realmente não importa o estado daquele que serve, porque Deus de igual modo irá tirar proveito do seu ministério. E, num certo sentido, isto é verdade!

Qual é então o valor de uma vida de consagração e de santidade? O valor está no grau da nossa entrega que permitirá que se multiplique a efetividade da obra de Deus. Os resultados serão iguais, mas quando os trabalhos do reino são realizados por obreiros santos, o efeito do ministério cresce de forma extraordinária. A santidade do obreiro, sim, importa muito!

Para pensar:
Assim, pois, se alguém a si mesmo se purificar destes erros, será utensílio para honra, santificado e útil ao seu possuidor, estando preparado para toda boa obra (2 Timóteo 2:21).

É o mesmo

23 de agosto

E dizeis ainda: Que canseira! E me desprezais, diz o Senhor dos Exércitos; vós ofereceis o dilacerado, e o coxo, e o enfermo; assim fazeis a oferta. Aceitaria eu isso da vossa mão? — diz o Senhor. MALAQUIAS 1:13

Existem condições no ser humano difíceis de reverter. Todos têm uma tendência obstinada a insistir no mal mesmo tendo a certeza de que o caminho pelo qual estamos andando só produz angústia, dor e tribulação. De todas as condições que podem se instalar no profundo do coração humano nenhuma é tão resistente à mudança quanto a indiferença.

Ela é uma atitude que retira de nós o interesse pelas coisas. É possível que em outro tempo projetos e sonhos tenham gerado em nós paixão e compromisso capazes de contagiar também outras vidas. Com o passar do tempo, no entanto, os reveses, as desilusões com pessoas ou simplesmente a impossibilidade de ver os sonhos realizados lentamente foram apagando a nossa paixão. Eventualmente se instalou em nosso coração uma atitude de total desinteresse. E se aparecesse como num passe de mágica, a possibilidade de conseguirmos o que outrora tanto desejávamos, isso não provocaria em nós a mínima demonstração de entusiasmo. Teremos então chegado ao pior estado humano, que é a morte em vida.

A indiferença muitas vezes é o resultado de uma prolongada frustração. No passar dos anos constatamos que os nossos melhores esforços não produziram qualquer mudança, nem afetaram o rumo das coisas. Em tempos de fervor e paixão tínhamos a convicção de que conseguiríamos tudo se investíssemos nosso entusiasmo e energia em sua realização. Mas as coisas mudaram, os resultados não foram alcançados, os sonhos não se concretizaram. Chegamos então, à conclusão de que não importa o que façamos, tudo continuará do mesmo jeito. Para que continuar perdendo tempo? A indiferença por vezes também se instala no ministério. Pensávamos que nossa paixão e consagração seriam os elementos necessários para a execução da nossa tarefa. Ao longo dos anos, infelizmente, não desenvolvemos o sonhado ministério de sucesso, nem o esperado crescimento em nossa igreja aconteceu. Primeiro veio o desapontamento, e em seguida, permitimos uma atitude fingida se instalar em nós. Passamos, então, a conduzir o ministério no "piloto automático", executando as atividades, mas deixando de fora o coração.

É um aprendizado bastante útil para cada ministro reconhecer que não somos nós a mover as coisas no reino. É pelo agir de Deus que se produz vida abundante. Quando um líder chega à profunda convicção de que "Se o Senhor não edificar a casa, em vão trabalham os que a edificam", encontra-se assim em ótimas condições de participar dos projetos de Deus. Terá deixado de confiar em suas próprias habilidades, paixões e impulsos para colocar toda a sua confiança em seu Pai celestial. Este sim é um estado desejável.

Para pensar:
O coração do homem traça o seu caminho, mas o Senhor lhe dirige os passos (Provérbios 16:9).

Apelar ao amor

Pois bem, ainda que eu sinta plena liberdade em Cristo para te ordenar o que convém, prefiro, todavia, solicitar em nome do amor, sendo o que sou, Paulo, o velho e, agora, até prisioneiro de Cristo Jesus. FILEMOM 8,9

24 de agosto

Esta é uma das situações que, da perspectiva da nossa sociedade sem o comércio de escravos, parece ter uma solução clara e simples. Para os cristãos a escravidão é inaceitável em qualquer uma de suas formas, seja trabalhista, econômica ou racial. Nossa segurança, entretanto, tem muito a ver com a visível ausência de escravidão ao nosso redor. Em outros assuntos como o divórcio, o viver de empréstimos ou o materialismo desenfreado, as nossas convicções fraquejam, pois são temas que fazem parte da nossa cultura.

A escravidão no primeiro século era também parte da realidade cotidiana. As pessoas de poucas posses eram donos de pelo menos um escravo. É importante ter isso em mente porque nos ajudará a entender o gesto radical do apóstolo Paulo. Defender um escravo que fugisse da casa de seu dono, ofensa punível com a morte, era uma atitude incompreensível para a maioria das pessoas. Provocaria reação idêntica hoje se um cristão afirmasse que o divórcio é uma opção perfeitamente aceitável para os que estão em Cristo. O apóstolo, movido por uma lei mais forte que a lei romana, apela a Filemom que dispense uma atitude de graça e perdão com o escravo que fugira.

O propósito deste devocional é refletir sobre a forma como Paulo fez a petição a Filemom. Não sabemos quando Filemom conheceu Paulo, mas parece que o apóstolo foi peça-chave em sua conversão. O que Paulo investiu na vida dele deve ter sido bem intenso e quem sabe por longo tempo. Isto é lembrado na frase "...Eu pagarei — para não te alegar que também tu me deves até a ti mesmo" (19). A posição de autoridade espiritual sobre Filemom dava a Paulo o direito de, em Cristo, determinar que ele fizesse como estava sendo pedido. O apóstolo não só acreditava que tinha esse direito, como também acreditava que Filemom o obedeceria.

Paulo, no entanto, escolheu não seguir por esse caminho. Em vez disso, fez o pedido usando apenas o amor mútuo como argumento. Ele nos dá uma importante lição sobre o modo como o líder deve instar seus liderados à obediência. As ordens impostas pelo pastor devem ser o último recurso a ser usado. Estas provocam ressentimento e despertam resistência, porque entre adultos sabe-se que o diálogo é sempre a melhor opção. Paulo desejava evitar que uma atitude de má vontade fosse depois dirigida a Onésimo. Apelou ao amor, porque sob a sua motivação acontece uma profunda transformação em nossas vidas. O amor é sempre o caminho mais excelente.

Para pensar:
Apelar ao amor pressupõe uma relação líder e discípulo. Nenhum apelo produzirá qualquer resultado se este relacionamento não existir. A prioridade do líder deve ser cultivar este relacionamento. É um investimento que trará um bom retorno no futuro.

Mudança de rumo

25 de agosto

...defrontando Mísia, tentavam ir para Bitínia, mas o Espírito de Jesus não o permitiu. E, tendo contornado Mísia, desceram a Trôade. À noite, sobreveio a Paulo uma visão na qual um varão macedônio estava em pé e lhe rogava, dizendo: Passa à Macedônia e ajuda-nos. ATOS 16:7-9

Este acontecimento na viagem missionária de Paulo e sua equipe oferece preciosas lições sobre o relacionamento que deve existir entre os servos e o Espírito Santo. Faz-nos recordar que servimos a Deus e o nosso propósito deve sempre caminhar nas boas obras "...as quais Deus de antemão preparou para que andássemos nelas" (Efésios 2:10).

Não podemos nos esquecer que Cristo deixou instruções específicas aos discípulos quando subiu ao Pai: "...sereis minhas testemunhas tanto em Jerusalém como em toda a Judeia e Samaria e até aos confins da terra" (Atos 1:8). Tendo recebido tais orientações, pensaríamos que o necessário era apenas cumpri-las. Paulo procurou seguir essas instruções e buscou formas de estender o reino de Deus até aos confins da terra. De posse das orientações gerais, estaria sob a sua responsabilidade à implementação nos seus aspectos particulares. Para tanto, se faz necessária a participação do Espírito Santo, que foi dado para guiar os filhos de Deus (Romanos 8:14). No livro de Atos encontramos evidenciada a forma como o Senhor atua em Seus projetos cooperando em cada etapa do processo. Ele não deseja que Seus filhos descartem o saudável hábito de incluí-lo em tudo quanto fizerem.

É por esta razão que me sinto incomodado com certos planos evangelísticos e missionários onde a cidade ou o mundo é dividido em setores, ficando cada grupo responsável por um desses setores. Nada de mal existe nessa ideia; só que é muito racional e humana. O modo como o Senhor guia parece ser bem diferente desses planos elaborados com o uso de estratégias sistemáticas. Ele sabe quais são os lugares específicos e também o momento mais oportuno para a nossa participação. Com o objetivo final em vista, os passos devem ser determinados por Ele mesmo usando para tanto um conjunto de elementos totalmente desconhecidos por nós.

Conhecer Sua vontade, então, exigirá uma permanente comunicação com Ele acompanhada de alta sensibilidade quanto ao que o Senhor quiser corrigir à medida que avançarmos pelo caminho traçado para nós.

O que se mostra evidente é que o Senhor não revela a Sua vontade às pessoas que esperam sentadas. Ele o faz aos que se põe em marcha. Temos suficientes orientações gerais sobre o rumo a seguir. Ao caminharmos Ele fará as mudanças necessárias para chegarmos ao destino indicado. Isto pressupõe uma disposição para sermos corrigidos e o desejo de abandonarmos o nosso plano para seguirmos o dele. É uma boa maneira de se trabalhar. A igreja no livro de Atos conseguiu revolucionar o mundo romano com esta estratégia.

Para pensar:
Como você descobre qual é a vontade de Deus para o seu ministério? Qual é a parte do Senhor na elaboração desses planos? O que você faz para permitir que Ele altere o que for necessário?

Introduzidos na história

26 de agosto

Então, lhes disse Jesus: Ó néscios e tardos de coração para crer tudo o que os profetas disseram! Porventura, não convinha que o Cristo padecesse e entrasse na sua glória? E, começando por Moisés, discorrendo por todos os Profetas, expunha-lhes o que a seu respeito constava em todas as Escrituras. LUCAS 24:25-27

Os discípulos no caminho de Emaús estavam totalmente confusos quanto aos acontecimentos dos últimos dias. Durante o tempo ao lado do Messias haviam descoberto nele extraordinárias qualidades. Imaginavam viver um emocionante e incrível futuro ao lado dele, mas agora tudo se achava em ruínas. Bruscamente, Cristo foi arrancado de suas vidas e pendurado numa cruz, enquanto Seus seguidores se dispersavam tomados pelo pânico.

A frustração e o desânimo se instalaram nesses dois discípulos, e isto porque não conseguiam tirar o pensamento da calamidade que lhes sobreviera. Não conseguiam retroceder no tempo para se lembrarem dos ensinos de Jesus e das palavras que dissera sobre o que iria lhes acontecer. Não consideram retroceder no tempo para resgatar, dentre os muitos ensinamentos de Jesus, as palavras que Ele lhes havia dito com respeito a este específico acontecimento. A única realidade que agora conheciam era esse tempo presente de grande angústia. Por este fato, não encontravam elementos para refazer a situação nem para ajudá-los a enfrentar o futuro.

Cristo se juntou a eles de forma anônima e, como nos diz o texto de hoje, "começando por Moisés e por todos os profetas, explicava-lhes o que dele se achava em todas as Escrituras". Jesus os colocou acima dos acontecimentos e conseguiu dar-lhes uma perspectiva mais real introduzindo-os no desenrolar da história, dentro da visão daquele que determinou os caminhos dos homens, o próprio Deus.

Como é importante ter a capacidade para sair do presente momento e contemplar a realidade no contexto da ação de Deus ao longo dos séculos. Todos são propensos a pensar que a vida começa e termina conosco, que o ministério no qual atuamos surgiu por nossa iniciativa e que tudo gira em torno da nossa existência. Com essa minúscula perspectiva das coisas, investimos nossas vidas naquilo que é momentâneo, e o nosso compromisso é passageiro. É importante que vejamos nossa existência dentro da história do povo que caminhou com o Senhor desde a antiguidade. Não existimos dentro do vácuo, mas sim fazemos parte da marcha da nação santa que foi separada para servir aos propósitos de Deus.

Ao compreendermos que a nossa parte é muito pequena em algo muito maior do que nós mesmos, o sentido da nossa importância diminui tremendamente. Não somos indispensáveis em nada, e nem o que fazemos é tão fundamental como imaginamos ser. Recebemos a graça de participar dos eternos projetos de Deus, mas antes da nossa chegada, Ele já estava em ação e depois da nossa partida, Ele continuará agindo. A nossa participação só tem sentido quando a contemplarmos no contexto dos toques do Deus eterno, a quem servimos.

Para pensar:
Olhando ao redor, um momento pode parecer muito tempo. Se elevarmos o coração ao céu, mil anos podem parecer apenas um instante. —João Calvino

Culpado do corpo e do sangue

Porque, todas as vezes que comerdes este pão e beberdes o cálice, anunciais a morte do Senhor, até que ele venha. Por isso, aquele que comer o pão ou beber o cálice do Senhor, indignamente, será réu do corpo e do sangue do Senhor.
1 CORÍNTIOS 11:26,27

27 de agosto

Ao longo de anos servindo na igreja, estudando e ensinando a Palavra de Deus, nunca pude entender a origem de um conceito fortemente arraigado na maior parte das congregações que visitei. Tal ensino afirma que participar da Ceia do Senhor de forma indigna se refere ao fato de a pessoa não estar batizada. Quanto mais leio o texto sobre o qual meditamos hoje mais me questiono.

É verdade que Paulo afirma em 1 Coríntios 12:13 que todos fomos batizados pelo Espírito Santo formando um corpo. Porém, essa declaração não oferece qualquer indício de que era isso o que ele tinha em mente quando deu instruções quanto à prática da Ceia. Paulo admoesta os irmãos num tema que já tinha sido considerado em outra parte da sua carta, que eram as divisões existentes na igreja. Isto forma a base da sua exortação. A tristeza dele se deve ao fato de que "…cada um toma, antecipadamente, a sua própria ceia; e há quem tenha fome, ao passo que há também quem se embriague" (1 Coríntios 11:21). Quer dizer, nas reuniões eram vistos os mesmos comportamentos egoístas presentes naqueles que não conhecem a Cristo. Cada qual pensava em sua própria necessidade sem dar importância ao próximo. Por esta razão o apóstolo afirma "…não vos louvo, porquanto vos ajuntais não para melhor, e sim para pior" (1 Coríntios 11:17).

Em sua epístola aos Efésios, o apóstolo declara: "…todo o corpo, bem ajustado e consolidado pelo auxílio de toda junta, segundo a justa cooperação de cada parte, efetua o seu próprio aumento para a edificação de si mesmo em amor" (4:16). O texto claramente revela que o crescimento do corpo acontece quando as partes se encontram unidas e se relacionam corretamente umas às outras. Quando cada parte do corpo só pensa em sua necessidade, não pode executar a função para a qual foi criada, que é abençoar e complementar as outras partes.

A Ceia do Senhor é o momento quando trazemos à lembrança a morte de Cristo. O ato de recordar não se concentra na Sua morte física, mas no motivo que tornou necessário esse sacrifício: o pecado que nos tornou desinteressados por Deus e pelos outros. Ao participarmos da Ceia indignamente, desprezamos o sacrifício que procurou reverter esta situação, pois insistimos no mesmo comportamento pecaminoso que caracterizou a vida do ser humano desde a sua queda.

Para pensar:
Quais atitudes em sua vida não edificam o Corpo de Cristo? Você costuma dar passos para combater o individualismo tão comum a todos os homens? Como você pode demonstrar maior consideração pelo sacrifício de Cristo na cruz?

O sal da terra

Vós sois o sal da terra; ora, se o sal vier a ser insípido, como lhe restaurar o sabor? Para nada mais presta senão para, lançado fora, ser pisado pelos homens.
MATEUS 5:13

28 de agosto

Como em outras ocasiões, Jesus escolheu um elemento comum na vida dos israelitas para ilustrar a influência que o discípulo deve exercer no mundo. Na antiga Palestina, o sal tinha duas funções principais. Era usado para dar sabor à comida e para preservar alimentos como, por exemplo, a carne. Ele estava também presente em algumas cerimônias realizadas no templo, onde lhe era atribuído um significado purificador. O sal que os israelitas usavam chegava das margens do mar Morto e por estar misturado a outros minerais não tinha a mesma pureza, mas era facilmente encontrado.

Cristo comparou o sal à função dos discípulos no mundo. Devemos observar que ele é diferente da comida e o seu sabor é transferido para os alimentos. Não absorve o sabor do alimento, mas ele agrega algo ao ser dissolvido. Da mesma forma, um discípulo de Cristo deve ser diferente das pessoas que vivem ao seu redor. Quando participa de atividades e eventos no contato com pessoas não cristãs, deve contagiá-las com seus princípios e comportamento. O discípulo jamais deve absorver o "sabor" do mundo em trevas.

A influência do sal na comida, também, ocorre por sua simples presença. Ao ser misturado na comida não acontece uma reação química para provocar o efeito salgado. O sabor se deve ao fato de ele estar presente. Do mesmo modo, a presença do discípulo no mundo é mais eficaz quando o seu testemunho é dado de forma natural e espontânea ao longo da sua experiência diária. Certos setores da igreja levam os membros a uma atitude de rejeição aos que não pertencem a Cristo. Na maioria dos casos, só afastam as pessoas do evangelho.

Por último, o sal era usado na conservação dos alimentos, principalmente a carne. A presença da igreja na sociedade deve ser um fator que preserva os seres humanos dos efeitos perniciosos do pecado. Onde os filhos de Deus se encontram deve-se perceber a ação redentora do Senhor.

Para pensar:
O sal só serve se cumprir sua função. Ao deixar de cumprir sua função de salgar deixa de ter razão para existir.

Cristo, a videira verdadeira

29 de agosto

Eu sou a videira verdadeira, e meu Pai é o agricultor. Todo ramo que, estando em mim, não der fruto, ele o corta; e todo o que dá fruto limpa, para que produza mais fruto ainda. JOÃO 15:1,2

Com frequência, Israel foi comparado, no Antigo Testamento, a uma videira. Na maioria das vezes não era motivo de orgulho, porque os profetas quase sempre condenavam o povo pela má qualidade dos frutos que eles produziam. Cristo afirmou aos Seus discípulos que Ele era a videira verdadeira, a planta que nutria os ramos, as folhas, os cachos e as uvas. A igreja não é a videira, nem tampouco os pastores, nem também os responsáveis pelos seus ministérios. A igreja faz parte dos ramos, mas o que dá vida a tudo e está em todas as partes agindo, é Cristo.

O Pai não é a videira. Ele é o dono da vinha. Ele observa a videira no seu todo e sabe onde deve ser podada, onde precisa ser escorada, onde a terra junto às raízes deve ser mexida. Ele conhece as suas necessidades melhor do que qualquer ser humano. O trabalho do Pai tem o objetivo de garantir que a videira cumpra a sua finalidade, que é produzir uvas em abundância.

Para que isto aconteça, o Pai executa duas atividades básicas. Os ramos que não dão fruto são cortados e jogados fora. Jesus falou sobre isto sem rodeios, deixando claro o procedimento do Pai. Os ramos existem para produzir o fruto gerado pela planta. O ramo que não cumpre essa função não deve permanecer na videira apenas como enfeite. Persistindo a falta de frutos depois de receber os devidos cuidados, ele é cortado. Isto acontece para evitar que absorva a seiva e a energia que poderiam ser canalizadas para os ramos mais produtivos.

A segunda atividade do Pai tem a ver com os ramos que produzem fruto. Cristo não disse haver comparação entre eles para saber qual produziria mais, ou qual daria uvas mais saborosas. Também não afirmou que o Pai lhe daria os parabéns pelo bom resultado na colheita. Ele disse que o Pai poda os ramos produtivos para que deem mais frutos. Qualquer produtor sabe que este processo, que é momentaneamente doloroso, acaba fortalecendo o ramo e, consequentemente, a videira como um todo.

Para pensar:
A analogia nos leva a duas conclusões. Primeira, não existem categorias de ramos, uns com um "chamado" e outros sem. Todos devem, sem exceção, produzir frutos. Nenhum existe apenas para enfeite. A segunda conclusão é: ninguém escapa do alicate de poda que o Senhor usa, nem sequer os que "caminham bem". Todos são podados! Alguns para a vida e outros para a morte!

Um caminho de duas mãos

30 de agosto

...permanecei em mim, e eu permanecerei em vós. Como não pode o ramo produzir fruto de si mesmo, se não permanecer na videira, assim, nem vós o podeis dar, se não permanecerdes em mim. Eu sou a videira, vós, os ramos. Quem permanece em mim, e eu, nele, esse dá muito fruto; porque sem mim nada podeis fazer. JOÃO 15:4,5

Ao ser cortado da videira, o ramo seca e morre. Ele não pode sobreviver por si mesmo e muito menos produzir fruto. Todos os elementos para a sua existência estão na videira. Não pode guardar, nem desenvolver capacidades próprias para a sua subsistência. A única esperança é a nutrição que lhe chega da videira e, por isso, deve permanecer nela. Cristo chamou os discípulos para permanecerem nele porque sem Ele nada poderiam fazer. É importante vermos como esta frase é categórica. Não que as coisas separadas dele sejam difíceis, ou que os resultados sejam insignificantes. Cristo disse que absolutamente nada seria possível sem estar unido a Ele.

O que significa, então, esse "permanecer" nele? O ramo tem uma relação contínua com a planta. Não se encontra com ela uma vez ao dia ou duas vezes na semana. Ele se nutre da videira o tempo todo. Assim, "permanecer" na sua forma mais simples é dar espaço para a vida que Jesus quer produzir em nós. É colocar toda a atenção nele, permitindo que Ele seja a razão de ser da nossa existência.

Cristo, além disso, acrescentou outra condição para frutificar. Ele declarou aos discípulos a necessidade de que Ele permanecesse neles. Nisto vemos com clareza que a relação não depende unicamente de nós. Muitas vezes, com a nossa lista de atividades para cultivarmos nossa vida espiritual, julgamos estar nele. Mas Cristo disse que isto tem pouco valor se Ele não permanecer em nós.

E como Ele permanece em nós? Ele disse aos discípulos: "Se permanecerdes em mim, e as minhas palavras permanecerem em vós..." (João 15:7), e deu a entender que se tratava não só de buscá-lo, mas também de prestar atenção ao que Ele dizia. No caso de ainda não terem entendido, Ele acrescentou: "Se guardardes os meus mandamentos, permanecereis no meu amor..." (João 15:10). Isto significa que toda a nossa devoção, nosso louvor e nossas orações não terão qualquer sentido se não estiverem alicerçados em uma vida de obediência a Ele. É no cumprimento dos Seus mandamentos que temos a garantia da Sua participação em nossas vidas, e não somente nós na Sua.

Deve ficar claro, então, que esta vida para a qual fomos chamados não poderá prosperar se insistirmos em não nos comprometermos com Ele. Não nos foi pedido para que nos esforcemos para buscá-lo, mas sim para permitirmos que Ele dirija a nossa vida. Isto significa que as nossas atividades não são tão importantes como aquilo que Ele realiza em nós.

Para pensar:
Aquele que tem os meus mandamentos e os guarda, esse é o que me ama; e aquele que me ama será amado por meu Pai, e eu também o amarei e me manifestarei a ele (João 14:21).

De dois em dois

Depois disto, o Senhor designou outros setenta; e os enviou de dois em dois, para que o precedessem em cada cidade e lugar aonde ele estava para ir. LUCAS 10:1

31 de agosto

O Senhor Jesus não partilhava da ideia de que o discípulo só pode receber alguma responsabilidade depois de se formar, após estar suficientemente maduro para suportar o peso do seu chamado. Enquanto prosseguia na capacitação dos discípulos, Ele os convocou e lhes confiou a realização de uma tarefa. Para a boa execução do Seu projeto deu-lhes instruções claras sobre o que fazer. Eles talvez não tenham percebido o cuidado do Mestre com eles enviando-os dois a dois. Que boa estratégia! Quanta sabedoria nessa decisão e que bom exemplo nos deixa para a nossa tarefa de discipular.

Quando temos companhia, os desafios sempre são mais fáceis. Podemos consultar o companheiro, compartilhar nossas dúvidas e temores, e fortalecer-nos mutuamente. Ainda que a outra pessoa não tenha a resposta para os nossos questionamentos, só o fato de podermos contar com a sua amizade e presença já é parte da provisão de Deus para as nossas necessidades.

Andar com outra pessoa enriquece a nossa perspectiva. Em vez de dependermos exclusivamente de nossos critérios e visão, podemos escutá-la e considerar o seu ponto de vista. Com certeza, o outro estará vendo aspectos que eu não tenha percebido, e isto me ajudará a ser mais equilibrado em tudo o que fizer.

Duas pessoas executam uma tarefa melhor do que apenas uma. Os nossos dons e talentos se complementam de tal maneira que, trabalhando juntos, podemos conseguir um resultado muito melhor. A pessoa que me acompanha contribuirá com as qualidades e as características que lhe são próprias. Isto revela a maravilhosa diversidade da criação de Deus.

Ao trabalharmos juntos temos ao lado uma pessoa que nos ajuda a avaliar o nosso próprio desempenho. Ele pode corrigir os nossos erros e reconhecer os nossos acertos, ajudando-nos cada dia a sermos mais sábios na realização das tarefas que nos foram confiadas.

Essa pessoa servirá de consolo e suporte quando as coisas não saírem conforme o esperado. Em nossa caminhada enfrentaremos oposição, desânimo e perplexidade. Estando juntos podemos compartilhar a angústia pelo fracasso e também levar a frustração a Deus.

Este companheiro trará alegria ao nosso coração ao repartirmos as alegrias que experimentamos. Quando vivenciamos uma forte emoção, nada melhor que celebrá-la com outra pessoa. As vitórias e as conquistas têm outro sabor quando as experimentamos em equipe.

Para pensar:
Fica apenas um pequeno detalhe para considerar. Para caminharmos juntos, lado a lado, precisamos ter a convicção de que o outro é um presente de Deus para a minha vida. E se de fato o for, apenas preciso considerá-lo como tal!

A função do espelho

Tornai-vos, pois, praticantes da palavra e não somente ouvintes, enganando-vos a vós mesmos. Porque, se alguém é ouvinte da palavra e não praticante, assemelha-se ao homem que contempla, num espelho, o seu rosto natural; pois a si mesmo se contempla, e se retira, e para logo se esquece de como era a sua aparência. TIAGO 1:22-24

1 de setembro

Esta passagem da epístola de Tiago identifica o nosso permanente problema diante da Palavra de Deus. Nós somos ouvintes que se esquecem com facilidade. Isto é mais visível em nosso tempo, visto que existe uma "saturação" da Palavra. Nós a escutamos em reuniões durante a semana, pelo rádio, baixamos na internet, lemos em livros, nos devocionais. Imagine o que seria da sua vida e da minha, se praticássemos apenas 10% daquilo que ouvimos! Seríamos verdadeiros gigantes no reino!

Infelizmente a nossa tendência é sempre voltada para o esquecimento. A totalidade do conselho de Deus desde Gênesis até o Apocalipse nos exorta que sejamos praticantes da Palavra. Aquele que é apenas ouvinte, diz Tiago, engana-se a si mesmo. Em que consiste esse engano? Pode ser comparado às promessas não cumpridas de um pai. Diz que vai realizar tal atividade com os filhos e eles se entusiasmam e começam a sonhar com esse momento especial. Mas a alegria acaba em nada porque o pai não cumpre o que promete. O mesmo acontece com aquele que apenas ouve a Palavra. Ele escuta e reconhece o que é necessário fazer em relação a uma situação que está enfrentando. Pode até se alegrar pelo fato de o Senhor lhe ter falado com clareza. "Como precisava ouvir isso!", diz a si mesmo. Entretanto, pouco tempo depois estes sentimentos resultam em nada, por não ter agido de acordo com o que ouviu.

Tiago, com admirável simplicidade dos grandes mestres na Palavra, ajuda-nos a compreender este assunto usando um espelho como ilustração. Você já pensou na função do espelho? Não é apenas para que você se veja refletido. Ele cumpre algo mais importante que é mostrar as partes do seu corpo que não podem ser vistas diretamente. Quer dizer, lhe dá o acesso para ver o que o seu olhar não alcança. Com a imagem que aparece, você perceberá quais mudanças precisa fazer para estar apresentável.

A Palavra de Deus cumpre esta função em nossa vida. Permite-nos ver o que não conseguimos perceber com os nossos olhos, porque deve ser visto "em espírito". Você e eu devemos trabalhar sobre isto. Você não perde seu tempo diante do espelho se nada pretende fazer, não é verdade? Da mesma maneira, Deus lhe diz para não perder tempo com a Palavra se não pretender cumpri-la. A Palavra de Deus tem um propósito em nossas vidas. Cabe-nos aproveitá-la.

Para pensar:
No dia do juízo, não lhe perguntarão: "o que foi que você leu?", mas sim: "o que foi que você fez?" —Tomás Kempis

Tenham grande alegria

Meus irmãos, tende por motivo de toda alegria o passardes por várias provações, sabendo que a provação da vossa fé, uma vez confirmada, produz perseverança. Ora, a perseverança deve ter ação completa, para que sejais perfeitos e íntegros, em nada deficientes. TIAGO 1:2-4

2 de setembro

Esta é uma passagem bastante conhecida de todos os que estão em Cristo há mais tempo. Não devemos permitir que a familiaridade com o texto nos impeça de continuar aprendendo o que Deus quer nos comunicar por meio de Sua Palavra. Há vários pontos importantes nesta exortação.

Primeiro, observemos que o autor desperta os irmãos a uma atitude de alegria em meio às dificuldades. Essa emoção é uma característica dos que andam em Cristo. Não devem existir situações que os impeçam de gozá-la. Normalmente a alegria é o resultado de algo que faz bem, algum acontecimento, alguma palavra ou experiência que nos seja agradável. Nestas ocasiões, ela é tão grande que somos levados a compartilhá-la com os outros.

Temos aqui uma dificuldade. Como nos alegrar ao enfrentarmos uma provação? A maioria de nós não consegue sentir o mínimo de satisfação em meio às situações negativas ou tristes. Tiago, entretanto, ajuda-nos a compreender que isto não é o resultado de termos o olhar fixo na prova ou tribulação pela qual passamos. Logicamente, nenhuma crise nos inspirará a dar graças e nem nos fará sentir alegria. Pelo contrário, quanto mais refletirmos sobre o assunto, mais nos desanimaremos.

A exortação de Tiago não é para nos fixarmos na prova, mas sim nos seus resultados. Quais são eles? Que sejamos "perfeitos e íntegros, em nada deficientes". Na expressão "em nada deficientes" está incluído o fato de que nesse momento não temos condições de nos alegrarmos. A palavra 'perfeito" é muito importante no Novo Testamento. Não quer dizer que somos pessoas que jamais cometem erros, nem caiam em pecado. Nada disto! Ela chama a atenção à perfeição na perspectiva de Deus, que é a possibilidade de vivermos a nossa realidade na Sua total plenitude, cumprindo assim o propósito para o qual Deus nos criou.

Observe um importante detalhe no texto: não é você que está sendo provado, mas antes é a sua fé. Você dirá que de todos os modos é você mesmo que sofre a prova. O Senhor, contudo, não fará você passar por ela apenas por um capricho da Sua vontade. Ele trabalha para que a sua fé seja aquela que deve ser. Você e eu sabemos que isto é muito importante, pois a fé é um dos ingredientes básicos da vida espiritual. "Sem fé" diz-nos o autor da epístola de Hebreus "...é impossível agradar a Deus" (11:6). Concluímos que necessitamos de toda a ajuda que Ele possa nos dar, para termos uma fé viva, dinâmica e forte.

Para pensar:
Como você pratica isto? Leia Atos 16:22-24 e considere o que Paulo e Silas fizeram. Ali encontramos um tremendo exemplo de alegria em meio às aflições.

Chamados a estar no mundo

Eu lhes tenho dado a tua palavra, e o mundo os odiou, porque eles não são do mundo, como também eu não sou. Não peço que os tires do mundo, e sim que os guardes do mal. Eles não são do mundo, como também eu não sou. JOÃO 17:14-16

3 de setembro

À primeira vista as palavras de Jesus parecem ser contraditórias. Por um lado, Seus discípulos seriam rejeitados pelo fato de pertencerem a outro reino. As diferenças no estilo de vida, nos valores e compromissos tornam evidentes as faltas dos que se identificam com as realidades do presente século. O resultado é o conflito e a perseguição contra os que pertencem a Cristo.

Na frase seguinte Jesus pede ao Pai exatamente o contrário do que nós teríamos pedido, isto é, que não os tirasse do mundo. Digo que é o oposto ao que nós instintivamente teríamos feito, porque acreditamos ser o melhor para o nosso próximo evitarmos que passe por alguma dificuldade estando ao nosso alcance fazê-lo.

Em Sua oração, Jesus afirma que os discípulos "não são do mundo". Por este motivo Ele não deseja que estejam "à vontade" em seu contexto de vida. Apesar disto, muitos filhos de Deus se esforçam para achar uma forma de passar confortavelmente pelo mundo enquanto caminham para a eternidade.

Devemos meditar no pedido que Jesus fez ao Pai: "Não peço que os tires do mundo, e sim que os guardes do mal." Qual é o motivo deste pedido? É que fomos chamados a cumprir uma missão na terra onde vivemos. Deus nos abençoou para sermos bênção a todos quantos Ele colocar em nosso caminho. "…Assim como o Pai me enviou, eu também vos envio" (João 20:21). Esta é uma parte essencial no chamado de cada discípulo de Cristo. Não será possível cumpri-lo se não estivermos no mundo, rodeados precisamente pelos que nos rejeitam.

Deve ser motivo de tristeza ver que muitas igrejas se isolaram do mundo, refugiando-se numa série de atividades para abençoar os que já foram uma vez abençoados. Como pastores, impomos esse mesmo estilo de vida aos que se convertem, levando-os a cortar todos os vínculos com as pessoas fora do contexto da igreja. Nós lhes dizemos que é para protegê-los da influência dos que andam no pecado. O que conseguimos é tornar inoperante a oração de Cristo, que pediu ao Pai que não os tirasse do mundo.

Em vez disso, devemos buscar uma forma para que, estando envolvidos ativamente com as atividades da sociedade que nos cerca, Deus nos guarde contra o mal. Este foi o pedido de Jesus e não podemos fazer menos do que Ele. Ao nos isolarmos damos as costas ao nosso chamado, e sem vocação de serviço, não podemos ser discípulos.

Para pensar:
Você tem amigos que não pertencem à igreja? Quanto do seu tempo lhes dedica? Eles sentem seu afeto? Quanto tempo investe com os seus irmãos na fé?

Cada um é especial

O ornato dos jovens é a sua força, e a beleza dos velhos, as suas cãs.
PROVÉRBIOS 20:29

4 de setembro

O autor do livro de Provérbios escolhe dois grupos de pessoas em extremos opostos para nos dar uma importante contribuição. Os jovens iniciam a construção das suas vidas realizando o processo de integração para se tornarem pessoas úteis à sociedade. Na outra ponta se encontram os idosos já no fim de jornada e que completaram sua contribuição para o bem da sociedade. O versículo diz que ambos são muito especiais.

Vivemos num contexto social em que é dado um lugar privilegiado aos jovens. Pagamos milhões aos que nos deslumbram com sua habilidade no futebol ou no basquete. As supermodelos no setor de moda são estrelas seguidas por multidões de adolescentes que também desejam brilhar. Os jovens com talento para a música, donos de contratos milionários com as gravadoras, imprimem seus valores e estilo de vida numa geração inteira. No mundo corporativo, pessoas com décadas de fiel serviço à empresa para a qual trabalham são dispensadas para dar lugar à onda de universitários graduados que, segundo se pensa, representam o futuro para o mercado.

Nesse contexto, a velhice é um castigo. Quem chega ao tempo da aposentadoria não encontra outro desafio além de esperar a chegada do fim. Embora lhes mostremos simpatia, poucos consideram os idosos como membros valiosos à sociedade.

O texto de hoje corrige este ponto de vista tão arraigado no ser humano de que uma etapa da vida é melhor do que outra. Cada fase é especial, trazendo consigo desafios diferentes. O fato de querermos medir todas as etapas com um mesmo critério faz algumas delas se tornarem indesejáveis. Se tomarmos o que é a glória da juventude e o aplicarmos à velhice, constataremos que esta última etapa é muito triste. Os idosos perdem dia após dia, a vitalidade e a força que tiveram com abundância em outros tempos. Da mesma forma, se o nosso ideal tem a ver com a beleza física, num corpo esbelto e num rosto reluzente, lutaremos com todos os meios contra o avançar dos anos.

No entanto, o texto de hoje nos diz que a beleza dos velhos são os seus cabelos brancos. Por trás das rugas e desses cabelos, há uma vida cheia de experiências, lutas e vitórias. Seus rostos têm uma história que merece ser contada. Dos seus erros e acertos há muitas lições que podemos aprender. Devemos o respeito àqueles que correram com perseverança a carreira que lhes foi proposta. Não sabemos se algum dia chegaremos onde eles já estão. O idoso, no reino de Deus, é preciso porque pode contribuir com algo que o jovem não tem.

Para pensar:
Diante das cãs te levantarás, e honrarás a presença do ancião, e temerás o teu Deus. Eu sou o SENHOR (Levítico 19:32).

Medidas radicais

5 de setembro

Portanto, se a tua mão ou o teu pé te faz tropeçar, corta-o e lança-o fora de ti; melhor é entrares na vida manco ou aleijado do que, tendo duas mãos ou dois pés, seres lançado no fogo eterno. Se um dos teus olhos te faz tropeçar, arranca-o e lança-o fora de ti; melhor é entrares na vida com um só dos teus olhos do que, tendo dois, seres lançado no inferno de fogo. Vede, não desprezeis a qualquer destes pequeninos; porque eu vos afirmo que os seus anjos nos céus veem incessantemente a face de meu Pai celeste. MATEUS 18:8-10

A Palavra de Deus nos indica pelo menos dois procedimentos para resolvermos a questão do pecado em nossa vida. Um deles pode ser chamado de "pecados ocasionais". É o que acontece com todas as pessoas, inclusive conosco. Quem está espiritualmente atento ao que acontece em sua vida poderá detectar algum pensamento com um convite ao pecado. O apóstolo Paulo afirma que, para andarmos em obediência, precisamos tornar tais pensamentos cativos. Quer dizer, devemos prendê-los enquanto se formam em nossa mente e depois, colocá-los aos pés de Cristo, reafirmando que estamos debaixo do Seu senhorio.

O texto de hoje se refere a uma segunda categoria de pecados, que são chamados "pecados habituais". Estes se instalaram de forma permanente em nossa vida. Encontramo-nos presos num círculo vicioso que não produz solução definitiva alguma para o nosso problema. Caímos no pecado, o confessamos, prometemos jamais repeti-lo, mas pouco depois estamos na mesma situação.

Cristo é totalmente radical neste assunto. Ele diz que onde já não mais existe a possibilidade de vencê-lo pelo domínio próprio devido à sua fraqueza, precisamos então adotar uma postura mais taxativa. Devemos eliminar da nossa vida aquela atividade, circunstância ou situação que continua alimentando o hábito pecaminoso.

Permita-me exemplificar. Vamos supor que um jovem seja aficionado e entusiasta por futebol. Cada vez que ele joga, perde o controle e tem um comportamento agressivo contra os colegas. Ele já confessou muitas vezes sua falta, como também pediu perdão aos que ofendeu, mas sempre volta a praticar o mesmo erro. Qual é a solução que Cristo propõe? Que ele deixe o futebol até adquirir o domínio próprio que lhe permita jogar sem desonrar o Senhor.

O mesmo poderia ser aplicado para quem assiste demais a televisão ou que seja uma pessoa dada às discussões, ou que não consiga controlar seus gastos. Em cada caso, a capacidade de resistir não produz qualquer efeito. É necessária uma ação radical; evitar a situação específica que nos faz pecar repetidamente.

O pecado não pode ser considerado de forma leviana. Quando não é vencido, ele obscurece a nossa visão e acaba endurecendo o nosso coração para finalmente, como diz a epístola de Tiago, gerar em nós a morte (1:15). Esse mal só será corrigido com decisões definitivas. É melhor perder algo na terra para termos ampla entrada no céu.

Para pensar:
É melhor morrer de fome do que pedir comida ao diabo. —Thomas Watson

A vingança e o reino

...se possível, quanto depender de vós, tende paz com todos os homens; não vos vingueis a vós mesmos, amados, mas dai lugar à ira; porque está escrito: A mim me pertence a vingança; eu é que retribuirei, diz o Senhor. ROMANOS 12:18,19

6 de setembro

Poucas coisas nos ferem mais profundamente do que os males que outros nos fazem. É mais fácil aceitar as dificuldades financeiras, a falta de trabalho ou a enfermidade. Quando somos traídos, dói no mais íntimo do nosso ser. Superar esse momento representa um desafio.

No texto de hoje, Paulo nos orienta sobre este tema. Primeiramente, nos recorda que a paz deve ser uma das características dos que andam em Cristo, pois seguem um Deus de paz. De qualquer forma, a expressão "se possível, quanto depender de vós" nos adverte que a paz depende da cooperação de duas partes. Quer dizer, não implica apenas na ausência de agressão da minha parte como também exige o compromisso da outra pessoa. Por essa razão, a paz nem sempre é total porque o nosso desejo de estar em paz com os outros não é correspondido. O nosso chamado é usar todos os meios possíveis para cultivar e manter uma relação de paz com as pessoas com quem nos relacionamos.

É mais difícil colocar em prática esta exortação nos relacionamentos em que fomos agredidos, menosprezados ou tratados injustamente. Aí, nossos desejos de paz viram fumaça e em seu lugar sentimos uma intensa indignação que exige punição sem nos importarmos o que tenhamos de fazer para que isto aconteça.

É nestes momentos que começamos a lutar contra o desejo de vingança. Muitas vezes, achamos que ela se concretiza numa agressão direta contra a outra pessoa. A vingança, no entanto, se disfarça sob várias formas. Basta saber que ela busca levar a outra pessoa a algum mau momento, igual ou pior que nós vivenciamos. Isto pode incluir algo tão sutil como desejar que vá mal na vida ou humilhá-la publicamente. A vingança é um sentimento que se aloja em nossos corações. Ela nada mais é que o espírito amargurado que reside em nosso interior.

Paulo nos convida a entregá-la a Deus. É uma atitude sábia, não só porque o Senhor defende a causa dos Seus filhos, como também porque julga corretamente todos os elementos de uma situação e conhece o melhor caminho a seguir. Quando entregamos tudo em Suas mãos, afirmamos que Ele sabe o que nos é necessário e fará o melhor para nós.

Para pensar:
Porquanto para isto mesmo fostes chamados, pois que também Cristo sofreu em vosso lugar, deixando-vos exemplo para seguirdes os seus passos, o qual não cometeu pecado, nem dolo algum se achou em sua boca; pois ele, quando ultrajado, não revidava com ultraje; quando maltratado, não fazia ameaças, mas entregava-se àquele que julga retamente (1 Pedro 2:21-23).

Justos juízos

Nesse mesmo tempo, ordenei a vossos juízes, dizendo: ouvi a causa entre vossos irmãos e julgai justamente entre o homem e seu irmão ou o estrangeiro que está com ele. Não sereis parciais no juízo, ouvireis tanto o pequeno como o grande; não temereis a face de ninguém, porque o juízo é de Deus; porém a causa que vos for demasiadamente difícil fareis vir a mim, e eu a ouvirei. DEUTERONÔMIO 1:16,17

Uma das nossas responsabilidades, como pastores, é intervir em situações em que hajam diferenças ou conflitos entre irmãos, pois é necessária, muitas vezes a ajuda de uma terceira pessoa para a devida solução.

O grande desafio para o líder neste tipo de situação é evitar, o máximo possível, a manifestação da sua humanidade. Isto não significa que é impossível chegarmos a um julgamento correto por meios humanos, pois ainda temos em nós alguns vestígios do conhecimento da verdade. Na maioria dos casos, a nossa natureza é um fator que dificulta o nosso julgamento das outras pessoas.

Moisés encoraja os líderes a ajudarem na solução de conflitos e que o façam com justiça. O segredo aqui está em não fazer acepção de pessoas. Isto significa não ceder à tentação de dar preferência a uns em detrimento de outros. Um caso típico poderia ser, prestar mais atenção ao rico do que ao pobre, ao natural da terra do que ao estrangeiro. Para nós parece ser uma possibilidade distante, até nos lembrarmos de que em nossas igrejas damos mais atenção àqueles que contribuem mais, ou às famílias que estão mais tempo na igreja.

O argumento de Moisés é que um ministro não deve temer os homens porque o julgamento vem de Deus. Ou seja, o juízo justo não apenas vem do Senhor, que julga corretamente em todas as situações por conhecer as intenções do coração, como também dele vem a autoridade para julgar. É precisamente isto que Paulo diz em sua epístola aos Romanos: "...porque não há autoridade que não proceda de Deus; e as autoridades que existem foram por ele instituídas. De modo que aquele que se opõe à autoridade resiste à ordenação de Deus..." (13:1,2). Por este motivo devemos emitir os nossos juízos com temor, porque teremos de nos justificar diante do Senhor que nos deu tal responsabilidade.

Salomão, que se sentia incapaz de levar adiante esta tarefa, pediu a Deus sabedoria que ele próprio não tinha. O Senhor lhe concedeu este pedido e sua fama de justo juiz se espalhou por todo o mundo. O seu exemplo é precioso para nós. A tarefa de julgar em situações de conflito entre irmãos não deve ser considerada de forma leviana.

O mais importante é não ter pressa para se chegar a alguma conclusão. Isso permitirá o tempo necessário para considerarmos o que ouvimos, buscando a orientação do Espírito Santo, para que, quando falarmos, as nossas palavras coincidam com o sentir do Deus a quem servimos.

Para pensar:
A justiça exalta as nações, mas o pecado é o opróbrio dos povos (Provérbios 14:34).

Desde o monte

Vendo Jesus as multidões, subiu ao monte, e, como se assentasse, aproximaram-se os seus discípulos; e ele passou a ensiná-los, dizendo... MATEUS 5:1,2

8 de setembro

Existe uma conexão entre as multidões que seguiam a Cristo e a decisão de subir ao monte. Este não foi um ensino improvisado sobre o caminho. Jesus percebeu que aquele momento era apropriado para trazer à multidão e aos Seus discípulos uma série de ensinos que os ajudaria a entender os valores do Reino.

Não era porque faltasse ensino sobre a vida espiritual em Israel. Isto era feito pelos escribas e fariseus, mas eles se concentravam no cego cumprimento da lei, especialmente naquilo que afetava a vida deles sob o olhar dos outros. Por este motivo, Cristo advertiu Seus ouvintes dizendo: "Guardai-vos de exercer a vossa justiça diante dos homens, com o fim de serdes vistos por eles; doutra sorte, não tereis galardão junto de vosso Pai celeste" (Mateus 6:1). Esta é uma tentação que enfrentamos permanentemente: depender da opinião de outros a nosso respeito. A luta é maior para nós que ocupamos um lugar no ministério na igreja. Quantas frases e atitudes assumimos no púlpito para impressionar os outros com a nossa aparente devoção!

No Sermão do Monte, Cristo quer fazer os ouvintes pensarem nos aspectos da vida que outros não podem ver, mas que têm efeitos eternos: a vida interior, o lugar secreto do espírito, que só o Senhor conhece em profundidade. Ele, intencionalmente, conduz as pessoas a deixarem de pensar em ações, para se concentrarem na avaliação dos motivos que dão origem a tais atitudes.

Ao falar nas Bem-aventuranças, Jesus se refere às características de um cidadão do reino de Deus. Não está entregando uma nova fórmula para se chegar a Deus como a longa série de requisitos que os religiosos daquele tempo apresentavam. Jesus descreve as qualidades presente naqueles que foram levados à vida espiritual pelo próprio Senhor. Não é fruto do esforço humano, mas sim o resultado de uma visitação sobrenatural. Esta é a origem de tudo o que verdadeiramente permanecerá para a eternidade.

A palavra "bem-aventurado" não faz referência a um estado emocional, ela descreve algo além da felicidade. É o estado de plenitude que alcança a pessoa tocada por Deus. O Senhor traz vida, e vida abundante. Possuí-la é ser um bem-aventurado. Quando Jesus proclamou essa verdade desejava que todos entendessem que valia a pena entregar a vida a Deus. Ele lhes revelou um mundo inteiramente diferente do mundo mesquinho, amargo e depressivo que conheciam diariamente. Cada ensino e cada pregação que fizermos devem, de igual forma, manifestar generosa dose de alegria, esperança e entusiasmo, pois também somos mensageiros das boas-novas.

Para pensar:
Quando Cristo concluiu o sermão "...estavam as multidões maravilhadas da sua doutrina; porque ele as ensinava como quem tem autoridade e não como os escribas" (Mateus 7:28,29). É o que a sua igreja sente quando você termina de pregar?

Bem-aventurados os pobres de espírito

Bem-aventurados os humildes de espírito, porque deles é o reino dos céus.
MATEUS 5:3

9 de setembro

A primeira bem-aventurança indica o ponto onde começa toda a obra espiritual na vida de uma pessoa: o reconhecimento da pobreza de nossa própria condição. É o resultado de um instante de revelação, produzido pelo Senhor, quando desaparece tudo o que nos fazia acreditar que éramos importantes. Neste momento nos vemos como somos vistos por Deus: em estado de completa falência espiritual.

O melhor exemplo disto está na história do filho pródigo. Os dias gloriosos quando a vida era carregada de festas, graças à carteira cheia de dinheiro e um desfile de admiradores, chegaram ao fim. Tudo ficara para trás. Sentado entre porcos, com a roupa rasgada e suja, e sentindo o implacável incômodo da fome, o jovem "caiu em si". Ou seja, chegou o momento quando percebeu a sua verdadeira condição e ele compreendeu que estava absolutamente perdido e sozinho no mundo. A miséria de sua condição o levou a empreender a jornada de volta à casa do pai.

Devemos esclarecer que a pobreza de espírito não se refere apenas à experiência que leva à conversão. É antes, uma condição que nos faz chegar continuamente ao Senhor. À medida que transitamos pela vida, muitas vezes temos atitudes de soberba e altivez em oposição ao espírito do reino de Deus. A única esperança para nós nestas ocasiões é reconhecermos nossa verdadeira condição espiritual. Tal foi a experiência de Pedro que, levado pelo seu entusiasmo, quis dar testemunho de sua fidelidade ao Senhor prontificando-se a dar a vida por Ele. O choro do apóstolo mais tarde, doloroso e profundo, ajudou-o a ver com clareza a condição pessoal.

Cristo proclamou que a bênção resultante desta pobreza espiritual seria a posse do reino dos céus. Nisto, não podemos deixar de observar o contraste com as realidades do mundo, em que as conquistas acontecem pela força e violência. As agressivas ambições dos que chegaram aos mais altos postos no mundo político, empresarial ou cultural confirmam a observação de que neste mundo não há lugar para os fracos nem para os humildes. Críamos nisto até surgir Madre Teresa de Calcutá, uma figura franzina que se entregou totalmente a servir aos mais esquecidos do mundo. Até o final da sua vida andou entre os poderosos, foi recebida por presidentes e reis, e compartilhou sua mensagem com bilhões de pessoas. Ela não conquistou isto pelo esforço, mas pelo caminho da pobreza de espírito. No contexto espiritual, o reino é entregue aos que reconhecem sua total falta de aptidão. Devemos nos lembrar das palavras do Senhor ao povo de Israel, "…Em vos converterdes e em sossegardes, está a vossa salvação; na tranquilidade e na confiança, a vossa força…" (Isaías 30:15).

Para pensar:
…pois dizes: Estou rico e abastado e não preciso de coisa alguma, e nem sabes que tu és infeliz, sim, miserável, pobre, cego e nu (Apocalipse 3:17).

Bem-aventurados os que choram

Bem-aventurados os que choram, porque serão consolados. MATEUS 5:4

10 de setembro

O começo de uma experiência espiritual significativa, conforme vimos na primeira bem-aventurança, é reconhecer a pobreza da nossa condição. É fazer um inventário de nossos bens, no que se refere ao nosso espírito, e constatar que nenhuma riqueza há nesta área de nossas vidas.

Esta descoberta poderia ser o início de algo novo, mas nem sempre é assim. Muitos reconhecem a existência de aspectos na vida que não vão bem, mas isso não produz qualquer efeito. Este reconhecimento poderia inclusive resultar numa estranha manifestação de orgulho.

Quando esta revelação vem do Espírito Santo somos conduzidos ao segundo passo que é o choro. A nossa verdadeira condição diante de Deus traz uma profunda tristeza, porque compreendemos como a nossa ofensa contra Ele foi grande. Em Sua misericórdia, o Senhor nos permite derramar lágrimas pela nossa situação. Estas lágrimas são de fato o início da cura.

Esta verdade contraria o ensino que foi transmitido pela nossa cultura, especialmente se formos do sexo masculino. "Os homens não choram" foi o que nossos pais nos disseram mesmo quando ainda não sabíamos o que significava ser um homem. A ausência de lágrimas denota uma estranha dureza de coração, que é fruto da falta de sintonia com a nossa dimensão emocional. Quem não chora, aprendeu em algum momento de sua vida que as lágrimas só lhe trariam problemas. Em seu desejo de evitar tais dificuldades, reprimiu este aspecto da personalidade que é tão natural e necessário quanto se alimentar.

Davi, um dos homens mais genuinamente espirituais da Bíblia, derramou lágrimas com frequência. No Salmo 6, ele confessou ter regado a cama com elas. No Salmo 42, afirmou que suas lágrimas foram seu pão de dia e de noite. Cristo chorou por aquilo que nós não entendemos. Pedro chorou de forma desconsolada após negar Jesus. Os irmãos de Éfeso choraram quando Paulo lhes disse que não mais voltariam a vê-lo. Tudo isto indica uma forma natural de expressar tristeza e abrir as portas para Deus agir.

É precisamente isto que Cristo quer dizer ao declarar que os que choram são bem-aventurados. As lágrimas não nos deixam sós e vazios. O choro de origem espiritual não produz desconsolo (2 Coríntios 7:10). Com ele, chega a suave mão do Deus que consola os aflitos e lhes seca as lágrimas, pois Ele é um Deus que "…sara os de coração quebrantado e lhes pensa as feridas" (Salmos 147:3). Quem já provou deste consolo sabe que após o choro vem a purificação e o refrigério, assim como a terra que recebeu a chuva.

Como líderes, devemos encorajar as pessoas a serem verdadeiras ao expressarem seus sentimentos. E nós também devemos ser. Não é vergonhoso chorar pela ação do Espírito em nossa vida. Benditas lágrimas celestiais!

Para pensar:
Ai dos que nunca choram, porque a tristeza e a angústia os perseguirão por toda a vida.

Bem-aventurados os mansos

Bem-aventurados os mansos, porque herdarão a terra. MATEUS 5:5

11 de setembro

As duas primeiras bem-aventuranças estão relacionadas com o estado espiritual produzido pela intervenção de Deus em nossa vida. Elas se referem à ação do Espírito Santo que nos permite descobrir nossa verdadeira condição. São revelados os pensamentos e as atitudes que em algum momento nos fizeram pensar que éramos alguém. A nossa pobreza espiritual se tornou dolorosamente clara e nos quebrantamos devido a esta realidade contrária ao que julgávamos possuir.

A bem-aventurança de hoje se fundamenta na condição espiritual descrita pelas duas anteriores. Assim como as argolas de uma corrente, esta condição não pode persistir separada da pobreza e do quebrantamento espiritual. A mansidão nos conduz à esfera das relações humanas. É importante entendermos que os relacionamentos saudáveis não dependem da qualidade das pessoas, mas sim de uma base espiritual que nos permita ver tal como somos.

A mansidão é uma atitude que confirma que o reconhecimento da pobreza espiritual é resultado de uma ação de Deus, e não de nós mesmos. Quando estamos revestidos de mansidão podemos aceitar com calma e paz interior as coisas dolorosas, humilhantes ou difíceis. Quando outros apontarem nossos erros e defeitos não reagiremos com indignação, procurando justificar o injustificável. O Espírito já nos fez conhecer essas realidades e podemos aceitar as palavras dos outros como uma simples confirmação daquilo que já nos foi revelado.

Em situações injustas reagimos com calma. Não nos preocupam insultos ou ações que procurem manchar a nossa reputação. Confiamos no Deus que defende os Seus e para isso Ele não precisa da nossa ajuda. Esta foi a atitude de Moisés quando Miriã e Arão se insurgiram contra ele (Números 12), e também os filhos de Corá (Números 16). A Palavra de Deus o descreve como o homem mais manso da terra (Números 12:3). Jesus chamou para si todos os cansados e oprimidos porque Ele era "…manso e humilde de coração…" (Mateus 11:29). No momento mais aflitivo da Sua trajetória terrena, Ele demonstrou total mansidão, pois "…quando ultrajado, não revidava com ultraje…" (1 Pedro 2:23). Suspeitamos que grande parte do nosso cansaço se deve aos esforços para nos defender e nos justificarmos.

Mais uma vez percebemos que a recompensa contrasta com os pensamentos típicos do mundo. A terra, declara a filosofia do nosso tempo, pertence àqueles que "não se deixam levar". No reino dos céus, a terra se destina àqueles que deixam de lutar, argumentar e discutir para garantir o reconhecimento que, segundo entendem, lhes pertence. Descansam no Senhor porque sabem que Ele levanta e derruba, que dá e que tira. Ele é tremendamente generoso ao cuidar dos interesses dos Seus filhos.

Para pensar:
Ai dos que nunca podem "baixar a guarda", porque sempre terão que depender dos seus próprios esforços!

Fome e sede de justiça

Bem-aventurados os que têm fome e sede de justiça, porque serão fartos.
MATEUS 5:6

Temos meditado no processo pelo qual Deus leva alguém ao entendimento da sua verdadeira situação espiritual. Ao perceber por meio do Espírito Santo a sua pobreza em relação às coisas de Deus, o coração desta pessoa se quebranta. Ela resiste à tentação de argumentar e se defender. O que outros falam da sua pessoa apenas serve para confirmar o que Deus já lhe revelara antes.

Este processo de quebrantamento no qual rejeitamos nossa maneira de viver, bem poderia servir para que se forme em nós a decisão de ver mudanças, não considerando o custo e nem o caminho a seguir. Aqui se encontra o verdadeiro perigo, pois esta revelação poderia nos levar a assumir a responsabilidade pela mudança. Vendo o ponto onde falhamos, decidimos que isso não mais irá acontecer e colocamos toda a nossa energia em ação para produzir a mudança que julgarmos necessária para não mais voltarmos a cair. Tal decisão dificultaria a obra que o Senhor vem realizando em nossa vida.

As bem-aventuranças revelam um caminho diferente, que é a ação soberana de Deus. As declarações de Cristo não descrevem um método a seguir cujo resultado estará garantido se cumprirmos cada passo do processo. O nosso crescimento espiritual cessará ao assumirmos o controle pela obra de transformação em nossa vida. Assim como o filho pródigo, não podemos levar ao Pai a nossa ideia de como ele deve nos tratar, porque Ele sabe o que necessitamos e por isso não precisa das nossas sugestões. Deve-nos servir de advertência a pergunta que Paulo fez aos cristãos da Galácia: "Sois assim insensatos que, tendo começado no Espírito, estejais, agora, vos aperfeiçoando na carne?" (Gálatas 3:3). A nossa resposta deve ser um enfático: "de maneira nenhuma!".

O caminho que se abre diante de nós é chegar-nos ao Senhor com as fraquezas e erros para clamar pela obra que só o Espírito Santo pode realizar. Por esta razão, a bem-aventurança declara que a bênção está no fato de sentir fome e sede de justiça. A justiça não é algo que o homem possa elaborar, mas é a realidade da intervenção divina. Devemos buscar de Suas mãos a transformação que tanto desejamos. "Cristo em nós" é a resposta que procuramos.

A recompensa, segundo a palavra de Cristo, será a plena satisfação para a fome. Deus não deixará de atender ao nosso clamor, pois "...não temos um sumo sacerdote que não possa compadecer-se das nossas fraquezas; porém um que, como nós, em tudo foi tentado, mas sem pecado. Cheguemos, pois, com confiança ao trono da graça, para que possamos alcançar misericórdia e achar graça, a fim de sermos ajudados em tempo oportuno" (Hebreus 4:15,16). Ele está mais interessado que nós mesmos na transformação que buscamos.

Para pensar:
Ai dos que não têm interesse em ser santos, pois viverão atormentados buscando preencher as suas necessidades com aquilo que não pode lhes satisfazer!

Bem-aventurados os misericordiosos

Bem-aventurados os misericordiosos, porque alcançarão misericórdia. MATEUS 5:7

13 de setembro

Nesta bem-aventurança temos uma das mais claras evidências de que é Deus quem produz a transformação na vida de uma pessoa, e não ela mesma. A misericórdia se refere especificamente a uma sensibilidade pela dor dos outros, que resulta no desejo de ajudar aquele que sofre. É o sentimento que melhor reflete o caráter de Deus, pois ela está relacionada a um coração compassivo, bondoso e suave, que não analisa se a outra pessoa é digna ou não de receber a nossa ajuda, mas que se dá a si mesma pelo bem-estar do próximo.

É lógico que esta atitude misericordiosa é o fruto de uma vida que tem fome e sede de justiça, uma vez que as bem-aventuranças se referem a um crescimento espiritual. Esta necessidade espiritual só pode ser saciada na intimidade com Deus. A aproximação a Ele não só satisfaz os anseios da alma como também desperta em nós um interesse pela realidade que afeta a vida dos outros. Já não julgamos com aspereza aqueles que se encontram em situações difíceis, condenando-as porque vemos nelas as claras consequências do pecado. Antes porém, percebemos que são pessoas presas a um sistema maligno, envoltos nas trevas deste mundo, que precisam de alguém que lhes indique o caminho à luz e à vida.

A manifestação da misericórdia muitas vezes escandaliza aqueles que julgam ser os autênticos defensores daquilo que é bom e justo. Os fariseus, por exemplo, não demonstraram qualquer sentimento misericordioso com a mulher surpreendida em adultério (João 8:1-11). Longe de sentir o necessário afeto capaz de libertá-la dos laços que a aprisionavam, eles a trouxeram a Jesus com o desejo de ver ratificada a condenação que já se formara em seus corações. Em nenhum instante Jesus demonstrou aprovação pelo adultério. Pelo contrário, mostrou compaixão por essa mulher não a condenando, mesmo sabendo que era digna disto.

De forma idêntica, o fariseu Simão se mostrou horrorizado ao ver Jesus permitindo que uma mulher pecadora o tocasse (Lucas 7:36-50). Um fariseu jamais entraria em contato com esse tipo de pessoa. Jesus, entretanto, lhe estendeu a bondosa compaixão de Deus, que a transformou em outra pessoa. Ao sermos alcançados pela misericórdia podemos passá-la aos outros. Para que isso aconteça é necessário que Deus constantemente nos faça lembrar o muito que Ele nos perdoou, pois aquele que muito ama é porque muito lhe foi perdoado.

Em vários momentos Jesus falou aos discípulos que Deus seria generoso com aqueles que também fossem generosos. O princípio é claro: todos nós fomos convidados a fazer parte do reino de Deus. Uma vez que fomos recebidos, é inadmissível não termos com os outros a mesma atitude misericordiosa que nós mesmos recebemos. Bem-aventurados os misericordiosos, porque receberão demonstrações de misericórdia ainda maiores.

Para pensar:
Ai dos que tem um coração duro, porque viverão cercados com a mesma dureza que semearam.

Pureza de coração

Bem-aventurados os limpos de coração, porque verão a Deus. MATEUS 5:8

14 de setembro

Estamos considerando a contínua restauração do ser humano quando Deus entra na sua vida. Assim como na parábola do filho pródigo, tudo começou quando os nossos olhos foram abertos e vimos a nossa real situação, afundados na pior miséria. Esta revelação foi suficiente para dar início ao processo que nos levaria de volta ao nosso Pai celestial. No texto de hoje, Jesus declara serem abençoados aqueles com o coração puro.

Mais uma vez, o ensino de Cristo nos afasta do que é a prática na vida religiosa, em que a ênfase está em ritos e comportamentos externos. Por meio de uma vida disciplinada podemos impressionar àqueles que nos rodeiam e darmos a impressão de sermos pessoas consagradas, mas Deus não se deixa enganar. Ele não olha para o exterior e ao que é visível no ser humano, mas contempla o seu coração. Aquilo que se esconde ao olhar dos outros é o que realmente importa na hora em quem a vida for avaliada. A pureza de coração se refere às motivações e aos pensamentos que controlam grande parte dos comportamentos do ser humano. É ali que se cultiva a verdadeira santidade.

Nesta ocasião, Jesus surpreenderia as multidões conduzindo-as a um plano que nenhum outro mestre tinha chegado. Onde havia a preocupação com o ato sexual do adultério, Jesus mostrou que tudo começa num olhar cobiçoso (Mateus 5:29). Num contexto onde o homicídio era considerado uma ação condenável, Jesus afirmou ser igualmente grave alguém tratar o próximo como um tolo no íntimo do seu coração (Mateus 5:22). A lição era bastante clara: a única vida que realmente agrada ao Pai é aquela que tem uma pureza tanto externa como interna. Santidade é isto: o resultado de uma atitude de sinceridade e pureza. Assim se expressou o salmista: "Quem subirá ao monte do SENHOR? Quem há de permanecer no seu santo lugar? O que é limpo de mãos e puro de coração, que não entrega a sua alma à falsidade, nem jura dolosamente" (Salmo 24:3,4).

O autor da epístola aos Hebreus exorta: "Segui a paz com todos e a santificação, sem a qual ninguém verá o Senhor" (Hebreus 12:14). É a mesma declaração feita por Cristo. A bênção de uma vida de pureza interior permite à pessoa ver o Senhor, pois Ele é santo e ninguém no seu estado de impureza pode se aproximar dele. Para os limpos de coração, entretanto, o caminho está sempre aberto.

Temos que observar que a pureza não pode estar separada dos relacionamentos com os outros. É ali que se manifestam as motivações egoístas, as intenções dúbias e o desejo de usar o próximo em benefício próprio. Por essa mesma razão, o lugar onde mais necessitamos do processo purificador de Deus em nossas vidas é precisamente no trato que dispensamos àqueles que nos acompanham a cada dia.

Para pensar:
Ai dos hipócritas, porque terão que se conformar em fabricar as experiências com Deus.

Os que procuram a paz

Bem-aventurados os pacificadores, porque serão chamados filhos de Deus.
MATEUS 5:9

15 de setembro

À medida que o processo de transformação avança, mediante a ação de Deus em nossas vidas conforme visto nos devocionais anteriores, estaremos em melhores condições de abençoar com uma graça espiritual àqueles que nos cercam.

Os relacionamentos entre os seres humanos são cheios de conflitos. O simples fato de conviver numa casa com outras pessoas dá origem a situações de tensão, porque os interesses de uns interferem com os de outros. Quando passamos isto à sociedade, onde os compromissos são mais tênues, é fácil compreender porque há conflitos e lutas ao nosso redor. Deus nos criou para vivermos em paz e harmonia, mas a presença do pecado muitas vezes torna esta realidade impossível.

Não é possível manter os relacionamentos em um contexto de paz a menos que isto aconteça por uma ação sobrenatural. A Palavra de Deus se refere à paz como algo muito mais do que a ausência de conflitos. O ser humano procura impor a paz pelos seus próprios meios, mas isto sempre acaba sendo um ato de agressão contra os outros. Esta foi a atitude de Pedro ao puxar da espada para defender Cristo quando este foi preso, ou de Moisés ao proteger um hebreu matando um egípcio. Tiago, em sua epístola, nos adverte que "...a ira do homem não produz a justiça de Deus" (1:20). É necessário compreender que a verdadeira paz é o resultado de uma profunda transformação no coração, assim como Jesus a descreve nas Bem-aventuranças.

Foi por meio desta obra espiritual que Cristo pediu ao Pai que não considerasse o pecado daqueles que o crucificaram. Por ela também, Estêvão orou pelos que o apedrejavam mesmo quando estava enfrentando a agonia da morte. Os que buscam a paz são os que desejam que a plenitude da bênção de Deus alcance os que se encontram ao seu redor. Que ela chegue permitindo aos homens desfrutarem os seus relacionamentos sem a tendência para a ofensa! Esses que procuram a paz também se comprometem a intervir em cada situação de potencial conflito, evitando assim que se desencadeie alguma crise de proporções incontroláveis. Eles entendem que o início de uma contenda é como o abrir-se das comportas de uma represa (Provérbios 17:14).

A consequência desta atitude é que serão chamados de filhos de Deus, um privilégio que lhes concede autoridade espiritual sem comparação. Os filhos de Deus são os que gozam do apoio e do favor especial do seu Pai, podendo avançar sem temor em todas as coisas que Ele lhes manda, sabendo que o Senhor estará ao seu lado em cada etapa do caminho.

Para pensar:
Ai dos que vivem com o lema "não aceito interferência!" Quando estes precisarem de ajuda, não terão um Pai celestial que cuide deles.

Bem-aventurados os perseguidos

Bem-aventurados os perseguidos por causa da justiça, porque deles é o reino dos céus. Bem-aventurados sois quando, por minha causa, vos injuriarem, e vos perseguirem, e, mentindo, disserem todo mal contra vós. MATEUS 5:10,11

16 de setembro

Uma das ironias das bem-aventuranças que descrevemos nestes últimos dias demonstra que a transformação que nos alinha com os propósitos de Deus não é bem vista pelos que nos cercam. É inevitável que a pessoa que escolhe contradizer as regras e as atitudes que governam este mundo, seja perseguida e sofra oposição daqueles que andam no pecado. A pessoa redimida põe em evidência as fraquezas e as enfermidades de uma cultura pecaminosa. Todo aquele que proclama com o seu estilo de vida que o mundo precisa de uma mudança sofrerá perseguição.

Temos de observar, porém, que a bênção anunciada por Jesus se condiciona a uma realidade: que os insultos, a injustiça e a oposição sejam o resultado de seguirmos a Cristo. Os conflitos, os mal-entendidos e as lutas são fatores comuns da própria vida. Em algum momento todos podem experimentá-los. A diferença está no fato de que muitas vezes esses conflitos nada mais são do que a consequência de algum ato de insensatez. Por esse motivo, o apóstolo Pedro pergunta: "...que glória será essa, se, pecando, sois esbofeteados e sofreis?" Claro, não há qualquer mérito em suportar as consequências do seu próprio pecado. Pedro acrescenta: "...Se, entretanto, quando praticais o bem, sois igualmente afligidos e o suportais com paciência, isto é grato a Deus" (1 Pedro 2:20).

A perseguição, como temos dito em outros devocionais, é a marca de todos os grandes servos de Deus. Lemos em Hebreus 11 que muitos "...passaram pela prova de escárnios e açoites, sim, até de algemas e prisões. Foram apedrejados, provados, serrados pelo meio, mortos a fio de espada; andaram peregrinos, vestidos de peles de ovelhas e de cabras, necessitados, afligidos, maltratados (homens dos quais o mundo não era digno), errantes pelos desertos, pelos montes, pelas covas, pelos antros da terra" (Hebreus 11:36-38). A oposição não deve nos surpreender, antes devemos vê-la como a confirmação de que passamos para uma nova dimensão de vida onde Cristo estabelece as normas para o nosso viver.

Para esses se reserva a recompensa descrita no texto: "...porque deles é o reino dos céus". A perseguição pode colocar as pessoas numa situação de perda total. Em casos extremos como Paulo, Estêvão, Pedro e outros mártires da igreja, a perseguição acabou com a vida deles. Entretanto, existe algo que não pode ser retirado deles por nenhum agente humano, que é a plena e absoluta participação na vida que Deus concede aos Seus, embora tenham enfrentado a morte. Este é o prêmio destinado a todos quantos fazem parte do Seu povo.

Para pensar:
Ai dos que fogem do sofrimento, porque não receberão a aprovação nem serão contados entre os grandes.

Capacitar o obreiro

Dá ordens a Josué, e anima-o, e fortalece-o; porque ele passará adiante deste povo e o fará possuir a terra que tu apenas verás. DEUTERONÔMIO 3:28

17 de setembro

A tarefa que o povo de Israel tinha pela frente era extremamente complexa e difícil. Sob a liderança de Moisés conquistaram grande parte do território que ficava a leste do rio Jordão. No entanto, Deus havia dito que Moisés não poderia entrar na Terra Prometida. Esta parte ficaria a encargo de Josué, o sucessor escolhido por Deus. Esse jovem havia sido dramaticamente afetado por sua missão com outros 11 espias. Os dois, Josué e Calebe, insistiram que a terra poderia ser conquistada com a ajuda do Senhor e quase foram apedrejados. Com certeza, nessa altura Josué não se sentia em condições de assumir tamanho desafio.

Por esta razão, o Senhor falou a Moisés dando claras instruções quanto à tarefa que seu sucessor iria cumprir. Elas incluíam três passos: encarregar, animar e fortalecer.

Deus não permitiu que Josué imaginasse qual seria a sua missão, nem que criasse projetos para o povo. O Senhor ordenou que Moisés explicasse especificamente o que era esperado da parte de Josué. Para cada um desses passos, ele recebeu orientações específicas. Este é um importante aspecto do trabalho de um líder. Muitas vezes pedimos aos obreiros que assumam a responsabilidade por um projeto, mas não explicamos o que esperamos deles. Se não recebem claras instruções, não saberão o que fazer e, com certeza, não completarão a tarefa como deveriam fazê-la.

O segundo aspecto do trabalho de Moisés indicava a sua responsabilidade de animar o novo líder. A palavra original envolve a ideia de conceder força e poder a alguma pessoa. O principal meio para isto acontecer é ajudá-la a se conscientizar de que é um servo de Deus e quais são as ferramentas que poderá contar. Observe que ao chamar alguém, Deus mostrou que esse indivíduo não iria sozinho, mas contaria sempre com a Sua companhia. É triste ver que muitos líderes abandonam os liderados em suas tarefas não lhes garantindo o apoio necessário para a sua execução. O trabalho de alentar e animar é fundamental para a eficácia do obreiro.

A terceira responsabilidade de Moisés era fortalecer. A palavra no texto hebraico se refere ao trabalho de identificar as fraquezas do obreiro e dar os devidos passos para ajudar no que for necessário. Isto também é importante. Parece que Josué era um homem tímido e inseguro. Essas fraquezas seriam um obstáculo para o ministério. A solução não estava em condená-lo por tais características, mas em ajudar a superá-las. Devidamente fortalecido, ele poderia enfrentar qualquer desafio. Como líderes, devemos estar atentos às fraquezas dos nossos liderados, não para envergonhá-los, mas para buscar formas de ajudá-los.

Para pensar:
Muitos pastores querem produzir mudanças por meio de constantes críticas e identificação de erros dos obreiros. Tudo o que conseguem é semear desânimo e revolta. Seja alguém que anima e edifica seus obreiros!

O Senhor do momento

Entretanto, o barco já estava longe, a muitos estádios da terra, açoitado pelas ondas; porque o vento era contrário. Na quarta vigília da noite, foi Jesus ter com eles, andando por sobre o mar. MATEUS 14:24,25

18 de setembro

Tendo recebido a ordem do Senhor de atravessar o mar, os discípulos provavelmente devem ter saído ao cair da tarde. O texto informa que ao chegar à noite, Jesus se encontrava em terra sozinho. O encontro com os discípulos, no barco, deu-se pela quarta vigília da noite, isto é, entre três e seis horas da manhã. Isto significa que levaram nove horas para fazer um trecho que normalmente seria de apenas uma hora.

Imagine o estado de ânimo dos discípulos naquele momento! Estariam com certeza muito cansados. À fadiga por estarem lutando contra o vento somou-se a noite que passaram em claro. E tudo isso após um dia de intensa ministração cheia de fortes emoções.

Como estariam os sentimentos dos discípulos? Como você se sentiria numa situação dessas? Eles estavam acostumados com Jesus dando as orientações e também às palavras necessárias para conduzirem suas vidas em momentos de dificuldade. Mas o Mestre não estava com eles. Certamente, alguns poderiam estar se perguntando o porquê do Mestre tê-los enviado sozinhos. Acaso não se dera conta da aproximação daquele vento forte? Não se importava com a situação deles? Por que permitiria que isso acontecesse? Como Ele chegaria até onde os discípulos estavam com rapidez?

Enquanto isso, o texto diz que Jesus havia ido ao monte para orar. Existia apenas um monte na região, de onde se podia ver todo o mar da Galileia. É possível que, do ponto de vista humano, durante boa parte da noite, o barco estivesse ao alcance da visão. Podemos supor que, em seu espírito, Cristo conhecesse a situação que os discípulos enfrentavam. No entanto, permitiu que a noite avançasse sem sair do lugar onde estava. Para qualquer observador, a atitude de Jesus parecia de indiferença com as pessoas a quem Ele declarava amar.

Verdadeiramente, os caminhos de Deus não são os nossos caminhos. O Senhor, sem dúvida, queria ensinar-lhes algo e por esse motivo se absteve de intervir. A nossa ação para socorrer quem enfrenta tempos de angústia nem sempre é a mais aconselhável. Às vezes, é necessário que a pessoa se fortaleça em meio à crise. Em outras circunstâncias, é melhor a pessoa se dar conta de como os seus recursos são limitados. Seja qual for a situação, o Senhor chega no momento certo, no tempo perfeito para tirarmos o maior proveito possível da situação que estamos enfrentando.

Para pensar:
Às vezes, parece que Deus se esqueceu de nós, mas Ele nos observa de um local onde pode ter melhor perspectiva. Não se aflija. No momento certo, Ele chegará até você de forma inesperada.

A súplica do peregrino

Sou peregrino na terra; não escondas de mim os teus mandamentos. SALMO 119:19

19 de setembro

Não podemos deixar de nos surpreender com as ideias apresentadas na Palavra de Deus. Algumas delas, como temos no versículo de hoje, são muito simples, mas encerram uma grande verdade.

O salmista, ao se apresentar a Deus, reconhece que sua verdadeira realidade na terra é a de um peregrino. O dicionário *Houaiss* (2009) nos apresenta os seguintes sinônimos para essa palavra: "andante, caminheiro, que viaja, que empreende longas jornadas". Vemos então que ele é alguém que se encontra temporariamente em determinado lugar. Não está onde reside habitualmente. As circunstâncias o levaram a outro território. Não tem intenção de permanecer ali por muito tempo.

Com esta sucinta descrição sobre a condição de um peregrino compreendemos a essência do chamado dos que andam em Cristo. Eles não têm a intenção de permanecer na terra por muito tempo. Sendo assim, viajam com pouca bagagem e andam depressa, assim como o povo de Israel no deserto, para que não se apeguem a nada e não carreguem coisas desnecessárias. Esse quadro, entretanto, contradiz o que acontece com muitos cristãos. Os não cristãos que olham para nós, não diriam que estamos aqui de passagem. Ao contrário, pensam que nos acomodamos para passar aqui por muito tempo, acumulando toda sorte de bens para o nosso conforto.

A outra característica do peregrino é que, por não se encontrar em sua própria terra, desconhece os costumes e a cultura do lugar onde se encontra. Quem alguma vez já esteve em um país desconhecido sabe o que é sentir-se inseguro e sozinho no meio da cultura local. Precisará de alguém que o acompanhe para que lhe ensine os hábitos, os lugares para visitar e o comportamento próprio em cada ocasião. Se o peregrino desconhece o idioma, será como uma criança que precisa de ajuda para as coisas mais simples.

Essa total dependência leva o salmista a elevar a Deus uma súplica: "…não escondas de mim os teus mandamentos". Quer dizer, se o guia não providenciar os mapas e as indicações necessárias, ele estará perdido na terra da qual não faz parte. Esta é também uma boa imagem da nossa situação em Cristo. Como cristãos deveríamos ter a convicção de não podermos dar um passo sequer sem as instruções daquele que conhece o caminho. Esta certeza deveria nos conduzir a uma profunda dependência dele. Assim como Moisés, seríamos obrigados a exclamar cada dia: "…Se a tua presença não vai comigo, não nos faças subir deste lugar" (Êxodo 33:15).

Por último, devemos perceber na oração de Davi que ele não poderia obter a Palavra por si mesmo. Ao pedir a Deus: "não escondas sua palavra", ele está reconhecendo que toda a revelação da Sua vontade é, em essência, um ato da pura misericórdia por nós. Nisso também está declarada essa santa e boa dependência na bondade daquele que é o nosso guia numa terra estranha e solitária.

Para pensar

Se amássemos o mundo como Deus o ama, não o amaríamos da forma como o amamos.
—Anônimo

Coisas boas que não são boas

Mas Jesus, voltando-se, disse a Pedro: Arreda, Satanás! Tu és para mim pedra de tropeço, porque não cogitas das coisas de Deus, e sim das dos homens.
MATEUS 16:23

20 de setembro

Como você se sentiria se alguém na sua igreja o repreendesse dessa maneira? Dá para se imaginar a surpresa de Pedro ao perceber que seus bons desejos para Jesus tinham recebido uma resposta tão agressiva. Não há dúvida que Ele tinha autoridade para repreender Pedro e que foi justificado no que fez. No entanto, nos impressiona porque não usou o nome de Pedro, mas de Satanás, na repreensão.

Confundimo-nos por não termos a clara compreensão que Jesus possuía sobre o reino de Deus e o reino das trevas. O nosso caminhar na vida espiritual se caracteriza mais por uma confusa mistura de acertos e de erros do que numa confiante expressão do chamado que recebemos. Há coisas que, em nosso entendimento, são trivialidades, entretanto para Cristo são assuntos que têm peso e seriedade. Não compreendemos que o nosso chamado consiste em algo muito diferente de sermos apenas boas pessoas. As boas intenções muitas vezes podem ser a melhor ferramenta do inimigo para nos afastar dos propósitos divinos.

Além destas considerações, uma lição é revelada nesse acontecimento: o inimigo pode nos usar para avançar princípios e comportamentos contrários aos propósitos de Deus. O "estar em Cristo" não é garantia de que, ocasionalmente, não façamos um trabalho eficaz a favor do inimigo.

Para que isto aconteça não é necessário que estejamos aliados a Satanás. Ele se serve de tudo quanto puder para fazer o reino das trevas avançar. A essência do pecado consiste precisamente no que Cristo enfatiza no texto de hoje "...porque não cogitas das coisas de Deus, e sim das dos homens". Fazer a obra do inimigo é fomentar em si mesmo e nos demais uma forma de ver a vida, não conforme os eternos princípios de Deus, mas segundo a sabedoria do presente século. É precisamente por isso que é fácil confundir o que é bom com o que é justo. Nem tudo o que consideramos bom está em conformidade com a justiça de Deus, embora com frequência nossos conselhos estejam cheios de boas recomendações para os outros. No reino de Deus, no entanto, o bom não é suficiente.

Abraão e Sara consideraram ser boa a ideia de conseguirem um filho por meio de Agar. O povo de Israel, arrependido de sua falta de fé, cria ter a aprovação de Deus na intenção de conquistar a Terra Prometida usando seus próprios meios. Os guerreiros de Davi achavam que Deus havia entregue o rei Saul para que este fosse morto. Podemos pensar em uma dezena de outros exemplos. Em cada um deles as boas intenções não eram suficientes para fazer a vontade de Deus.

Para pensar:
E não vos conformeis com este século, mas transformai-vos pela renovação da vossa mente, para que experimenteis qual seja a boa, agradável e perfeita vontade de Deus (Romanos 12:2).

De frente com a oposição

...agora, Senhor, olha para as suas ameaças e concede aos teus servos que anunciem com toda a intrepidez a tua palavra, enquanto estendes a mão para fazer curas, sinais e prodígios por intermédio do nome do teu santo Servo Jesus.
ATOS 4:29,30

21 de setembro

Toda pessoa que está claramente identificada com Cristo e decide servi-lo em tudo o que Ele manda, certamente enfrentará diversos tipos de perseguição. Isto é tão certo como o sol que nasce a cada manhã. Uma grande nuvem de testemunhas em todos os tempos testificam que a perseguição é parte do preço que devemos pagar por seguir o Filho de Deus. Não somente isto, mas o grande número de passagens bíblicas, especialmente no Novo Testamento, nos afirma que sofreremos por causa do evangelho. O fato é que não pertencemos ao sistema deste mundo, nem nos conformamos aos seus parâmetros. Assim como acontece a uma substância estranha em nosso corpo, o mundo procura expulsar todo aquele que não lhe pertence.

A questão fundamental para nós, não é se vamos ou não sofrer, mas sim definir qual deve ser nossa atitude frente às dificuldades. Os apóstolos na igreja primitiva pregavam com palavras e atos que o Cristo tinha ressuscitado, e que agora estava sentado à destra do Pai governando com toda a autoridade. Os sinais e prodígios acompanhavam aos que criam e a cada dia aumentava o número dos salvos. Para os que tinham matado Jesus isto, claramente, se constituía em nova ameaça, e agiram com rapidez prendendo os apóstolos. Ao soltá-los, os ameaçaram e os proibiram de pregar em nome de Jesus.

A reação deles diante deste contratempo deixa-nos uma lição clara sobre a maneira como o líder deve reagir em tempos de oposição. Na maioria dos casos que conheço, quando as pessoas estão em dificuldade, elas se esforçam para achar uma forma de eliminar os problemas. Todas suas orações vão numa única direção: "Senhor, peço-te que me tires desta situação ou que retires esta dificuldade do meu caminho."

Observe que os apóstolos não oraram desta maneira. Eles entendiam que a oposição fazia parte do chamado. Em vez disso, pediram a Deus que lhes desse fidelidade em meio à tormenta. Ou seja, sua preocupação era que, em meio à perseguição, não fossem infiéis a Cristo. Tinham uma vocação: proclamar as boas-novas do reino. A ameaça feita pelo Sinédrio colocava em risco a missão que lhes fora designada. Era isto o que verdadeiramente os preocupava. Eles desejavam prosseguir realizando a obra para a qual tinham sido chamados, mesmo as coisas estando difíceis.

Em meio a esta determinação de seguir adiante sem se importar com as circunstâncias, pediram a Deus não apenas que lhes desse coragem, mas que confirmasse a obra de suas mãos por meio de sinais e prodígios. Com certeza, essa oração agradou a Deus, pois mal terminaram de falar, o lugar tremeu e todos foram cheios do Espírito Santo. Receberam o que necessitavam e a obra seguiu avançando conforme a vontade de Deus.

Para pensar:
De que maneira você reage em tempos difíceis? O que suas atitudes revelam a respeito de seu relacionamento com Deus? Como outros veem sua forma de lidar com situações de crise?

O ilógico da lógica

Porém os homens que com ele tinham subido disseram: Não poderemos subir contra aquele povo, porque é mais forte do que nós. NÚMEROS 13:31

22 de setembro

O sério problema que o povo de Israel enfrentou, originou-se no fato de não terem prestado atenção às orientações que Deus lhes deu. Ao enviar os doze espias o Senhor disse claramente a Moisés: "Envia homens que espiem a terra de Canaã, que eu hei de dar aos filhos de Israel..." (Números 13:2). A tarefa destes homens não foi, em momento algum, analisar se a conquista da terra seria viável. Eles deveriam apenas inspecioná-la, pois Deus tinha dito que ela lhes pertenceria. Imagino que o Senhor desejava encorajar o coração do povo com o relato das maravilhas que os aguardava na terra que prometera aos seus antepassados. Como também poderia nos animar se pudéssemos ter um vislumbre do lugar que estamos prestes a morar.

Por não entenderem a natureza da sua missão, os homens acreditaram que Deus lhes outorgara a autoridade para decidir se a conquista da terra era viável ou não. Este erro custou, para uma geração inteira, a entrada na terra reservada para eles.

É de grande importância observarmos os argumentos que os espias usaram para justificar seu relatório. Nas explicações que deram, vemos a evidência clara de uma das estratégias mais comuns que o inimigo usa contra os filhos de Deus. Consiste em apelar à mente do ser humano, usando argumentos lógicos e cuidadosamente fundamentados, para que a pessoa desista de fazer o que Deus lhe pede. Basta observar a vida de alguns personagens bíblicos para perceber que isto é muito comum.

Consideremos, por exemplo, o chamado de Moisés. Ele apresentou pelo menos três argumentos para tentar convencer o Senhor de que Ele cometeu um erro — o povo não acreditaria nele; que era gago e uma pessoa insignificante, foram observações corretas. Quando Deus chamou Gideão, ele argumentou que era o menor de uma família pobre, afirmação que também era verdade. Quando Saul viu a prontidão de Davi em lutar contra Golias, o subestimou porque este era jovem e sem experiência na guerra. Isto também era verdade. Em cada um destes casos, a lógica estava do lado da pessoa que discutia com Deus.

Mas a vida espiritual não se baseia em lógica. Pelo contrário, ela quase sempre é empecilho para os que desejam avançar nas coisas relacionadas com a fé. Deus ri da lógica. Ele não escolhe aqueles que escolheríamos, nem faz as coisas como as faríamos. Não há nada de mal em racionalizar as coisas, mas na hora de seguir ao Senhor não são os nossos argumentos que devem guiar nossos passos, senão a convicção absoluta de que Deus sabe o que está fazendo, ainda que Suas propostas nos pareçam completamente ilógicas. Equipados pois, pela fé que se fundamenta sobre a Palavra de Deus, avancemos nos projetos do Senhor!

Para pensar:
Nunca poderás entender porque Deus faz o que faz, mas se creres, isto será suficiente. Aprendamos a confiar nele pelo que Ele é. —Elizabeth Elliot

Disposição de escutar

Porque dos muitos trabalhos vêm os sonhos, e do muito falar, palavras néscias.
ECLESIASTES 5:3

23 de setembro

Há pouco tempo tive a oportunidade de conhecer o pastor de uma grande igreja numa importante cidade da América Latina. Aproximei-me dele para me apresentar. Depois de nos cumprimentarmos, ele começou a falar de tudo que estava fazendo em seu ministério. Como estavam iniciando o encontro para o qual tinha sido convidado, pediu-me desculpas e foi compartilhar a Palavra com alguns obreiros presentes. A reunião durou três horas. Durante esse tempo, este líder falou sem interrupção. Em seguida veio o horário de almoço e ele sentou-se à mesa e observei que no decorrer do almoço, incrivelmente, ele continuava falando do que fazia. Em nenhum momento mostrou qualquer interesse pelos outros nem sequer sabia quem eram. Estava por demais inflado consigo mesmo para acreditar que algum dos presentes, talvez tivesse algo de valor a acrescentar ao que estava dizendo.

Como alguém pode ser pastor se não tem disposição de ouvir os outros? A única possibilidade que vejo para alguém assim é se tornar um "pastor de púlpito", daqueles que falam ao povo, mas não estão com o povo. De fato, esse líder nada mais era que o diretor de um espetáculo. Não possuía as qualidades que qualificam um verdadeiro pastor.

Quem recebeu o chamado para trabalhar com a vida de outras pessoas, deve ter a habilidade de escutá-las. Esta aptidão é indispensável. Como podemos saber o que está acontecendo na vida da nossa gente, se não as ouvimos? Como podemos nos inteirar das suas dificuldades, lutas e acertos, se não lhes damos oportunidade para falar? Como lhes trazer a Palavra apropriada às suas circunstâncias se desconhecemos a realidade em que vivem e lutam cada dia? A única maneira é abrindo nossos olhos e ouvidos para conhecê-los.

Estar dispostos a ouvir, entretanto, tem um preço. Precisamos amá-los mais que a nós mesmos. Muitos pastores estão apaixonados por si mesmos. Apreciam ouvir o som da sua própria voz, especialmente com um microfone na mão! Mas o pastor que é pastor por vocação, deleita-se em estar com suas ovelhas. E quando está com elas toma a iniciativa de aproximar-se e lhes perguntar como estão. Não é por simples formalismo, mas é porque têm genuíno interesse em saber o que Deus vem fazendo em suas vidas. Disponibiliza tempo para escutar não só com os ouvidos, mas também com o coração, pois assim percebe a verdadeira dimensão das palavras. Não está com pressa e nem se distrai com outras coisas. A sua atitude diz à pessoa: "A sua vida me interessa! Quero ouvir o que você tem para me dizer."

Isto requer disciplina de nossa parte, porque verdadeiramente é mais fácil falar do que ouvir. Mas, como disse o sábio Salomão, nas muitas palavras há tolice. No que me diz respeito, desconfio do pastor que só sabe falar.

Para pensar:
Ainda que, o silêncio ocasionalmente torne necessária a ausência de palavras, sempre se faz necessário o hábito de escutar. —Richard Foster

Uma questão de sentido

Andareis em todo o caminho que vos manda o Senhor, vosso Deus, para que vivais, bem vos suceda, e prolongueis os dias na terra que haveis de possuir.
DEUTERONÔMIO 5:33

24 de setembro

A Bíblia usa com muita frequência a palavra "caminho" para descrever a vida do homem. Na concordância bíblica que eu uso, ela aparece 554 vezes. Estas referências incluem alusões ao bom caminho, ao caminho traçado pelo Senhor, ao caminho tortuoso, ao caminho mau que conduz à perdição e a pessoa que se afasta do caminho. Inclusive, o Novo Testamento nos apresenta Cristo como o Caminho (João 14:6), dando-nos a indicação de ser Ele o meio para se chegar a Deus.

Para os propósitos desta reflexão, a figura do caminho será útil para meditarmos sobre a peregrinação espiritual que estamos fazendo. Em vez de pensarmos em vários caminhos, nos será útil pensar num único caminho. Nosso propósito não é definir o caminho no qual estamos, mas sim o sentido para onde nos dirigimos. No caminho, existe apenas dois sentidos. Não é possível movimentar-se em qualquer outra direção, porque uma rua só permite a circulação em dois sentidos. Podemos então imaginar toda a humanidade situada em algum ponto deste caminho.

Dependendo da direção em que nos movemos, ele poderá ter dois sentidos. À nossa frente se acha um destino: Jesus Cristo. A Palavra de Deus descreve esse destino como: chegarmos a ser como Ele é (Romanos 8:29), até que todos alcancemos "…à medida da estatura da plenitude de Cristo" (Efésios 4: 13). No sentido contrário temos o outro destino: a perdição; quer dizer, perder todo traço de semelhança com Deus, restando apenas a abominável criatura que é o fruto da abundância do pecado.

De que maneira se movimentam as pessoas que se encontram nesse caminho? Pelas ações individuais que resultam de escolhas que fazem. Cada ato produz um movimento em nossa vida que tem apenas dois possíveis desfechos: ou nos leva para mais perto de Cristo, ou para mais longe dele. Nossa existência é a soma de comportamentos alicerçados nas decisões que tomamos, e cada uma delas tem um resultado espiritual.

Estamos, portanto, em contínuo movimento no caminho da vida, embora, muitas vezes, nem estejamos conscientes disto. Grande parte das nossas decisões são inconscientes, e nossos comportamentos automáticos. Cada um deles, entretanto, tem valor eterno e, na analogia do caminho, nos conduz a uma ou outra direção.

É importante entender isto. Nosso movimento no caminho da vida não é definido pela quantidade de reuniões a que assistimos nem pelo número de vezes que tenhamos lido a Bíblia. O movimento é decidido pela soma das escolhas que fazemos cada dia, a cada momento da vida, estejamos cientes disto ou não. É por isto que é urgente sensibilizar o nosso coração para a ação do Espírito de Deus, a fim de que, a cada passo, Ele nos indique as decisões corretas.

Para pensar:
Davi cometeu adultério, ocultou o seu pecado e matou um homem. Quando o Senhor diz que ele foi um homem segundo o coração de Deus, não está levando em conta estes atos isolados de sua vida, mas sim a soma de toda uma vida de decisões que o aproximaram do Senhor.

Planos de restituição

Restituir-vos-ei os anos que foram consumidos pelo gafanhoto migrador, pelo destruidor e pelo cortador, o meu grande exército que enviei contra vós outros. Comereis abundantemente, e vos fartareis, e louvareis o nome do Senhor, vosso Deus, que se houve maravilhosamente convosco; e o meu povo jamais será envergonhado. JOEL 2:25,26

25 de setembro

As profecias de Joel chegam a um povo que sofrera duras experiências de perda. Numa sequência de campanhas militares, diferentes inimigos destruíram gradualmente as cidades e saquearam dos israelitas o seu gado, sua colheita e seus bens materiais. Uma série de calamidades naturais, como praga de gafanhotos e períodos de estiagem, também dizimaram os recursos do povo.

Inicialmente, a passagem de hoje nos proporciona uma clara e precisa descrição dos objetivos de Deus para Seu povo. Revela que todas as circunstâncias e acontecimentos na vida do ser humano estão a serviço dos Seus propósitos eternos. Ele ordena todas as circunstâncias para que cumpram um objetivo espiritual e Sua mão encontra-se presente em tudo.

É importante que entendamos isto porque, em tempos de calamidade, acreditamos que Deus se esqueceu de nós ou que a situação tenha fugido do Seu controle. Na tempestade sobre o mar da Galileia, por exemplo, os discípulos acordaram Jesus e o censuraram por pensarem que Ele não se importava com o que lhes acontecia. O Senhor, entretanto, não somente sabe o que ocorre, mas Ele mesmo age nos acontecimentos para provocar certas mudanças em nós. Em momento algum deixa de exercer sua absoluta soberania sobre todos os elementos, pois Ele é o Criador e dispõe tudo conforme lhe apraz.

O segundo princípio que vemos no texto de hoje é que as calamidades, adversidades e dificuldades têm um tempo de "vida útil". Quer dizer, não foram enviadas para atormentar indefinidamente o ser humano, mas foram enviadas por um período. Uma vez cumpridas com o propósito divino, são removidas e Deus restaura o que foi perdido. Este é um princípio visto em diversas passagens das Escrituras. Na vida de Jó, por exemplo, quando a provação findou, Deus retirou a aflição e lhe devolveu em dobro tudo o que ele tinha perdido (Jó 42:10). José, após anos de escravidão e encarceramento, alcançou as mais altas esferas governamentais, com todas as riquezas do Egito à sua disposição. Quando Cristo terminou Sua confrontação com o diabo no deserto, "…vieram os anjos e o serviram" (Mateus 4:11).

O cumprimento deste princípio revela o coração terno de Deus, cujo desejo principal é abençoar e fazer Seus filhos prosperarem. Não precisamos lhe pedir que nos abençoe porque Ele anseia fazê-lo. Depois de termos sido provados, restitui e multiplica automaticamente o Seu favor sobre nós. Como o salmista observa: "Porque não passa de um momento a sua ira; o seu favor dura a vida inteira. Ao anoitecer, pode vir o choro, mas a alegria vem pela manhã" (Salmo 30:5).

Para pensar:
De que maneira você reage à disciplina de Deus? Quais elementos indicam que o Senhor deseja discipliná-lo? É possível descobrirmos o propósito da Sua disciplina?

Encher-se do Espírito

E não vos embriagueis com vinho, no qual há dissolução, mas enchei-vos do Espírito. EFÉSIOS 5:18

26 de setembro

O texto de hoje indica vários elementos relacionados com o encher-se do Espírito, os quais devemos entender caso queiramos alcançá-lo. Primeiramente, podemos afirmar que Deus deseja nos encher do Seu Espírito. Não deve haver qualquer dúvida quanto a isto. Não é necessário clamar, insistir e "espernear" para que nos conceda esta condição espiritual. Cristo disse aos Seus discípulos: "Ora, se vós, que sois maus, sabeis dar boas dádivas aos vossos filhos, quanto mais o Pai celestial dará o Espírito Santo àqueles que lho pedirem?" (Lucas 11:13). O Senhor nos insta a sermos cheios do Espírito porque Ele é o mais interessado em produzir em nós essa condição.

Em seguida, o enchimento com o Espírito não pode acontecer num recipiente que já está cheio de outra coisa. Se tivéssemos na mão um jarro de leite e se quiséssemos enchê-la de suco, teríamos primeiro que retirar o leite para dar espaço ao suco. Da mesma forma, como cristãos, muitas vezes pedimos a plenitude sem nos darmos conta de que não existe, em nosso ser, o espaço necessário para que o Espírito nos encha. A única maneira de experimentarmos este esvaziamento é por meio da cruz. Não estou falando da experiência de conversão, mas da negação de si mesmo; assim nosso eu morre para dar lugar a Deus em nossa vida. É necessário negar-se a si mesmo, com seus desejos, aspirações, planos e projetos, se é que queremos experimentar a plenitude de Deus.

Por último, a plenitude do Espírito é um estado que, segundo a analogia escolhida pelo apóstolo Paulo, pode ser comparado à embriaguez que provém do vinho. Isto não se refere à alegria que a pessoa demonstra depois de alguns copos, embora seja verdade que o Espírito provoca profundas manifestações de alegria, mesmo nas situações mais adversas. Creio, entretanto, que Paulo se referia ao controle que o álcool exerce sobre a pessoa. Quando uma pessoa está embriagada, seus sentidos não respondem ao comando que a mente lhe emite. É possível que, racionalmente, a pessoa queira pôr-se em pé e caminhar. Porém, suas pernas e o sentido de equilíbrio já não se encontram sob o seu controle. O vinho "apoderou-se" deles. Quando tenta agir, seus membros "desobedecem", pois estão sob a influência de algo mais forte do que a sua vontade. Assim, também, a plenitude do Espírito deveria permitir um estado semelhante ao de uma pessoa embriagada. Ou seja, é tão forte a presença do Espírito Santo em nós que, mesmo ao sermos induzidos a fazer o que a natureza humana pede, optamos por não fazê-lo, porque aquele que está em nós é mais forte!

Para pensar:
Tendo eles orado, tremeu o lugar onde estavam reunidos; todos ficaram cheios do Espírito Santo e, com intrepidez, anunciavam a palavra de Deus. […] Com grande poder, os apóstolos davam testemunho da ressurreição do Senhor Jesus, e em todos eles havia abundante graça (Atos 4: 31,33).

A recompensa dos insistentes

27 de setembro

...e, ouvindo que era Jesus, o Nazareno, pôs-se a clamar: Jesus, Filho de Davi, tem compaixão de mim! E muitos o repreendiam, para que se calasse; mas ele cada vez gritava mais: Filho de Davi, tem misericórdia de mim! MARCOS 10:47,48

Como qualquer um, cuja vida se passa nas ruas e em locais públicos de uma cidade, Bartimeu era um homem informado sobre o que acontecia ao seu redor. As pessoas o conheciam porque mendigava sempre no mesmo lugar. Sem sabermos o exato momento em que tomou conhecimento da existência de Jesus de Nazaré, é evidente que estava a par dos incríveis relatos que contavam sobre este profeta que surgira em Israel. O acontecimento descrito neste evangelho deixa-nos um interessante exemplo do valor da persistência no reino de Deus.

A história de Bartimeu revela que para conseguir alguma mudança em nossa vida, devemos estar insatisfeitos com aquilo que temos. Não há dúvida de que isto é o começo de algo novo. No entanto, não é toda insatisfação que leva alguém a buscar algo melhor. Em muitas pessoas, a insatisfação é um estado permanente que serve apenas para fazê-las viver com amargura e ressentimentos. A questão é o grau de insatisfação que sentimos. No meu país as pessoas às vezes dizem: "Estou mal, mas já me acostumei!" À semelhança dos israelitas no Egito, encontram-se tão afundadas no poço da resignação que já não abrigam a esperança.

Bartimeu nos mostra uma segunda verdade. Para alcançarmos uma mudança na vida, precisamos ter absoluta e inabalável convicção de que Jesus tem aquilo que buscamos. Penso que o fato de ser deficiente lhe favorecia. Encontrava-se totalmente perdido na vida, pois a falta de visão o privava do mais básico. Via-se obrigado a mendigar e a depender dos outros. Não tinha muito a perder, já que praticamente perdera tudo. De todas as maneiras Bartimeu cria, com base no que tinha escutado, que Jesus poderia resolver sua situação. Ele estava disposto a buscar no Senhor aquilo que necessitava nem que fosse a grito!

A atitude de Bartimeu nos mostra que, para conseguirmos alguma mudança, devemos nos dispor a fechar os ouvidos para os que querem nos desanimar. Ao começar a gritar muitos dos que estavam ao seu redor o repreenderam e lhe diziam para calar-se. Em frequentes ocasiões em nossa vida temos permitido que outros nos intimidem. Em outros momentos, são os nossos próprios temores que nos detêm. Não estamos dispostos a fazer um papel ridículo, nem passar por situações que nos envergonhem para alcançarmos o que estamos buscando. Muito nos preocupa a expressão: "o que dirão os outros?". Amedrontados, contemplamos de longe, desejando de coração ter o que Deus nos oferece, porém não nos animamos a pagar o devido preço para tê-lo.

Bartimeu estava desesperado e isso o levou a pedir com gritos que Jesus o curasse. O Senhor o escutou e lhe devolveu a visão, demonstrando assim que muitas bênçãos no reino de Deus pertencem aos ousados.

Para pensar:

Quanta paixão existe em seu clamor? Você tem certeza de que não poder viver sem a bênção que está pedindo a Deus? Está disposto a suportar a humilhação para consegui-la?

A tenacidade do profeta

Mas a casa de Israel não te dará ouvidos, porque não me quer dar ouvidos a mim; pois toda a casa de Israel é de fronte obstinada e dura de coração. Eis que fiz duro o teu rosto contra o rosto deles e dura a tua fronte, contra a sua fronte. Fiz a tua fronte como o diamante, mais dura do que a pederneira; não os temas, pois, nem te assustes com o seu rosto, porque são casa rebelde. EZEQUIEL 3:7-9

Deus havia falado ao profeta Ezequiel dizendo: "…Filho do homem, vai, entra na casa de Israel e dize-lhe as minhas palavras" (Ezequiel 3:4). Mas também o advertiu de que o povo não iria ouvi-lo "…porque não me quer dar ouvidos a mim; pois toda a casa de Israel é de fronte obstinada e dura de coração". A tarefa que fora confiada ao profeta era clara, porém o que não estava claro era o seu propósito. Qual era o significado de ir falar a um povo que de antemão sabia-se que não iria escutar a mensagem do profeta? Não seria isto uma perda de tempo?

É exatamente por isto que nos encontramos com um dos maiores desafios para aqueles que servem ao Senhor: ficar analisando a necessidade da missão que nos foi confiada. Nosso chamado é para obedecermos as instruções daquele que nos enviou, mesmo quando não entendemos a razão pela qual nos está enviando. Quando Deus, no livro de Atos, ordenou a Ananias que fosse visitar ao quebrantado Saulo, aquele lhe respondeu que tal missão seria uma loucura (Atos 9:13). Ou seja, ao não entender a razão pela qual estava sendo enviado, não queria obedecer. Deus, no entanto, não nos chamou para criticarmos Suas ordens, mas para cumpri-las.

Era necessário ao profeta ter certa coragem para cumprir a tarefa que lhe fora confiada. Não é fácil nem agradável ter que ir e falar a pessoas rebeldes que não têm qualquer interesse em nos ouvir. Quando nos sentimos intimidados por pessoas de atitudes agressivas e obstinadas, nossa tentação é pedir ao Senhor que Ele lhes fale, como fez Moisés, ao sugerir-lhe que enviasse outra pessoa. Deus animou Ezequiel ao revelar-lhe que Ele iria endurecer, no bom sentido da palavra, o coração do profeta para que o temor não o vencesse. Ao descrever sua condição como a de um diamante, o Senhor lhe mostrou que a dureza dos outros não iria afetar ou prejudicar o seu espírito.

Essa convicção e força espiritual é um elemento indispensável para lidar com situações adversas que preferiríamos evitar. Deus reveste com estas qualidades os líderes dispostos a servir-lhe, não só em situações agradáveis, mas também naquelas que exigem determinação e coragem. Ele não envia Seus obreiros sem os equipamentos necessários para que cumpram a missão que têm pela frente.

Para pensar:
Mostre-se quando desejar esconder-se. Esconda-se quando quiser aparecer. —A. B. Bruce

Uma advertência

29 de setembro

Não vos enganeis: de Deus não se zomba; pois aquilo que o homem semear, isso também ceifará. Porque o que semeia para a sua própria carne da carne colherá corrupção; mas o que semeia para o Espírito do Espírito colherá vida eterna.
GÁLATAS 6:7,8

A analogia da semeadura, retirada do contexto da agricultura, perde força em nosso meio porque a maioria de nós vive em grandes cidades, distantes desta realidade. Ela, entretanto, nos fornece uma excelente ilustração dos princípios que regem a vida espiritual. No texto de hoje podemos destacar, pelo menos, duas verdades de suma importância.

Existe um princípio inviolável no que se refere ao cultivo da terra: o que a pessoa semeia é o que colherá posteriormente. Nenhum agricultor semeia trigo esperando que, no dia da colheita, obterá maçãs. Se lançar na terra sementes de trigo, o que poderá colher será somente trigo. Essa verdade também governa, de forma absoluta, a vida espiritual. O que semearmos será o que iremos colher. Quer dizer, ao semearmos crítica, condenação ou legalismo, o que colheremos será, precisamente o mesmo.

Como líderes, devemos nos deter neste ponto e refletir por um momento. Com frequência percebo que, como pastores, tentamos colher o que não semeamos. Questiono-me diante de uma lei tão simples e clara, como podemos ser tão ingênuos? Se não cultivarmos um compromisso sério com a nossa gente, como pretendemos que eles se comprometam conosco? Se nós, pastores, não separarmos tempo para ouvir e amá-los, como exigiremos que sejam uma comunidade de pessoas compassivas e amáveis? Se não investirmos tempo na formação de líderes, como lamentaremos a falta de pessoas que atuem em cargos de liderança em nossa congregação? Se não semearmos líderes, não poderemos esperar que "como num passe de mágica" eles apareçam em nosso meio. Esta lei rege todos os aspectos da vida e, por isso, o apóstolo nos adverte solenemente: "de Deus não se zomba". Isto é, não podemos cair na armadilha de acreditar que Deus não percebeu o que semeamos e que, portanto, nos dará outro fruto em vez daquele que merecemos.

Uma segunda realidade nesta analogia é que jamais se colhe imediatamente o que foi semeado. É importante que observemos este pormenor, porque é precisamente isto que nos leva a ignorarmos nossas ações. A pessoa que está acostumada a trabalhar a terra sabe que, por vários meses, não verá qualquer fruto de seu trabalho. Da mesma forma, ao semearmos na carne, não aparecerá um anjo para nos repreender nem cairá um raio do céu sinalizando o julgamento de Deus. Tudo segue normal. E é este estado que nos leva a supor que nossas ações não têm importância. Porém o agricultor, ao semear não pensa no presente, mas sim no futuro. O homem sábio no reino de Deus, entende que suas ações de hoje terão consequências amanhã e por esta razão é cuidadoso quanto ao presente.

Para pensar:
E não nos cansemos de fazer o bem, porque a seu tempo ceifaremos, se não desfalecermos (Gálatas 6:9).

O coração do líder

30 de setembro

...estabelecerás, com efeito, sobre ti como rei aquele que o Senhor, teu Deus, escolher; homem estranho, que não seja dentre os teus irmãos, não estabelecerás sobre ti, e sim um dentre eles. Porém este não multiplicará para si cavalos, nem fará voltar o povo ao Egito, para multiplicar cavalos; pois o Senhor vos disse: Nunca mais voltareis por este caminho. Tampouco para si multiplicará mulheres, para que o seu coração se não desvie; nem multiplicará muito para si prata ou ouro. DEUTERONÔMIO 17:15-17

Embora essas palavras tenham sido ditas a Moisés há quase 4 mil anos, os conceitos que contêm não perderam seu caráter radical. Uma simples leitura do texto nos apresenta alguns dos fatores que Deus considera indispensáveis para aqueles que exercem autoridade.

Primeiramente, a pessoa que viesse a ser rei deveria ser proveniente do povo. Isto garantia que este conheceria bem a realidade daqueles que iria governar. Seria conhecedor de seus costumes, seus valores, suas dificuldades e da sua história. Isto o ajudaria a evitar todo tipo de exigências que provocaria desnecessariamente o povo, coisa bem comum daqueles que assumem posição de autoridade sem conhecer bem as pessoas sobre as quais exercerão seu governo. Muitas vezes um pastor novo introduz mudanças que acabam gerando mal-estar nas pessoas da congregação que pretende pastorear. Para todo aquele que está investido de autoridade, é fundamental que conquiste o respeito e a boa disposição dos seus liderados. Somente dessa forma estarão dispostos a segui-lo e a colaborar nos projetos que propõe para melhorar suas vidas.

Um segundo fator diz respeito à aproximação do rei ao povo. Deus desejava que o rei não enriquecesse, nem acumulasse bens para si mesmo e não tivesse muitas mulheres. Essas coisas serviriam somente para introduzi-lo numa realidade diferente que a das pessoas que ele deveria representar. Os que têm fartura em casa, rapidamente endurecem seu coração e perdem a sensibilidade em relação àqueles que estão em situação de pobreza.

Apesar desta advertência, na história da humanidade nunca houve um rei sem a abundância de riqueza à sua volta. Por este motivo foi tão difícil para as autoridades aceitarem o estilo de vida de Cristo, o único Rei que viveu entre o povo. Muitos pastores aproveitam sua posição para acumular riquezas exageradas, o que não faz mais do que pôr uma barreira entre eles e as pessoas que desejam pastorear. Para que o pastor cuide bem de suas ovelhas deve viver dentro de uma realidade semelhante à que elas vivem.

Por último, Deus queria que o rei jamais buscasse recursos em outros países, tais como o Egito. As necessidades do povo deveriam ser apresentadas ao Senhor, direcionando-os para dentro de um contexto puramente espiritual. De igual forma o pastor foi chamado para uma vida de total dependência de Deus, buscando do Senhor o que não tem em si mesmo para dar. Uma tarefa espiritual requer uma perspectiva espiritual de autoridade.

Para pensar:
Leia no livro de Ezequiel 34:1-16 à luz do texto de hoje e poderá entender porque Deus condenou os pastores de Israel com tanta dureza.

Reflexões sobre a unidade

Rogo-vos, pois, eu, o prisioneiro no Senhor, que andeis de modo digno da vocação a que fostes chamados, [...] esforçando-vos diligentemente por preservar a unidade do Espírito no vínculo da paz. EFÉSIOS 4:1,3

Nenhum tema relacionado a vida em Cristo é tão negligenciado como o tema da unidade da igreja. É principalmente por nossa deficiência neste aspecto que não temos conseguido apresentar de forma convincente as boas-novas da salvação ao mundo. É bom que meditemos nas razões pelas quais a unidade é tão difícil de ser praticada.

Precisamos observar que a exortação de Paulo não nos motiva a trabalhar para criar a unidade, mas sim para mantê-la. É importante notar a diferença, porque com frequência ouço na igreja uma convocação para se "trabalhar" pela unidade. A verdade é que a unidade é um presente de Deus. Chegamos a ela porque estamos unidos ao Deus que vive em perfeita unidade. A única coisa que podemos fazer é rompê-la. Por esta razão nosso esforço deve concentrar-se em preservar o que o Senhor já estabeleceu.

Grande parte da dificuldade em usufruir da unidade se deve à confusão sobre o seu significado. Na mente de muitas pessoas "unidade" se refere a que sejamos todos iguais. Ou seja, que pensemos da mesma forma, tenhamos os mesmos objetivos e trabalhemos nos mesmos projetos. Isto não é unidade, mas sim uniformidade. Temos visto, nas igrejas em que se impõe a uniformidade, a artificialidade da vida espiritual que resulta dessa prática diária. Não se pode discordar, nem ter uma opinião diferente dos líderes porque isto é "quebrar" a unidade. Vemos claramente esta tendência evidenciada no primeiro concílio da igreja relatado em Atos 15. Alguns líderes queriam impor a uniformidade.

É precisamente por este pensamento que se faz tão difícil a prática da unidade. Por entendermos que ela se refere a um relacionamento com aqueles que pensam de forma igual a nós, o nosso círculo de relações é muito pequeno. A unidade, entretanto, não é a descrição da coincidência de ideias e conceitos, mas de um compromisso. Viver em unidade é aceitar o chamado para amar e honrar a todos quantos são da casa de Deus, mesmo quando são diferentes do que somos. Fundamenta-se sobre a convicção de que as ideias e os métodos passarão, mas o amor permanecerá para sempre. Rompemos a unidade ao crermos que as diferenças com os outros nos permitem criticar, menosprezar e condenar.

Neste assunto, como pastores, nosso papel é fundamental. As pessoas observam nossas atitudes. Ouvem as palavras que usamos para nos referirmos aos outros. Analisam a maneira como lidamos com aqueles que agem e pensam diferente de nós. Muitas vezes, o nosso exemplo será o fator mais importante para lhes ajudar a manter a unidade no Espírito. Que o Senhor nos conceda, acima de tudo, sermos conhecidos pela abundância do amor em nossa vida!

Para pensar:
De que maneira você reage diante das diferenças com outras pessoas? As pessoas que o conhecem, o consideram tolerante? Quais mudanças são necessárias em sua vida para avançar rumo à unidade?

As minúcias da questão

...e te seja denunciado, e o ouvires; então, indagarás bem; e eis que, sendo verdade e certo que se fez... DEUTERONÔMIO 17:4

2 de outubro

Um dos erros que cometo com maior frequência é a pressa em julgar uma situação. Muitas vezes acabei me arrependendo porque as conclusões iniciais as quais cheguei, não foram acertadas nem justas. O Senhor sabe que esta é uma das fraquezas com a qual o ser humano terá de viver. Há muitos exemplos na história das nações, em que pessoas totalmente inocentes foram condenadas à prisão ou à morte. Em alguns casos, anos mais tarde, pessoas conseguiram recuperar a liberdade porque foram encontradas evidências que comprovaram sua inocência. Em muitos outros casos, entretanto, pessoas foram mortas e a condenação se tornou irreversível. Simplesmente não possuímos o discernimento necessário para sermos justos em todas as questões que nos competem avaliar.

Por esse motivo o Senhor deixou instruções claras a Moisés quanto à forma de julgar as situações em que alguém apresentava acusações contra o seu próximo. Essas orientações mostram que, além de ouvir a denúncia dos lábios de quem acusava, o que julgava devia inteirar-se, a respeito do problema, por outras fontes. A passagem nos adverte que a perspectiva de uma única pessoa está sempre condicionada à sua própria percepção, e por isto alguém não podia ser condenado exceto pelo testemunho de duas ou três pessoas (Deuteronômio 17:6). Aquele que julga tem maior possibilidade de chegar à verdade ao escutar o testemunho de várias pessoas.

O líder tampouco deveria se basear exclusivamente naquilo que lhe diziam. Deus disse a Moisés que o juiz deveria fazer uma "minuciosa investigação" sobre a questão. Isto é, o testemunho das pessoas não era suficiente. Ele teria o trabalho de investigar a acusação, prestando atenção aos pormenores que pudessem ajudá-lo a chegar à solução justa. É precisamente nos detalhes que, com frequência, descobrimos que a "coisa não é exatamente assim como nos contaram".

Como é importante para nós, pastores, termos este mesmo cuidado na hora de intervirmos em situações de conflito na igreja! Somos seres complicados, propensos a "torcer os acontecimentos" para que se ajustem a nossa interpretação dos fatos. O profeta Jeremias adverte: "Enganoso é o coração, mais do que todas as coisas, e desesperadamente corrupto..." (Jeremias 17:9). Agimos bem não nos apressando na hora de emitir um juízo sobre o que vemos ou escutamos. Ao estudarmos minuciosamente cada aspecto de uma situação teremos maiores possibilidades de chegar à verdade dos fatos.

O Novo Testamento diz que por meio do Espírito Santo nos foi dado o dom do discernimento. Isto se refere à possibilidade de percebermos as coisas que não vemos com a nossa própria inteligência. É importante, no aconselhamento como também na intervenção em situações de conflito, que sempre tenhamos nosso ouvido bem sintonizado à voz Espírito Santo. Ele poderá nos revelar fatos que jamais encontraríamos de outra forma.

Para pensar

Os homens maus não entendem o que é justo, mas os que buscam o Senhor entendem tudo (Provérbios 28:5)

Um erro comum

Este, de noite, foi ter com Jesus e lhe disse: Rabi, sabemos que és Mestre vindo da parte de Deus; porque ninguém pode fazer estes sinais que tu fazes, se Deus não estiver com ele. JOÃO 3:2

3 de outubro

É evidente que Nicodemos inquietava-se pelo que via na pessoa de Cristo. Os seus companheiros fariseus permanentemente buscavam um meio para desacreditá-lo. Nicodemos, então, procurou falar com Jesus a sós, tomando os devidos cuidados para que ninguém o visse.

A primeira frase que o fariseu pronunciou revela um dos erros mais comuns da nossa cultura: acreditar que as boas obras são uma evidência inquestionável da presença de Deus na vida de quem as pratica. Esta é uma das razões por que existe tanta confusão a respeito de quem são os verdadeiros servos de Deus. Toda semana, ao conversar com alguém, ouço falar da abundância de "sinais" em certos ministérios, como evidência da presença do Espírito Santo na vida de seus líderes.

Devemos nos lembrar que o inimigo também possui o poder de realizar milagres. Quando Moisés se apresentou a Faraó e transformou seu cajado em serpente, os magos egípcios fizeram exatamente o mesmo. Em Mateus 7:22, Jesus Cristo solenemente adverte que no dia do juízo final se apresentarão diante dele pessoas que lhe dirão: "...Senhor, Senhor! Porventura, não temos nós profetizado em teu nome, e em teu nome não expelimos demônios, e em teu nome não fizemos muitos milagres?". Pessoas que Ele não conhece! Quão profundamente frustrados se sentirão ao escutarem dos lábios de Cristo que eles são praticantes da iniquidade.

Apesar do conteúdo dramático deste texto, em 25 anos de experiência ministerial tenho visto o povo de Deus ser seduzido mais de uma vez por esta ideia. Inúmeros profetas, curandeiros e operadores de milagres desfilam pela igreja. Deslumbrados por seus feitos, não paramos para pensar que muitos deles não demonstram o verdadeiro sinal de uma pessoa consagrada a Deus. Refiro-me à evidência que o diabo não pode imitar, nem falsificar. Cristo mostrou que este sinal é a única evidência da obra de Deus — ter nascido de novo pela exclusiva ação do Espírito Santo.

A obra soberana do Espírito produz no ser humano um coração regenerado que se manifesta em atitudes completamente opostas às pessoas que vivem nas trevas. Nessa vida é claramente percebido o "...amor, alegria, paz, longanimidade, benignidade, bondade, fidelidade, mansidão, domínio próprio..." (Gálatas 5:22). A Palavra de Deus deixa claro que os homens serão conhecidos por seus frutos.

Para pensar:
Será que todos os que realizam milagres não são dignos de confiança? De modo algum! Deus concedeu ao Seu povo as manifestações do Espírito Santo que incluem a possibilidade de realizar milagres, sinais e prodígios. Não devemos, entretanto, considerar estas manifestações para avaliar se determinado ministério é genuíno, mas sim observar a vida da pessoa que está por detrás dele. Os que andam com Deus, infalivelmente, carregam o perfume de coisas santas e demonstrarão em sua vida o mesmo caráter de Cristo.

Alegria completa

Tenho-vos dito estas coisas para que o meu gozo esteja em vós, e o vosso gozo seja completo. JOÃO 15:11

4 de outubro

A expressão "o vosso gozo (ou alegria) seja completo" aparece com frequência no Novo Testamento. João Batista, por exemplo, disse aos seus discípulos: "O que tem a noiva é o noivo; o amigo do noivo que está presente e o ouve muito se regozija por causa da voz do noivo. Pois esta alegria já se cumpriu em mim" (João 3:29). No texto de hoje, Cristo afirma ter dito aquelas palavras para que a alegria dos discípulos fosse completa. Quando os orientou a pedir tudo o que necessitavam, falou: "Até agora nada tendes pedido em meu nome; pedi e recebereis, para que a vossa alegria seja completa" (João 16:24). Da mesma forma, em Sua oração disse ao Pai: "Mas, agora, vou para junto de ti e isto falo no mundo para que eles tenham o meu gozo completo em si mesmos" (João 17:13).

A ideia que Cristo tinha a respeito da alegria parece ter impactado a vida de João, o discípulo amado, pois ele usa expressões bem parecidas com as do seu Mestre. No início da sua primeira carta, ele diz aos seus leitores: "Estas coisas, pois, vos escrevemos para que a nossa alegria seja completa" (1 João 1:4). Da mesma forma, em sua segunda carta manifesta um desejo intenso: "Ainda tinha muitas coisas que vos escrever; não quis fazê-lo com papel e tinta, pois espero ir ter convosco, e conversaremos de viva voz, para que a nossa alegria seja completa" (2 João 1:12).

Qual é o fator que une todas essas expressões? A alegria é a consequência do repartir. Ou seja, o sentimento de alegria não atinge sua máxima expressão até que tenhamos feito outros participantes dessa mesma alegria. Pense no nascimento de um filho. Nenhum pai mantém em segredo tal acontecimento. Pelo contrário, sai às pressas para compartilhar a boa notícia às pessoas que lhe são mais próximas. Considere um fato corriqueiro como a conversão de uma falta em gol numa partida de futebol. Se alguma vez você esteve em um estádio, deve ter observado que os jogadores em seguida se abraçam para festejá-lo. Não somente isto, mas os torcedores gritam exaltados e abraçam pessoas desconhecidas.

Fomos criados para viver em comunhão uns com os outros. Não é propósito de Deus que vivamos de forma isolada as experiências que mais profundamente afetam nossa vida, quer sejam de tristeza ou de grande alegria. É natural e normal que uma pessoa procure compartilhar os momentos que lhe trazem maior alegria com aqueles que se encontram ao seu redor.

A partir desta observação, extrai-se um importante princípio. Para experimentar a alegria, em todas as suas dimensões, é necessário compartilhar uns com os outros a respeito do que produz este estado em nós.

Para pensar:
Será esta a razão porque muitos de nós não vivemos plenamente a alegria de Deus? Temos recebido grandes manifestações da bondade do Senhor e permanecido calados. O nosso silêncio inibe a completa expressão da alegria. Imitemos, pois, o exemplo de Cristo e alegremo-nos completamente convidando outros a também receberem parte daquilo que recebemos.

Negociar com Deus

5 de outubro

Ali Jacó fez a Deus a seguinte promessa: "Se tu fores comigo e me guardares nesta viagem que estou fazendo; se me deres roupa e comida; e se eu voltar são e salvo para a casa do meu pai, então tu, ó Senhor, serás o meu Deus. Esta pedra que pus como pilar será a tua casa, ó Deus, e eu te entregarei a décima parte de tudo quanto me deres." GÊNESIS 28:20-22 NTLH

Se lêssemos sequencialmente o relato sobre os três patriarcas de Gênesis — Abraão, Isaque e Jacó — veríamos que a fé não é hereditária. Abraão, o pai da fé, foi um homem que caminhou em intimidade com Deus e recebeu a Sua aprovação. Embora Isaque fosse uma pessoa espiritual, não vemos nele a devoção e a paixão de seu pai. É em Jacó, entretanto, que encontramos o maior contraste. Ele foi alguém que lutou a vida toda, lançando mão do meio que lhe parecia mais apropriado para conseguir o que desejava.

No texto do devocional de hoje, Jacó acabara de receber uma revelação da parte de Deus, semelhante as recebidas por seu pai e seu avô. Foi-lhe revelado, nada mais nada menos, que a manifestação da bênção incondicional sobre a sua vida. "A tua descendência será como o pó da terra; estender-te-ás para o Ocidente e para o Oriente, para o Norte e para o Sul. Em ti e na tua descendência serão abençoadas todas as famílias da terra. Eis que eu estou contigo, e te guardarei por onde quer que fores, e te farei voltar a esta terra, porque te não desampararei, até cumprir eu aquilo que te hei referido" (Gênesis 28:14,15).

O notável nesse cenário, entretanto, não é a reiteração da promessa de transformar sua família em nação, mas a resposta de Jacó. Uma manifestação divina semelhante, normalmente, produziria em uma pessoa uma resposta imediata de adoração ao reconhecer o imerecido presente de Deus. Mas, isto não aconteceu com Jacó, ele deu a entender ao Senhor que Ele seria seu Deus ao serem confirmadas certas condições.

Observe a repetição de uma palavrinha que quase passa despercebida no texto: "Se tu fores comigo e me guardares nesta viagem que estou fazendo; se me deres roupa e comida; e se eu voltar são e salvo…". Ele estava dizendo ao Senhor que ele também tinha as suas prioridades. Uma vez cumpridas, então seguiria a Deus.

A atitude de Jacó revela uma tendência consolidada em nosso coração, que é a de acreditar que podemos manipular Deus segundo os nossos caprichos. Colocamos as condições e Ele se ajusta às nossas exigências. É por isso que se torna tão difícil seguir o Senhor, pois Ele não aceita negociar. Para termos um relacionamento com Ele devemos estar dispostos a nos render absolutamente a Seus pés, exclamando, como Maria: "…Aqui está a serva do Senhor; que se cumpra em mim conforme a tua palavra…" (Lucas 1:38). Resistimos a isto porque, no fundo, significa permitir que outra pessoa controle nossa vida. No reino de Deus, este é o único caminho possível para o homem.

Para pensar:
De que formas você tenta "negociar" com Deus? Que fatos denunciam sua resistência para submeter-se às Suas exigências? Quais coisas estarão em jogo em sua vida, se você entregar o controle a Ele?

Manter as aparências

Ora, os principais sacerdotes e todo o Sinédrio procuravam algum testemunho falso contra Jesus, a fim de o condenarem à morte. E não acharam, apesar de se terem apresentado muitas testemunhas falsas... MATEUS 26:59,60

Muitos historiadores têm analisado minuciosamente os pormenores do julgamento de Jesus feito pelos sacerdotes e anciãos. A maioria deles concorda que todo o procedimento não foi mais que uma farsa do sistema legal da sociedade israelita. Os membros do Sinédrio já tinham decidido, há muito, condenar Jesus à morte independentemente dos resultados do julgamento. Não obstante, insistiram em manter a fachada de estar agindo dentro dos preceitos da lei.

Nisto o Sinédrio se une a uma extensa lista de tiranos, déspotas e ditadores que agiram de forma semelhante. Os dois personagens mais nefastos do século 20, Hitler e Stalin, insistiram em seguir meticulosamente as exigências da lei, embora soubessem qual seria a decisão final para cada uma de suas ações. Desejavam com isso manter a fachada da legalidade enquanto semeavam o terror e o medo para o "bem" do povo.

Existe, em todos nós, um profundo desejo de garantir a aprovação dos nossos atos. A manifestação mais frequente disto é o hábito ferrenho de nos defendermos, mesmo quando é nítido que estamos errados. Perpetua-se assim uma permanente busca para ajustar os nossos atos de tal maneira que nossa maldade não fique em evidência. É importante para nós, líderes, que compreendamos esta tendência bastante humana.

Como pastores não queremos perpetuar uma imagem negativa diante dos outros. Por outro lado, tampouco queremos admitir a possibilidade de ver nossos assuntos tendo um desfecho diferente do que desejamos. Isto nos leva, muitas vezes, a comportamentos que tem um objetivo difícil: mostrar atitudes espirituais e, ao mesmo tempo, assegurar que nossa vontade se cumpra sem questionamentos.

Considere, por exemplo, como é fácil para um líder tornar a discussão de suas propostas uma mera formalidade. Para muitos pastores pedir a outros que deem sua opinião é apenas uma parte do processo. Todos sabem que não existe liberdade para contradizer o que o líder já decidiu. Pense na quantidade de vezes que "oramos" ao final de uma longa reunião de planejamento somente para dar um caráter de espiritualidade ao que já foi projetado. Não estamos interessados em conhecer a vontade de Deus, mas antes queremos que Ele aprove e abençoe o que já decidimos.

Em tudo isto se evidencia que buscamos o impossível — manter o controle de nossa vida sem que outros percebam o que estamos fazendo. Em nossa mente, sabemos que tal proposta é absurda, mas na prática caímos nesse mesmo comportamento vez após vez. Só será possível uma mudança quando entendermos que não podemos andar com Cristo, a menos que estejamos dispostos a colocar absolutamente tudo em Suas mãos. Isto significa correr o "risco" de que as coisas não aconteçam conforme desejamos, mas como Jesus Cristo quer.

Para pensar:
Todos os caminhos do homem são puros aos seus olhos, mas o Senhor pesa o espírito (Provérbios 16:2).

Firmes em nossa vocação

7 de outubro

Porque, se em vós houver e aumentarem estas coisas, não vos deixarão ociosos nem estéreis no conhecimento de nosso Senhor Jesus Cristo. 2 PEDRO 1:8 (ARC)

Os termos que a Bíblia usa para nos ajudar a entender as verdades eternas de Deus sempre me impactam. São simples, mas ao mesmo tempo profundamente ilustrativos.

No texto de hoje, Pedro usa dois termos que são úteis para compreender o que devemos evitar, a todo custo, caso queiramos ser fiéis ao nosso chamado: "ocioso" e "estéril". Não é necessário examinar o texto original para sabermos a que o autor se referia, porque as palavras são de fácil compreensão para cada um de nós.

A ociosidade não é a ausência de atividade, mas sim a falta de responsabilidade na atividade. A pessoa ociosa pode estar envolvida em diversos trabalhos, mas nenhum deles é produtivo nem proveitoso. Assim, suas atividades não lhe trazem qualquer benefício. Esta condição, lamentavelmente, descreve a vida de muitos cristãos dentro da igreja. Envolvem-se em incontáveis atividades, mas estas são de pouco proveito para a vida espiritual. Elas consistem principalmente em assistir a uma sucessão de reuniões intermináveis que supostamente servem para edificar nossa vida. O que conseguem na realidade é incentivar uma passividade que pouco contribui para a transformação.

O nosso chamado não é para esse de tipo de "folga" espiritual cujo objetivo é buscar sempre mais bênçãos para nossa vida. Fomos convocados a investir em outras pessoas. Esta verdade acha-se expressa no que alguns chamam a "carta magna" da Bíblia contida em Gênesis 12:1-3. Nela Deus claramente mostra que o Seu propósito é nos abençoar para que sejamos bênçãos. Quando o cristão perde isto de vista começa a investir mal o seu tempo, causando problemas para si mesmo e para outros. Percebemos que a maioria das divisões e conflitos na igreja são, geralmente, estimuladas por aqueles cristãos com mais anos na fé e que não estão ocupados com boas obras.

Em seguida, Pedro nos diz que não devemos ser estéreis. A palavra "estéril" se refere à incapacidade de gerar uma nova vida. Esta condição é também anormal num seguidor de Cristo, pois fomos chamados a fazer discípulos de todas as nações seja qual for a nossa atividade. A maior parte dos cristãos, entretanto, tendo recebido as boas-novas pelo gesto gracioso de outras pessoas, raramente levam a outros o conhecimento da verdade. Essa situação não é normal e por esta razão o apóstolo exorta aos seus leitores a agir com zelo.

Só poderemos nos livrar desses maus hábitos quando mantivermos a visão no propósito do nosso chamado. Devemos avançar com determinação rumo a esse objetivo. Não podemos permitir que sejamos levados pela correnteza da inércia. O reino de Deus pertence aos ousados, aqueles que desejam alcançar a plenitude da sua vocação em Cristo.

Para pensar:
Por isso, irmãos, procurai, com diligência cada vez maior, confirmar a vossa vocação e eleição; porquanto, procedendo assim, não tropeçareis em tempo algum (2 Pedro 1:10).

As obras que Deus preparou de antemão

8 de outubro

Pedro, pois, convidando-os a entrar, hospedou-os. No dia seguinte, levantou-se e partiu com eles; também alguns irmãos dos que habitavam em Jope foram em sua companhia. No dia imediato, entrou em Cesareia. Cornélio estava esperando por eles, tendo reunido seus parentes e amigos íntimos. ATOS 10:23,24

Esta é, talvez, uma das melhores ilustrações que encontramos na Bíblia para o significado do texto que diz: "Pois somos feitura dele, criados em Cristo Jesus para boas obras, as quais Deus de antemão preparou para que andássemos nelas" (Efésios 2:10). O relato de Pedro e Cornélio revela como o Pai, por meio do Espírito Santo, determina todas as partes de uma mesma história para que seu resultado seja conforme a Sua vontade.

O objetivo deste plano era que Cornélio e toda a sua família chegassem a conhecer as boas-novas de Cristo. A Palavra de Deus nos informa que ele era um homem "… piedoso e temente a Deus com toda a sua casa e que fazia muitas esmolas ao povo e, de contínuo, orava a Deus" (Atos 10:2). Não resta dúvida que a primeira ação de Deus foi preparar o coração deste homem para que o buscasse.

Depois de um tempo, o Senhor interveio segunda vez, enviando um anjo para lhe falar. O anjo deu instruções a Cornélio para mandar buscar Pedro, que lhe mostraria o caminho a seguir. Enquanto os enviados de Cornélio saíam rumo a Jope para trazê-lo, Deus iniciou Sua terceira ação, que consistiu em revelar a Pedro, por meio de uma visão, os planos que tinha preparado para que o apóstolo seguisse.

Após uma momentânea resistência, Pedro concordou em ir. Enquanto ainda considerava o que tinha acontecido (Atos 10:10-17), os homens, que também foram mobilizados pela ação de Deus, chegaram para buscá-lo. Juntos, os três homens seguiram à casa de Cornélio onde, certamente movido por Deus, reuniu sua família e seus vizinhos. O ambiente estava preparado para Pedro apresentar Jesus Cristo àquelas pessoas.

O desenrolar desta história era previsível. "Ainda Pedro falava estas coisas quando caiu o Espírito Santo sobre todos os que ouviam a palavra" (Atos 10:44). Todos os detalhes foram cuidadosamente coordenados pelo Senhor para produzir este fruto. Estes são os pormenores que conhecemos da história. Em quantos outros aspectos Deus terá agido para realizar esta conversão?

À luz do relato da conversão de Cornélio e de sua família, é quase cômico a lista exagerada dos acontecimentos que atribuímos a nós mesmos no reino de Deus. Com demasiada frequência acreditamos sermos nós os autores da façanha. Na verdade, a parte que desempenhamos é muito pequena. A fadiga que experimentamos nos chega quando não nos conscientizamos do que Deus está fazendo e julgamos estar trabalhando sozinhos. O relato de hoje nos convida a relaxarmos, a abrir os olhos para perceber o mover de Deus nos projetos dos quais participamos. Acima de tudo, Ele nos convida a desistir de planejar as obras nas quais vamos andar.

Para pensar:
A chave para participar neste tipo de ministério é manter uma perfeita sintonia, em todo momento, com o Espírito Santo. Sem essa sensibilidade trabalhamos "às cegas".

A luta pela vida

O ladrão vem somente para roubar, matar e destruir; eu vim para que tenham vida e a tenham em abundância. JOÃO 10:10

Esta passagem mostra o contraste entre as intenções do bom pastor e as do ladrão. Várias observações interessantes dos diferentes objetivos que cada um busca vêm à tona.

Primeiro, é bom que notemos que a estratégia do ladrão não é para atingir o bom pastor, mas sim as ovelhas. Uma crença comum na igreja é que Deus e Satanás estão envolvidos numa grande batalha, lutando sem trégua até o desenlace final. Tal perspectiva é falsa, pois Deus é o Criador e o diabo é um ser criado. O inimigo não pode levantar-se contra Deus, assim como uma formiga não pode lutar contra um elefante. O propósito do diabo é atingir aqueles que foram criados à imagem e semelhança do Criador.

Em seguida, Cristo esclarece quais são as intenções deste ladrão. Não veio para nos distrair momentaneamente, nem para complicar a nossa vida. Não pretende nos subjugar. Ele é um inimigo que tem planos muito mais contundentes que isto, e não descansará até concretizar a destruição total da pessoa.

Observe a evolução em sua estratégia. A primeira coisa que faz é roubar. Ele leva tudo aquilo que é nossa herança particular como seres criados à imagem e semelhança de Deus; nossa capacidade de experimentarmos a vida espiritual, a possibilidade de termos comunhão e desfrutarmos as manifestações do amor, a capacidade para sentir alegria e paz, de ver a vida com esperança. A ausência destas coisas produz terríveis estragos em nossa própria identidade e nos conduz a uma vida cheia de conflitos e dor. Numa segunda etapa, o ladrão propõe a morte da pessoa, isto é que a vida tal como Deus criou deixe de existir. Nesse ponto, ainda não descansará, porque seu objetivo final é a destruição do ser humano. Temos de entender que isto se refere à morte eterna, que consiste na perda total de tudo que nos distingue como seres humanos.

Se usássemos a mesma linha de raciocínio que Cristo usa para descrever as ações do ladrão, poderíamos afirmar que o propósito do Filho de Deus é dar, vivificar e edificar. Quer dizer, Seu primeiro objetivo é sempre abençoar. Ele se deleita em dar, mesmo aos que não o merecem. É um Deus que não descansa na busca por quem abençoar, porque a Sua natureza se expressa numa generosidade sem limites. A esse ato de abençoar acrescenta-se o desejo de conceder vida, e vida em abundância. Com isto, entendemos que Deus deseja que vivamos em plenitude todas as dimensões da vida que nos tem dado, o que inclui a Sua expressão mais sublime, que é a espiritual. A longo prazo, Cristo planeja formar para si mesmo um povo santo, um reino de sacerdotes. Somos seres com um destino eterno e é para lá que o Bom Pastor deseja nos conduzir.

Para pensar:
Você vive uma vida abundante? Por quê? É possível experimentar abundância ainda maior em Cristo?

Renovar a mente

E não vos conformeis com este século, mas transformai-vos pela renovação da vossa mente, para que experimenteis qual seja a boa, agradável e perfeita vontade de Deus. ROMANOS 12:2

A. W. Tozer escreve sobre a mente: "O que ocupa os nossos pensamentos quando temos tempo para pensar no que desejarmos — isso é o que somos ou que viremos a ser. Eles não somente revelam o que somos, mas também declaram o que seremos no futuro."

A maioria de nós não tem ideia de quão profundamente, os pensamentos que ocupam a nossa mente, afetam a nossa vida. A Palavra de Deus, entretanto, nos adverte que a renovação da mente é uma das chaves para uma vida transformada. Devemos, portanto, prestar muita atenção nisto, se é que desejamos ter uma vida que se alimenta, cada dia mais, da Palavra de Deus.

As ações que praticamos não são espontâneas, embora usemos por vezes a expressão "fiz isto sem pensar no que estava fazendo" para explicar o porquê de certos acontecimentos. A verdade é que toda ação é fruto de um pensamento, mesmo quando não estamos conscientes de que foi gerado em nossa mente. Jesus destacou este princípio, quando no Sermão do Monte, indicou que o juízo de Deus não virá sobre nossas ações, mas sobre os pensamentos que as originaram. Por esta razão, o verdadeiro pecado de adultério tem início quando alguém cobiça a mulher do próximo no secreto de sua mente. O pecado de assassinato começa quando, nos pensamentos, qualificamos a pessoa de estúpida ou idiota. Se tais pensamentos, eventualmente, não forem mudados produzirão ações que expressam o que por longo tempo ocupou a nossa mente.

No texto de hoje o apóstolo Paulo nos exorta a não nos conformarmos com este mundo. A luta, entretanto, não acontece em ações tão simples como as de não dançar ou não fumar. O mundo pretende nos moldar à cultura predominante em nossos dias. Um dos principais meios que utiliza é a infinidade de mensagens que o perverso sistema atual, no qual estamos inseridos, nos "vende". Por vezes, elas são abertas e fáceis de serem detectadas. Na maioria dos casos, entretanto, estão sutilmente ocultas em coisas que julgamos ser inofensivas.

Por esta razão, o cristão tem a obrigação de trabalhar na renovação de sua mente. Isto se consegue de duas formas. Primeiro, devemos identificar os pensamentos que não são dignos do Senhor e em seguida levá-los cativos à obediência de Cristo (2 Coríntios 10:5). Isto significa descartá-los. A mente, contudo, não produz no vazio. O espaço livre deixado por esse pensamento descartado deve ser preenchido por outro, se é que não queremos reincidir no pensamento pecaminoso. É ali onde ocupamos a mente com a verdade de Deus. Este é o processo que chamamos de "meditar na Palavra". Devemos alimentar a mente com pensamentos que gerem transformação em nosso caráter.

Para pensar:
Finalmente, irmãos, tudo o que é verdadeiro, tudo o que é respeitável, tudo o que é justo, tudo o que é puro, tudo o que é amável, tudo o que é de boa fama, se alguma virtude há e se algum louvor existe, seja isso o que ocupe o vosso pensamento (Filipenses 4:8).

O valor das recordações

11 de outubro

Então, sacrificarás como oferta de Páscoa ao Senhor, teu Deus, do rebanho e do gado, no lugar que o Senhor escolher para ali fazer habitar o seu nome. Nela, não comerás levedado; sete dias, nela, comerás pães asmos, pão de aflição (porquanto, apressadamente, saíste da terra do Egito), para que te lembres, todos os dias da tua vida, do dia em que saíste da terra do Egito. DEUTERONÔMIO 16:2,3

Embora, muitas vezes, nos esforcemos para apagar as experiências negativas do nosso passado, pelas quais "transitamos", o Senhor nos mostra, no texto de hoje, que elas podem cumprir um importante papel em nossa vida espiritual. Para ajudar o povo de Israel a não se esquecer do caminho que percorreram, o Senhor instituiu uma festa anual cujo propósito era de fazê-los lembrar de sua peregrinação como povo de Deus.

De que exatamente deviam lembrar? Primeiramente, deviam recordar que no passado foram escravos sem qualquer esperança de que alguém os viesse libertar. Agora, a liberdade que usufruíam lhes fora concedida como presente, e não adquirida por seus próprios méritos ou esforço. Além disso, a saída do Egito foi por uma poderosa intervenção de Deus em favor deles. Houve um preço a pagar para que pudessem ser livres. Uma nação sofreu todo tipo de calamidades para que um Faraó, duro de coração, finalmente desse permissão para saírem. Por último, deixaram o Egito levando consigo ouro, prata, roupas, bem como gado e ovelhas, que lhes fora dado como despojo pelo egípcios, segundo a orientação divina (Êxodo 12:35,36). Não possuíam nenhum dos bens que agora desfrutavam. Da absoluta pobreza, Deus os transformou numa grande e próspera nação.

Qual seria o benefício ao recordarem todas estas coisas? Isso lhes ajudaria a serem agradecidos. Este é o grande problema que enfrentamos todos os dias. Levantamos e reclamamos porque está chovendo, porque não gostamos da comida que está à mesa, porque temos de ir trabalhar. As nossas palavras revelam que perdemos de vista o fato de que nada do que temos é nosso por direito, mas sim pela exclusiva bondade de Deus. A falta de consciência da nossa verdadeira condição espiritual gera um coração ingrato que se expressa em uma vida cheia de queixas e reclamações.

A gratidão não somente nos leva a recordar a cada passo em nossa jornada da pessoa de Deus — de cujas mãos emanam todas as boas coisas — mas também produz em nós a satisfação em cada experiência, em cada relacionamento, em cada atividade da qual participamos. Já que tudo que temos é um presente, nós o desfrutamos como algo imerecido que demonstra o amor daquele que nos presenteou.

Para nós que servimos na igreja também, é fácil esquecer de onde o Senhor nos tirou. Podemos cair em queixas e ingratidão, exigindo maior respeito ou mais privilégios como se tivéssemos entrado no ministério por nossos próprios méritos. É bom que a cada dia recordemos que servimos, somente porque o Senhor nos concedeu esse privilégio.

Para pensar:
Então, entrou o rei Davi na Casa do Senhor, ficou perante ele e disse: Quem sou eu, Senhor Deus, e qual é a minha casa, para que me tenhas trazido até aqui? (2 Samuel 7:18).

Os impossíveis de Deus

12 de outubro

Então, se virou o SENHOR para ele e disse: Vai nessa tua força e livra Israel da mão dos midianitas; porventura, não te enviei eu? E ele lhe disse: Ai, SENHOR meu! Com que livrarei Israel? Eis que a minha família é a mais pobre em Manassés, e eu, o menor na casa de meu pai. JUÍZES 6:14,15

Israel estava ocupado por um povo inimigo, os midianitas. Seu poderoso exército contava com 135 mil guerreiros que tinham subjugado completamente o povo de Deus. Como tributo levaram o melhor da terra e do gado. O povo se encontrava, obviamente, desmoralizado e sem esperança.

Em meio a esta situação, um anjo sentou-se próximo a Gideão que malhava o trigo para escondê-lo dos inimigos. O texto de hoje oferece os detalhes da missão que Deus queria confiar a este homem. Sem rodeios, o Senhor lhe fez esta descabida proposta: Que ele, um sujeito desconhecido da tribo de Manassés, de uma família pobre, se levantasse para livrar Israel da mão dos midianitas.

Se você fizer uma lista dos atributos de Gideão para a missão que lhe fora confiada, não encontrará muitos elementos que o inspire a crer que Deus tenha encontrado a pessoa certa para essa tarefa. Provavelmente, ele não possuía qualquer experiência no exército, nem em liderar outras pessoas. Era o menor de uma família pobre, certamente, uma pessoa acostumada a ser desconsiderada. Se acrescentarmos a isto as dimensões da missão que Deus lhe confiara, teria ainda maiores razões para duvidar quanto ao êxito de tal empreendimento. Que poderia fazer esse "insignificante sujeito" diante de tão grande desafio?

Este é o método de Deus. O Senhor se deleita em nos oferecer projetos que são absolutamente impossíveis de se realizar. Olhamos para nossos recursos e exclamamos: "Ninguém pode fazer isso!" A Moisés Ele propôs que se levantasse com 2 milhões de israelitas que viviam na escravidão, para tomar posse de uma terra ocupada por povos hostis. A Josué propôs conquistar uma cidade fortificada, ao som de trombetas e brado do povo. Jonas foi incumbido de pregar o arrependimento a um povo que estava decidido a conquistar o mundo. Aos apóstolos foi-lhes dada a missão de fazer discípulos em todas as nações da terra.

É precisamente esta sensação de atordoamento que sentimos diante da magnitude de um projeto, que nos garante estarmos diante de uma proposta divina. Deus nunca nos faz participantes de planos que possam ser conquistados por nossas próprias forças. O Senhor gosta de nos colocar em situações onde toda a nossa habilidade, recursos e projeções são vistos absolutamente como ridículos.

Este é o método de Deus. Se você quiser participar nos planos dele precisa sentir que seus próprios recursos são completamente inadequados. Os projetos do Senhor se realizam somente com os recursos que Ele mesmo provê.

Para pensar:
Quais os seus projetos como pastor? Quais os seus desafios? Você está disposto a deixar suas projeções humanas e começar a sonhar grande, não com a transformação de algumas vidas, mas da sua cidade, do seu país, do mundo? Se outros zombarem de seus projetos, com certeza, você está em sintonia com o Senhor.

A oração de Davi

13 de outubro

Ó Deus, tu és o meu Deus forte; eu te busco ansiosamente; a minha alma tem sede de ti; meu corpo te almeja, como terra árida, exausta, sem água. Assim, eu te contemplo no santuário, para ver a tua força e a tua glória. SALMO 63:1,2

Quantas gerações esta oração, escrita por Davi há 3 mil anos, terá inspirado! Sentimo-nos atraídos por esse salmo porque o poeta consegue captar com suas palavras os sentimentos que temos dificuldade de expressar.

Estamos acostumados a declarar nossa consagração a Deus por meio do louvor, da oração e da comunhão com outros irmãos. Quando a vida se nos apresenta sem maiores contratempos, estas palavras fluem dos nossos lábios sem dificuldade. Suponho, entretanto, que a expressão de nossa devoção tem mais a ver com o agradável em nossas circunstâncias do que com uma verdadeira entrega à pessoa de Deus.

O momento no qual Davi escreveu o presente poema era bem diferente daquilo que estamos acostumados a viver. O subtítulo do salmo diz que foi composto quando Davi se encontrava no deserto de Judá. Houve apenas duas ocasiões em que passou pelo deserto. Uma delas é quando ele fugia de Saul, buscando refúgio nas cavernas e fendas típicas da região. A segunda oportunidade foi quando Absalão se rebelou e lhe roubou o trono. O rei teve de fugir apenas com a roupa do corpo. O relato bíblico informa que Davi chegou ao deserto sujo, cansado e faminto.

Se nos detivermos um instante para meditar nesses acontecimentos, poderemos apreciar de forma inteiramente diferente o peso das palavras de Davi. Não é o mesmo que dizer a Deus que Ele é o nosso Deus, quando a maior aflição que tivemos foi ter ficado sem comer na hora do almoço ou completamente molhados ao sermos apanhados por uma chuva, quando estávamos sem guarda-chuva. Refiro-me ao fato de que nossas aflições, em sua maioria, não são mais que aborrecimentos momentâneos. Poucos de nós têm fugido de uma feroz perseguição que tem como objetivo nos tirar a vida. Não sabemos o que é sentir-se completamente abandonado, sem ter onde se refugiar ou a quem recorrer em busca de socorro.

Reflita outra vez na primeira frase deste salmo: "Ó Deus, tu és o meu Deus forte." Esta é uma declaração que tem um profundo sentido porque Davi havia perdido tudo. Entretanto, ele estava afirmando que a única coisa que realmente valia na vida era o Senhor. Todas as demais eram como palha seca. Ele estava declarando que não lhe importava o conforto, nem a segurança, nem o futuro. Nem sequer lhe importava a vida. Deus era verdadeiramente o seu Deus.

Esta capacidade de afirmar uma entrega absoluta ao Senhor nos momentos mais sombrios da vida é o que destaca um grande líder. No coração deste líder não há outros deuses. Para esta pessoa, o Senhor é uma paixão que ofusca as demais, inclusive o brilho do ministério.

Para pensar:
Onde estava o segredo da devoção de Davi? Ele era um homem acostumado a buscar sempre a comunhão com Deus ("Assim, eu te contemplo no santuário"). Com o tempo, esta disciplina fez dele uma pessoa cujo próprio corpo gemia pela glória do Senhor.

Intérpretes de profecias

14 de outubro

> Tendo ouvido isso, alarmou-se o rei Herodes, e, com ele, toda a Jerusalém; então, convocando todos os principais sacerdotes e escribas do povo, indagava deles onde o Cristo deveria nascer. Em Belém da Judeia, responderam eles, porque assim está escrito por intermédio do profeta. MATEUS 2:3-5

A chegada dos sábios do Oriente alvoroçou Jerusalém. Eles vieram movidos por uma revelação que nenhuma das personalidades importantes daquela cidade estavam informados. Além disto falavam de algo realmente preocupante: o nascimento de um novo rei para os judeus. Alarmado, o rei Herodes buscou alguém que lhe explicasse o que estava acontecendo. Foram convocados os entendidos nas Escrituras.

O incidente no palácio de Herodes deve nos servir de lição. Os principais sacerdotes e escribas do povo não hesitaram em dar rapidamente ao rei a resposta que necessitava. Eles conheciam muito bem a profecia de Miqueias que dizia ser Belém o local do nascimento de Cristo. Com certeza tinham estudado minuciosamente o texto, como é o costume daqueles cuja vida espiritual é vivida principalmente na esfera do intelecto. Tinham analisado de forma exaustiva, as diferentes possibilidades contidas na declaração do profeta. É possível que existissem diferentes "escolas" de interpretação. Os que diziam que nasceria em Belém; os que diziam que Seu ministério se desenvolveria em Belém; e os que afirmavam que Belém tinha somente um sentido simbólico que representava a tribo da qual sairia o Messias!

O interessante no texto de hoje é que apesar do conhecimento exato e de terem analisado as passagens referentes à chegada do Messias, nenhum dos entendidos estava ciente de que o Seu nascimento já havia ocorrido.

Existe em nossos dias um interesse renovado pelas profecias bíblicas referentes aos últimos tempos. Muitos estudiosos analisam com cuidado cada texto e procuram decifrar os detalhes escondidos em cada mensagem bíblica. Enquanto se dedicam a isto, observam com expectativa cada acontecimento no mundo para ver se pode ser o cumprimento de alguns dos textos que conhecem tão bem. Os mais ousados fazem afirmações categóricas sobre a reconstrução do templo em Jerusalém, o anticristo e a exata identidade de Gogue e Magogue.

De forma idêntica aos principais sacerdotes e escribas, distrair-se enquanto analisa os textos bíblicos lhe privará da possibilidade de participar de forma concreta dos acontecimentos espirituais ao seu redor. Por quê? Porque é inevitável que, com tanto estudo, soltemos as rédeas da nossa imaginação, elaborando nosso próprio "filme" sobre como serão os acontecimentos finais. O quadro que construirmos com tanto esmero se encarregará de produzir em nós a cegueira que não nos permitirá ver os acontecimentos quando estes ocorrerem. Estaremos buscando o que acreditamos ter descoberto nas Escrituras e descartaremos tudo que não se enquadrar dentro desta visão.

Foi por esta razão que os sacerdotes e os escribas acabaram condenando Jesus à morte. As suas convicções sobre o que o Messias devia ser, com base em muitos textos do Antigo Testamento, não lhes permitiram ver o verdadeiro Cristo, embora o tivessem diante de seus olhos.

Para pensar:
Para nós é bom saber que as coisas no reino espiritual nem sempre são como as vemos. Basta-nos adorar ao Senhor com a escassa luz que temos.

Fé, amor e esperança

15 de outubro

Damos, sempre, graças a Deus por todos vós, mencionando-vos em nossas orações e, sem cessar, recordando-nos, diante do nosso Deus e Pai, da operosidade da vossa fé, da abnegação do vosso amor e da firmeza da vossa esperança em nosso Senhor Jesus Cristo. 1 TESSALONICENSES 1:2,3

Esta não é a primeira vez que os três aspectos da vida espiritual são mencionados juntos. Eles também aparecem nas epístolas aos Romanos, Coríntios, Gálatas, Colossenses, Hebreus e na primeira carta de Pedro. Evidentemente a igreja primitiva acreditava que a combinação da fé, da esperança e do amor é o que produz a maior condição de maturidade espiritual. Fazemos bem ao nos determos para considerar este assunto.

Primeiro, o apóstolo menciona a obra da fé. Isto é totalmente diferente da fé por meio de obras, é esperar que a prática das obras produza fé. Paulo, declara nitidamente que a fé é um dom de Deus e é recebido pela Sua graça. Por sua vez, a fé que é bíblica é a fé que se expressa em obras. Isto para nós é difícil de entender, porque estamos acostumados à ideia puramente intelectual da fé acompanhada por uma vida espiritual inativa. A fé bíblica está sempre em ação, embora não seja inquieta. Está em movimento, porque Deus está agindo. Para acompanhá-lo é necessário que nos envolvamos nas obras em que Ele está presente. Assim, a igreja se torna uma comunidade que revela suas convicções por meio do estilo de vida que a caracteriza.

A seguir, a igreja em Tessalônica praticava suas ações fundamentada no amor. É interessante observar que nisto tampouco encontramos qualquer relação com os nossos conceitos de amor. Em nossa cultura o amor é um sentimento voltado para os outros. Na igreja de Tessalônica, entretanto, o amor era um compromisso. Os cristãos entendiam que foram chamados para amar e isto exigia o esforço de cada um. O esforço é necessário, exatamente, porque o amor deve sobrepor-se a incrível diversidade de obstáculos para poder triunfar. A caminhada de Cristo rumo à cruz, Sua expressão máxima de amor, foi cheia de complicações, adversidades e contratempos. A igreja de Tessalônica seguia este exemplo, pois Paulo usa um termo que indica que eles trabalharam até fatigar-se.

A terceira graça presente na vida daquela igreja era a constância na esperança. Este é o elemento que melhor define os objetivos para os quais somos conduzidos. Em meio as dificuldades, lutas e obstáculos, a esperança nos ajuda a manter os olhos fixos naquilo que desejamos obter como fruto do nosso relacionamento com Cristo. Ao nosso redor, vemos a destruição e a imundícia do pecado. Sentimos constantemente em nosso interior o indício da luta do espírito contra a carne. Porém, em tudo isto, não nos damos por vencidos porque diante de nós está a esperança de alcançarmos a maturidade em Cristo, de entrarmos no Seu descanso, e de ver a nossa vida e a sociedade transformada pelo poder do evangelho. Sem esperança, com certeza desistiríamos da nossa missão.

Para pensar:
Agora, pois, permanecem a fé, a esperança e o amor, estes três; porém o maior destes é o amor (1 Coríntios 13:13).

Ceifeiros para a seara

16 de outubro

E, então, se dirigiu a seus discípulos: A seara, na verdade, é grande, mas os trabalhadores são poucos. Rogai, pois, ao Senhor da seara que mande trabalhadores para a sua seara. MATEUS 9:37,38

Arregimentar novos obreiros é um dos grandes desafios que o ministério pastoral nos impõe. A formação de líderes em nossas igrejas garante a continuidade da obra mesmo em nossa ausência. Além disso, os obreiros que serão parte de nossa equipe, serão indispensáveis para a correta divisão do volume de tarefas. Assim, nos asseguramos que nenhuma pessoa sofra um desgaste excessivo pelo peso do trabalho. A formação de obreiros exige, portanto, atitudes de seriedade e responsabilidade.

Conforme o registro no evangelho de João, Cristo disse aos discípulos: "...erguei os olhos e vede os campos, pois já branquejam para a ceifa" (4:35). Este simples movimento, de levantar os olhos, é o ponto de partida no processo de formação de obreiros. Quando caminhamos olhando para o chão é porque estamos mergulhados em nosso próprio mundo. A realidade ao redor não adentra a nossa perspectiva. Não a vemos, e ao não percebê-la, desconhecemos a sua existência. Erguendo os olhos reconhecemos o mundo que nos cerca, habitado por pessoas como nós, com seus problemas, lutas, dificuldades e frustrações. Cada um deles foi criado para ter um relacionamento exclusivo com o Pai. Ao vê-los devemos sentir em nosso espírito a angústia de Jesus, que os via como ovelhas sem pastor.

A dimensão da obra também é percebida com este olhar a nossa volta. Cristo assinalou os campos aos Seus discípulos, e não um pequeno jardim. A terra se estendia diante deles, semeada e já pronta para a colheita. Uma única pessoa não seria capaz de colher toda a extensão daquele campo. Seria necessária a ajuda de muitas mãos para que a obra pudesse ser feita. De igual forma, é bom para nós que servimos na casa do Senhor que nos sintamos angustiados pela imensidade do trabalho que temos pela frente. Há muitos pastores que estão convencidos de que podem levar sozinhos todo o fardo sem qualquer ajuda. Esta atitude de autossuficiência é contraproducente para a igreja, pois não deixa de ser mais que uma fantasia. Nenhum homem tem a capacidade de colher todo o campo sozinho.

Perceber a vastidão da obra não deve nos levar ao esforço desesperado para executá-la, mas sim a ficarmos de joelhos. Jesus disse aos discípulos que a primeira responsabilidade deles era suplicar ao Senhor da seara. Temos procurado substituir este sagrado trabalho apelando, por meio da culpa, às pessoas que fazem parte das nossas igrejas. No entanto, Deus é quem deve mobilizar o Seu povo. Faríamos melhor falando menos às pessoas e conversando mais com Deus. Com certeza, haveria mais obreiros em Sua Igreja se dedicássemos mais tempo à oração.

Para pensar:
Naqueles dias, retirou-se para o monte, a fim de orar, e passou a noite orando a Deus. E, quando amanheceu, chamou a si os Seus discípulos e escolheu doze dentre eles... (Lucas 6:12,13).

A perspectiva correta

17 de outubro

Então, Faraó mandou chamar a José, e o fizeram sair à pressa da masmorra; ele se barbeou, mudou de roupa e foi apresentar-se a Faraó. Este lhe disse: Tive um sonho, e não há quem o interprete. Ouvi dizer, porém, a teu respeito que, quando ouves um sonho, podes interpretá-lo. Respondeu-lhe José: Não está isso em mim; mas Deus dará resposta favorável a Faraó. GÊNESIS 41:14-16

Custa-nos imaginar o aspecto dramático e inesperado deste acontecimento. José que nada tinha praticado de mal para merecê-lo, vivia esquecido e sozinho numa das prisões de Faraó. A sua condição de escravo tirou qualquer esperança do seu coração quanto à possibilidade de ser libertado. Ninguém se ocupava em defender os direitos de um escravo, e muito menos os direitos de um escravo que fora condenado por um dos mais altos oficiais da corte.

Nesses anos no cárcere, José teve a oportunidade de interpretar os sonhos de dois presos: do padeiro e do copeiro do rei. Agora, de repente, surgiu-lhe a oportunidade de interpretar os sonhos de ninguém menos do que o Faraó, um dos homens mais poderosos da terra. Para José tal acontecimento bem poderia significar o fim do seu cativeiro. A forma correta como interpretou os sonhos dos seus companheiros na prisão podia lhe dar a necessária confiança para esse novo desafio. Como seria fácil para ele tomar a si a capacidade de interpretar sonhos! Que importava se esse dom não lhe pertencia? Faraó nem sequer sabia quem era o Senhor. Para que se gastar em explicações desnecessárias?

É fácil considerar como nosso um dom que veio de Deus porque somos propensos a crer que a nossa mão é que move as coisas na igreja. Em nosso contexto têm surgido pastores que, segundo eles, são donos de uma "unção" especial que apenas eles podem administrar. A postura deles nada mais é do que a revelação de quão criativos podemos ser na defesa da nossa posição. Esquecemos que no mundo espiritual absolutamente nada acontece sem que Deus o determine. Na melhor das hipóteses, não deixamos de ser nada mais que vasos frágeis em Suas mãos.

Embora o futuro de José estivesse em jogo, ele não vacilou em deixar claro qual era a sua posição. Ele não possuía em si mesmo a capacidade de interpretar os sonhos. Ela vinha de Deus. Ao fazer tal afirmação estava declarando que se Deus não concedesse a explicação, então ninguém poderia dá-la. Deus não pode ser manipulado como se fosse uma máquina. Ele é soberano e age como bem lhe apraz. Só podemos esperar que pela Sua graça Ele se manifeste. Não temos qualquer controle sobre Ele. Mesmo que tenhamos interpretado mil sonhos no passado, o dom segue sendo de exclusiva propriedade dele.

Como é importante jamais perdermos de vista esta verdade. Somos meros canais para que Deus atue. Enquanto conservarmos isto em mente continuaremos sendo instrumentos úteis em Suas mãos.

Para pensar:
À vista disto, Pedro se dirigiu ao povo, dizendo: Israelitas, por que vos maravilhais disto ou por que fitais os olhos em nós como se pelo nosso próprio poder ou piedade o tivéssemos feito andar? (Atos 3:12).

Guarda o bom depósito

Guarda o bom depósito, mediante o Espírito Santo que habita em nós.
2 TIMÓTEO 1:14

18 de outubro

A exortação que aparece no texto de hoje também foi dada a Timóteo pelo apóstolo Paulo em sua primeira carta a este discípulo. Na conclusão dessa epístola cheia de orientações sobre a vida e o ministério deste jovem, ele se despede com as seguintes palavras: "E tu, ó Timóteo, guarda o que te foi confiado..." (1 Timóteo 6:20). Será proveitoso para nós que reflitamos sobre o problema que Paulo tentava evitar ao fazer tal pedido.

Existe uma lei tão real como a da gravidade que é a da deterioração de tudo quanto existe com o passar do tempo. Poderíamos especular sobre as razões por que assim acontece, mas em nada nos ajudaria a resolver o problema. O fato de estarmos inseridos em um mundo caído tem uma relação direta com esse processo. O fato é que a passagem do tempo provoca um desgaste. O nosso corpo vai perdendo a mobilidade e a agilidade. A casa onde moramos mostra os sinais do tempo ao longo dos anos. As paredes começam a descascar. O telhado goteja. Os canos ficam entupidos. O mesmo acontece com tudo quanto nos é familiar: o televisor, o rádio, o carro e o computador.

O mundo espiritual não está isento deste processo. Observe, por exemplo, o que o profeta Isaías disse: "Como se fez prostituta a cidade fiel! Ela, que estava cheia de justiça! Nela, habitava a retidão, mas, agora, homicidas. A tua prata se tornou em escórias, o teu licor se misturou com água" (Isaías 1:21,22). O que num determinado momento esteve cheio de glória depois, ao longo do tempo, se converte em algo triste e sem vida. Basta ver o edifício de alguma igreja ou instituição com mais de 100 anos de existência. Em outro tempo esteve cheio de vida e animação. Hoje não passa de uma relíquia onde permanecem uns poucos sobreviventes.

Paulo evidentemente se preocupava com este processo na vida de Timóteo. Ao encorajá-lo a guardar o que já possuía, mostrou-lhe que isso também é transitório. Esse depósito não continuaria para sempre nesse estado cheio de vida e vibração. Pelo descuido, lentamente, poderia perder a força e se tornar em algo insignificante.

O princípio espiritual atrás dessa exortação é que a glória do passado não gera vida no presente. Não importa quão extraordinária tenham sido as vivências no passado, a única forma de se manter a manifestação da vida é estar vivendo em sintonia com a fonte. Para "guardar" o que recebemos precisamos cada dia renovar a nossa relação e o nosso compromisso com o Senhor. Isto é muito mais importante para nós que servimos como pastores e obreiros, porque o desgaste do "bom depósito" que recebemos é muito grande. Será que, por esse motivo, Cristo em Seus dias na terra procurava estar em lugares solitários para manter-se em comunhão com o Pai?

Para pensar:
Quais são os sinais de desgaste em sua vida? Que atividades você precisa realizar para se renovar? Como pode evitar o desgaste natural resultante do passar do tempo?

A presença de Deus

Nunca mais apareceu o Anjo do Senhor a Manoá, nem a sua mulher; então, Manoá ficou sabendo que era o Anjo do Senhor. JUÍZES 13:21

19 de outubro

Sempre me surpreende a enorme diferença entre a resposta às manifestações de Deus encontradas na Bíblia e o que acontece hoje em nossas reuniões semanais. O que Manoá falou, conforme o texto de hoje, é típico do que aconteceu com outros personagens bíblicos, especialmente no Antigo Testamento. Depois da luta de Jacó com o Senhor ao longo de uma noite, ele exclamou assombrado: "...Vi a Deus face a face, e a minha alma foi salva" (Gênesis 32:30). De forma semelhante, quando Gideão reconheceu que fora visitado pelo anjo do Senhor disse: "...Ai de mim, Senhor Deus! Pois vi o Anjo do Senhor face a face. Porém o Senhor lhe disse: Paz seja contigo! Não temas! Não morrerás!" (Juízes 6:22,23). Assim também aconteceu com o apóstolo João. Quando ele viu o Senhor caiu aos seus pés como morto (Apocalipse 1:17).

Estes são apenas alguns dos muitos exemplos de pessoas que tiveram um dramático encontro com a pessoa de Deus que encontramos na Bíblia. Em todos os casos, sem exceção, o temor se apoderou deles.

Em nosso meio praticamente não há reunião em que não peçamos que Deus se manifeste, que desça fogo do céu ou que venha sobre nós o Espírito Santo. Nos encontros de louvor, onde a combinação da música e dos cânticos é segundo o gosto daquele que dirige, este proclama que "sente" a presença de Deus, ou diz que o Senhor está no meio deles. Não devemos nos esquecer que as visitações do Altíssimo Deus, na Bíblia, sempre foram recebidas com grande espanto por aqueles que se encontravam presentes.

O que será que nos distingue para que a nossa experiência da presença de Deus seja tão gratificante e prazerosa? Creio que podemos afirmar sem medo de errar que aquilo que chamamos de "presença" de Deus não é nada mais do que uma série de sensações agradáveis no momento da prática espiritual. O fato de catalogarmos como espiritual uma experiência individual em nossa vida não indica que tal vivência tenha características sobrenaturais.

O que aconteceu, conforme narrado na Bíblia, tem um caráter bem diferente do que ocorre conosco. Percebemos na Palavra de Deus que as pessoas visitadas pelo Senhor, quase sem exceção, não estavam buscando essa visitação. Aqueles que receberam semelhante manifestação tiveram uma profunda consciência da sua pequenez diante da pessoa de Deus. Foi um encontro dramático, e não uma experiência agradável.

Para pensar:
Não será, portanto, prudente que nos cerquemos de cuidado na hora de nos aproximarmos de Deus? Qual de nós entende o Seu agir? De onde surgem estes especialistas que declaram com total certeza de que a "presença" de Deus está no meio deles? Tanta "familiaridade" com a pessoa de Deus sempre me provoca um sentimento de vergonha. Quanto a mim prefiro que a minha ignorância não seja tão visível.

Nascido do Espírito

20 de outubro

Não te admires de eu te dizer: importa-vos nascer de novo. O vento sopra onde quer, ouves a sua voz, mas não sabes donde vem, nem para onde vai; assim é todo o que é nascido do Espírito. JOÃO 3:7,8

Como em tantas outras ocasiões, Jesus usou as mais simples analogias da vida cotidiana para ilustrar as verdades relacionadas com o reino de Deus. Suas palavras a Nicodemos geraram uma confusão na mente deste ancião. O problema não estava na complexidade da língua, nem tampouco na profundidade dos conceitos expressos pelo Mestre ao fariseu. A dificuldade se encontrava em outro contexto. Os dois falavam de mundos diferentes.

O ambiente onde fomos criados tem grande influência na maneira como vemos as coisas ao redor. Tudo quanto forma a nossa experiência diária é moldado nessa perspectiva. Por não estarmos conscientes dessa visão distorcida, acreditamos que a vida e as pessoas são exatamente como as vemos. Para a pessoa que tenha experimentado agressões e ferimentos, todos à sua volta são agressores em potencial. Aquela que ganhou ajuda sem esforço próprio, tudo quanto existe no mundo em sua visão é para o seu benefício.

Quando procuramos entender o mundo espiritual com a visão formada no mundo físico acabamos ficando tão confusos e perplexos como Nicodemos. A mente não pode alcançar as realidades espirituais porque pertencem a outra esfera. Elas só podem ser compreendidas pela ação do Espírito Santo que nos abre uma janela para podermos ver aquilo que até então nos estava oculto. Se Deus não nos conceder tal experiência podemos analisar e observar tudo até o dia da nossa morte sem nada conseguirmos perceber.

Em nenhuma área da vida espiritual se torna tão evidente a diferença entre o que vem do Espírito e aquilo que não é dele, como no novo nascimento. O processo pelo qual uma pessoa depressiva, desanimada e derrotada, dominada por uma perspectiva egoísta da vida, se transforma em alguém cheio de alegria, esperança e entusiasmo, é algo totalmente misterioso. Não sabemos em que parte da pessoa ocorre essa mudança, nem quão profundas são as ações do Espírito Santo. Assim como na passagem do vento, só podemos considerar um "antes" e um "depois" cujo contraste nos deixa maravilhados.

Isto não nos tem impedido de analisar e explicar minuciosamente o processo da conversão. Temos produzido muito material explicando os passos necessários para receber Cristo no coração. Procuramos transformar em método o que Jesus descreveu como um mistério deixando de lado o Espírito Santo e colocando o homem como protagonista nesse sagrado acontecimento.

Para pensar:
Sendo ministros em Sua igreja é bom que voltemos a recuperar uma perspectiva bíblica da conversão. Na sua essência, a igreja continua sendo um milagre. Ela nos convida a investir mais tempo em clamar ao Deus dos sinais, milagres e prodígios para que visite àqueles que andam nas trevas. Com certeza chegará o momento em que poderemos dizer "o vento está soprando".

Uma voz profética

21 de outubro

Então, lhes disse Mordecai que respondessem a Ester: Não imagines que, por estares na casa do rei, só tu escaparás entre todos os judeus. Porque, se de todo te calares agora, de outra parte se levantará para os judeus socorro e livramento, mas tu e a casa de teu pai perecereis; e quem sabe se para conjuntura como esta é que foste elevada a rainha? ESTER 4:13,14

O livro de Ester contém o relato da intervenção de um desconhecido israelita chamado Mordecai para salvar o povo de Deus de uma grande calamidade, semelhante a que aconteceu durante a terrível ditadura de Hitler. Por meio de um decreto oficial, um homem poderoso no palácio tentava confiscar todos os bens e exterminar por completo o povo judeu. No texto de hoje, encontramos um importante exemplo da voz profética que deve existir em face das injustiças prevalecentes neste perverso presente século.

Notemos que Mordecai tinha a absoluta convicção de que ninguém escaparia dessa perseguição nem mesmo Ester, que era a mulher favorita do rei. Ele sabia que a maldade nessas perseguições era tal que seus executores não descansariam até acabar com o povo. Isto o levou a advertir a rainha, de que não haveria lugar seguro para ninguém, inclusive para os que viviam no palácio real.

A compreensão que Mordecai tinha da situação marca um contraste com o esforço que a igreja faz, em muitos lugares do mundo, para conquistar o respeito da sociedade para lhe garantir uma existência tranquila. Em vários países do nosso continente conheci pessoas que afirmavam ser nossa tarefa buscar junto aos homens ímpios a criação de leis que nos beneficiem como instituição. A história do povo de Deus, contudo, revela que o compromisso com o Senhor sempre provoca perseguição por parte do mundo.

Mordecai também entendia que a rainha Ester tinha uma responsabilidade profética em face da injustiça que estava para ser cometida. Esta consistia em levantar a voz para denunciar a ofensa às leis boas e justas de Deus. Em muitas ocasiões a igreja tem se omitido diante daquilo que é injusto, estando mais preocupada em garantir que a maldade não afete o seu próprio funcionamento. Entretanto, nossa missão é chamar os homens ao arrependimento com uma mensagem tão clara como foi a de João Batista. Mordecai acreditava que o lugar que a rainha Ester ocupava lhe foi dado para cumprir essa missão.

Por último, Mordecai estava convicto de que se ela falhasse nisto, Deus levantaria outras pessoas, pois Ele não se manteria calado diante dessa maldade. De fato, a história do povo de Deus nos oferece muitos exemplos para confirmar esta verdade. Quando os que deviam falar se calaram, o Senhor levantou outros para vergonha dos que permaneceram em silêncio.

Para pensar:
Conforta-nos saber que o Senhor tem um forte compromisso em nos revelar Seus desejos e sentimentos. Certamente Ele não se calará mesmo que tenha de usar pedras para falar o que deve ser dito.

Conhecer a vontade de Deus

Quando ia passando, viu a Levi, filho de Alfeu, sentado na coletoria e disse-lhe: Segue-me! Ele se levantou e o seguiu. MARCOS 2:14

22 de outubro

Existe em nós um grande desejo de conhecer a vontade de Deus para podermos agradar-lhe em tudo. Em certas ocasiões, para tomar decisões muito importantes, parei com tudo no propósito de discernir os desejos do Senhor para aquele momento em particular. Confesso também que li diversos livros e artigos sobre como entender a vontade de Deus. Entretanto, nos últimos anos uma nova perspectiva dessa realidade se formou em minha mente e espírito.

Quando leio as Escrituras não encontro muitas situações em que pessoas se esforçaram para conhecer a vontade de Deus. É verdade que há acontecimentos, especialmente na vida de Davi, quando se fazia necessária a tomada de decisão com urgência. Por exemplo, quando ele e seus guerreiros queriam saber se deviam perseguir quem havia destruído a aldeia de Ziclague. (1 Samuel 30). Naquela ocasião, Davi pediu que trouxessem a estola sacerdotal (v.7) para que pudessem conhecer a vontade de Deus. Tais exemplos parecem ser a exceção e não a regra.

O padrão que encontramos na Bíblia é outro. Como no texto de hoje, descobrimos pessoas que estavam ocupadas em atividades de rotina. Não buscavam conhecer a vontade de Deus, nem, pelo que podemos perceber, estavam interessados em descobri-la. Elas estavam envolvidas em assuntos das suas vidas. Nesse contexto de indiferença, Deus se manifestou no meio deles e lhes trouxe uma revelação que afetaria as suas vidas. É extensa a lista de pessoas cuja experiência ocorreu dessa forma: Abraão, Moisés, Gideão, Davi, Zacarias, Maria, Isabel, José, Levi, Pedro, Ananias e até o apóstolo Paulo. A manifestação divina alterou profundamente a vida de cada um deles.

Isto me conduz a uma segunda observação, que é a interrupção das atividades que eles executavam quando lhes foi feita a revelação da vontade de Deus. Não continuaram a ser os mesmos depois da visitação divina. Eles não retomaram as suas atividades normais. O curso da vida deles experimentou uma dramática mudança que os levou a um caminho bem diferente daquele que haviam escolhido. Muitos deles relutaram em aceitar seguir por ele e chegaram até a discutir com Deus. O que lhes era mostrado não condizia com os planos que cada um deles tinha para sua vida.

Para pensar:

Estas observações me permitem expor um pensamento sem, contudo, pretender propor uma teologia ou uma metodologia sobre este assunto. A Bíblia não apresenta grandes argumentos sobre a necessidade de se buscar a vontade de Deus. Parece-nos que ela nos convida a caminhar na luz que já temos para que Deus nos corrija naquilo que for necessário. Presumo, entretanto, que em muitos casos não conhecemos a Sua vontade porque no fundo desejamos que Ele aprove o caminho que já escolhemos para nós. Para podermos conhecer a Sua vontade devemos estar dispostos a permitir que Ele interrompa o curso de nossa vida para impor os Seus planos.

De crise em crise

23 de outubro

...levando sempre no corpo o morrer de Jesus, para que também a sua vida se manifeste em nosso corpo. Porque nós, que vivemos, somos sempre entregues à morte por causa de Jesus... 2 CORÍNTIOS 4:10,11

Um pastor veterano, com muitos anos de mistério, há pouco fez a seguinte observação: "Um líder sempre se encontra em alguma crise. Pode ser que esteja saindo de uma, ou mergulhado numa, ou entrando em outra, mas sempre está em crise." Refletindo sobre os quase 25 anos de experiência ministerial me dou conta de quão acertada é essa descrição. Grande parte desse tempo estive enfrentando dificuldades das mais variadas intensidades e naturezas. Tenho a certeza de que minha experiência não é única conforme o testemunho de muitos colegas. A trajetória de grandes personagens na história do povo de Deus acrescenta ainda maior peso a esta observação — o líder sempre se encontra em crise.

Faz-se importante, por isso, saber como vencer as crises para que não provoquem uma destruição em nossos recursos espirituais. É fundamental neste processo reconhecê-la como algo normal na vida do líder. O apóstolo Paulo afirma no texto de hoje que ele levava no seu corpo a permanente manifestação da morte de Cristo. Sem entrar nos pormenores ao que se referia, sabemos que isso implicava numa constante luta entre a vida e a morte. De fato, a crise não seria crise se não despertasse em nós atitudes e respostas que devem ser submetidas à soberania de Deus. Embora a crise possa ter sua origem num acontecimento fora de nós, a sua manifestação mais intensa ocorre no contexto do nosso homem interior. A experiência de Jesus no Getsêmani nos fornece o exemplo mais claro disto.

A crise, entretanto, nos abate com frequência de forma muito intensa porque não podemos conciliá-la com os propósitos de Deus para a nossa vida. "Como podemos passar por isto?" Exclamamos como se algo anormal estivesse acontecendo. Essa falta de aceitação provoca mais dor do que a própria crise.

Por outro lado, será de muita ajuda termos sempre em mente a segunda parte da declaração de Paulo — nosso morrer permite a manifestação da vida de Cristo em nós. Assim podemos ver a crise como o meio mais eficaz para que a plenitude do poder de Deus se manifeste em nossa vida. Se reconhecermos que em nosso estado natural "...não há quem busque a Deus" (Romanos 3:11), poderemos ver que o melhor meio para se produzir uma dependência de Deus é a própria crise. Em tempos de dificuldade o líder tem duas opções: desanimar e desistir de sua missão ou apresentar-se diante do trono da graça para que o Senhor lhe conceda a ajuda que necessita. Não há dúvida de que as crises são desagradáveis, mas podem ser de valor inestimável na vida de um líder.

Para pensar:
Amados, não estranheis o fogo ardente que surge no meio de vós, destinado a provar-vos, como se alguma coisa extraordinária vos estivesse acontecendo (1 Pedro 4:12).

A vida em preto e branco

24 de outubro

E enviaram-lhe discípulos, juntamente com os herodianos, para dizer-lhe: Mestre, sabemos que és verdadeiro e que ensinas o caminho de Deus, de acordo com a verdade, sem te importares com quem quer que seja, porque não olhas a aparência dos homens. Dize-nos, pois: que te parece? É lícito pagar tributo a César ou não?
MATEUS 22:16,17

Cristo logo entendeu a intenção que estava no coração daquelas pessoas. Em Sua resposta, vemos que Ele não se deixou levar pelas palavras lisonjeiras ao formularem a pergunta. "...conhecendo-lhes a malícia, respondeu: Por que me experimentais, hipócritas?" (Mateus 22:18).

Para além das considerações em torno desse acontecimento, será bom refletirmos sobre o motivo que levou os herodianos a fazer a pergunta dessa maneira. As suas palavras revelam uma visão simplista da vida: acreditavam que todo problema tinha duas possíveis respostas. Esse assunto apresentado a Jesus não admitia outras alternativas.

A posição dos herodianos se assemelha à da maioria das pessoas. Em parte porque essa perspectiva segue o desejo de se reduzir a complexidade do mundo a parâmetros mais fáceis de administrar. Não cabe dúvida de que isso tem sua origem numa atitude de soberba que nos leva a crer que o mundo e tudo o que nele há pode ser facilmente compreendido por seres tão pequenos como nós.

Como pastores podemos cair na tentação de viver nessa mesma perspectiva. "Todos os problemas do ser humano têm uma única origem." "Com estes três programas alcançaremos o crescimento da igreja!". "Para um discípulo, a questão é bastante simples: estar ou não estar comprometido." Essas posturas sempre nos conduzem ao caminho da condenação e da dureza de coração. Não dispomos de tempo para pessoas que não têm a mesma clareza de visão que nós. Perdemos a paciência, com os que duvidam, vacilam ou caem no caminho. O nosso ministério acaba ficando áspero e pesado.

Quando paramos para pensar, vemos o absurdo que são as nossas afirmações. As nossas vidas não são simples. Somos uma mistura de acertos e desacertos, santidade e pecado, verdade e mentira. As pessoas que pastoreamos também são complicadas assim como nós. Em certos momentos percebemos que se encontram em perfeita sintonia com o Espírito Santo. Em outras ocasiões vemos que não crescem apesar dos nossos esforços! Quem de nós com total segurança pode fazer afirmações a respeito de Deus e da forma como Ele age? Em grande parte do tempo devemos nos apegar ao que Jesus disse, que a obra do Espírito é semelhante ao vento. Não temos qualquer ideia de onde vem, nem para onde vai. Somos apenas testemunhas dos seus efeitos.

Para pensar:
Isto mais uma vez destaca o que o evangelho nos traz: a graça de Deus. Ela sustenta, consola e conduz aos que se sentem perplexos diante da vida. É uma experiência infinitamente mais gratificante do que aquilo que as nossas teorias nos oferecem sobre a vida e o mundo ao nosso redor. A graça nos convida a descansar porque existe alguém que conhece todas as coisas. Basta-nos saber disso!

Reunidos em Seu nome

Em verdade também vos digo que, se dois dentre vós, sobre a terra, concordarem a respeito de qualquer coisa que, porventura, pedirem, ser-lhes-á concedida por meu Pai, que está nos céus. Porque, onde estiverem dois ou três reunidos em meu nome, ali estou no meio deles. MATEUS 18:19,20

Devo confessar que este versículo me incomoda. Contém declarações que não se enquadram na minha interpretação do evangelho, nem pelo que tenho visto dentro da igreja.

Para começar, inclui esta incrível afirmação: "...se dois dentre vós, sobre a terra, concordarem a respeito de qualquer coisa que, porventura, pedirem, ser-lhes-á concedida por meu Pai". Acaso Jesus se referia ao fato de o Pai atuar em conformidade ao que decidirmos na terra? É precisamente isto que o texto diz. Mas como pode ser? O Senhor de fato estará disposto a fazer o que lhe pedirmos?

A nossa primeira reação é a de qualificar, explicar ou a dar a volta no sentido das palavras. Os nossos argumentos, contudo, não as farão desaparecer nem nos deixarão de incomodar. Refiro-me ao "poder" de conseguirmos que o céu se alinhe aos nossos pedidos já concedidos. A manifestação desse fato, entretanto, é algo raro. Por quê? Porque depende de haver um acordo entre duas ou três pessoas. É uma declaração simples, mas de difícil execução. O incansável compromisso que temos com nós mesmos é um obstáculo no caminho a ser percorrido. Queremos ser os donos de uma ideia, os que criam e controlam, os protagonistas em tudo. Essas atitudes impedem que nos ponhamos de acordo, pois isto somente será possível com a morte do nosso ego.

E, o que podemos dizer da segunda parte do versículo? Em quantos lugares se ouve dizer que Cristo se faz presente porque dois ou três se encontram reunidos? Será que a coisa é tão simples assim? Dois ou três cristãos fisicamente presentes em um mesmo lugar e o Senhor, automaticamente, se faz presente? O que acontece se esses dois ou três não se encontrarem além dos domingos? Como Ele pode estar presente se o único acordo é orar juntos como se isso garantisse a unidade de espírito?

A condição para a manifestação de Cristo em nosso meio não é que sejamos dois ou três, nem que nos encontremos no mesmo lugar. É antes de tudo que isto se faça em Seu nome. Isto significa que os três presentes reconheçam ser necessária a submissão conjunta à pessoa dele, Cristo. O nosso encontro não diz respeito à minha submissão apenas, mas também a de meus irmãos. Como comunidade, nos prostramos aos Seus pés e, consequentemente, nos rendemos aos pés uns dos outros. Somente quando estamos dispostos a honrar aqueles que estão conosco é que Cristo pode se manifestar.

Para pensar:
Que interessante a realidade apresentada por Jesus! "...ali estou no meio deles...". Ele não se identifica com nenhum indivíduo nem manifesta preferência por um em detrimento de outro. Ele se encontra no meio deles. É o Deus de uma comunidade de fé, igualmente acessível a todos e desejoso de abençoar a cada um.

Somente para ousados!

Respondendo-lhe Pedro, disse: Se és tu, Senhor, manda-me ir ter contigo, por sobre as águas. E ele disse: Vem! E Pedro, descendo do barco, andou por sobre as águas e foi ter com Jesus. MATEUS 14:28,29

26 de outubro

Tenho ouvido dezenas de palestras sobre esta passagem e utilizado em minhas pregações. Na maioria destas exposições, constato que há uma tendência muito comum entre nós: enfatizarmos o erro cometido. Nós usamos essa experiência de Pedro para ilustrar como é importante manter os olhos fixos em Cristo para não fracassarmos em nossas realizações. Não devemos dar atenção às ondas como ele fez. O que afirmamos não deixa de ser verdade, mas acabamos perdendo a oportunidade de apreciar a completa dimensão da experiência do discípulo.

O ensino ministrado por um amigo, que foi um excelente expositor da Palavra de Deus, levou-me a considerar esse texto sob outro ângulo. Primeiramente, devemos observar que Pedro nos fornece um bom exemplo sobre como devemos encarar um projeto. Quando somos tomados pelo entusiasmo, nós nos lançamos nele sem uma prévia meditação. No caminho, elevamos a Deus uma oração pedindo que nos abençoe em nosso empreendimento, embora já tenhamos tomado a decisão de levá-lo adiante a qualquer custo. Pedro mesmo, quando negou a Jesus, pagou o preço pelo fato de atuar desta forma.

No presente acontecimento, Pedro sentiu o desejo de experimentar o mesmo que seu amigo Jesus estava experimentando. Apesar disto, observe que ele não se lançou imediatamente à água. "Senhor, manda-me ir ter contigo, por sobre as águas". Este é um procedimento correto em qualquer atividade que desejarmos realizar. Devemos parar e perguntar ao Senhor se Ele autoriza a ação, mesmo quando todas as circunstâncias indicam que estamos diante de uma oportunidade sem igual.

Esta lição é importante principalmente para aqueles que estão à frente de diversos ministérios. É fácil cair na tentação de elaborar projetos para Deus, crendo que o simples fato de executá-los em Seu nome tenha automaticamente a Sua bênção. Os nossos caminhos não são os caminhos dele. A disciplina de parar e buscar a aprovação do Senhor é crucial para um ministério eficaz.

Quero, também, chamar a atenção para a ousadia do pedido de Pedro. Ele não queria perder esta oportunidade! Ao receber o convite saiu caminhando sobre as ondas. Que experiência extraordinária!

É verdade que terminou afundando, mas teve o prazer de vivenciar algo fora de série. Os outros 11 discípulos permaneceram na segurança do barco. De alguma maneira esta cena capta o que é a igreja. A maioria das pessoas prefere a segurança do barco, enquanto criticam aqueles que partem em busca de algo novo. Alguns poucos, ousados na fé, preferem a aventura de andar nas extravagantes propostas de Cristo.

Imagine os discípulos já em idade avançada. Os 11, talvez, poderiam contar aos outros: "Conhecemos um homem que caminhou sobre as águas." Somente Pedro poderia dizer: "Uma vez, quando jovem, andei sobre as águas!"

Para pensar:
Um homem com coragem é maioria. —André Jackson

Um coração dividido

Então, enviou Acabe mensageiros a todos os filhos de Israel e ajuntou os profetas no monte Carmelo. Então, Elias se chegou a todo o povo e disse: Até quando coxeareis entre dois pensamentos? Se o SENHOR é Deus, segui-o; se é Baal, segui-o. Porém o povo nada lhe respondeu. 1 REIS 18:20,21

Quando Elias confrontou o povo no Monte Carmelo, Israel já tinha uma longa história de envolvimento com os deuses dos cananeus. Antes de desafiar os profetas de Baal, o profeta enfrentou o povo com as palavras que fazem parte do nosso devocional de hoje. Embora os líderes tenham conduzido o povo de Deus por um caminho errado, ninguém podia se desculpar com este fato. A pergunta de Elias mostra que ele acreditava que cada pessoa presente era responsável pelo seu pecado.

A palavra "vacilar" explica a situação em que o povo estava vivendo. O dicionário *Houaiss* (2009) apresenta vários sinônimos: titubear, oscilar, balançar, flutuar. Todos eles dão uma clara ideia do verdadeiro estado em que se encontravam. Não tinham rumo definido. Não estavam comprometidos e não tinham a firme segurança daqueles que sabem o que desejam da vida.

Devemos observar que esta situação afeta particularmente o povo de Deus. Os que não são parte de Sua casa estão totalmente entregues ao caminho das trevas. Experimentam nada mais que uma vacilação ocasional pelo testemunho da própria consciência. Na maior parte do tempo, entretanto, seguem firmes pelo caminho daqueles que estão ao seu redor. É o caminho da maioria e não têm como questionar se é o mais apropriado para suas vidas.

A situação do filho de Deus indeciso, por outro lado, é a mais infeliz de todas as condições. Não é uma coisa nem outra. Tendo provado o que é a vida com Deus, volta a seguir pelo caminho que havia abandonado. Não consegue se esquecer do que foi essa vida próxima de Deus e por isso não experimenta plena satisfação no caminho do pecado como lhe acontecia no passado. Ele tampouco experimenta uma plena comunhão com o Pai, porque o seu coração se encontra contaminado pelas preocupações próprias dos que andam nas trevas.

Encontramos no rei Salomão, cujo coração jamais esteve totalmente entregue a Deus, uma perfeita descrição desse estado. Ele tentou seguir por dois caminhos de uma só vez.

As suas conclusões estão registradas no livro de Eclesiastes onde declara com frequência: "…tudo é vaidade e aflição de espírito".

Elias chama o povo para uma atitude de entrega total, para um lado ou para outro. A indecisão nos paralisa e nos enche de dúvidas e temores. Quando optarmos por um caminho, é bom não questionarmos mais a decisão, mas sim avançarmos firmes e confiantes no rumo que julgarmos ser o mais adequado.

Para pensar:
Não suponha esse homem que alcançará do Senhor alguma coisa; homem de ânimo dobre, inconstante em todos os seus caminhos (Tiago 1:7,8).

Um compromisso à prova de fogo

28 de outubro

Responderam Sadraque, Mesaque e Abede-Nego ao rei: Ó Nabucodonosor, quanto a isto não necessitamos de te responder. Se o nosso Deus, a quem servimos, quer livrar-nos, ele nos livrará da fornalha de fogo ardente e das tuas mãos, ó rei. Se não, fica sabendo, ó rei, que não serviremos a teus deuses, nem adoraremos a imagem de ouro que levantaste. DANIEL 3:16-18

Como é fácil ler essa história no conforto da nossa casa e já sabendo como termina. Nossa tendência triunfalista nos leva a crer que todas as histórias acabam de forma espetacular para todos quantos declaram a sua fidelidade a Deus. Logo vem à nossa mente Estêvão, Huss, Bonhoeffer, Watchman Nee e muitos outros que pagaram com a vida a sua fidelidade ao Senhor.

No texto de hoje, com base nos três audazes protagonistas, encontramos uma importante lição sobre a nossa atitude em tempos de perseguição. Ela não precisa ser tão dramática como aconteceu com Sadraque, Mesaque e Abede-Nego. De diversas formas, no dia a dia, enfrentamos com frequência as mesmas pressões que eles sofreram. Não devemos duvidar por um instante que as mesmas forças malignas tentam nos moldar à imagem daquilo que é aceito pelo mundo. Pode ser a pressão de não pagarmos impostos, de colar numa prova, de cooperar com algo desonesto no trabalho, ou de ceder às filosofias predominantes em nosso tempo.

Os três israelitas se valeram de dois argumentos para responder a Nabucodonosor. O primeiro se fundamentava numa convicção profunda e radical de que era Deus quem determinaria o futuro deles e não o rei da Babilônia. Esta foi a mesma postura de Cristo frente a Pilatos quando este dizia ter autoridade para fazer o que bem quisesse. Jesus, entretanto lhe respondeu: "...Nenhuma autoridade terias sobre mim, se de cima não te fosse dada; por isso, quem me entregou a ti maior pecado tem" (João 19:11). Quer dizer, os filhos de Deus, na hora da prova não cedem à tentação de crer que a situação em que se encontram está fora do controle do Altíssimo. Eles sabem que em situações de terríveis manifestações da maldade existe um Deus soberano cuja autoridade não pode ser contestada, nem sequer pelo ser mais perverso.

Os três corajosos homens da nossa história se apegaram a uma segunda convicção: a de que os filhos de Deus foram chamados a uma vida de obediência incondicional. Diante de situações que colocam em jogo o seu bem-estar pessoal não vacilam em escolher o caminho da lealdade para o que é justo e bom diante do Senhor. Não permitem que a sua obediência seja condicionada por qualquer circunstância nem por alguma pessoa. Em face de tal postura abre-se para eles a possibilidade de ver as mais incríveis manifestações da graça de Deus. No caso de Estêvão, ao morrer viu o destino final da sua fidelidade — os braços do Pai a quem não estava disposto a negar.

Para pensar:
Em toda história humana o Senhor, em cujas mãos está a vida, tem a palavra final.

A eficácia do amor

29 de outubro

No amor não existe medo; antes, o perfeito amor lança fora o medo. Ora, o medo produz tormento; logo, aquele que teme não é aperfeiçoado no amor. 1 JOÃO 4:18

Um indício de como a disciplina nos foi aplicada de forma incorreta em nossa infância está no fato de hoje, já adultos, vermos qualquer correção com um olhar negativo. É frequente a disciplina imposta por um pai sobre seu filho estar cheia de raiva. Isto gera um castigo excessivo, mas não correção e restauração. Como resultado a criança não desobedece por medo. Pode ser uma motivação eficaz na infância, mas à medida que a pessoa cresce, deve haver um processo de amadurecimento no seu ser interior que a leve à obediência por decisão própria e não por imposição.

O texto de hoje nos fornece uma razão para que isto seja algo desejável para os filhos de Deus. A obediência por temor livra a pessoa do castigo, mas carece do poder necessário para produzir uma profunda transformação em sua vida.

É importante que reconheçamos a diferença entre as duas alternativas. Em muitas igrejas as pessoas são intimidadas por meio de ameaças disfarçadas de espiritualidade para que obedeçam aos desejos dos que dirigem o ministério. Isto provocará em grande parte da congregação um temor suficiente para garantir atitudes de submissão à liderança. Uma minoria que resiste ser pressionada desta forma, questionará as intenções dos líderes e, com o tempo, acabará deixando a igreja. O ambiente de temor na congregação, quase sempre, fará que este segundo grupo seja taxado de "rebelde".

O nosso chamado principal não é garantir a lealdade da membresia à nossa pessoa ou à instituição que pertencemos. Fomos convocados a participar de um ministério de transformação, que é a prioridade do Espírito Santo. Trabalhamos e nos esforçamos para apresentar "…todo homem perfeito em Cristo" (Colossenses 1:28). É impossível executar essa missão se os únicos instrumentos que usamos são a intimidação e a punição. Esta era a ferramenta preferida dos fariseus e toda a sociedade daquele tempo evidenciava a pouca eficácia que tinha na hora de produzir mudanças na vida das pessoas. Somente um punhado de fanáticos podia realmente cumprir a interminável lista de requisitos para a pessoa ser "aceitável" diante de Deus.

Perceba a eficácia do amor no ministério de Jesus. Ele conseguiu a dramática transformação de um endurecido materialista como Zaqueu. Provocou o quebrantamento numa prostituta desprezada e condenada que se lançou ao chão para beijar os Seus pés em um contexto público. Trouxe vida nova a um punhado de guerrilheiros cujo idioma era o ódio e a vingança. Consolou o coração de uma mulher em adultério. O amor é o instrumento mais poderoso na face da terra e deve, por esta razão, ser o meio predileto por todos quantos servem no ministério.

Para pensar:

A mãe de um amigo costumava dizer: "é mais fácil capturar moscas com mel do que com vinagre". Que tremenda verdade!

A outra metade do evangelho

Se, com a tua boca, confessares Jesus como Senhor e, em teu coração, creres que Deus o ressuscitou dentre os mortos, serás salvo. Porque com o coração se crê para justiça e com a boca se confessa a respeito da salvação. ROMANOS 10:9,10

30 de outubro

É interessante meditar nas condições que Paulo estabelece para a salvação. É marcante a diferença para a "fórmula" que costumamos usar ao convidarmos as pessoas a "receber Jesus no coração". Na maioria das apresentações do evangelho colocamos a ênfase no fato de que Cristo morreu pelos nossos pecados, pagando sobre a cruz o preço necessário pela nossa redenção. A evidência bíblica a favor desta afirmação é abundante e contundente. Não precisamos apresentar citações para justificar esta verdade. O que desejo destacar, entretanto, é que a obra realizada na cruz é apenas a metade do evangelho. A outra metade está centrada no acontecimento mais dramático da história — Cristo ressuscitou dentre os mortos e está assentado à destra do Pai, de onde reina.

Quando nosso conceito de evangelho se fixa exclusivamente na cruz, acabamos nos relacionando com um Jesus histórico. O acontecimento que nos libertou do pecado ocorreu há dois mil anos, mas a distância que nos separa daquele personagem que caminhou pelas terras da Palestina é tão grande, que facilmente se confunde com um sábio mestre que ilumina os nossos passos hoje a partir de um ponto na história. Entretanto, não conseguimos fugir da sensação de que estamos sozinhos na vida, cada qual tratando de alcançar a vitória espiritual por sua conta.

Perceba o nítido contraste que os versículos de hoje nos apresentam. Paulo afirma que para sermos salvos são necessárias duas coisas: confessar com a boca que Jesus é o Senhor. É interessante que essa confissão deva ser verbalizada de forma audível. Para as pessoas que viviam no contexto do apóstolo, declarar o senhorio de alguém implicava no reconhecimento da existência de um dono sobre sua vida. Não era simplesmente um gerente, um diretor ou um guia. Era alguém com plenos direitos sobre sua vida, podendo dispor do seu tempo e de suas posses como bem lhe parecia. Isto significava que um morto não poderia assenhorar-se de ninguém. Por esse motivo a confissão era centrada no Cristo vivo.

A segunda condição para ser salvo era crer com o coração "que Deus o ressuscitou dentre os mortos". Perceba mais uma vez a ênfase dada aos acontecimentos que ocorreram após a morte de Cristo. Crer que Ele ressuscitou dos mortos leva, automaticamente, à conclusão de que hoje Ele está vivo. Esta é, na verdade, a esperança dos que estão em Cristo. "…logo, já não sou eu quem vive, mas Cristo vive em mim; e esse viver que, agora, tenho na carne, vivo pela fé no Filho de Deus, que me amou e a si mesmo se entregou por mim" (Gálatas 2:20) declarava Paulo aos gálatas. A vida cristã consiste em descobrir as formas como o Cristo ressurreto age e se relaciona comigo no mundo em que me encontro neste início do século 21.

Para pensar:
A ressurreição é para a nossa fé o mesmo que a água é para o oceano, a pedra para a montanha ou o sangue para o corpo. —R. Linquist

Desenvolva a sua salvação

31 de outubro

Assim, pois, amados meus, como sempre obedecestes, não só na minha presença, porém, muito mais agora, na minha ausência, desenvolvei a vossa salvação com temor e tremor; porque Deus é quem efetua em vós tanto o querer como o realizar, segundo a sua boa vontade. FILIPENSES 2:12,13

A expressão "desenvolvei a vossa salvação", que o apóstolo Paulo usa neste texto, nos transtorna um pouco. Estamos muito acostumados na igreja contemporânea a pensar na salvação como um acontecimento pontual que ocorre em determinado momento da nossa peregrinação terrena.

E este não é o único texto do Novo Testamento que apresenta a salvação como um processo. O apóstolo Pedro declara que devemos desejar: "...como crianças recém-nascidas, o genuíno leite espiritual, para que, por ele, [nos] seja dado crescimento para salvação" (1 Pedro 2:2). O apóstolo Paulo escrevendo aos cristãos em Roma explica que "...se nós, quando inimigos, fomos reconciliados com Deus mediante a morte do seu Filho, muito mais, estando já reconciliados, seremos salvos pela sua vida" (Romanos 5:10). Em 1 Coríntios 15:2 ele afirma que a salvação só será possível se "retiverdes a palavra tal como" ela foi pregada.

A ideia de que um único ato define para sempre a nossa situação espiritual é o resultado da nossa mentalidade moderna. É produto do que A. W. Tozer chama de "cristianismo instantâneo". Para os que assim creem, a salvação é semelhante a qualquer outro negócio que fazemos. Na compra de uma casa, na aquisição de uma linha telefônica ou no registro de um filho num cartório, nada mais temos de fazer além de nos apresentar e agilizarmos o processo. Uma vez que tenhamos cumprido a nossa parte não será necessário voltar novamente a isto, pois o trâmite foi concluído.

A questão aqui referida não é apenas algo mais em nossa vida. Quando falamos da salvação estamos nos referindo a uma realidade que pertence a um outro reino, que possui dimensões, essencialmente, diferentes daquelas existentes neste mundo. Crer que uma pessoa pode ser salva simplesmente porque "aceitou" a Cristo em um determinado momento de sua vida e continuou a viver sem qualquer mudança, somente revela a profundidade da nossa "ignorância espiritual" como seres humanos.

Paulo exorta a que nos ocupemos em nossa salvação com temor e tremor. A razão disto encontra-se no fato de que Deus efetua em nós tanto o querer como o realizar. Isto é, o apóstolo pretende mostrar que a transformação do nosso ser não é por obra nossa, mas sim o resultado da intervenção divina em nossa vida. Como tal, pode assemelhar-se ao recebimento de um presente. A pessoa que nos deu, espera que o utilizemos — que façamos algo com aquilo que ganhamos. A salvação não é um acontecimento, mas antes é um chamado a um estilo de vida. Espera-se que nos alinhemos com essa mudança de vida e vivamos de acordo com os princípios de Deus.

Para pensar:
...como escaparemos nós, se negligenciarmos tão grande salvação? A qual, tendo sido anunciada inicialmente pelo Senhor, foi-nos depois confirmada pelos que a ouviram (Hebreus 2:3).

Uma escolha ruim

1 de novembro

Dura resposta deu o rei ao povo, porque desprezara o conselho que os anciãos lhe haviam dado; e lhe falou segundo o conselho dos jovens, dizendo: Meu pai fez pesado o vosso jugo, porém eu ainda o agravarei; meu pai vos castigou com açoites; eu, porém, vos castigarei com escorpiões. 1 REIS 12:13,14

É muito bom que uma pessoa ao assumir um cargo no qual nunca trabalhou, procure quem a oriente. Este foi praticamente o único passo acertado que Roboão tomou quando seu pai Salomão faleceu. Antes de tomar a decisão sobre o caminho a seguir, ele aconselhou-se com os que estavam próximos. Os anciãos, que conheciam os excessos de Salomão, recomendavam um caminho de maior compaixão e bondade. Os jovens, talvez por sentirem-se orgulhosos em serem procurados, recomendavam "mão firme".

Estas duas posturas ilustram bem a diferença que distancia uma geração da outra. Os jovens, na etapa dos sonhos e idealismo, próprio dos inocentes, frequentemente creem poder descobrir um caminho que ninguém percorreu. Desprezam a experiência de outros por crerem que sua proposta, tal como eles a apresentam, é inovadora. Creem no impossível: um mundo de paz, uma Terra sem contaminação e uma sociedade governada pelo amor. Todas as propostas padecem do mesmo mal — não foram provadas no crisol da vida e, portanto, não passam simplesmente de sonhos.

Do outro lado estão os anciãos, que já percorreram uma boa porção do caminho que cabe aos seres humanos. Já apanharam da vida. Já sofreram uma interminável sucessão de contratempos, obstáculos, infortúnios e injustiças. Já viram-se obrigados a aceitar que a vida não é tão simples ou maleável quanto esperavam. Foram expostos a muitas situações para opinarem com certo grau de inteligência, sem serem especialistas nem terem estudado com cuidado as particularidades de cada caso.

Na passagem de hoje, os anciãos recomendaram um caminho nada revolucionário ou extraordinário. O caminho da mansidão, consideração e simplicidade. O caminho dos jovens, parecia muito mais ousado, e garantia, a curto prazo, resultados impressionantes. Infelizmente, Roboão escolheu este segundo caminho, e prejudicou irreparavelmente as relações com as tribos do Norte. O eventual descontentamento produziria uma irremediável divisão na nação de Israel.

Vivemos numa época em que a pessoa experiente é tratada a cada dia com menos consideração. Os mais velhos e os anciãos são vistos com pesar, mais do que com respeito. Sua opinião é considerada "fora de moda". No entanto, a Palavra nos adverte a valorizar o caminho percorrido pelos mais velhos e a respeitá-los por terem caminhado maior distância na vida que nós. Não significa que somos sempre obrigados a fazer o que eles nos recomendam. Mas a pessoa sábia escutará com cuidado o que eles têm a dizer. Certamente sua perspectiva enriquecerá a nossa e, em algumas ocasiões, nos poupará de cometer erros desnecessários.

Para pensar:
Que lugar ocupam os mais velhos em sua congregação? Que tipo de diálogo existe com eles? De que maneira são honrados?

Cada dia te bendirei

Exaltar-te-ei, ó Deus meu e Rei; bendirei o teu nome para todo o sempre. Todos os dias te bendirei e louvarei o teu nome para todo o sempre. SALMO 145:1,2

2 de novembro

Não sabemos em que momento de sua vida Davi compôs este salmo. O que podemos afirmar é que o compromisso expresso nos primeiros versículos resumem sua atitude ao longo de toda vida. A prática dessa disciplina espiritual é uma das razões pelas quais o pastor de Israel alcançou elevado grau de intimidade com Deus. Sem dúvida essa insistência em proclamar a grandeza de Deus em todo lugar, também alimentava e mantinha viva sua devoção ao Altíssimo.

Fazemos bem em parar e meditarmos sobre o que estes versículos expressam. Eles contêm um voto, a expressão de um compromisso que guiará o comportamento do salmista no futuro. O sentido deste pacto é similar ao que intentamos assumir nos votos do casamento. Prometemos amar a nosso cônjuge em todo tempo, aconteça o que for. Quem passou por essa experiência sabe como é difícil cumprir os votos pronunciados. No entanto, a vida espiritual está alicerçada sobre um pacto, que a mantém viva e brilhante ao longo da vida. Um pacto é uma promessa de permanecer firme em uma postura ou convicção. Não contém cláusulas que condicionam o seu cumprimento. A pessoa olha o futuro e estabelece a norma do comportamento que deve permanecer constante em todo momento, sejam quais forem os acontecimentos por vir.

O que o futuro trará é algo que nenhum ser humano pode conhecer. Porém, se olhamos a vida, podemos predizer com um certo grau de certeza que o que virá será um misto de coisas boas e más, de momentos de alegria e de tristeza, vitórias e derrotas, abundância e necessidade. Cada ser humano está exposto às condições flutuantes que existem como resultado de viver num mundo em pecado.

No caso de Davi, sua vida foi repleta de todo tipo de dificuldades. Enfrentou a obstinada perseguição de Saul. Encarou solidão e abandono. Conviveu com as profundas consequências do pecado de adultério. Bebeu do cálice amargo de ser traído por seu próprio filho. Mas em meio a essa longa cadeia de aflições, manteve-se sempre firme em seu compromisso de louvar e bendizer o nome de Deus.

Como é acentuado o contraste com nossa cultura, tão sujeita aos sentimentos! Cremos cegamente na importância de sermos "genuínos", o que significa fazermos as coisas apenas quando "sentimos" o desejo de fazê-las. Dessa maneira, louvamos e bendizemos somente quando nossos sentimentos nos permitem. Davi nos mostra que é importante sujeitarmos nossos sentimentos à vontade, praticar a disciplina da vida espiritual, mesmo quando nosso ser se rebela contra isto. E digo mais: a insistente prática em tempos de adversidade, talvez deixe maiores frutos espirituais em nossa vida.

Para pensar:
Qual é a importância dos sentimentos para você? De que maneira entorpecem sua vida espiritual? O que é necessário fazer para que os seus sentimentos se revelem em suas expressões de devoção a Deus?

Nossa busca de Deus

Ao meu coração me ocorre: Buscai a minha presença; buscarei, pois, Senhor, a tua presença. SALMO 27:8

3 de novembro

Em nosso texto de hoje, o salmista apresenta um importante dado sobre como se produz a manifestação da vida espiritual em nós. Uma das sequelas do pecado em nós nos faz considerar que somos os protagonistas de tudo o que acontece ao nosso redor. Nossa perspectiva egoísta nos coloca no centro da realidade em que estamos inseridos. É difícil conceber a vida sem nossa participação, entender que o mundo se move de forma absolutamente independente de nossa existência.

Esse conceito é o que mais entorpece nosso desenvolvimento espiritual, pois insistimos em crer que somos nós o "motor" que impulsiona nossa devoção. Nossa perspectiva distorcida nos põe num plano que realmente pertence a Deus e por esta razão perdemos muito tempo tentando fazer coisas que não são nossa responsabilidade. Deixe-me explicar: nossa visão da vida espiritual é de que nossa aproximação de Deus depende do próprio esforço. Ao não possuirmos uma disciplina suficiente para cultivar um relacionamento profundo e prolongado, nos desanimamos e lamentamos: "Eu busco a Deus e não consigo ter uma relação significativa com Ele." Condenamo-nos por nossa falta de devoção e fazemos intermináveis promessas de começar de novo. Mas nossa atividade termina sempre no mesmo lugar — alcançar o Senhor parece uma coisa tão difícil!

O salmista que não possuía a compreensão, que temos hoje, da obra do Espírito Santo, diz que escuta em seu coração uma mensagem: "Buscai a minha presença". Esta voz interior não é nada, além da voz de Deus, pois as palavras expressam um convite divino. Como resultado, por perceber este convite, o salmista responde e passa a desfrutar do encontro com a pessoa de Deus. Note quão simples é o processo e quão fácil é "encontrar" o Senhor com este procedimento. A simplicidade deve-se ao fato de que é o próprio Deus quem nos busca, muito antes de traçarmos nosso projeto para alcançá-lo!

Em que consiste, então, este relacionamento com o Senhor? Quais são as dinâmicas que governam estes encontros espirituais? Primeiro, devemos deixar de lado nossas próprias técnicas e metodologias para estabelecer um relacionamento com Ele. Não somos nós quem impulsionamos essa relação, mas Ele. É necessário relaxar e permitir que o Senhor nos conquiste com Seus convites. Para isto, devemos aprender a aquietar o reboliço interior que acompanha nossa existência dia a dia. O Pai deseja esse relacionamento conosco e buscará de mil maneiras diferentes nos dizer o mesmo que disse ao salmista: "Buscai a minha presença".

Se conseguirmos entender que Ele insiste todo o tempo em aproximar-se de nós, perceberíamos que todo nosso esforço é desnecessário. Não temos que sair a Sua busca porque Ele já saiu a buscar-nos. Nessa atitude de quietude interior, poderemos começar a escutar os persuasivos convites que nos faz e poderemos responder: "buscarei, pois, Senhor, a tua presença".

Para pensar:
Não fomos chamados para encontrar a Deus, mas para deixar que Ele nos encontre.

Falta de conhecimento

4 de novembro

O meu povo está sendo destruído, porque lhe falta o conhecimento. Porque tu, sacerdote, rejeitaste o conhecimento, também eu te rejeitarei, para que não sejas sacerdote diante de mim; visto que te esqueceste da lei do teu Deus, também eu me esquecerei de teus filhos. OSEIAS 4:6

Por intermédio dos profetas, o Senhor fez Israel conhecer as razões pelas quais Ele os rejeitou como povo e os enviou ao exílio. Uma das explicações encontra-se no texto de hoje. Certamente, não é o único lugar onde Deus mostra o mal que afligia o povo.

É proveitoso refletirmos sobre isso, porque vemos hoje, na igreja, a mesma tendência preocupante de ausência de conhecimento sólido e profundo da Palavra. Tem surgido entre nós, um estilo de mensagem em que os pregadores se dedicam a falar sobre seus próprios conceitos sobre a vida espiritual. Às vezes estes discursos vêm adornados de algum versículo tirado da Palavra, mas que servem apenas de "verniz" para dar respeitabilidade à pregação.

O povo que carece de conhecimento é um povo que se expõe à sedução de qualquer filosofia que apareça na sociedade. Esta é a condição descrita por Paulo na carta à igreja de Éfeso, quando diz: "...para que não mais sejamos como meninos, agitados de um lado para outro e levados ao redor por todo vento de doutrina, pela artimanha dos homens, pela astúcia com que induzem ao erro. Mas, seguindo a verdade em amor, cresçamos em tudo naquele que é a cabeça, Cristo" (Efésios 4:14,15). E é justamente esta a tendência que observamos em muitas congregações, onde as pessoas correm atrás de qualquer moda apresentada com eloquência, sendo assim seduzidos por palavras de homens, por não possuírem os elementos necessários para estimar a validade do que escutam.

A responsabilidade por essa situação, claramente recai sobre os que foram chamados para a formação dos santos, quer dizer, os pastores. O profeta Oseias declarava que os sacerdotes haviam "descartado" o conhecimento. Nesta atitude vemos o "pano de fundo", que é uma atitude de desprezo pela Palavra. Este desprezo pode ser porque a mensagem das Escrituras não é suficientemente atrativa se comparada às mensagens predominantes neste tempo. Vemos a Palavra como "antiquada" e "fora de moda", e procuramos uma mensagem mais adequada para o momento em que atravessa a humanidade.

Suspeito, no entanto, que esse desprezo deve-se principalmente ao fato de que o compromisso com a Palavra requer de nós, pastores, a disposição de estudar com diligência o texto, a fim de discernir a mensagem que Deus deseja transmitir ao Seu povo. Isto demanda um esforço que pode facilmente ser evitado, se nos dedicamos simplesmente a falar de nossos assuntos prediletos.

O povo, porém, necessita da Palavra de Deus não adulterada. Somente ela traz luz à nossa vida e ilumina nossos passos. Somente por meio da Palavra pode haver a transformação espiritual que é essencial para uma vida que agrade ao Pai.

Para pensar:
Nossa função como pastores, não é entreter o povo, mas formá-lo à imagem de Jesus Cristo. Somente por meio da Palavra poderemos conseguir isso.

Esperança

A esperança que se adia faz adoecer o coração, mas o desejo cumprido é árvore de vida. PROVÉRBIOS 13:12

5 de novembro

A esperança é um elemento tão entretecido em nossa existência cotidiana que não temos praticamente consciência de sua influência em nós. Entretanto, cumpre uma função fundamental na vida.

A esperança se refere a uma situação ou realidade futura que promete ser melhor e mais prazerosa que a presente. Como a vida está cheia de contratempos e dificuldades, é por meio dela que superamos o desânimo e a desilusão que resultam das experiências negativas pelas quais transitamos. Nossa esperança pode estar dirigida a elementos tão comuns como o clima, a comida ou aos programas de televisão. Mas também se concentra em assuntos de maior peso como o desejo de consolidar nossa carreira profissional, de reconciliação com algum familiar distante ou de melhorar a qualidade de nossos relacionamentos com nossos queridos mais próximos. Em tudo isto, nosso coração lança mão de situações futuras que, algum dia, esperamos, tornem-se realidade.

Por esta razão, o autor de Provérbios descreve como "árvore de vida" o desejo cumprido. Produz em nós um bem-estar que pode ser comparado ao benefício que uma árvore frondosa traz à terra. Não somente a embeleza, mas também dá sua sombra e seu fruto a quem a possui, tornando-se assim em verdadeira bênção.

Se a esperança é importante para o ser humano que anda em trevas, será muito mais para os que foram alcançados pela graça. O Novo Testamento a indica como um dos aspectos fundamentais para a plena experiência em Cristo. O apóstolo Paulo a valorizava tanto que pediu especificamente pela igreja de Éfeso: "...iluminados os olhos do vosso coração, para saberdes qual é a esperança do seu chamamento... (Efésios 1:18). Ele também cria que sem uma verdadeira compreensão da esperança, a igreja corria o risco de edificar sobre um fundamento efêmero e passageiro, mais relacionado com as coisas deste mundo do que com o reino de Deus. De fato, ao não ter clareza sobre a verdadeira natureza da nossa esperança em Cristo, a igreja avaliou a realização de seus sonhos em coisas de pouco valor, como a aquisição de novas cadeiras, equipamentos de som e edifícios.

Como líderes, é importante considerarmos o papel que a esperança cumpre na vida. Podendo ser uma das ferramentas por meio dos quais o Espírito Santo conseguirá transformar a vida de todos aqueles para os quais fomos chamados a ministrar. Do mesmo modo, devemos observar quão pesada torna-se a vida quando a esperança se demora indefinidamente. Em muitas congregações, as promessas dos pastores não são mais do que palavras vazias. Em um primeiro instante, as pessoas as tomam para sonhar com o futuro. Porém, com o passar do tempo, a resignação ou um estado de indiferença difícil de reverter, toma conta de todos. Não devemos descuidar desse elemento tão valioso ao servirmos o povo de Deus.

Para pensar:
Bendito o Deus e Pai de nosso Senhor Jesus Cristo, que, segundo a sua muita misericórdia, nos regenerou para uma viva esperança, mediante a ressurreição de Jesus Cristo dentre os mortos (1 Pedro 1:3).

Confortável demais

6 de novembro

Indo eles caminho fora, alguém lhe disse: Seguir-te-ei para onde quer que fores. Mas Jesus lhe respondeu: As raposas têm seus covis, e as aves do céu, ninhos; mas o Filho do Homem não tem onde reclinar a cabeça. LUCAS 9:57,58

Este encontro de Jesus com um aspirante a discípulo tem vários aspectos muito interessantes.

Notemos que a princípio, esta pessoa aproximou-se de Jesus com uma proposta que parecia muito generosa: "Seguir-te-ei para onde quer que fores." O homem está falando de uma entrega incondicional, a disposição de aventurar-se com a pessoa de Cristo, aconteça o que acontecer. Assemelha-se aos votos de entrega que muitas vezes fazemos em nossos encontros como igreja de Cristo, quando oferecemos lealdade e compromisso incondicionais ao Senhor.

A resposta de Jesus nos surpreende porque não parece ter relação com o que aquele homem disse. Porém, podemos entender o sentido de Seu comentário quando nos lembramos de que o Senhor, diferente de nós, não se impressiona com palavras de nossa boca. Sabe que nossos lábios, frequentemente fazem declarações que não correspondem ao conteúdo de nosso coração. A vida espiritual não se define com palavras, mas com obediência.

Este homem, aparentemente tão comprometido, na verdade tem um sério problema e Cristo percebeu. Aspira uma vida espiritual, mas não deseja experimentar nenhum desconforto, nem passar por nenhum tipo de situação que lhe proporcione incômodos pessoais. É por esta razão que o Senhor declara que qualquer pessoa que deseje ser parte de Seu grupo, deve estar disposta a transitar pelo mesmo caminho percorrido por Ele. Isto pode incluir situações tão elementares como as de não ter uma casa para onde retornar, nem cama onde recostar a cabeça.

O movimento monástico no período medieval entendeu que isto significava um chamado à renúncia de todo o conforto; desse modo sujeitavam o corpo a todo tipo de aflição. Bernard de Clairveaux, fundador de uma ordem monástica comprometida, quase perdeu a vida por excesso de zelo devido à rigorosa privação pessoal. Tais práticas não fazem mais que salientar a ineficácia de nosso modo de seguir a Cristo. O Senhor não estava chamando essa pessoa para castigar seu corpo com severa disciplina, mas a entender que deveria estar disposto a sacrificar seu conforto pessoal ao segui-lo.

De qualquer modo convêm observarmos o chamado de atenção de Cristo. O conforto pessoal é muito valorizado na cultura em que vivemos. Basta tentarmos fazer um jejum para percebermos quão frágil é nossa capacidade de suportarmos a mais branda privação. O Senhor nos lembra que Ele pode convidar-nos a segui-lo entre pessoas que cheiram mal, que não têm casas bonitas, nem camas macias à disposição. Se desejamos acompanhá-lo, devemos estar dispostos a sacrificar estas comodidades. A ansiedade em assegurar nosso bem-estar pode tornar-se uma grande pedra no momento de caminhar com Ele.

Para pensar:
Como descobrir o lugar que o conforto ocupa em nossa vida? O que podemos fazer para vivermos em maior sujeição a Cristo? Quais os elementos de nossa vida que são supérfluos?

Conflitos de agenda

7 de novembro

A outro disse Jesus: Segue-me! Ele, porém, respondeu: Permite-me ir primeiro sepultar meu pai. Mas Jesus insistiu: Deixa aos mortos o sepultar os seus próprios mortos. Tu, porém, vai e prega o reino de Deus. LUCAS 9:59,60

No trio de encontros relatados pelo evangelista Lucas, deparamo-nos com este segundo personagem, que bem poderia ser qualquer pessoa de nossos dias. Este não veio oferecer-se a Cristo como discípulo, como o anterior, mas foi chamado. Saliento aqui, que no reino de Deus não existem voluntários, mas somente pessoas escolhidas.

O chamado que Jesus faz a este indivíduo é similar ao que fez a dezenas de pessoas: "siga-me". Nessa simples palavra está embutida a essência do que significa ser um discípulo. Não é um chamado para unir-se a uma religião, para assistir uma série de reuniões ou para simpatizar com alguns pensamentos sobre a vida espiritual. É um convite a levantar-se para acompanhar a Cristo aos lugares que Ele escolhe visitar e a tocar pessoas que Ele escolhe tocar. O discípulo não escolhe o rumo, a forma nem o itinerário. A única decisão que toma é a de pôr-se em pé e começar a caminhar com o Senhor.

O indivíduo da passagem de hoje queria seguir a Jesus, mas pediu que este lhe desse tempo para tratar de assuntos familiares. Como nota adicional, devemos observar que ele não está literalmente pedindo para enterrar seu pai, mas estava usando uma frase comum na época, que indicava o compromisso de cuidar dos pais até que falecessem. Uma vez que os pais não estivessem mais presentes, esta pessoa estaria inteiramente livre para seguir a Cristo.

Se traduzíssemos em nosso idioma o que este homem pediu, diríamos: "Senhor, eu o seguirei com muito prazer, mas tenho que primeiro resolver uns assuntos." Em muitas ocasiões, compartilhando o evangelho com outros, ouvi pessoas dizerem: "Parece-me muito bom, mas primeiro deixe-me desfrutar um pouco da vida."

Na resposta do texto, vemos um dos maiores impedimentos para seguir a Cristo — o desejo de decidir por nós mesmos o "quando". Não é que exista em nós um espírito de desobediência, ao contrário, temos a intenção de fazer o que Ele nos pede. Porém, a única diferença é que pretendemos fazê-lo quando for mais cômodo para nós. Isto é o mesmo que desobedecer. O exemplo mais claro disto é o povo de Israel, que quando incentivado pelo mau testemunho de dez dos espias, decidiu não entrar na Terra Prometida. Quando Deus anunciou o castigo sobre eles, mudaram de opinião e decidiram subir. Mas Deus já não estava com eles, porque o tempo para obedecer já havia passado (Números 14:40-45).

É importante destacar que não existia nenhum mal no desejo desta pessoa cuidar de seus pais. E é justamente este o problema. Os assuntos que nos impedem de uma entrega absoluta, não são maus. Muitos deles são até louváveis. No entanto, tudo que se interpõe entre Cristo e nós, deve ser descartado.

Para pensar:
Quem ama seu pai ou sua mãe mais do que a mim não é digno de mim... (Mateus 10:37).

Relações que não convêm

8 de novembro

Outro lhe disse: Seguir-te-ei, Senhor; mas deixa-me primeiro despedir-me dos de casa. Mas Jesus lhe replicou: Ninguém que, tendo posto a mão no arado, olha para trás é apto para o reino de Deus. LUCAS 9:61,62

O texto de hoje nos apresenta o terceiro exemplo descrito por Lucas. Como vimos anteriormente, o reino não admite voluntários, ainda que muitas vezes nossa atitude frente a vida cristã pareça indicar que somos nós que escolhemos a Deus. O Novo Testamento claramente indica que todos os que caminham com Ele, o fazem porque foram alcançados por Sua misericórdia.

A pessoa descrita nesta passagem também desejava incorporar-se ao grupo de seguidores que acompanhava a Cristo em todo o momento. Teria pensado que o Senhor se impressionaria com sua abnegada entrega? Não importa qual foi sua motivação, ele tinha uma condição para sua entrega, um "se", e sabemos bem que não podemos impor condições a quem vai ocupar o lugar de "amo" em nossa vida. O desejo deste homem era o de primeiro despedir-se dos de sua casa.

A consideração em demostrar respeito por seus parentes e amigos antes de ingressar nesta aventura é muito louvável. Mas Cristo detectava no coração dele vínculos a sua volta que não eram saudáveis. Talvez houvesse a possibilidade de que, voltando para despedir-se, conseguissem convencê-lo a desistir de seu compromisso. Talvez o distrairiam com outras atividades que o atrasariam. O fato é que estas pessoas representavam uma ameaça a quem se exigia um compromisso claro e sem hesitação para seguir a Cristo.

Como em tantas outras ocasiões, Jesus usou um exemplo da vida cotidiana para ajudá-lo a entender qual era o perigo que enfrentava. Quem dos Seus ouvintes não tinha visto um homem arando um campo com uma junta de bois? O pesado arado precisava de toda a força dos animais para remover a terra, mas também necessitava da concentração do lavrador para que os sulcos fossem bem feitos, facilitando assim a tarefa da semeadura. Nenhum camponês poderia arar corretamente a terra se constantemente olhasse para trás.

A mensagem é clara. Seguir a Cristo requer um compromisso que não ceda às distrações. Isto significa que necessitamos estar absolutamente atentos à direção em que Ele segue, a Suas palavras, as áreas de nossa vida que Ele deseja tratar. Tudo isto será difícil se estivermos distraídos com assuntos alheios ao reino de Deus, tão difícil quanto capturar a atenção de uma criança entretida com seu brinquedo favorito. Do mesmo modo, em nosso cotidiano, muitas vezes, nos entretemos com atividades e paixões que nos desviam de nossa devoção a Cristo.

Para pensar:
Para nós, os que estamos à frente de ministérios de formação, é muito importante termos claro o objetivo para o qual nos dirigimos. Existem muitas atividades na igreja que são mera distração. O obreiro eficaz nunca perde de vista que foi chamado a participar da transformação de vidas. Tudo o que fizer, deve estar a serviço deste propósito.

Sabedoria do alto

Quem entre vós é sábio e inteligente? Mostre em mansidão de sabedoria, mediante condigno proceder, as suas obras. TIAGO 3:13

9 de novembro

Todos deveriam meditar sobre a pergunta de Tiago, especialmente nós, que temos responsabilidades de liderança em meio ao povo de Deus. O autor desta epístola não lança a pergunta no vazio. Ao longo de todo o capítulo, ele descreve os estragos que causam o mau uso da língua. Utilizando um tom direto e claro, afirma: "Ora, a língua é fogo; é mundo de iniquidade; a língua está situada entre os membros de nosso corpo, e contamina o corpo inteiro, e não só põe em chamas toda a carreira da existência humana, como também é posta ela mesma em chamas pelo inferno" (Tiago 3:6). Não precisamos de grandes exercícios de exegese para percebermos que sua pergunta é a continuação do mesmo assunto.

De fato, o mundo no qual Tiago vivia era influenciado principalmente pela cultura grega; nisto, não se diferencia muito do nosso. Esta cultura elevava o conhecimento intelectual a ponto de considerá-lo o mais precioso dos bens humanos. Entre os heróis da sociedade helênica, estavam grandes oradores que podiam, por meio de uma elaborada dialética, seduzir com o domínio dos conceitos mais complexos e profundos. A sabedoria nessa cultura, demostrava-se por meio dos iluminados discursos dos grandes pensadores.

Não é assim também entre nós? Somente em raras ocasiões escolhem-se pessoas de trajetória comprovada para ensinar em nossos seminários e institutos. A regra, quase sem exceção, parece ser pôr homens e mulheres que têm grande conhecimento intelectual sobre a matéria a ser ensinada no curso. E na igreja, frequentemente somos testemunhas de acaloradas discussões entre aquelas pessoas que pretendem definir o rumo de um programa ou a doutrina para uma situação. Pensamos, erradamente, que a demonstração da verdadeira sabedoria está na eloquência de nossos argumentos.

Tiago nos indica que essa "pseudo" sabedoria não é a que vale no reino dos céus. No reino atuam princípios completamente contrários a esses valores, tão apreciados pelo homem. A sabedoria bíblica é aquela que se vê nos atos e não nas palavras. Tal sabedoria não é a que está adornada com abundância de argumentos, mas a que se veste de mansidão. Poderíamos até afirmar que esta demonstra-se na escassez de palavras!

Esta era a sabedoria de Abraão, quando subia o monte para oferecer Isaque em sacrifício. Ante a pergunta do filho, não usou explicações eloquentes. Com simplicidade declarou: "...Deus proverá..." (Gênesis 22:8). Também esta foi a sabedoria de Moisés que, diante da rebelião dos filhos de Corá, prostrou-se em terra. A mansidão que havia nestas pessoas demonstrava terem alcançado os mais elevados níveis de conhecimento espiritual, aquele estado no qual entendemos nossa verdadeira pequenez. Por esta razão, nossas palavras devem ser poucas.

Para pensar:
Que importante é ser um líder cuja vida possui estas características! Nossas obras pregam mais que mil sermões, e nossas atitudes evidenciam Deus tão claramente como se estivéssemos testemunhando com a boca. Procuremos nos revestir de sábia mansidão, revestindo-nos de Cristo.

Um absurdo

Ai daquele que contende com o seu Criador! E não passa de um caco de barro entre outros cacos. Acaso, dirá o barro ao que lhe dá forma: Que fazes? Ou: A tua obra não tem alça. Ai daquele que diz ao pai: Por que geras? E à mulher: Por que dás à luz? ISAÍAS 45:9,10

10 de novembro

Quando um de meus filhos era muito pequeno, sugeriu que comprássemos algo que custava muito dinheiro. "Filho, não temos dinheiro para comprar isso", expliquei. Meu filho me olhou surpreso por que eu não tinha pensado em como era fácil a solução para o problema. "Papai — replicou — então vamos ao banco pedir que nos deem o dinheiro que necessitamos!" Sua proposta inocente me fez rir. Ele sabia que o banco tinha dinheiro, e muito. O que não compreendia eram os complexos mecanismos que permitem a uma pessoa ter ou não acesso ao crédito. Tampouco tinha idade para lhe oferecer uma explicação a respeito.

Este episódio ilustra o quão infelizes podem ser nossos comentários ao pretendermos falar de assuntos dos quais nada conhecemos. Talvez você já tenha cruzado com pessoas que, seja qual for o tema da conversa, sempre têm algo a dizer. Estes indivíduos, longe de impressionar por serem muito informados, incomodam pois fica evidente que na maior parte do tempo, não têm ideia do que estão dizendo. No entanto, se vangloriam de sua ignorância a cada instante.

Este é o quadro absurdo que nos apresenta o profeta Isaías. Imagine qualquer dessas situações: um azulejo que discute com o construtor sobre o lugar que deve ocupar na casa. Um prego que argumenta com o carpinteiro por crer que deveria ser usado em um móvel diferente. Ou o sal que briga com a cozinheira porque acha que aquela comida não precisa de seus serviços. Ridículo, não é? Pensar nestes elementos estabelecendo um diálogo com quem os utiliza parece descabido. Como pode o barro dizer ao oleiro qual a melhor maneira de ser utilizado? Como pode um bebê, no instante em que nasce, pôr-se a discutir com a mãe porque pensa que é o momento não indicado para vir ao mundo?

Apesar de reconhecermos o absurdo destas cenas, nem você nem eu deixamos de crer que podemos questionar a forma que Deus age. "Não entendo como Ele permite que isto aconteça!", exclamamos perplexos. Ou: "Se Deus me ama" — argumentamos — "por que não intervém?" Ainda que não expressemos tais perguntas, certamente em mais de uma ocasião, temos crido, confiadamente, que podemos explicar a maneira que Deus atua. Como se fôssemos especialistas no assunto, falamos com uma ingenuidade que beira o absurdo. A verdade é que a distância que nos separa de Deus é a mesma que separa o barro do oleiro. Quanto sabe ou entende o barro sobre o que o artesão está fazendo? Quanto conhecimento tem o bebê sobre o tempo e processos necessários para um parto? Nenhum! Assim também acontece conosco. Guardemos silêncio diante de nosso Criador.

Para pensar:
Desviando-se algumas pessoas destas coisas, perderam-se em loquacidade frívola, pretendendo passar por mestres da lei, não compreendendo, todavia, nem o que dizem... (1 Timóteo 1:6,7).

Prudência desmedida

Quem somente observa o vento nunca semeará, e o que olha para as nuvens nunca segará. ECLESIASTES 11:4

11 de novembro

Alguns de nós herdamos um espírito de perfeccionismo que com frequência nos coloca em uma "fria". O perfeccionista não aceita que seus projetos não estejam à altura de suas expectativas. Quando as expectativas tem a ver com agradar aos outros, o grau de exigência é praticamente impossível de alcançar. Por buscar esse estado, no qual não se pode melhorar mais, a pessoa perde tempo e esforço valiosos. E não somente isto, mas às vezes arruinamos o trabalho que estamos realizando, porque nossas exigências atrasam desnecessariamente sua execução, e quando terminamos, a necessidade que originou o projeto já não existe!

O autor de Eclesiastes, provavelmente não pensava no perfeccionista quando escreveu o versículo sobre o qual meditamos hoje. Sua sabedoria, entretanto, tem um elemento prático que se encaixa bem ao empreender um novo projeto. Há um tempo estabelecido para lançar a semente na terra e todo agricultor o conhece bem. Semear na primavera não é o mesmo que no inverno. Cada cultivo tem sua época de semeadura e dentro deste período estabelecido, há uma variação limitada de tempo. O lavrador pode demorar uma ou duas semanas para semear, mas se demora mais do que o devido tempo, perderá a oportunidade. Deus criou a natureza com seus próprios ciclos e ela não espera por ninguém.

Apesar disto, alguns camponeses talvez busquem o momento "perfeito" para plantar suas sementes. Se dedicam com cuidado a observar o vento e medir as nuvens, esperando detectar o momento em que cairá a chuva apropriada para que as sementes germinem rapidamente. O autor de Eclesiastes está advertindo ao que passa tempo demais esperando o momento certo para realizar sua tarefa, que se ele estender-se muito nesse processo perderá a oportunidade de semear e, consequentemente, de colher. Para o povo que vivia do cultivo da terra, isto representava uma verdadeira catástrofe.

O princípio é válido tanto para aqueles que trabalham a terra como para nós. Nosso trabalho deve possuir uma medida razoável de prudência. Fui testemunha de muitos projetos na igreja que foram montados "às pressas" e produziram pouco fruto devido ao improviso de sua estrutura. Existe outro mal, porém, que é ainda pior que este: o de crer que deve-se possuir todas as condições para empreender um projeto. No reino de Deus, são poucas as vezes em que temos todo o necessário para que possamos avançar em algo novo. De fato, disto trata a aventura de andar por fé. Avançamos em situações imperfeitas com a convicção de que recebemos ordens do nosso Senhor para começarmos a andar. Como dizem na minha terra: não se demore muito, pois perderá o trem!

Para pensar:
Talvez você tema avançar por medo de que as coisas saiam mal. No reino de Deus, nos é concedida a vitória no mesmo instante em que decidimos deixar de observar a vida para começar a vivê-la. —E. R. McManus

Firmeza de propósito

E aconteceu que, ao se completarem os dias em que devia ele ser assunto ao céu, manifestou, no semblante, a intrépida resolução de ir para Jerusalém. LUCAS 9:51

12 de novembro

O versículo do devocional de hoje nos dá uma perspectiva interessante do ministério de Jesus. O Filho de Deus revelou, durante Sua peregrinação terrena, que Seu único interesse era cumprir com a tarefa que Deus lhe havia dado. "Disse-lhes Jesus: A minha comida consiste em fazer a vontade daquele que me enviou e realizar a sua obra" (João 4:34). "Porque eu desci do céu, não para fazer a minha própria vontade, e sim a vontade daquele que me enviou" (João 6:38). Nesta declaração, vemos que entendia claramente Sua missão, a qual incluía entregar Sua vida na cruz por aqueles a quem amava.

O texto ilustra a maneira que se deve levar adiante uma missão. Este é um assunto importante pois, ainda que um líder saiba qual é o projeto que deve envolver-se, também pode errar na implementação do mesmo. Este foi o caso de Moisés que, notavelmente, tinha aos 40 anos o mesmo objetivo para o qual Deus o chamou aos 80 — a libertação do povo israelita. Moisés, porém, cometeu o erro de achar que o fim justifica os meios e por isso, atrasou em quatro décadas o cumprimento deste projeto.

Primeiro devemos notar no atuar de Cristo, que existe um tempo estabelecido para a implementação de um plano. Tempo este determinado, em Sua soberania, por Deus a quem servimos. Nossa responsabilidade como líderes é discernir quando é o momento propício para agir. Quando o Espírito dissuadiu Paulo de ir à Ásia (Atos 16:9,10), não indicava, de maneira alguma, falta de interesse em que esses povos conhecessem as boas-novas. Mas era porque havia outra região, a Macedônia, que encontrava-se no momento ideal para receber a visita do apóstolo, pois o Espírito a havia preparado para recebê-lo. Igualmente, Jesus percebeu que chegara o tempo em que devia ir à Jerusalém. Anteriormente, havia declarado a Seus discípulos: "Subi vós outros à festa; eu, por enquanto, não subo, porque o meu tempo ainda não está cumprido" (João 7:8). Podemos ver então, que o tempo é uma questão fundamental para a eficácia de um projeto.

Depois, observamos que Jesus "manifestou, no semblante" que iria a Jerusalém. A frase indica uma decisão mais firme que simplesmente perambular pelo caminho da grande cidade judia. Cristo entendia que entrava na etapa mais difícil de Sua peregrinação; nela enfrentaria não somente uma crescente oposição, mas Seus próprios temores frente a cruz. Para avançar firmemente para o cálice que o Pai lhe tinha reservado, era necessário dispor Seu espírito a desconsiderar tudo aquilo que pudesse distraí-lo de Seu propósito. Ainda que, Ele não ignorasse as dificuldades que enfrentaria adiante, decidiu não permitir que estas o afastassem do cumprimento de Sua missão. Esta firmeza de propósito é fundamental para o líder que aspira o êxito em seu ministério, pois certamente enfrentará uma batelada de situações adversas pelo caminho.

Para pensar:
Tão-somente sê forte e mui corajoso para teres o cuidado de fazer segundo toda a lei que meu servo Moisés te ordenou... (Josué 1:7).

Uma convicção inabalável

13 de novembro

Ainda que ele me mate, nele esperarei; contudo, os meus caminhos defenderei diante dele. Também isto será a minha salvação, porque o ímpio não virá perante ele. JÓ 13:15,16 (ARC)

Esta declaração de Jó revela uma das razões pelas quais o Senhor o descreve como um "…homem íntegro e reto, temente a Deus e que se desvia do mal" (Jó 1:8). Nela podemos encontrar a base de uma vida de grandeza para com os assuntos do reino dos céus.

Jó faz esta confissão após um prolongado encontro entre ele e seus amigos que tinham ido consolá-lo: "…Elifaz, o temanita, Bildade, o suíta, e Zofar, o naamatita; e combinaram ir juntamente condoer-se dele e consolá-lo" (Jó 2:11). Eles guardaram silêncio por sete dias, mas logo sentiram-se com autoridade para explicar a Jó a razão das calamidades que vieram sobre sua vida. Com a mesma convicção que possuem alguns líderes em nossos tempos, estes três criam que o sofrimento de Jó estava diretamente relacionado com algum pecado oculto. "Os que andam em integridade", afirmavam eles, "não passam maus momentos". Nem é necessário dizer que tal postura é um erro, pois até mesmo o Filho de Deus passou pelo fogo depurador do sofrimento (Hebreus 5:8).

Algumas traduções deste versículo cometem injustiça com Jó, pois dão a entender que ele estava dizendo: "ainda que Deus me mate, não vou mudar de opinião". Porém, esta postura não reflete o espírito humilde que caracterizava este homem de Deus, antes dá a entender uma atitude de soberba e obstinação.

A verdade é que Jó não entendia qual era a razão da calamidade que veio sobre ele e sua família. Creio que, mesmo conhecendo o incrível diálogo entre Deus e Satanás no primeiro capítulo, nós também não entendemos o porquê aconteceu o que aconteceu. Sabemos que Deus quis demonstrar algo, mas se olharmos a situação com os olhos humanos, a atitude do Altíssimo parece-nos cruel. É exatamente isto que nos diferencia da pessoa de Jó. Ele cria que Deus era justo e bom, mesmo que atuasse de maneiras incompreensíveis.

De fato, a leitura do livro revela que Jó estava confuso por tudo o que tinha passado. Em meio a essa confusão, no entanto, existe esta certeza: "mesmo que chegue a perder a vida, sei que Deus não agiria injustamente comigo. Ele é bom e justo e recompensa a todos que esperam nele". Esta convicção inabalável constitui o fundamento sobre o qual se constrói uma vida de fé que agrada ao Pai celestial. Nesta terra, passaremos por muitas situações de sofrimento e angústia. Mas algo que jamais deve mudar em nós é a convicção de que Deus é bom e justo. Mesmo que todas as evidências pareçam indicar algo diferente, sabemos que Ele jamais cometerá uma injustiça, nem mal algum se encontrará em Sua pessoa.

Para pensar:
Quando essa convicção se converte na rocha de nossa fé, podemos encarar a vida de outra maneira. Passaremos por sofrimentos? Claro que sim! Mas já não sofreremos o tormento e a angústia que padecem os que creem que Deus os abandonou. Mesmo em meio às lágrimas poderemos dizer: "Eu sei que meu Pai é bom e que não existe nele injustiça alguma."

Limitações

14 de novembro

Então, Eliseu lhe mandou um mensageiro, dizendo: Vai, lava-te sete vezes no Jordão, e a tua carne será restaurada, e ficarás limpo. Naamã, porém, muito se indignou e se foi, dizendo: Pensava eu que ele sairia a ter comigo, pôr-se-ia de pé, invocaria o nome do Senhor, seu Deus, moveria a mão sobre o lugar da lepra e restauraria o leproso. Não são, porventura, Abana e Farfar, rios de Damasco, melhores do que todas as águas de Israel? Não poderia eu lavar-me neles e ficar limpo?... 2 REIS 5:10-12

Devemos observar a forma com que Eliseu recebeu a Naamã. Era um homem acostumado a receber homenagens, pois ocupava um posto importante na corte do rei a quem servia. Certamente o acompanhavam as mais respeitosas e servis recepções por onde quer que fosse. Assim sendo, não seria estranho se ele se sentisse como alguém mais importante até do que realmente era. Nisto não somos diferentes, pois facilmente somos intoxicados pelo nosso próprio senso de importância.

Quando Naamã chegou à casa de Eliseu, o grande profeta sequer saiu para recebê-lo. Enviou simplesmente um criado com uma mensagem para o grande guerreiro. Sem dúvida, faz parte do tratamento de Deus para com aqueles que Ele deseja estabelecer um relacionamento, fazê-los passar por situações humilhantes. Ainda que Naamã se sentisse afrontado em sua dignidade pelo comportamento de Eliseu, este não era o maior obstáculo para sua cura. Ele mesmo diz a razão pela qual sentiu-se ofendido: "Pensava eu que...", quer dizer que ele havia formado uma ideia de como Deus agiria em sua vida. Assim como a muitos de nós, uma vez que tinha elaborado o conceito de como o Senhor atuaria, era incapaz de conceber que Ele o fizera de outra forma. Quando cremos que podemos nos antecipar quanto ao agir de Deus, automaticamente descartamos outras manifestações. Ficamos presos às nossas expectativas. O Senhor, porém, é tão criativo e imprevisível que jamais poderemos nos adiantar ao modo como agirá. Sabendo que Sua capacidade de agir é tão ilimitada, é melhor mantermos um espírito aberto e estarmos dispostos a sermos surpreendidos pelas mais extraordinárias e aprimoradas expressões.

Naamã achou que a proposta do profeta era ridícula. Se a cura tratava-se de banhar-se no rio Jordão, em sua terra haviam rios maiores e melhores que os do território de Israel. Se soubesse que lhe seria proposto um plano tão absurdo, jamais teria viajado de tão longe! É justamente neste ponto onde tropeçam as pessoas com as mentes mais privilegiadas — creem que os planos de Deus têm que possuir a mesma lógica e inteligência que os planos dos homens. Tendo esse parâmetro, claro que acharão as propostas do Senhor incoerentes, como vemos vez por outra na história do povo de Deus. Quem pretende caminhar com Ele, deve estar disposto a fazer o ridículo!

Para pensar:
Deus conhece o caminho que você escolhe. Você não conhece o caminho que Ele escolhe.
—E. Elliot

Coração ensinável

Instruir-te-ei e te ensinarei o caminho que deves seguir; e, sob as minhas vistas, te darei conselho. Não sejais como o cavalo ou a mula, sem entendimento, os quais com freios e cabrestos são dominados; de outra sorte não te obedecem. SALMO 32:8,9

15 de novembro

O Salmo 32 é um dos três salmos (32, 36 e 51) que nos oferecem uma perspectiva mais completa do efeito do pecado sobre a vida do ser humano. Neste texto em particular, o salmista celebra o alívio que acompanha o momento da confissão e incentiva a que "...todo homem piedoso te fará súplicas em tempo de poder encontrar-te..." (Salmo 32:6).

A problemática do pecado requer que sejamos um povo que pratica diariamente a disciplina da confissão. É a única forma de andarmos em santidade, pois dia após dia, ofendemos a Deus de muitas e diferentes maneiras. Porém, o salmista inclui no texto uma palavra recebida do Senhor — a passagem na qual refletimos hoje — onde Deus revela o que poderíamos chamar de um caminho preventivo para evitar cair em pecado com tanta frequência.

Qual é a solução que o Pai propõe? Que sejamos um povo disposto a aprender o caminho por onde devemos andar. Muitas vezes o pecado é consequência de nossa ignorância sobre os desígnios de Deus. Mas o Senhor deseja nos guiar para que conheçamos a vereda que é agradável perante Seus olhos. Como um pai ensina o filho a caminhar, Deus promete fixar Seus olhos sobre nós. Ou seja, estará vigiando de perto o nosso andar. Em cada situação onde haja a possibilidade de queda, o Senhor proverá a saída necessária para seguirmos adiante. De certa forma este quadro nos apresenta o mesmo cuidado afetuoso que Cristo profetizou no evangelho de João 14 e 16, a respeito do ministério do Consolador.

O Senhor, no entanto, conhece o coração teimoso e obstinado do ser humano. Ele sabe que muitos de nossos pecados não são o resultado da ignorância, mas sim da rebeldia. Como em tantas outros ensinamentos em Sua Palavra, o Senhor usa de uma clara ilustração para nos ajudar a entender a postura que devemos evitar: "Não sejais como o cavalo ou a mula, sem entendimento, os quais com freios e cabrestos são dominados; de outra sorte não te obedecem." A teimosia de uma mula e a natureza arisca do cavalo exemplificam claramente a dificuldade que o homem enfrenta em seu desejo de caminhar com Deus — somos um povo que prefere andar em nossos próprios caminhos que nos caminhos do Senhor. Cremos mais em nossa própria sabedoria do que na de Jeová. Ele, porém, nos incentiva a resistirmos à tendência de um comportamento rebelde, para que também não seja necessário que nos controlem com "freios e cabrestos". Como esta postura obstinada é natural em nós, devemos estar atentos à sua manifestação. Cada vez que aparecer, teremos que optar por aquietar nosso espírito para buscar a direção de nosso bom Deus. Somente assim poderemos ser ensinados por Ele.

Para pensar:
O caminho do insensato aos seus próprios olhos parece reto; mas o sábio dá ouvidos aos conselhos (Provérbios 12:15).

O peso da influência

Se o governador dá atenção a palavras mentirosas, virão a ser perversos todos os seus servos. PROVÉRBIOS 29:12

16 de novembro

O princípio que exprime este provérbio é simples, mas um líder deve lembrar-se dele a cada momento — o povo acaba sendo igual a seu líder. Quando o que governa é corrupto, os que o cercam certamente se envolverão em corrupção. Quando o que governa é justo e reto, os que estão ao seu redor se tornarão justos e retos. Por que isto ocorre? Porque as pessoas próximas a um líder, são contagiadas pela vida e convicções que ele tem. Esta transferência de "estilo de vida" é tão intangível que só a percebemos quando vemos os mesmos comportamentos nos seguidores. É por isto que um autor define a influência como "o poder que afeta as pessoas, elementos ou acontecimentos e age sem o exercício deliberado do esforço por parte de alguém".

Esta realidade é uma das chaves para entender como podemos aproveitar o impacto que a influência produz sobre outros. Não exercemos controle direto sobre este processo, mas podemos contribuir para que influenciemos positivamente. Seu segredo repousa sobre o caráter do líder; ou seja, o que o líder é determina a qualidade da influência que exerce sobre seus liderados.

É bom que entendamos que este princípio se manifesta em todos os ambientes onde houver uma pessoa que exerce a responsabilidade de liderança. Pode ocorrer em um grupo tão pequeno como uma família ou numa enorme entidade como uma empresa multinacional, onde se fala da existência de uma "cultura corporativa". Em todos os casos o resultado é o mesmo — o tipo de pessoa que está à frente, determina o tipo de equipe que estará trabalhando em seus projetos.

A igreja não escapa a esta lei. A congregação reflete o tipo de pastor que tem. Por esta razão, insisto que são inúteis as tentativas de mudar diretamente a congregação. Quando a mudança ocorre no pastor, a congregação começa a mudar por si só. Se o pastor é uma pessoa que ama a oração, não terá que passar a vida exortando a congregação para que cultive uma vida de oração. Eles mesmos serão contagiados pelo espírito que o líder tem.

Do mesmo modo podemos afirmar que o oposto também é verdadeiro. Quando o pastor é corrupto, os membros de sua equipe também o serão. Nem precisam saber da corrupção do pastor, pois os demais se contagiarão sozinhos. Em uma congregação que conheci, o pastor titular viveu uma relação de adultério durante décadas. Ninguém sabia do assunto, mas vez ou outra surgiam escândalos sexuais entre os conselheiros e diáconos. Parecia que a congregação tinha um problema específico nessa área e, de fato era assim. O fracasso moral do pastor havia corrompido inevitavelmente sua equipe de colaboradores.

Para pensar:
Como líderes, pesa sobre nós a responsabilidade de viver uma vida de santidade e compromisso. Este é o maior presente que podemos dar ao nosso povo. Podemos exercer sobre eles influência superior à influência que os melhores programas de formação do mundo exercem.

Apenas 57 palavras

17 de novembro

Tomaram o novilho que lhes fora dado, prepararam-no e invocaram o nome de Baal, desde a manhã até ao meio-dia, dizendo: Ah! Baal, responde-nos! Porém não havia uma voz que respondesse; e, manquejando, se movimentavam ao redor do altar que tinham feito. 1 REIS 18:26

A confrontação entre o profeta Elias e os 400 profetas de Baal constitui uma das mais ousadas aventuras registradas nas Escrituras. Certamente como eu, você vibra sobremaneira com o grande final deste duelo entre a luz e as trevas. Sonhamos que histórias similares aconteçam em nossos ministérios, ainda que as vezes seja mais fácil sonhar quando já conhecemos o desfecho do encontro.

Na reflexão de hoje queria que nos concentrássemos na diferença entre as orações dos profetas de Baal e a de Elias. Desnecessário é dizer que a oração dos falsos profetas estava destinada ao fracasso porque invocam a um deus inexistente. Ainda que orassem por dez anos não receberiam resposta, pois não havia quem atendesse seus pedidos. Meu interesse, entretanto, não é me deter neste ponto, que parece óbvio para a maioria de nós. Justamente, pela evidência do problema, corremos o risco de ignorar os profetas de Baal, seguros de que nós não cometemos os mesmos erros.

Os profetas de Baal, no entanto, representam os conceitos religiosos do mundo que nos pressionam e tentam moldar nossa vida. Observe que eles começaram a orar de manhã e continuaram, sem interrupção, até à tarde. Nisto demonstraram maior entrega e convicção que a maioria de nós. Mesmo sem receber resposta, continuaram clamando com o mesmo fervor com que começaram. Qual é o sentimento que acompanha tão fervoroso clamor? A convicção de que os deuses se movem pela força da oração. Ao usar a palavra "força", não me refiro à profundidade espiritual de nossas súplicas, mas à carga que provoca a abundância de palavras, combinada com a duração de tempo.

Ainda que Cristo tenha dito, claramente, que devemos descartar o modelo dos gentios (Mateus 6:7), não podemos descartar a convicção de que quanto mais tempo oramos, mais eficazes seremos. Nossos heróis são aqueles que diariamente oram por horas inteiras, como se houvesse algum mérito na duração em si. Não me interprete mal! Muitas destas pessoas têm um grau de entrega que é invejável. Mas nós que os observamos, facilmente caímos na tentação de crer que a duração é o segredo de uma profunda vida de oração.

De que maneira orou Elias quando chegou o momento de invocar a Jeová? Sua oração, na versão bíblica que usamos, contém apenas 57 palavras. E quando terminou, caiu fogo do céu e consumiu o altar. Sua oração não foi eficaz simplesmente porque orou ao Deus certo, mas porque já sabia que o projeto em que estava era do Senhor. Não perdeu tempo valioso informando, nem tratando de impressionar com sua espiritualidade. Simplesmente, pediu e Deus agiu. Você gosta desse modelo? Elias é um bom professor no que diz respeito à oração!

Para pensar:
Em verdade vos digo que, se não vos converterdes e não vos tornardes como crianças, de modo algum entrareis no reino dos céus (Mateus 18:3).

Hoje, se ouvirdes a Sua voz...

...exortai-vos mutuamente cada dia, durante o tempo que se chama Hoje, a fim de que nenhum de vós seja endurecido pelo engano do pecado. Porque nos temos tornado participantes de Cristo, se, de fato, guardarmos firme, até ao fim, a confiança que, desde o princípio, tivemos. Enquanto se diz: Hoje, se ouvirdes a sua voz, não endureçais o vosso coração, como foi na provocação. HEBREUS 3:13-15

A expressão "duro de coração" usa-se com frequência na Bíblia para descrever pessoas que têm pouca ou nenhuma sensibilidade nos assuntos de Deus. Permanecer nesta condição nos impossibilita de sermos tratados pelo Senhor e, além disso, não favorece a proximidade em nosso relacionamento com nossos semelhantes, pois produz em nós uma disposição áspera e hostil. Diante disto é fácil crer que nossa condição é um obstáculo insuperável para chegar a estabelecer um relacionamento significativo com nosso Pai celestial. Estamos presos por uma situação que não podemos mudar; logo não é justo que nos seja exigido o que não podemos dar. O texto de hoje, no entanto, mostra que o endurecimento do coração é resultado de um processo consciente de nossa parte.

É irônico, mas o endurecimento começa justamente com a mesma manifestação que poderia conduzir a uma maior sensibilidade espiritual — a revelação da vontade de Deus. Todos nós recebemos, da parte do Senhor, a oportunidade de alinhar nossa vida com Sua verdade. Ninguém pode argumentar que é vítima de circunstâncias incontroláveis, pois ainda quando estávamos mortos em nossos pecados, Deus já havia iniciado o caminho para a reconciliação. Conforme o coração missionário que Ele possui, sempre toma a iniciativa de aproximar-se de Seu povo para convidá-lo a uma maior intimidade com Ele. De modo que, cada um de nós, escutamos com frequência Sua voz que nos fala.

No entanto, como declara o autor da epístola de Hebreus, Sua voz pode produzir em nós uma resposta errada, fruto do engano do pecado. Cremos ter autoridade para questionar, argumentar e contradizer a Palavra que Ele traz a nossa vida. Pensamos que podemos elaborar um caminho alternativo para o que o Senhor nos indique e avaliamos a validade de ambas opções. Seduzidos pela astúcia de nossa própria filosofia, escolhemos, em algum momento, agir conforme nossos próprios critérios. Neste exato instante ocorre esse endurecimento de coração que nos afasta da pessoa de Deus. Ele nos fala e nos convida a andar por Seus caminhos. Escutamos e entendemos Sua proposta; porém, escolhemos fazer a própria vontade.

Se prestarmos atenção a este processo, poderemos resistir a esta reação. A pessoa sábia combaterá fortemente este processo, "...e toda altivez que se levante contra o conhecimento de Deus, e levando cativo todo pensamento à obediência de Cristo" (2 Coríntios 10:5). Entende que a chave de uma vida de intimidade com Deus está em render completamente sua vontade a Ele. Não podemos nos dar ao luxo de avaliarmos se gostamos ou não do que Ele nos pede. Devemos optar pela obediência que, por sua vez, produzirá em nós corações cada vez mais brandos.

Para pensar:
Tenho mais medo do meu coração do que do papa e seus cardeais. —Martinho Lutero

A esperança dos que temem a Deus

Pois quem é Deus, senão o Senhor? E quem é rochedo, senão o nosso Deus? O Deus que me revestiu de força e aperfeiçoou o meu caminho. SALMO 18:31,32

19 de novembro

Muitos de nós crescemos escutando mensagens sobre a importância de descobrir a vontade de Deus para nossa vida. A convicção que tornou popular esta ideia é de que se descobrirmos a vontade do Pai, poderemos ter êxito na vida. Em minha vida como conselheiro, tenho conhecido pessoas que ficaram literalmente paralisadas pelo medo de errar o caminho. Supõem que existe um só caminho e fora dele jamais poderão alcançar as bênçãos do Senhor.

Com o passar dos anos, apoderou-se de mim um certo ceticismo em relação a essas crenças. A margem de erro é tão pequena que praticamente garantiria o fracasso da maioria. Somente alguns afortunados descobririam o caminho "traçado para eles". Os demais estariam destinados a uma vida de mediocridade porque, supostamente, não descobriram a vontade de Deus para sua vida.

O salmista nos dá uma perspectiva muito mais ampla do assunto. Afirma que Jeová é quem "aperfeiçoou o [seu] caminho". Gosto da tradução da NVI que diz: "Ele endireita o meu caminho". Esta ideia parece transmitir o conceito de que quem endireita o caminho é o Senhor, não importa onde estejamos. O homem ou a mulher que teme a Deus pode estar seguro de que o Senhor irá à frente, endireitando seus passos, mesmo quando não se tem a certeza de estar no caminho certo.

A chave do assunto está na pessoa que caminha. Este não é um princípio aplicável a qualquer pessoa, mas sim aos que de todo o coração desejam fazer o que é correto aos olhos do Altíssimo. Acaso não foi esta a experiência de José? Não creio que ele soubesse qual era o caminho que devia andar, nem tinha muita escolha quanto a ele. Porém, a Bíblia afirma que a mão do Senhor estava com José e este prosperava em tudo que fazia (Gênesis 39:3,21).

Mais que descobrir um projeto especialmente elaborado para nós, parece que o interesse do Senhor é que tenhamos vidas que o honrem, seja onde quer que nos encontremos. Isto não se refere tanto ao que fazemos, mas ao que somos. A mão de Deus estará sobre a vida da pessoa que deseja viver em santidade — seja na escola, em sua casa ou no trabalho. Como resultado deste desejo, tudo o que fizer será abençoado e — me atrevo a crer — até seus desacertos serão redimidos pelo Senhor.

A convicção de que Deus estava ocupado em endireitar seus passos, levou o salmista a irromper em cânticos de louvor e adoração. E não era para menos! Quem sabe que o Altíssimo protege o seu andar, usufrui de um grau de descanso e paz que transcende as palavras.

Para pensar:
A vontade de Deus não é um plano, mas uma atitude. —W. Dhuse

Aprender servindo

Sucedeu, depois da morte de Moisés, servo do SENHOR, que este falou a Josué, filho de Num, servidor de Moisés, dizendo... Josué 1:1

20 de novembro

Poderíamos ignorar esta passagem, assim como os primeiros versículos de muitos livros da Bíblia, por considerá-la apenas uma introdução ao texto principal. No entanto, em uma só frase, ela nos apresenta o modelo indicado para a formação de um novo líder, o processo pelo qual deve passar a pessoa que eventualmente ocupará um cargo de responsabilidade entre o povo de Deus.

O autor descreve Moisés como servo de Jeová, ainda que nem sempre esta tenha sido a realidade do grande libertador de Israel. Uma grande parte de sua vida transcorreu sem que Moisés tivesse acesso a este privilégio, não porque Deus não quisesse lhe dar esta oportunidade, mas porque ele necessitava passar por aquela escola de formação na qual morreria para si mesmo. Sem essa experiência de morte, seria impossível ser chamado de "servo de Jeová", pois o título pressupõe que a pessoa está inteiramente à disposição do Altíssimo, sem projetos pessoais.

O texto também descreve Josué, filho de Num, como servidor de Moisés. Pelo menos durante 40 anos este homem esteve a serviço deste profeta. Isto não significa que Josué não esteve a serviço do Senhor, mas sim que a maneira que o fez, foi servindo a Moisés. Durante esses anos, sua vida esteve disponível ao grande líder. Assim como seu tutor, não possuía um projeto de vida próprio, mas tinha posto todos os seus recursos e dons à disposição de Moisés. Sua meta era lhe ser útil no que fosse necessário e, pelo testemunho da Escritura, tudo parece indicar que Josué o fez com singular alegria e entrega.

Esta é uma boa escola de formação para um jovem; e um líder sábio deve se comprometer a agregar em sua vida, pessoas que tenham esta função. Segundo a narrativa do livro de Números vemos que vários jovens estavam a serviço de Moisés desta maneira (11:28). Estes jovens não somente estavam à disposição do líder, mas também participavam de muitos projetos que Deus lhe incumbia. Ele aproveitava todas as circunstâncias da vida para formar neles as capacidades e atitudes que eventualmente lhes permitiriam assumir maior responsabilidade entre o povo de Deus.

Hoje, este processo de formação, lento e prolongado, pareceria desnecessário. Estamos apressados demais em ampliar a obra para investir profundamente na vida de alguns ajudantes. Não obstante, estes obreiros com uma formação pobre, acabam causando muito mais danos ao povo de Deus, de modo que ao "ganharmos tempo", o perdermos em qualidade do ministério. O líder sábio reconhece que este trabalho lento é um dos melhores investimentos para o futuro da igreja. Não é pouca coisa formar um Josué ou um Timóteo! Eles representam a nova geração de líderes que conduzirão os assuntos de Deus quando terminarmos nossa carreira.

Para pensar:
As lições que uma pessoa aprende enquanto serve a outro, proverão os melhores princípios para que no futuro, aplique-os no ministério para o qual foi chamado.

Arrependimento de coração

21 de novembro

Ainda assim, agora mesmo, diz o Senhor: Convertei-vos a mim de todo o vosso coração; e isso com jejuns, com choro e com pranto. Rasgai o vosso coração, e não as vossas vestes, e convertei-vos ao Senhor, vosso Deus, porque ele é misericordioso, e compassivo, e tardio em irar-se, e grande em benignidade, e se arrepende do mal. JOEL 2:12,13

Sempre corremos o risco da religiosidade apoderar-se de nossa vida, pois esta atrai demais os seres humanos. Ela nos oferece uma consciência tranquila em troca de algumas práticas que, "na teoria", satisfazem as exigências do Senhor. Porém, a Palavra nos mostra que fomos chamados a um relacionamento de intimidade com Deus. Não podemos cultivar uma relação significativa com ninguém se a limitamos a alguns poucos exercícios rotineiros. Os relacionamentos mais profundos são fruto de esforço e dedicação a um compromisso cultivado no coração.

O profeta Joel se refere a este grau de compromisso quando anuncia a Israel a mensagem da parte de Deus: "Rasgai os vossos corações, e não as vossas vestes...". O único arrependimento que realmente vale, no que diz respeito a vida espiritual, é aquele que transforma a dureza de nosso coração e produz em nós um verdadeiro quebrantamento devido ao pecado. É, como indica o texto de hoje, o que vem acompanhado de jejum, choro e lamento. Ou seja, é a manifestação de verdadeira angústia interior.

Quem possui a mínima compreensão dos processos espirituais na vida do homem, sabe bem que esse tipo de arrependimento não pode ser produzido por nenhuma pessoa — é resultado de uma ação soberana de Deus. Assim ocorreu com Isaías, quando viu o Senhor sentado em Seu santo templo (Isaías 6:1-13), e a Pedro, quando prostrou-se aos pés de Jesus, proclamando sua condição indigna diante do Filho de Deus (Lucas 5:8). Somente o Senhor pode gerar um genuíno arrependimento espiritual (2 Timóteo 2:25).

Devemos perguntar então: qual é nossa responsabilidade no processo, se não podemos produzir esse quebrantamento interior que Deus busca?

Primeiro, devemos rejeitar toda perspectiva corriqueira do arrependimento. Às vezes, em nossas orações, fazemos algumas declarações como: "Senhor, peço perdão por qualquer pecado que tenha cometido contra a Sua pessoa." Tais expressões são muito genéricas para terem algum valor. O pecado é algo muito sério para limitá-lo em uma frase só.

Em seguida, se sabemos que o arrependimento é o resultado de uma ação do Espírito de Deus, cabe a nós criarmos espaços e momentos durante o dia para que se produza a revelação que conduz ao arrependimento. Ou seja, temos que permitir que o Espírito examine nosso coração e traga à luz aqueles assuntos que ofendem ao Senhor. Somente pedindo discernimento poderemos comprovar quanto o Senhor deseja nos purificar, pois não tardará em responder ao nosso pedido.

Por último, devemos saber que o verdadeiro arrependimento vem acompanhado de sinais externos que não podem ser fabricados — quebrantamento, lamento e lágrimas. Tais sinais podem nos ajudar a diferenciar um arrependimento superficial daquele que vem do mais profundo de nosso coração. Procuremos, pois, a proximidade com Sua pessoa, que gera em nós um coração sensível e humilde.

Para pensar:
O arrependimento implica em muito mais do que pedir perdão a Deus. —Anônimo

Antídoto para a divisão

Pelo contrário, os membros do corpo que parecem ser mais fracos são necessários.
1 CORÍNTIOS 12:22

22 de novembro

Cada congregação tem pessoas que se encaixam nesta categoria, irmãos que qualificaríamos de "fracos" e problemáticas que não se encaixam no corpo. São especialistas em comportamentos ou comentários inapropriados. Convivemos com elas por tolerância e misericórdia. Porventura, não fomos chamados para a compaixão?

Mesmo com esta perspectiva, a afirmação do apóstolo Paulo nos deixa confusos. O que significa isto? Os membros do corpo que parecem mais fracos são os mais necessários? Estamos acostumados a medir a importância das pessoas pela contribuição que dão a nossa vida. Com esse parâmetro, estes "irmãozinhos" não parecem, definitivamente, os mais necessários. Ao contrário, parecem os menos importantes. Os verdadeiramente necessários para o bom funcionamento do corpo são o pastor, os conselheiros e os diáconos. Eles sim servem a igreja com seus dons e talentos!

O problema é que estamos olhando para a declaração do apóstolo de um ponto de vista equivocado. A menos que busquemos entendê-la à luz do benefício que os demais nos trazem, o que ele diz não fará sentido para nós. Paulo não pensava que estes irmãos problemáticos são os mais necessários pelo que nos dão. São necessários pelo que nos vemos obrigados a lhes dar. Considere como a passagem continua: "...e os que nos parecem menos dignos no corpo, a estes damos muito maior honra; também os que em nós não são decorosos revestimos de especial honra. Mas os nossos membros nobres não têm necessidade disso. Contudo, Deus coordenou o corpo, concedendo muito mais honra àquilo que menos tinha" (1 Coríntios 12:23,24). Observe com cuidado a descrição de ações tais como "honrar" e "revestir". Quem deve executá-las somos nós e as fazemos, justamente, com estes membros que parecem mais fracos.

Nenhum de nós planejou dessa maneira, mas é parte do desígnio do Criador. "...nossos membros nobres não têm necessidade disso. Contudo, Deus coordenou o corpo, concedendo muito mais honra àquilo que menos tinha, para que não haja divisão no corpo; pelo contrário, cooperem os membros, com igual cuidado, em favor uns dos outros" (1 Coríntios 12:24,25). O Senhor, em Sua maravilhosa sabedoria, sabe que a única maneira de ensinar o verdadeiro amor e compaixão é colocando em nosso meio uma pessoa que necessita desse amor. Assim como temos extremo cuidado com uma parte do corpo físico que é frágil, Deus também deseja que cultivemos atitudes de ternura com aqueles que parecem ter menos maturidade espiritual, pois por meio deles, aprendemos a cultivar a paciência e a bondade.

Você pode dar exemplo disto à sua congregação, priorizando os que parecem menos dignos. Não se junte apenas a pessoas que o estimulam ou com as quais se identifica. Dedique tempo e esforço aos que menos parece merecê-los. Exemplifique o amor que Deus tem por nós, pois Ele aproximou-se de nós, apesar de nossa profunda indignidade.

Para pensar:
A divisão é o resultado de preferir-se uns em detrimento de outros. A presença dos mais fracos entre nós, obriga-nos a valorizar a todos e não apenas a alguns.

O justo equilíbrio

Duas coisas te peço; não mas negues, antes que eu morra: afasta de mim a falsidade e a mentira; não me dês nem a pobreza nem a riqueza; dá-me o pão que me for necessário; para não suceder que, estando eu farto, te negue e diga: Quem é o Senhor? Ou que, empobrecido, venha a furtar e profane o nome de Deus. Provérbios 30:7-9

23 de novembro

Creio que nunca ouvi alguém na igreja orar desta maneira. Tampouco posso me lembrar de alguma ocasião em que eu mesmo tenha feito esta petição. No entanto, a oração do autor deste provérbio revela um profundo conhecimento da natureza humana que vale a pena considerar.

Na oração, ele reconhece o perigo dos extremos, não apenas no que se refere ao dinheiro, mas a qualquer aspecto da vida. Para nós, que vivemos em Cristo, uma série de realidades espirituais só produzem bênçãos em nossa vida, quando as vivemos em seu justo equilíbrio. A graça deve ser equilibrada com o esforço. A fé deve ser combinada com as obras. A verdade deve ser compensada com o espírito. O trabalho deve ser complementado com o descanso. A força do jovem deve ser equilibrada com a sabedoria do ancião. Ou seja, cada um desses elementos encontra sua máxima expressão quando é acompanhado de um aparente oposto que o "completa", para usar um termo bíblico.

A maioria de nós, certamente, está consciente da existência deste delicado equilíbrio na vida. O que é atrativo neste provérbio que nos ocupa hoje, é que ele também captou o perigo que existe no âmbito econômico. Sabemos que a extrema pobreza produz nas pessoas um desespero que pode levá-las a cometer o pecado mencionado no texto — roubar para alimentar a família. De fato, isto se converteu em um dos flagelos sociais na América Latina. Nas grandes cidades é cada vez mais comum a violência nas ruas, onde a população vive num estado de constante insegurança. O autor pede a Deus que o livre do desespero que pode levá-lo a este tipo de vida.

Talvez para nós seja mais difícil reconhecer o perigo que traz a abundância. Vivemos em uma época em que a busca pelo bem-estar econômico, como um dos principais objetivos da vida, se instalou em nossa cultura. Influenciada pelo contexto onde está inserida, a igreja elaborou sua própria teologia da prosperidade e muitos, sem hesitar, abraçaram-na de todo o coração. Porém, o provérbio identifica o verdadeiro perigo que existe na abundância — os que muito têm, facilmente esquecem-se de Deus! Não é necessário olhar a dureza espiritual dos países mais prósperos da terra, para percebermos o quanto a observação do salmista está correta.

Qual deve então ser nossa postura, então? Uma vida em que tudo aconteça em sua justa medida.

Para pensar:
Tanto sei estar humilhado como também ser honrado; de tudo e em todas as circunstâncias, já tenho experiência, tanto de fartura como de fome; assim de abundância como de escassez; tudo posso naquele que me fortalece (Filipenses 4:12,13).

Alcançar a constância

24 de novembro

Peça-a, porém, com fé, em nada duvidando; pois o que duvida é semelhante à onda do mar, impelida e agitada pelo vento. Não suponha esse homem que alcançará do Senhor alguma coisa. TIAGO 1:6,7

Nunca deixo de maravilhar-me de como são assombrosamente pedagógicas as ilustrações da Palavra. Não é por acaso que se diz que uma imagem vale mais do que mil palavras. Para mostrar o quanto as dúvidas afetam profundamente a vida dos discípulos, Tiago, em sua epístola, simplesmente cita as ondas do mar. Qualquer pessoa que alguma vez na vida esteve à beira-mar, entenderá com clareza o princípio aqui mostrado.

Pense por um momento nas ondas. Têm um poder tremendo e podem, quando "enfurecidas", causar enorme destruição. Aqueles que têm experiência com navegação, sabem que não é aconselhável sair ao mar em meio à forte tormenta. Mas, mesmo tendo muita força, as ondas não possuem direção, nem vontade própria. São a manifestação visível das forças do vento e das marés. Não escolhem a direção, mas são impulsionadas por uma força maior que elas. Assim também é o discípulo cheio de dúvidas. Perde o rumo na vida e começa a ficar sob a influência das filosofias que surgem entre os homens. Assim como as ondas, quando essas filosofias estão inflamadas pelo diabo, estas pessoas podem se transformar em verdadeiros instrumentos de destruição.

Para que seus leitores não tivessem dúvidas sobre a ilustração que usou, Tiago descreve a pessoa que duvida — possui "...ânimo dobre, inconstante em todos os seus caminhos" (Tiago 1:8). Aqui está a descrição dos sintomas que tanto afligem a vida de muitos cristãos de nosso tempo. Uma pessoa de "ânimo dobre" é alguém que não tem uma só conduta na vida. Um dia crê uma coisa e no dia seguinte crê em outra. Suas convicções mudam tão rapidamente quanto o clima e produzem, por consequência, uma notável instabilidade. Esta condição a leva ser inconstante; ou seja, não persevera em nada. Facilmente abandona as convicções que são fundamentais para prosseguir em qualquer propósito que tenha.

A raiz das dúvidas não está nas propostas que Deus traz para nossa vida, ainda que, como frequentemente estudamos nesta série, raras vezes as instruções do Senhor nos parecem sensatas. Porém, dizemos que o problema está na própria pessoa de Deus, pois facilmente atribuímos a Ele as mesmas imperfeições que afetam os seres humanos. Isto porque duvidamos da confiabilidade de Sua pessoa. "Será que Ele sabe o que está fazendo? Terá considerado todas as opções? Levou em conta as particularidades de nossas circunstâncias?" A vida nos parece tão complexa que nos custa crer que Ele pode resolver, de forma simples, os problemas que nos preocupam tanto.

Para pensar:
A fé distingue entre a realidade deste mundo e a de Deus. Ela reserva ao Altíssimo uma entrega que não se reserva a nenhum ser humano. Resiste às idas e vindas típicas do homem. Crê, porque o reino da incredulidade é anormal.

Pacto de amigos

Sucedeu que, acabando Davi de falar com Saul, a alma de Jônatas se ligou com a de Davi; e Jônatas o amou como à sua própria alma. Saul, naquele dia, o tomou e não lhe permitiu que tornasse para casa de seu pai. Jônatas e Davi fizeram aliança; porque Jônatas o amava como à sua própria alma. 1 SAMUEL 18:1-3

25 de novembro

Jônatas e Davi nos trazem um dos melhores exemplos de amizade entre duas pessoas. Apesar de passarem grande parte de suas vidas separados, a Palavra mostra que foi forte o compromisso que estes homens assumiram um com o outro. É um bom modelo do tipo de relacionamento que deveríamos ter entre nós, dentro dos limites das congregações em que participamos.

O texto de hoje nos diz que "…a alma de Jônatas se ligou com a de Davi…". Os dois jovens guerreiros certamente tinham muitas coisas em comum, e sentiam o desejo de estabelecer uma amizade significativa. Porém, a expressão "se ligou" parece nos indicar que algo mais foi gerado no coração de Jônatas além de uma simples identificação entre eles dois. É que a verdadeira amizade tem a ver com uma realidade espiritual entre as pessoas, onde os vínculos que os unem têm suas raízes nos espaços mais profundos da alma. Este vínculo espiritual dará ao relacionamento entre duas pessoas a força necessária para lidar com as situações mais adversas da vida, como também com o inevitável desgaste que vem com o inflexível passar do tempo.

Este tipo de vínculo espiritual é algo que deve ser produzido pelo agir do Senhor, mas somente poderá ser gerado em corações que estão dispostos a ir além do superficial em seus relacionamentos com outros. Onde há uma obsessão com a própria vida e o interesse de usar o outro para os projetos pessoais, este tipo de relacionamento não pode ocorrer. As pessoas que entram nesse grau de compromisso são as que valorizam profundamente as demais e estão interessadas em descobrir toda a beleza que Deus depositou nos que estão ao seu redor.

Porém, mesmo que um relacionamento comece num plano espiritual, isto não garante que esta amizade dure para sempre. É neste ponto que podemos ver a maturidade destes dois amigos, pois decidiram fazer um pacto para confirmar o vínculo de amizade. Um pacto é um compromisso que nos livra das flutuações dos sentimentos. É uma promessa de cuidar e nutrir a relação nos bons e maus momentos. Permite que duas pessoas levem sua amizade ao plano de decisões, onde escolhem crescer juntas como resultado de ações concretas. Deste modo, os integrantes do relacionamento podem contribuir de forma verdadeira para o crescimento da amizade, em vez de esperar que aconteça sozinho. Aqueles que assumem esse tipo de compromisso, são os que colherão os frutos mais preciosos que se pode alcançar no plano das relações humanas.

Para pensar:
Com quem você tem esse tipo de relacionamento? De que maneira edificam a amizade? Que aspectos espirituais a edificam?

Cuidar dos nossos

Falou Saul a Jônatas, seu filho, e a todos os servos sobre matar Davi. Jônatas, filho de Saul, mui afeiçoado a Davi, o fez saber a este, dizendo: Meu pai, Saul, procura matar-te; acautela-te, pois, pela manhã, fica num lugar oculto e esconde-te.
1 SAMUEL 19:1,2

26 de novembro

É impossível sabermos o que passou pela cabeça do rei Saul, quando deu ordens para matar a seu oficial mais popular, o homem que salvara a honra de Israel ao derrotar Golias. Mas sabemos sobre a terrível deformação que o pecado produz em nós — semeando no coração ciúmes, ódio, inveja — levando-nos a agredir as pessoas que mais amamos. O fato é que a ordem do rei de Israel não era o simples delírio de um demente. Saul era um homem implacável, disposto a ir até as últimas consequências para livrar-se de Davi. Enquanto permanecesse ao alcance do rei, os dias do jovem pastor de Belém estavam contados.

Não devemos ignorar, tampouco, que qualquer pessoa que ajudasse a Davi, corria o mesmo risco que ele, mesmo que fosse o próprio filho do rei. No capítulo 20 do livro de 1 Samuel, vemos um terrível incidente, quando Saul tentou cravar uma lança em Jônatas, por querer defender seu amigo. De modo que Jônatas era consciente do verdadeiro perigo que corria ao advertir Davi que seu pai procurava matá-lo. Mas ainda assim, não hesitou em lhe procurar e avisá-lo da situação.

Esta característica é uma das marcas que distingue o verdadeiro amigo. Fomos chamados, não somente para desfrutar da companhia e carinho da outra pessoa, mas também para cuidar de seu bem-estar. Ao vermos que corre perigo, seja qual for o motivo, temos a responsabilidade — diria, a obrigação — de nos aproximarmos e falar com aqueles que nos são caros.

É difícil dar este passo por duas razões. Primeira, muitas vezes vemos a situação de perigo, mas cremos que a pessoa perceberá por si mesma. Este perigo pode ser o desenvolvimento de um relacionamento prejudicial com alguém, o investimento exagerado de tempo em alguma atividade, ver pornografia na internet. Realmente não importa qual a dificuldade; o fato é que a situação pode pôr em risco sua própria vida espiritual e o relacionamento com aqueles a quem mais ama. O que está claro para nós, raramente está para a pessoa envolvida. Por esta razão, Deus nos tem dado irmãos e irmãs dispostos a nos alertar no momento oportuno.

A segunda razão para duvidar se devemos falar, é o temor das consequências, talvez a resposta do outro. Talvez temamos sua reação, ou a perda de sua amizade, acreditamos que os outros nos considerarão intrometidos ou que nossas observações são exageradas. Este temor, muitas vezes, nos faz calar quando é tempo de falar. O bom amigo, contudo, sabe que o amor demanda também que cuidemos do bem-estar do próximo e quando o vemos em perigo, devemos agir. Seu futuro pode depender de nossa ação.

Para pensar:
O amigo é aquele que aparece quando os outros desaparecem. —Anônimo

Liderança espiritual

Persuadiste-me, ó S<small>ENHOR</small>, e persuadido fiquei; mais forte foste do que eu e prevaleceste... JEREMIAS 20:7

27 de novembro

O capítulo 20 de Jeremias mostra um dos pontos mais baixos na trajetória do profeta. Ele não foi surpreendido pelo pecado, nem tomou uma decisão errada, mas caiu num momento de depressão e desejava de todo coração, acabar, de uma vez por todas, com o tormento que seu ministério significava. Este tipo de "abatimento" é comum entre os líderes chamados a servir o povo de Deus. Todo líder experimentará ao menos uma vez o desejo de abandonar tudo.

As palavras de Jeremias nos dão uma perspectiva interessante sobre o conceito bíblico do que é a verdadeira liderança. O líder eficaz, raramente busca ser líder. Ao contrário, a maioria resistiu ao chamado que Deus trouxe à sua vida. Teriam preferido estar em outro lugar e em uma tarefa diferente da que o Senhor lhes propunha. Moisés argumentou longamente com Jeová, buscando formas de convencê-lo de que ele não era a pessoa indicada para ir falar com o Faraó. Gideão demorou-se, fez várias "provas" antes de aceitar a missão que o anjo de Deus lhe trouxe. Davi estava ocupado pastoreando as ovelhas de seu pai quando Samuel chegou para ungi-lo como rei. Jeremias, como diz o texto de hoje, foi persuadido pelo Senhor. Não se entregou facilmente, mas Deus foi mais forte que ele e o profeta acabou vencido. Resumindo, estes homens chegaram a ser líderes, apesar de si mesmos.

A trajetória percorrida por eles estabelece claramente uma diferença com a liderança resultante da ambição pessoal. Quantas vezes ouço pessoas, inquietas e queixosas, que revelam insatisfação com suas congregações por não "ocuparem cargos maiores". A trajetória de seus ministérios é uma interminável história de lamentos pelas oportunidades que, supostamente, outros não lhes dão. Porém, o líder que alcançou um alto grau de eficácia em seu ministério, ocupa um cargo que geralmente preferiria não ocupar.

Este fato aconteceu comigo quando entrei em contato com uma congregação que havia perdido seu pastor. Aquela igreja tinha formado um bom grupo de anciãos, mas ao começarem a discutir sobre um possível sucessor, travou-se uma verdadeira batalha campal. A ambição da maioria destes homens, neutralizou seus ministérios e afundou a igreja em uma profunda crise. O interessante do caso é que a única pessoa entre os anciãos que não estava interessada em ocupar esse posto, era justamente a que a igreja desejava como seu pastor.

Assim são as coisas do reino de Deus. Os que querem, não são considerados e os que não querem, são chamados. É a maneira mais eficiente do Senhor para que o ministério não seja impulsionado pela ambição de Seus filhos, mas sim pelo propósito do chamado que Ele nos faz.

Para pensar:
O verdadeiro líder é o que não tem desejos de liderar, mas viu-se obrigado a assumir o papel de líder pela pressão do Espírito Santo e pela urgência da situação. —A. W. Tozer

Ambição espiritual

28 de novembro

Então, se levantou Jônatas, filho de Saul, e foi para Davi, a Horesa, e lhe fortaleceu a confiança em Deus, e lhe disse: Não temas, porque a mão de Saul, meu pai, não te achará; porém tu reinarás sobre Israel, e eu serei contigo o segundo, o que também Saul, meu pai, bem sabe. E ambos fizeram aliança perante o Senhor. Davi ficou em Horesa, e Jônatas voltou para sua casa. 1 SAMUEL 23:16-18

A passagem de hoje nos apresenta um quadro interessante das dimensões que uma amizade cultivada dentro dos princípios espirituais que devem guiar a vida daqueles que amam a Deus pode alcançar. Para entender a profundidade das palavras de Jônatas, é preciso conhecer o contexto em que foram pronunciadas.

Não sabemos com certeza quanto tempo havia se passado desde o desentendimento estabelecido entre Davi e Saul. O fato é que o pastor de Belém já não morava no palácio do rei, como acontecera nos primeiros dias após sua vitória sobre Golias. A inveja de Saul o levara a uma postura cada vez mais hostil para com o jovem, que fugira da presença do rei. A injustiça de sua situação, logo serviu para que outros perseguidos se unissem a ele e formassem um bando de 400 homens. O historiador nos diz que nesse tempo, "Permaneceu Davi no deserto, nos lugares seguros, e ficou na região montanhosa no deserto de Zife. Saul buscava-o todos os dias, porém Deus não o entregou nas suas mãos" (1 Samuel 23:14).

Neste momento de futuro incerto para Davi chegou Jônatas, oferecendo apoio ao amigo, com quem já não podia ser visto em público. Note a frase escolhida pelo autor para descrever a atitude de Jônatas: "e lhe fortaleceu a confiança em Deus". Isto descreve o processo pelo qual uma pessoa, sensível à direção do Espírito, é usada para fortalecer o ânimo de outro.

Que ingredientes compõem este processo de ministrar espiritualmente a alguém? Primeiramente, a disposição de chegar até a pessoa aflita no momento oportuno. Em seguida, a vontade de dizer algo, se é o Senhor que o indica. E por último, a sensibilidade para dizer o que Deus quer dizer e não a primeira coisa que nos vem à mente. Neste ponto, a maioria de nós falha em ser verdadeiros instrumentos nas mãos de Deus, pois intentamos consolar com palavras puramente humanas e ainda ditas fora de tempo.

Observe também o conteúdo das palavras de ânimo ditas por Jônatas. Vemos nelas a verdadeira grandeza deste homem cujo destino original teria sido herdar o trono de seu pai. Mas agora entendia que Deus tinha levantado a outro e estava disposto a pôr-se debaixo de sua liderança, como seguidor. São poucos os homens que conseguem renunciar tão desinteressadamente a um futuro promissor, a fim de promover a vida de quem os substituirá. Esta é a face mais preciosa do amor, quando desejamos que aqueles a quem amamos se deem melhor na vida do que nós.

Para pensar:
Na amizade, uma alma convive em dois corpos distintos. —R. Sibbes

Disciplina ao escutar

Responder antes de ouvir é estultícia e vergonha. PROVÉRBIOS 18:13

29 de novembro

Todo líder deveria conhecer bem a arte do diálogo, pois por meio dela, cultiva-se relacionamentos mais profundos com as pessoas a quem pretende ministrar. Sem estes relacionamentos mais íntimos será difícil conhecer suas lutas e ilusões. O ministério começará, inevitavelmente, a deslocar-se para abstrações ou ensinamentos que são pouco úteis às pessoas.

Um dos aspectos que aquele que deseja cultivar a arte do diálogo deve dominar é saber escutar o outro, porque consiste, precisamente, num intercâmbio de palavras entre dois indivíduos e não em um monólogo. Nestes tempos, no entanto, ouço um lamento generalizado em muitos, porque a maioria das pessoas quer falar, mas são poucos os que desejam ouvir.

O autor de Provérbios usa dois adjetivos para descrever as palavras daquele que se apressa em falar antes de outra pessoa terminar de dizer o que compartilhava: "estultícia e vergonha". Por que usa termos tão duros ao se referir ao simples ato de interromper? Primeiramente, porque a interrupção, demonstra falta de consideração. Na verdade, estamos lhe dizendo que o que temos a dizer é mais importante do que aquilo que eles estão compartilhando. Parecia ser tão importante o que falávamos, que nem sequer concedemos a oportunidade da outra pessoa completar seus pensamentos.

Em seguida, se não permito que a pessoa fale, não terei a oportunidade de entender claramente o que está tentando compartilhar comigo. Se não tenho todos os elementos para avaliar sua mensagem, não posso responder ou opinar com inteligência. Porém, com frequência cremos que sabemos o que a outra pessoa vai dizer. Inclusive lhe dizemos: "já sei o que você vai me dizer", como se possuíssemos algum atributo especial que nos permitisse ler os pensamentos dos outros e assim anteciparmos suas palavras. Muitas vezes tentamos apressar o ritmo da conversa completando as frases do outro. Geralmente, o que dizemos é totalmente diferente do que o outro queria expressar.

O mais eficaz é guardar silêncio e esperar! Isto significa não apenas não interromper, mas também resistir à tentação de nos adiantarmos na elaboração mental de uma resposta. Quando dispomos todo nosso ser para ouvir atentamente a outra pessoa, muitas vezes nossas perguntas respondem-se sozinhas, à medida que ouvimos. E não somente isto, mas também começaremos a perceber o espírito com que nos fala, a intenção de suas palavras e a mensagem por trás delas. Isto é, em última instância, a informação mais valiosa que podemos obter, pois nos permitirá oportunamente falar-lhes ao coração. Esta foi a prática do Mestre da Galileia e uma das razões pelas quais Suas palavras atingiram profundamente o coração de Seus ouvintes.

Para pensar:
Qual é sua tendência ao falar com outros? Como demonstra interesse pelo que estão falando? De que forma você pode resistir à tentação de interromper?

Reunidos em vão

Porém Saul e os homens de Israel se ajuntaram, e acamparam no vale de Elá, e ali ordenaram a batalha contra os filisteus. Estavam estes num monte do lado dalém, e os israelitas, no outro monte do lado daquém; e, entre eles, o vale. 1 SAMUEL 17:2,3

30 de novembro

O texto de hoje inicia o capítulo que relata a vitória de Davi sobre Golias. Como bem sabemos, este foi só um dos episódios de uma longa história de conflitos entre estes dois povos inimigos. Neste incidente, entretanto, encontramos os israelitas paralisados pelo temor. Durante os intermináveis 40 dias o gigante saía de manhã e à tarde, para desafiar os homens do exército de Saul. Porém, não havia entre eles homem algum disposto a enfrentar o filisteu. Os israelitas estavam reunidos, mas isso de nada lhes valia.

As batalhas não são vencidas apenas ao reunir o exército. Convocar os guerreiros é parte da etapa preparatória para confrontar o inimigo, pois caso não o enfrentem logo, de nada adiantará estarem reunidos. Mesmo sendo uma multidão com força superior as do inimigo, as batalhas só são vencidas quando toma-se a decisão de entrar em combate.

De algum modo a imagem dos israelitas que acompanhavam Saul, tão indecisos e passivos no momento em que era necessário mais firmeza, nos oferece uma boa ilustração da igreja quando esta perdeu seu rumo. O fato é que sempre lutou-se contra a tendência de tornar uma reunião num fim em si mesma, quando na verdade o propósito da reunião é preparar as tropas para a batalha. Porém, em muitas congregações o compromisso dos cristãos consiste simplesmente em se reunir e retirar-se — uma prática que não afeta nem intimida o inimigo. Quando a igreja assume esta postura de inércia, seus inimigos tripudiam sobre ela e a ridicularizam por sua falta de intervenção na sociedade em que vivemos.

O propósito para a existência da igreja é ser sal e luz na terra, para anunciar "...as virtudes daquele que vos chamou das trevas para a sua maravilhosa luz" (1 Pedro 2:9). Esta é a continuação do propósito original de Deus em criar um povo para si. A bênção que entregou a este povo deveria resultar também em bênção para aqueles que ainda não foram alcançados por ela, de modo que todas as nações da terra sejam benditas (Gênesis 12:3).

Como líderes é fundamental que foquemos nesta realidade. Nossa função não é promover uma sucessão de intermináveis reuniões para entreter o povo de Deus. Convocamos os filhos de Deus a fim de capacitá-los para a obra do ministério (Efésios 4:12). Deixá-los em estado de passividade, atenta contra os propósitos para os quais foram comprados. A igreja, quando funciona numa dinâmica correta, reúne-se para logo sair, e conquistar novos territórios do inimigo. Esta é a sua vocação e, nem as portas do inferno prevalecerão contra ela!

Para pensar:
A missão sustenta a igreja tanto quanto as chamas sustentam o fogo. —E. Brunner

Faça o que digo...

...tu, pois, que ensinas a outrem, não te ensinas a ti mesmo? Tu, que pregas que não se deve furtar, furtas? Dizes que não se deve cometer adultério e o cometes? Abominas os ídolos e lhes roubas os templos? ROMANOS 2:21,22

A trajetória do líder sempre o levará a situações de dor e angústia que ele preferiria evitar. Estas podem incluir experiências amargas como a oposição, o abandono e a traição. Todas estas situações fizeram parte da vida daquele que foi à nossa frente para nos mostrar o caminho a seguir. O líder maduro é aquela pessoa que chegou a entender que esta verdade está incluída em seu chamado e a aceita como parte do que significa exercer influência sobre outros.

No entanto, existe uma condição que é ainda mais pesada e difícil para o líder tratar, que é a descrita pelo apóstolo no texto de hoje. Trata-se da angústia que persegue aquele que fala e ensina verdades aos outros, mas não as pratica em sua vida. Embora, Paulo se dirigisse aos judeus, esta realidade frequentemente acompanha a nós que temos responsabilidade de formar o povo de Deus. A descrição que ele faz da falsa confiança que acompanha ao judeu, bem poderia ser aplicada aos que pastoreiam o povo de Deus "Se, porém, tu, que tens por sobrenome judeu, e repousas na lei, e te glorias em Deus; que conheces a sua vontade e aprovas as coisas excelentes, sendo instruído na lei; que estás persuadido de que és guia dos cegos, luz dos que se encontram em trevas, instrutor de ignorantes, mestre de crianças, tendo na lei a forma da sabedoria e da verdade" (Romanos 2:17-20).

É, justamente, este conhecimento mais aprimorado da Palavra que nos leva a crer que estamos em outra dimensão da vida espiritual. Confiamos que essa percepção maior da verdade de Deus, juntamente com a função a nós concedida para ajudar aos que andam em ignorância, é praticamente o mesmo que viver o modo de como pregamos a outros. Porém, nossas habilidades como comunicadores não podem extinguir o insistente testemunho de nosso próprio espírito, que nos diz que não estamos posicionados onde o Senhor deseja que estejamos — na prática da vida espiritual. O líder que ainda conserva a sensibilidade da existência deste inconveniente em sua vida pessoal, não suportará por muito tempo tal dicotomia — o que prega e o que vive.

Quer isto dizer que não podemos falar nem ensinar sobre algo que não tenhamos experiência? De modo algum! Não é necessário divorciar-se para poder falar com autoridade sobre o divórcio. Mas devemos sim saber que nossa autoridade tem relação direta com o nosso compromisso de viver o que ensinamos a outros. Sua pregação terá mais respaldo, se a sua vida estiver de acordo com o que prega, do que pela eloquência de suas palavras ao elaborar seus apontamentos.

Para pensar:
A prática da vida espiritual é o que torna o líder eficaz.

O escudeiro

Sucedeu que, um dia, disse Jônatas, filho de Saul, ao seu jovem escudeiro: Vem, passemos à guarnição dos filisteus, que está do outro lado. Porém não o fez saber a seu pai. 1 SAMUEL 14:1

2 de dezembro

Se você nunca leu o incidente narrado no capítulo 14 do primeiro livro de Samuel, não perca a oportunidade de fazê-lo hoje. Encontramos aqui uma dessas incríveis histórias que acompanham a vida daqueles que se dispõem a avançar por fé nos projetos de Deus. O capítulo tem somente dois personagens — Jônatas e seu escudeiro. O protagonista, como sempre, é o Senhor dos exércitos.

Assim como em tantas ocasiões, os filisteus tinham subido contra os israelitas acampados no desfiladeiro de Micmás. Saul já dava mostras da inquietante característica que terminaria com seu reino: a falta de habilidade para liderar seu exército em momentos decisivos. Como os filisteus tinham o monopólio na fabricação de espadas, os israelitas estavam desprovidos de armas para enfrentar o inimigo. A inércia tomou conta dos 600 homens que acompanharam ao rei, e é nessa situação que os encontramos no início deste capítulo. Em meio a essa situação de indecisão, Jônatas decide tomar a iniciativa e atacar os filisteus, levando consigo apenas uma espada.

A valentia de Jônatas está muito bem registrada nas Escrituras, porém o que desconhecemos completamente é a identidade deste escudeiro que o acompanhou em tão intrépida aventura. Permanece anônimo, ainda que sua façanha esteja registrada nas crônicas dos grandes e, seguramente, seu galardão celestial será precioso.

Apesar de não conhecer a identidade deste herói, nem ter informações sobre suas origens, gostaria de destacar o papel do escudeiro na vitória de Israel. O mais provável é que este pajem de armas era jovem e inexperiente em combates. Justamente por isto, foi lhe designado a tarefa de carregar as armas dos guerreiros. Apesar da insignificante responsabilidade, todo líder precisa de seus "escudeiros", se é que deseja obter conquistas significativas para o Senhor. Os escudeiros são aquelas pessoas sem ambição, dispostas a ocupar o lugar designado e a exercer com humildade a tarefa que lhes foi confiada. Entendem que sua fidelidade nesta função permitirá, eventualmente, que ascendam a projetos de maior relevância. De fato, a fidelidade incondicional deste homem o permitiu participar plenamente da vitória que obteve Jônatas, pois o texto nos diz que "…e os filisteus caíram diante de Jônatas, e o seu escudeiro os matava atrás dele. Sucedeu esta primeira derrota, em que Jônatas e o seu escudeiro mataram perto de vinte homens…" (1 Samuel 14:13,14).

O líder sábio saberá valorizar a contribuição de seus escudeiros e estará disposto a dividir seus triunfos com ele. Verá neles guerreiros em potencial e investirá cuidadosamente em suas vidas. No futuro, pela graça de Deus, serão eles a empunhar armas contra o inimigo.

Para pensar:
Os grandes nunca se consideram grandes. Os pequenos nunca se consideram pequenos.
—Anônimo

Bem-aventurados em tudo!

Mas aquele que considera, atentamente, na lei perfeita, lei da liberdade, e nela persevera, não sendo ouvinte negligente, mas operoso praticante, esse será bem-aventurado no que realizar. TIAGO 1:25

3 de dezembro

Tiago, o mestre eminentemente prático nos escritos do Novo Testamento, nos dá as chaves para não nos tornarmos ouvintes negligentes. A frase descreve com admirável simplicidade a condição de não poder reter a informação que guia a conduta ou o proceder na vida. Isto pode ser algo tão simples como ir até o quarto e não conseguir se lembrar porque razão foi lá, ou algo muito mais complexo quanto a perda da memória produzida por uma enfermidade tão temível como o Alzheimer. Na prática, os resultados são os mesmos, pois ficamos desorientados, sem saber como proceder. Do mesmo modo se poderia descrever a pessoa que não retém a Palavra de Deus. Se alegra com a proclamação da mesma, mas não lhe confere nenhuma utilidade em sua vida pessoal. A exemplo do maná recolhido em excesso pelos israelitas no deserto (Êxodo 16:20), a palavra se "decompõe" e é rapidamente esquecida. Não devemos nos desesperar por esta condição tão comum nestes tempos em que estamos saturados da Palavra.

Tiago, em sua epístola, nos dá claras instruções para sermos bem-aventurados em *tudo* o que fizermos. Esse itálico não está no texto por erro, mas para que você e eu nos lembremos de que, quem vive a Palavra tem promessa de bênção, e bênção "em abundância", como afirmou Cristo. Não se deve confundir isto com uma vida sem problemas, que é a interpretação simplista do texto. Deus promete respaldar a vida daqueles que vivem conforme Seus desígnios, mesmo quando passam por situações de extrema dificuldade. Além disso, não se deve esquecer de que esta bem-aventurança alcança os que praticam a Palavra de Deus, não os que a ouvem, estudam ou memorizam. Existe uma grande diferença entre o exercício intelectual, que envolve essas últimas opções, e o esmero que é condição indispensável para os que vivem na prática da Palavra.

Quais são as instruções de Tiago? Primeiramente, devemos olhar "atentamente" para a lei perfeita. Esta atitude indica uma concentração dos sentidos que não pode ser alcançada com uma leitura superficial do texto. É fruto da convicção de que os tesouros mais preciosos da Palavra estão ao alcance daqueles que estão realmente dispostos a buscá-los, esperando a revelação do Espírito Santo. Pressupõe o desejo de ocupar-se com seriedade com o estudo de Seus mandamentos.

Tiago também nos exorta a perseverarmos na Palavra, sendo um "operoso praticante". A que ele se refere? Justamente ao resultado do estudo das Escrituras. Deus não entrega Sua verdade para informar nem entreter, mas sim para orientar ações concretas. Assim, o resultado será nos acionar a fazer algo. Somente aqueles que obedecem a esse impulso divino, alcançarão a plenitude da bênção, pois a obediência libera o respaldo do Altíssimo.

Para pensar:
A perseverança é necessária porque nem a carne nem o mundo nos acompanharão no desejo de viver na luz. A vitória é daqueles que permanecem no propósito.

Vender-se ao inimigo

Também com os filisteus dantes havia hebreus, que subiram com eles ao arraial; e também estes se ajuntaram com os israelitas que estavam com Saul e Jônatas.
1 SAMUEL 14:21

4 de dezembro

O capítulo 14 do primeiro livro de Samuel relata a extraordinária façanha de Jônatas, que avançou contra os filisteus apenas acompanhado de seu pajem de armas. O Senhor premiou sua valentia com uma vitória tão incrível que encorajou a Saul e suas tropas que tinham estado paralisadas pela indecisão. A iniciativa do jovem guerreiro desencadeou uma série de conquistas, uma das quais, detalhada no texto de hoje: os israelitas que tinham se vendido ao inimigo decidiram voltar a unir-se aos seus compatriotas.

O que faziam esses homens colaborando com os filisteus? Como puderam passar para o lado daqueles que atormentavam constantemente o povo de Deus? Para entender a razão de tal decisão, precisamos entender que Israel estava numa situação desesperadora. Os filisteus, que tinham o monopólio da fabricação de espadas, se lançaram em batalha contra eles. Entre os 600 homens que acompanhavam o desafortunado rei Saul, havia somente duas espadas, as quais estavam nas mãos do rei e de seu filho. Como esses homens poderiam fazer frente a um exército fortemente armado? Alguns dos hebreus, vendo que estavam perdidos, decidiram arriscar sua sorte com os que certamente triunfariam — os filisteus. Não queriam, de maneira alguma, estar do lado dos perdedores.

Essa decisão revela o profundo desejo das pessoas de fazer parte do grupo dos que vencem na vida. O êxito quase sempre vem da atitude de respeito e reconhecimento daqueles que estão ao nosso redor e, por crescermos em um mundo caído, isto satisfaz o intenso desejo de ser aceito pelos outros. O problema é que este desejo pode nos levar a buscar a aceitação sem medir o preço a ser pago — até mesmo ao ponto de "vender nossa alma por um prato de lentilhas".

Como líderes devemos vigiar contra o desejo de agradar outros. Há ocasiões em que estamos tão desesperados para que nosso projeto prospere, nossa congregação cresça ou nosso programa atinja boa audiência, que nos dispomos a lançar mão de qualquer método a fim de alcançar essa meta. Sem perceber, podemos começar a negociar com os princípios de um ministério aceitável aos olhos de Deus. Podemos ainda chegar a cruzar a linha do inimigo, incorporando as técnicas, filosofias e princípios que asseguram o sucesso no mundo. Por isso, muitos pastores comportam-se mais como gerentes do que como servos. No entanto, nós somos chamados a permanecer firmes nos princípios do reino. Nosso destino está selado com Jesus e não devemos fraquejar, mesmo que pareçamos cercados pelo inimigo. As verdades de Deus são inegociáveis e Ele ampara a vida daqueles que se mantêm firmes, inclusive quando a maior parte tiver se vendido ao inimigo. Ainda assim, seguimos sendo maioria!

Para pensar:
Bem-aventurado o homem que põe no Senhor a sua confiança e não pende para os arrogantes, nem para os afeiçoados à mentira (Salmo 40:4).

Totalmente inadequados

Abraão, esperando contra a esperança, creu, para vir a ser pai de muitas nações, segundo lhe fora dito: Assim será a tua descendência. E, sem enfraquecer na fé, embora levasse em conta o seu próprio corpo amortecido, sendo já de cem anos, e a idade avançada de Sara. ROMANOS 4:18,19

5 de dezembro

Sempre é difícil percebermos a verdadeira dimensão das provações que os grandes heróis da fé enfrentaram. Em parte, isto acontece porque não temos muita capacidade de captar o sofrimento daqueles que nos cercam. Tampouco nos ajuda saber o desfecho da história, pois nos parece que sua resolução é mais simples do que na realidade foi.

O texto de hoje nos dá uma boa ideia da luta enfrentada pelo patriarca. O Senhor lhe havia prometido um filho, além de dizer-lhe que seria pai de muitas nações. Abraão, porém, habitava em um corpo debilitado. Aqueles de nós que já têm alguns anos de vida, não necessitamos que outros nos deem testemunho disto. Basta olharmos, por um momento, no espelho para encontrar as marcas do tempo. Como se isto não fosse suficiente, diariamente sentimos as limitações físicas que vêm com o avanço dos anos. Nos agitamos com maior facilidade. Temos que cuidar ao levantar pesos, para não ter dores nas costas. O que e o quanto comíamos na juventude já não nos cai bem no estômago. Quando tentamos ler as letras pequenas no jornal, lembramos que nossos olhos já não enxergam com a mesma facilidade do passado. Ou seja, percebemos que o passar do tempo deixou suas marcas.

Por razões semelhantes a estas, quando Abraão recebeu a promessa de Deus que iria gerar um filho, não pôde evitar de olhar para suas limitações, a fim de alcançar este feliz acontecimento. Os anos iam passando e frustravam-se as tentativas para que Sara engravidasse. Poderia até mesmo parecer que a promessa de Deus havia sido uma cruel brincadeira. No entanto, devemos nos lembrar de que este é o modo mais frequente do Senhor agir. Parece que Ele deleita-se em escolher homens e mulheres absolutamente destituídos de pensamentos que os inspirem a crer que são capazes para tarefa. Muitos pensam que Deus cometeu um grave erro com eles. Como, por exemplo, poderia escolher um gago para a delicada tarefa diplomática diante do poderoso faraó?

Não existe qualquer erro no chamado, meu amado. É por causa de nossas fraquezas que pessoas como você e eu fomos escolhidos para servir ao nosso Deus, para sermos obrigados a depender inteiramente de Sua graça. Sentir-se inadequado, ainda que nos provoque sensações de temor e dúvida, é a melhor condição para avançar com êxito nos projetos de Deus. Devemos, portanto, imitar a fé de Abraão, que não levou em conta sua própria condição para julgar a proposta de Jeová, "…e isso lhe foi imputado para justiça" (Gênesis 15:6).

Para pensar:
De que maneira você reage quando se sente inadequado para a tarefa? Como pode transformar suas fraquezas em degraus para o sucesso?

O privilégio de ofertar

...a graça de Deus concedida às igrejas da Macedônia; porque, [...] eles, testemunho eu, na medida de suas posses e mesmo acima delas, se mostraram voluntários, pedindo-nos, com muitos rogos, a graça de participarem da assistência aos santos. 2 CORÍNTIOS 8:1-4

6 de dezembro

Talvez nenhum elemento mostre tão fielmente o grau de nosso compromisso com Cristo quanto nossa relação com o dinheiro. Muitos cristãos sérios revelam um verdadeiro desconhecimento de como administrar seus bens sendo cidadão do reino dos céus. Mesmo acostumados a exortar as pessoas em nossas congregações com o texto "...Deus ama a quem dá com alegria" (2 Coríntios 9:7), desconhecemos as dinâmicas que estão em jogo na oferta que nasce da ação do Espírito Santo em nós.

O texto de hoje nos dá uma boa orientação sobre o tema. Primeiramente, é bom que observemos que Paulo declara que o ocorrido na igreja da Macedônia é por graça de Deus. É importante ressaltar essa verdade porque ofertar não é algo natural nem normal aos seres humanos. Ao contrário, o homem natural pensa somente em suas próprias necessidades. Mesmo depois de Cristo quebrar essa tendência em nós, necessitamos de muita graça para podermos abrir o coração e a carteira, a fim de começarmos a agir com generosidade em relação aos outros.

Em seguida, observa-se que a igreja de Macedônia, apresentada como modelo de generosidade no Novo Testamento, atravessava um tempo de profundas tribulações. Provavelmente resultado das perseguições que a igreja primitiva sofria, cada vez com mais violência por todo o império. De qualquer maneira, o que vale a pena notar aqui, é que as aflições não conseguiram desviar a congregação de seu propósito. Aqueles que passaram por profundas angústias, sabem o quanto é fácil tornar-se completamente cego às necessidades do próximo, nestas circunstâncias.

Em terceiro lugar, vemos que ofertaram em meio a uma situação de "profunda pobreza". É neste ponto que mais percebemos a diferença de nossas próprias tendências, pois quando passamos por dificuldades econômicas, uma das primeiras coisas que sacrificamos é a nossa oferta. Os macedônios entendiam que a melhor maneira de combater a amargura e o desgosto que acompanham a pobreza era com um espírito de absoluta liberalidade. Assim, asseguravam-se que não era o dinheiro que controlava sua felicidade nem o que lhes proporcionava segurança na vida.

Por último, note que pediram a Paulo que lhes concedesse o privilégio de ofertar. Que tremenda atitude! Ninguém teve que implorar a eles que ofertassem. Pelo contrário, eles sentiam que perderiam uma grande bênção se não o fizessem. Isto sim que é uma convicção nascida do Espírito Santo, pois sempre lutamos com a ideia de que dar é perder. Eles sabiam que a oferta era um grande modo de ganhar.

Para pensar:
A quem dá liberalmente, ainda se lhe acrescenta mais e mais; ao que retém mais do que é justo, ser-lhe-á em pura perda (Provérbios 11:24).

Crer com o coração

7 de dezembro

Porém que se diz? A palavra está perto de ti, na tua boca e no teu coração; isto é, a palavra da fé que pregamos. Se, com a tua boca, confessares Jesus como Senhor e, em teu coração, creres que Deus o ressuscitou dentre os mortos, serás salvo. Porque com o coração se crê para justiça e com a boca se confessa a respeito da salvação.
ROMANOS 10:8-10.

Para compreender melhor o funcionamento do ser humano, é importante identificar as diferentes áreas que o compõe — o corpo, a mente, a alma e o espírito (ou coração). A pessoa completa é aquela que conseguiu um bom grau de desenvolvimento em cada uma destas áreas da vida. Em nossos tempos, no entanto, vemos que o homem vive os seus dias de maneira cada vez mais fragmentada, mostrando uma grande disparidade nos níveis de desenvolvimento alcançados entre os diferentes elementos que são parte de sua humanidade.

Quando consideramos o homem contemporâneo, observamos que, sem dúvida, este possui um alto grau de desenvolvimento intelectual. O processo educativo formal, que é quase exclusivamente mental, ocupa pelo menos um terço da vida do ser humano. Vivemos também numa época em que o acesso a todo tipo de informação sobre temas diversos, têm-se proliferado como nunca antes. Alguém já disse que um jornal de qualquer uma de nossas grandes cidades de nosso continente contém mais informações do que uma pessoa do século 17 podia acumular em toda sua vida.

Esta verdadeira avalanche de informações, incrivelmente, não tem produzido pessoas mais saudáveis ou equilibradas. Ao contrário, parece que a distância que separa o desenvolvimento mental, do desenvolvimento emocional ou espiritual é cada vez maior. O grau de disparidade entre estas diferentes facetas de nossa humanidade tem chegado a níveis alarmantes, e produzido pessoas altamente desenvolvidas intelectualmente. No entanto, muitas vezes, tais pessoas são primitivas emocional ou espiritualmente.

Isto representa um verdadeiro obstáculo para aqueles que desejam entrar em uma dimensão mais profunda da vida espiritual. A linguagem principal no reino dos céus é a espiritual, porém, este é o aspecto do ser humano que apresenta menor evidência de desenvolvimento. No texto de hoje, no entanto, Paulo afirma que o ato de crer, para os filhos de Deus, é uma ação que ocorre primordialmente na esfera do coração. É uma convicção espiritual que desafia as estruturas intelectuais que utilizamos para analisar e entender todos os demais aspectos da vida. No intelecto, a mente se move confiante frente aos desafios normais deste mundo, contudo, no espiritual tem que contentar-se com um rol secundário. Não significa que a mente não tenha sua função na vida espiritual, mas que esta é limitada em sua capacidade de sondar os mistérios de Deus. A pessoa madura em Cristo não alcança este crescimento por ter compreendido que as propostas de Deus são lógicas e fáceis de entender, mas porque compreendeu e aceitou que é produto de um relacionamento com o Senhor.

Para pensar:
A convicção espiritual que move a vida do discípulo está diretamente ligada à sua proximidade de Deus. Quanto maior a intimidade, maior certeza de que o caminho traçado pelo Espírito Santo é o correto.

Dons bem usados

...tendo, porém, diferentes dons segundo a graça que nos foi dada: se profecia, seja segundo a proporção da fé; se ministério, dediquemo-nos ao ministério; ou o que ensina esmere-se no fazê-lo; ou o que exorta faça-o com dedicação; o que contribui, com liberalidade; o que preside, com diligência; quem exerce misericórdia, com alegria. ROMANOS 12:6-8

Durante a última etapa de Seu ministério terreno, o Senhor compartilhou com os discípulos a parábola dos talentos. Nesta parábola (Mateus 25:14-30) Jesus deixou bem claro que quando Ele estivesse ausente fisicamente, esperaria deles um bom uso dos talentos que haviam recebido de Deus. O resultado que desejava dos diferentes servos não era igual para cada um deles, mas proporcional ao que tinham recebido. Todos eles, no entanto, receberiam sua recompensa pela boa administração dos bens do rei.

Paulo, no texto de hoje, mostra uma ideia similar. Cada uma das pessoas que compõe o Corpo de Cristo recebeu dons. Nenhum de nós escolheu o que nos foi entregue, mas Deus reparte a cada um, em particular, segundo Sua própria sabedoria e as necessidades da igreja (1 Coríntios 12:11). Nisto o Pai, que conhece até mesmo os aspectos de nossa vida que desconhecemos, entrega dons que complementarão com perfeição as particularidades de nossa personalidade e história pessoal.

O apóstolo deseja que os irmãos da igreja de Roma adquiram consciência de que eles têm a responsabilidade de agregar algo a esses dons que receberam, que devem comprometer-se a usá-los de forma que agrade a Deus. Quer dizer, o dom alcança seu melhor grau de eficiência quando sua prática é acompanhada da atitude que lhe corresponde — a profecia deve ser acompanhada pela fé; o serviço, por atos de assistência; a liderança, por um espírito compassivo e generoso etc.

É importante ressaltar este princípio, pois para o líder parece fácil levar adiante seu ministério somente na força do dom que lhe foi concedido. Um bom exemplo disto é Salomão, que pediu a Deus que lhe desse sabedoria para governar o povo. O Senhor ouviu esta petição e lhe concedeu seu pedido (1 Reis 3:10-15). Não obstante, o rei, rapidamente, se desviou do caminho de seu pai Davi. Tomou para si mulheres de outras nações, claramente contrariando o estabelecido pela lei. Investiu enorme quantidade de recursos para construir um luxuoso palácio para si mesmo. A sabedoria que havia recebido deixou de ser útil e por fim, acabou escrevendo o livro de Eclesiastes, uma obra pessimista que testemunha sobre a "vaidade" do caminho percorrido por Salomão.

Cada líder tem a responsabilidade de usar bem os dons recebidos. Isto significa que deverá adicionar ao dom o esforço, a disciplina e a prática que garantem que esse dom alcance seu potencial máximo. Deste modo, o líder terá a garantia de todo o respaldo e bênção de Deus no ministério que lhe foi confiado.

Para pensar:
Qual é o dom que você recebeu de Deus? Que passo você deu para cultivar seu uso? Que pode fazer para continuar desenvolvendo seu dom?

O perigo de andar só

O solitário busca o seu próprio interesse e insurge-se contra a verdadeira sabedoria.
PROVÉRBIOS 18:1

9 de dezembro

Um dos desafios que a responsabilidade de ser líder apresenta é saber como lidar com a solidão. O peso de discernir os propósitos de Deus para o povo e conduzi-lo pelo caminho que permitirá o seu cumprimento, em última instância repousa sobre os ombros daquele que é chamado para essa função. Mesmo que esteja cercado de conselheiros e colaboradores, a responsabilidade final é exclusivamente do líder e isto inevitavelmente o levará a momentos de solidão. Moisés experimentou momentos de grande solidão quando teve que interceder sozinho pelo povo que tinha se prostituído em adoração ao bezerro de ouro. Do mesmo modo, o Senhor Jesus viveu sozinho Sua angústia no Getsêmani. Talvez a falta de sensibilidade quanto ao enorme peso que estava sobre os ombros do Mestre é o que finalmente fez que os discípulos dormissem.

Há, porém, um tipo de solidão que não é inerente ao cargo de liderança, mas é o resultado de nossa natureza caída. É a esta condição que o autor do texto de Provérbios refere-se em nosso texto devocional. Outra versão bíblica traduz desta forma o versículo: "Quem se isola busca interesses egoístas e se rebela contra a sensatez" (NVI). Imediatamente percebemos a que se refere o texto, pois vemos diariamente as manifestações de egoísmo, não somente nos outros, mas também em nossa própria vida. Sua perspectiva da vida pode resumir-se em uma só palavra: EU. Em todo momento o único assunto que interessa ao egoísta é a sua própria pessoa — Fala de si mesmo, serve-se a si mesmo e trabalha somente para seu próprio benefício.

Gosto desta tradução porque capta a sutileza do egoísmo. Viver ilhado mostra uma postura que evita o contato com os outros. Entendamos que aqui não se faz referência ao isolamento da pessoa que vive em uma região remota do país ou no campo. É mais uma separação que surge do desejo de evitar relacionamentos significativos com outros, sabendo que tais relacionamentos naturalmente produzem intercâmbios transformadores. O que vive isolado não quer correr o risco dos outros interferirem em sua vida porque este busca seus próprios interesses e se convence de que ninguém o entende.

Nenhum de nós acredita que não somos pessoas egoístas. Para saber a verdade, no entanto, podemos estudar o versículo de hoje. Primeiro, busquemos o sintoma, que é o de se aborrecer com os conselhos contrários ao que pensamos, e logo saberemos que tipo de pessoa somos. O que age assim, certamente se isolou para fazer sua própria vontade.

Para um líder viver isolado é particularmente perigoso, porque conduz o povo a seguir seu egoísmo. Estes acabam sofrendo as consequências deste tipo de condição que o líder falsamente atribui ao ministério. Isto não é solidão, mas tolice.

Para pensar:
Quem são os seus conselheiros? De que maneira você reage quando outros lhe dão conselhos? Quando foi a última vez que recebeu um conselho que resultou em benefício para sua vida?

Perigo de intoxicação

Como o crisol prova a prata, e o forno, o ouro, assim, o homem é provado pelos louvores que recebe. PROVÉRBIOS 27:21

10 de dezembro

O processo de purificar metais preciosos não é muito complexo e já era conhecido nos tempos bíblicos. O metal, que em seu estado natural está misturado com todo tipo de impurezas minerais, é submetido a um intenso processo de aquecimento. O calor produzido pelo fogo separa os elementos que possuem diferentes pontos de fusão, deixando apenas a prata ou o ouro puro.

A ilustração do autor de Provérbios nos ajuda a entender um processo similar de purificação pelo qual passa o homem. É muito fácil para cada um de nós confiar na própria capacidade para realizar uma avaliação correta do verdadeiro estado de nosso coração. Também faz uma pergunta para a qual todos conhecemos a resposta: "Quem pode dizer: Purifiquei o meu coração, limpo estou do meu pecado?" (Provérbios 20:9). É impossível que o homem purifique seu próprio coração, principalmente no que se refere ao orgulho e à humildade.

O texto de hoje nos dá uma solução mais confiável. Uma boa maneira de saber o tipo de pessoa que somos ou são aqueles com quem trabalhamos, é medir suas reações diante de elogios. Assim como as mais severas provas, o elogio tende a trazer à luz as motivações e atitudes escondidas no mais profundo do ser humano.

Existem duas possíveis respostas, diante do elogio, que devem nos preocupar. A primeira é a pessoa que se acha muito importante e crê que suas conquistas são produto de sua própria força e inteligência. Esta pessoa está transitando por um caminho perigoso porque se esqueceu de que tudo o que temos e somos é o resultado da generosa bondade de Deus para conosco. O que é nosso não tem mérito, porque tudo que é bom e justo procede do alto. "...O homem não pode receber coisa alguma se do céu não lhe for dada" (João 3:27). Jesus nos lembra desta verdade ao contar a parábola do servo que servira fielmente a seu senhor, não somente no campo, mas também na casa. Acaso o senhor devia lhe agradecer pelo que fez? A resposta de Jesus foi clara: "Assim também vós, depois de haverdes feito quanto vos foi ordenado, dizei: Somos servos inúteis, porque fizemos apenas o que devíamos fazer" (Lucas 17:10).

A outra reação que inspira cuidados é a da pessoa excessivamente "humilde" que se recusa a reconhecer que teve parte no sucesso de algum projeto. Suspeito que esta atitude revela uma estranha manifestação de orgulho, pois a falta de disposição em receber presentes que outros nos querem dar, também se deve a altivez. A verdadeira humildade sabe dar, mas também sabe receber.

Equivale, então, agradecer àquele que nos oferece o elogio e em seguida entregá-lo ao nosso Pai, não os acumulando em nosso coração. A melhor maneira de tratar com o elogio é não dando a ele muita importância.

Para pensar:
Os orgulhosos se aborrecem com o orgulho [...] nos outros! —Benjamin Franklin

O antilíder

... todo homem que tinha alguma demanda para vir ao rei a juízo, o chamava Absalão a si [...] Dizia mais Absalão: Ah! Quem me dera ser juiz na terra, para que viesse a mim todo homem que tivesse demanda ou questão, para que lhe fizesse justiça! 2 SAMUEL 15:2-4

A estratégia usada por Absalão para conquistar o coração do povo nos permite entender como uma pessoa pode agir com astúcia para minar o trabalho de um líder. Absalão não confrontou diretamente a seu pai Davi, antes começou a trabalhar sutilmente com as pessoas que apoiavam o rei. Esta forma de agir nada mais é que imitar a metodologia do próprio diabo, que trabalha sutilmente no coração das pessoas para que resistam à vontade do Pai. Do mesmo modo, o jovem israelita se pôs à porta da cidade e fingiu ter um interesse verdadeiro na vida de cada uma das pessoas que vinham para ver seu pai.

É necessário frisar que isto não teria acontecido se Davi estivesse preocupado em atender às necessidades de seu povo. Com o passar dos anos, no entanto, o rei havia se distanciado de sua gente e negligenciado a função vital de pastoreá-los — tarefa para a qual havia sido chamado. A insatisfação e a frustração deles, constituíram-se em terra fértil para que Absalão semeasse a discórdia em seus corações.

Por esta razão, podemos afirmar que é difícil enganar o coração das pessoas que se sentem amadas e cuidadas. Quando um pastor sofre este tipo de problemas, muitas vezes é uma indicação de que não está atendendo adequadamente às necessidades de sua gente. Como um sábio professor meu frisava, "é difícil roubar ovelhas gordas!" Isto quer dizer que as únicas ovelhas que escutam propostas para irem a outros campos são as que não estão sendo corretamente alimentadas no lugar onde estão.

Qual é a estratégia a seguir com o antilíder? Estas situações não se resolvem com agressões aos "Absalões" de nosso meio. Antes temos que fazer os ajustes necessários em nosso pastoreio, assegurando-nos de que as pessoas da congregação estejam sendo adequadamente pastoreadas. Isto não significa que você e eu temos que levar adiante um ministério perfeito, mas que devemos nos esforçar para que a meta principal de nosso trabalho seja compartilhar o amor e a graça de Cristo com aqueles a quem ministramos. Se eles se sentem amados e valorizados pelo seu pastor, será muito difícil que escutem as propostas de alguém que queira levá-los para outro lugar.

Para pensar:
De que maneira você demonstra seu amor às pessoas as quais está pastoreando? Em que aspectos seu ministério precisa melhorar para atendê-las melhor? Com quem você compartilha a carga de atender adequadamente as necessidades de sua congregação?

Pagar o preço

12 de dezembro

À vista disso, muitos dos seus discípulos o abandonaram e já não andavam com ele. Então, perguntou Jesus aos doze: Porventura, quereis também vós outros retirar-vos? JOÃO 6:66,67

Uma característica que faz uma grande diferença entre o estilo de liderança de Jesus Cristo e o que se tornou popular em nossos tempos é a forma de proclamar a verdade de Deus. Sem querer ofender, Jesus não temia proclamar os aspectos mais radicais do reino dos céus. Nós, no entanto, vivemos numa época em que se considera fundamental não afastar as pessoas com posturas consideradas duras demais. Por esta razão, muitas vezes nos inclinamos para um evangelho que parece conter exclusivamente uma longa lista de benefícios, que exigem pouco ou nada do discípulo em questão de entrega.

Nos evangelhos encontramos vários incidentes em que os ensinamentos de Jesus foram considerados como uma afronta por aqueles que os escutaram. Parece que até mesmo os discípulos estavam preocupados com isto, pois em algumas ocasiões eles mesmos chamavam a atenção do Mestre para a reação que havia provocado, como se esperassem que Ele se retratasse (Mateus 5:12). A passagem de hoje também capta um desses momentos em que a palavra do Messias resultou por demais embaraçosa aos ouvintes. A partir desse momento, afirma o evangelista, muitos discípulos deixaram de segui-lo.

Não vemos Jesus preocupado por este acontecimento. Ele não saiu correndo atrás deles para tratar de reparar a situação, buscando detê-los a qualquer custo. Sabia que se não houvesse uma decisão radical de segui-lo, sem importar o custo disso, certamente acabariam em uma vida espiritual medíocre e morna. Longe de estar preocupado, ao ver alguns partindo, Jesus confrontou aos discípulos com uma pergunta que exigia deles uma definição: "Porventura, quereis também vós outros retirar-vos?".

A reação de Cristo parece estranha à nossa sensibilidade pós-moderna, mas tem sua razão de ser. Um discípulo deve ter não somente a consciência de que seguir ao Mestre tem custo, como também deve demonstrar disposição a pagar esse preço. Caso contrário, passará a vida dependendo de alguém para sustentá-lo.

Este princípio nos deixa uma importante lição para nossa própria vida. Em nossa ansiedade por formar discípulos com responsabilidade, podemos acabar nós mesmos fazendo todo o esforço, querendo assegurar o compromisso daqueles a quem estamos formando, com uma entrega incondicional de nossa parte. Em minha experiência pastoral, raramente os resultados permanecem quando assumimos todo o esforço. Cedo ou tarde as pessoas em quem estamos investindo chegam ao ponto em que precisam decidir se vão começar a trabalhar em sua própria vida, seja qual for o custo desta decisão.

Pedro respondeu pelos discípulos: "…Respondeu-lhe Simão Pedro: Senhor, para quem iremos? Tu tens as palavras da vida eterna; e nós temos crido e conhecido que tu és o Santo de Deus" (João 6:68,69). Ele sabia que a vida teria muitas dificuldades pela frente, mas também tinha a certeza de que não estar com Jesus era perder tudo. Apegados à esta verdade, decidiram pagar o preço de seguir o Messias.

Para pensar:
Qual é seu estilo de liderança? Quanto sacrifício você faz pelas pessoas nas quais está investindo? Quanto sacrifício eles fazem para serem formados?

Pureza de olhos

Fiz aliança com meus olhos; como, pois, os fixaria eu numa donzela? JÓ 31:1

13 de dezembro

Que interessante essa frase que Jó utiliza para descrever seu desejo de não pecar com os olhos! Permite-nos entender que o patriarca, em algum momento de sua vida, tomou a decisão consciente de guardar seus olhos para que não fossem instrumentos de iniquidade. Apesar de ter vivido em uma época desprovida da contaminação visual, que literalmente salta aos nossos olhos em nossos dias, ele sentia igualmente o perigo de fixar os olhos no que não lhe convinha.

Se sabemos que o pecado realmente é uma condição que afeta nosso espírito, pode parecer desnecessário disciplinar os olhos para que não nos levem pelo caminho do mal. Jó, no entanto, entendia que os olhos são as janelas pelas quais entram aquelas imagens que afetam a condição do coração. Na verdade, se considerarmos por um instante a maneira como o ser humano é estimulado, compreenderemos quão vital é a função dos olhos. Os empresários investem muito tempo e dinheiro em decorar suas vitrines, pois uma fachada atraente conquistará clientes. Se nos aproximamos de uma livraria que vende revistas, poderemos observar o cuidado com que as imagens das capas, de cada publicação, têm sido elaboradas. Na realidade, sabe-se que a capa é um dos elementos decisivos na venda de uma revista. Do mesmo modo podemos parar e pensar no esforço que se emprega na criação de *designs* de carros, eletrodomésticos ou panfletos de turismo que sejam atraentes. Tudo isso apela ao profundo apreço que o ser humano tem pela beleza.

Os olhos, como tudo que foi contaminado pelo pecado, também pode ser o meio pelo qual a semente do pecado é lançada em nosso coração. Estamos cercados por imagens sedutoras que apelam a desejos profundos que ofendem a Deus. O salmista se lamentava pela condição dos ímpios. Observou: "Os olhos saltam-lhes da gordura; do coração brotam-lhes fantasias" (Salmo 73:7). Quer dizer que lançam mão de tudo que satisfaz seus olhos, sem medir as consequências de seus atos.

A Bíblia nos convida a disciplinar nossos olhos, para que possamos usá-los dentro dos parâmetros que Deus estabeleceu para uma vida de pureza. Davi pede ao Senhor: "Desvia os meus olhos, para que não vejam a vaidade, e vivifica-me no teu caminho" (Salmo 119:37). Do mesmo modo o autor de Provérbios exorta: "Os teus olhos olhem direito, e as tuas pálpebras, diretamente diante de ti" (Provérbios 4:25). No Novo Testamento o apóstolo João identifica o desejo dos olhos como um dos grandes perigos que os filhos de Deus enfrentam. "Não ameis o mundo nem as coisas que há no mundo. Se alguém amar o mundo, o amor do Pai não está nele; porque tudo que há no mundo, a concupiscência da carne, a concupiscência dos olhos e a soberba da vida, não procede do Pai, mas procede do mundo" (1 João 2:15,16).

Para pensar:
A visão é um dos preciosos presentes que recebemos de Deus. Cabe a nós aprendermos a usá-la de maneira que contribua para nossa edificação. Por meio de uma rigorosa disciplina, podemos aprender a nos deleitarmos com o bom e evitarmos o mal.

Pecados de omissão

Portanto, aquele que sabe que deve fazer o bem e não o faz nisso está pecando.
TIAGO 4:17

14 de dezembro

Há muita ênfase no âmbito da igreja sobre o cuidado que o discípulo deve ter para não cometer pecados. O conceito usado é o de evitar comportamentos e atividades que a Bíblia cataloga especificamente como pecaminosos. Assim, o filho de Deus procura não participar de coisa alguma que possa prejudicar seu relacionamento com o Senhor, tal como a mentira, o engano, o suborno ou os relacionamentos ilícitos que possam comprometer sua vida espiritual.

Evitar estes pecados poderia nos levar a uma falsa sensação de segurança, ao não encontrarmos em nossa vida nenhuma das manifestações mais visíveis da maldade. Tiago, em sua epístola, no entanto, leva o conceito de entrega a um nível mais profundo. Ele nos diz que para ter uma vida aceitável diante do Pai, não basta somente evitar o mal, ainda que isto seja uma parte importante do nosso compromisso. Para viver a vida espiritual em toda sua dimensão devemos, além disso, estarmos dispostos a nos envolver com o que sabemos que é bom. Ou seja, nossa vida não pode ser vivida somente no plano das reações, mas o Senhor nos chama também a ser pessoas de iniciativa, que deliberadamente buscam cultivar o bem.

Entender esta verdade pode livrar-nos de uma vida de comodismo, onde nossa principal atividade consiste simplesmente em evitar andar pelo caminho errado. O Senhor, entretanto, nos chama a estar ativamente envolvidos em promover o bem e ampliar o reino. Quer dizer que nossa fé nos obriga a imitar o compromisso do nosso Pai que, vendo nossa condição de perdidos, tomou a decisão de fazer algo a respeito. Do mesmo modo, ao vermos ao nosso redor pessoas presas pelo pecado e maldade, devemos deixar de lado nossos próprios interesses, para trabalhar ativamente em buscar o bem do próximo.

Tiago deseja que entendamos que não fazer o bem é tão condenável quanto fazer o mal. Examinemos por um momento, por exemplo, a parábola do bom samaritano. Para muitos de nós a atitude do sacerdote e do levita, que passaram ao lado do homem ferido sem nada fazer, foi negligência. No entanto, à luz do princípio que Tiago expõe, a falta de compromisso foi um pecado, porque sabiam o que deveriam fazer, mas não quiseram comprometer-se com a ação indicada.

Isto tem sérias implicações para aqueles que são parte da Igreja do Senhor. A igreja deve ser sempre uma força ativa e visível na sociedade onde se encontra. Porém, isto só acontece quando está disposta a tomar a iniciativa de ocupar-se daquelas coisas que sabe que são boas. Deus chama Seus líderes para estar constantemente encorajando os membros de nossa congregação a ocuparem seus lugares dentro dos projetos de Deus, com seus vizinhos, colegas de trabalho, amigos e todos aqueles que Ele coloca diariamente em nosso caminho.

Para pensar:
Todo homem é culpado do bem que não fez. —Voltaire

Participantes de Seu triunfo

15 de dezembro

Graças, porém, a Deus, que, em Cristo, sempre nos conduz em triunfo e, por meio de nós, manifesta em todo lugar a fragrância do seu conhecimento. Porque nós somos para com Deus o bom perfume de Cristo, tanto nos que são salvos como nos que se perdem. Para com estes, cheiro de morte para morte; para com aqueles, aroma de vida para vida. Quem, porém, é suficiente para estas coisas? 2 CORÍNTIOS 2:14-16

O apóstolo Paulo, tal como o Mestre da Galileia, frequentemente utilizava exemplos da vida cotidiana para ilustrar as grandes verdades do evangelho. Se não estivermos inteirados da analogia usada, poderemos perder grande parte da riqueza do texto, o que poderia acontecer na passagem em que se baseia nossa reflexão de hoje, por exemplo.

A ilustração foi tirada da prática das intermináveis campanhas militares do invencível exército romano. Qualquer cidadão da capital do império já havia tido a oportunidade de presenciar algum destes acontecimentos, e outros de escutar os relatos de tão memorável espetáculo. Tratava-se do desfile triunfal que os generais realizavam ao concluírem com êxito uma batalha contra um dos povos inimigos do vasto território que controlavam.

Quando conseguiam reprimir uma rebelião — como no caso da fatal rebelião dos judeus no ano 70 a.C. — ou quando punham fim a alguma incursão para conquistar novos territórios, o exército vitorioso retornava a Roma e entrava na grande cidade com um desfile triunfal. O espetáculo era presenciado por toda a população que via os frutos da campanha realizada. O incrível cortejo era acompanhado de toda pompa típica da vida em Roma. Encabeçavam a marcha os sacerdotes que serviam aos diversos deuses do império, portando recipientes com incenso, o qual aspergiam um perfume ao longo de todo o trajeto do desfile. Atrás deles, marchavam as tropas do exército vitorioso, homenageados pelo povo. Os soldados eram seguidos pelo exército derrotado, cujos soldados chegavam a Roma algemados para serem vendidos como escravos ou transformados em gladiadores. O cortejo terminava com a carruagem que levava o general que havia liderado as tropas vitoriosas.

Cada um dos participantes da marcha podia sentir o perfume que os sacerdotes iam deixando pelo caminho, mas tal perfume tinha um significado diferente para quem o inalava. Para as tropas do exército romano, o aroma adoçava a vitória obtida, mas para o exército vencido, o mesmo odor anunciava a iminente morte de muitos deles.

Do mesmo modo, Cristo exala o perfume de Sua vitória na sociedade em que vivemos. Nós, Sua igreja, somos os que disseminamos o aroma de Seu triunfo. Alguns, percebendo este doce perfume, encontram o Cristo vitorioso por meio da vida de Seus filhos. Para outros, no entanto, a necessidade da cruz não significará outra coisa além do anúncio de sua própria morte espiritual. Seja qual for a realidade, é nossa responsabilidade ser testemunhas do triunfo de nosso Senhor. Exalamos perfume de coisas santas quando escolhemos viver o tipo de vida para a qual fomos chamados. Ou seja, conseguimos que vejam o Messias em nossas palavras, gestos, atitudes, comportamentos e nossas obras.

Para pensar:
A marcha triunfal de Cristo não é algo que está reservado para o futuro, mas sim para uma realidade visível em todos os lugares onde Sua Igreja avança vitoriosa sobre as trevas.

Intimidade

16 de dezembro

Então, lhes falou Jesus: Em verdade, em verdade vos digo que o Filho nada pode fazer de si mesmo, senão somente aquilo que vir fazer o Pai; porque tudo o que este fizer, o Filho também semelhantemente o faz. Porque o Pai ama ao Filho, e lhe mostra tudo o que faz, e maiores obras do que estas lhe mostrará, para que vos maravilheis. JOÃO 5:19,20

Este texto nos explica claramente a razão pela qual o ministério de Jesus Cristo teve tanto êxito. Por isto, quando chegou a hora de ir para a cruz, Cristo pôde declarar que completara a obra que lhe havia sido entregue — o qual não é o mesmo que dizer que havia feito tudo que podia. O segredo de ter concluído com êxito Seu ministério, se encontra nessa absoluta unidade que mantinha com o Pai, descrita no texto de hoje.

Podemos notar, primeiramente, que o Filho não empreendia projetos por conta própria, mas sim, se unia aos empreendimentos do Pai. Este ponto é uma importante chave para qualquer pessoa que está no ministério. Sem dúvida, o mais fácil é elaborar um projeto para glorificar ao Pai e pedir a Ele que o abençoe. No entanto, os projetos que avançam são aqueles que coincidem plenamente com o que o Pai está fazendo no lugar em que nos encontramos. A verdade é que não temos capacidade em nós mesmos de discernir as intenções nem os pensamentos do nosso Pai celestial. Se Ele não os revelar, estaremos condenados a trabalhar às escuras. O conhecimento de Sua vontade, portanto constitui-se uma peça fundamental para construir um ministério que conta com o pleno apoio de Deus.

A segunda parte do texto nos permite ver como Jesus alcançava esse conhecimento. O Pai, pelo amor que o unia ao Filho, lhe revelava Seus projetos. Isto é, a qualidade de relacionamento que desfrutavam entre si, de modo natural, levou o Pai a tornar o Filho partícipe das intimidades de Seu coração. O amor que o Pai tem pelo Filho se baseia, ao mesmo tempo, na vida de Jesus que viveu em submissão absoluta a Deus.

De que maneira este relacionamento afeta nossos próprios ministérios? Não poderemos avançar com êxito se não estivermos fundamentados inteiramente nos projetos de Deus. Para isto, necessitamos que o Pai nos revele Seu coração. E Ele o fará somente com aqueles que lhe demonstram seu amor e compromisso incondicional. Ou seja, esta revelação não é tanto o fruto de uma busca em oração — ainda que isto também seja parte de nosso relacionamento com Ele — mas é o resultado da intimidade entre duas pessoas que se amam.

O que deve alegrar imensamente nossos corações, como líderes, é que esta intimidade está disponível a todos os que quiserem alcançá-la. Jesus disse aos Seus discípulos: "Aquele que tem os meus mandamentos e os guarda, esse é o que me ama; e aquele que me ama será amado por meu Pai, e eu também o amarei e me manifestarei a ele" (João 14:21).

Para pensar:
Já não vos chamo servos, porque o servo não sabe o que faz o seu senhor; mas tenho-vos chamado amigos, porque tudo quanto ouvi de meu Pai vos tenho dado a conhecer. —Jesus de Nazaré

Embaixadores de Cristo

17 de dezembro

Ora, tudo provém de Deus, que nos reconciliou consigo mesmo por meio de Cristo e nos deu o ministério da reconciliação, a saber, que Deus estava em Cristo reconciliando consigo o mundo, não imputando aos homens as suas transgressões, e nos confiou a palavra da reconciliação. De sorte que somos embaixadores em nome de Cristo... 2 CORÍNTIOS 5:18-20

O texto de hoje define em termos muito precisos a identidade e a tarefa dos que têm sido alcançados pela graça de Deus. O apóstolo Paulo declara que somos embaixadores de Cristo, que realizamos uma obra similar a que o Filho fez em favor deste mundo perdido. A responsabilidade básica de um embaixador é representar, ante um terceiro, os interesses da pessoa que o envia. Isto não somente inclui procurar que conheçam e defendam seus projetos, mas também atuar de maneira que se proclame a dignidade e seriedade da pessoa a qual se representa.

Estas observações são conhecidas. No entanto, vale a pena reiterar que nossa função principal não é trabalhar para nós mesmos, mas para aquele que nos enviou. Nosso esforço é por Ele. Nossas conquistas são para Ele. Nossas decisões deveriam ser as mesmas que Ele desejaria que tomássemos. A imagem que passamos, a linguagem que usamos e a maneira que nos comportamos determinam a maneira que os outros veem aquele que nos enviou. Porém, é fácil nos desviarmos no ministério e começarmos a crer que na verdade trabalhamos para nossa congregação, nossa denominação ou a organização particular que representamos. Ainda mais fácil que isto, é que um líder comece a promover sua própria imagem e seus próprios interesses, e creia que as conquistas são para benefício de seus próprios projetos. Para evitar isto, periodicamente devemos parar a fim de recuperarmos uma perspectiva correta da vida e obra que realizamos. Não somos mais que representantes daquele a quem servimos.

Qual é a principal tarefa para a qual fomos chamados? Paulo declara que é a reconciliação, a qual é o esforço para recuperar o relacionamento perdido entre duas partes que estão em inimizade. Pressupõe-se, primeiramente, que uma das pessoas queira voltar a estabelecer o diálogo com a outra, o que é absolutamente certo quando se trata de Deus. Ainda quando estávamos mortos em nossos delitos, Ele deu a vida do Seu Filho para que pudéssemos voltar a viver. No entanto, a outra parte talvez não tenha interesse na reconciliação. E é mesmo possível que a outra parte nem sequer tenha percebido que o relacionamento está quebrado.

É aqui que entra o trabalho paciente e bondoso do embaixador. Deve apresentar-se à parte distanciada e iniciar o processo de aproximação. Ao mesmo tempo, deve manter-se informado e buscar a orientação de quem o enviou, para receber toda sabedoria necessária a fim de concluir com êxito tal tarefa. É um trabalho que requer diplomacia, amor e perseverança. Mas não podemos voltar de mãos vazias, pois quem nos enviou deseja profundamente recuperar o relacionamento perdido.

Para pensar:
A mais clara evidência do amor é sua disposição de sofrer por aquele a quem ama.
—Anônimo.

A liberdade do fracassado

Mas Pedro e João lhes responderam: Julgai se é justo diante de Deus ouvir-vos antes a vós outros do que a Deus; pois nós não podemos deixar de falar das coisas que vimos e ouvimos. ATOS 4:19,20

18 de dezembro

Se voltarmos um instante para ler o relato da negação de Pedro em Mateus 26, nos custaria, diante do texto de hoje, crer que se trata da mesma pessoa. As circunstâncias são praticamente iguais; em ambos os casos o apóstolo foi confrontado e teve a oportunidade de confessar que era seguidor de Cristo. Porém, vemos na primeira cena um Pedro medroso, temeroso pelas possíveis consequências da simples ação de abrir a boca e afirmar que era discípulo de Jesus. Optou pela mentira, não somente uma vez, mas três vezes, negando que havia estado com o Mestre da Galileia, com a veemência dos que estão encurralados. A transformação de Pedro na cena narrada em Atos, é absoluta. Longe de sentir-se intimidado pelas ameaças do sinédrio, os confrontou com audácia e proclamou que não tinha a intenção, nem por um instante, de ficar novamente em silêncio, como na outra ocasião. Como podemos explicar uma mudança tão radical na pessoa do apóstolo?

Creio que encontramos a resposta no dramático encontro que teve com Jesus ressuscitado, às margens do mar da Galileia. Havia amargado as consequências de sua negação. Uma inconsolável tristeza e profunda desilusão haviam se apoderado de sua alma. Certamente creu que todos os sonhos de ser parte do movimento iniciado por Jesus, estavam mortos. Porém, a profundidade de sua queda preparou a terra para sua assombrosa recuperação depois da ascensão de Cristo. O encontro que teve com Jesus deflagrou todo o potencial que havia nele, o qual levou o Pai a incluir o pescador no grupo dos Doze.

Neste encontro, o Senhor deu a Pedro instruções precisas: "…Apascenta as minhas ovelhas" (João 21:17). Isto é, deveria dedicar-se a fazer o trabalho para o qual havia sido chamado. Esta extraordinária missão é difícil de lidar porque estamos muito acostumados a avaliar as pessoas em função de suas conquistas. Posso dizer, sem medo de errar, que em muitas congregações, alguém que tenha passado por uma experiência similar à de Pedro, certamente, seria descartado do ministério, provavelmente de forma definitiva. Mas Cristo revela, nesta ocasião, uma das maiores verdades do evangelho — nossos fracassos não condicionam os projetos de Deus. O que mantém de pé o projeto do Senhor para nossa vida não é nossa própria felicidade, mas a felicidade daquele que nos chamou. De uma forma muito real Jesus está dizendo ao discípulo desiludido: "Levante-se! Eu continuo acreditando em você!".

Somente quando descobrimos quão extraordinariamente profunda é a graça de Deus, podemos alcançar nosso verdadeiro potencial em Cristo. Ninguém parece entender melhor isto do que aqueles que experimentaram os mais desoladores fracassos. Por isso, muitas vezes os mais intrépidos membros do corpo são os que foram resgatados das piores condições.

Para pensar:
É incrível quão forte podemos nos tornar quando compreendemos quão fracos somos!
—F. Fénelon

Quando fugir é sábio

19 de dezembro

...sucedeu que, certo dia, veio ele a casa, para atender aos negócios; e ninguém dos de casa se achava presente. Então, ela o pegou pelas vestes e lhe disse: Deita-te comigo; ele, porém, deixando as vestes nas mãos dela, saiu, fugindo para fora. GÊNESIS 39:11,12

O conceito arraigado em nossa cultura é que fugir é somente para os covardes, para aqueles que não têm coragem de enfrentar aos verdadeiros desafios da vida. Segundo este critério, os que fogem nunca triunfarão na vida, pois as conquistas pertencem aos que avançam contra o vento e a maré. Muitas vezes transportamos esta filosofia para o ministério, cultivando uma postura de obstinada perseverança no que fazemos. Há ocasiões, porém, como ilustra a história de José, que tal postura pode ser a fórmula para o desastre.

Alguns poderiam objetar que José terminou na prisão como resultado da sua decisão de fugir. Porém, seu coração estava sendo preparado para as grandes responsabilidades que Deus, em poucos anos, iria colocar em suas mãos. Então a curto prazo, fugir teve sabor de derrota, mas em longo prazo sua decisão lançou as bases para uma vida de transcendência nos assuntos do Senhor.

O que motivou José a fugir? Primeiramente, observamos na passagem a seguir que o maior compromisso deste jovem era honrar seu Deus. Seu desejo de não sujar o nome de Jeová se estendia também à decisão de não desonrar Potifar — o homem que lhe havia confiado o cuidado de tudo que tinha em sua casa. Em certa ocasião, já havia declarado as insistentes insinuações da esposa de seu amo: "...Tem-me por mordomo o meu senhor e não sabe do que há em casa, pois tudo o que tem me passou ele às minhas mãos. Ele não é maior do que eu nesta casa e nenhuma coisa me vedou, senão a ti, porque és sua mulher; como, pois, cometeria eu tamanha maldade e pecaria contra Deus?" (Gênesis 39:8,9).

No texto de hoje, vemos que José encontrava-se a sós com a mulher de Potifar, uma situação extremamente perigosa para qualquer homem que deseja manter a pureza de seu coração. Ela, não satisfeita em pressioná-lo com seus perversos convites, segurou-o pelas vestes e quis tomá-lo à força. José sabia que em poucos instantes deixaria de ter a disciplina e a clareza mental necessária para manter-se firme em sua postura. Não tentou ser forte em meio a uma situação que apelava à sensualidade e à carne. Ante semelhante perigo, decidiu fugir.

Aqui está a chave de sua decisão — conhecia suas próprias limitações e sabia bem por quais portas o inimigo poderia entrar. O líder sábio reconhece que há situações em que não poderá exercer o controle necessário para manter a santidade de sua vocação. Nem sequer pretende intentar uma luta, porque não está em igualdade de condições. A decisão de fugir requer maior coragem e valentia do que a tolice de pensar que podemos triunfar onde outros, melhores que nós, caíram.

Para pensar:

Foge, outrossim, das paixões da mocidade. Segue a justiça, a fé, o amor e a paz com os que, de coração puro, invocam o Senhor (2 Timóteo 2:22).

Pastores corruptos

Pastoreai o rebanho de Deus que há entre vós, não por constrangimento, mas espontaneamente, como Deus quer; nem por sórdida ganância, mas de boa vontade; nem como dominadores dos que vos foram confiados, antes, tornando-vos modelos do rebanho. 1 PEDRO 5:2,3

20 de dezembro

Permita-me voltar ao sentido básico do termo "corrupto", que refere-se a algo que perdeu a pureza de seu estado original. Neste sentido, este texto identifica claramente as formas como o chamado de um pastor pode chegar a adulterar-se. Isto ocorre quando se adota um estilo de liderança que é completamente contrário aos princípios identificados por Jesus, o modelo sem igual do que significa ser pastor.

Pedro incentiva que o trabalho do pastor seja o de apascentar o rebanho, uma tarefa que deve ser feita com ternura e de forma voluntária. Quer dizer, nenhum pastor deve sentir que está fazendo a obra por obrigação, mas que a faz pura e exclusivamente por convicção pessoal, nascida de um chamado celestial. Quem pastoreia por obrigação, cumpre as tarefas que lhe cabem, mas deixa de lado seu coração, porque não tem convicção no que faz. Quando isto ocorre, o pastoreio transforma-se num trabalho cujo objetivo é simplesmente cumprir com as obrigações.

Isto é igualmente nocivo para quem serve pelos benefícios que pode tirar para si próprio. Ainda que Pedro fale dos benefícios econômicos, não queremos nos limitar a este aspecto, pois o pastoreio também pode ser utilizado para construir uma reputação, ganhar o afeto das pessoas ou alcançar certos privilégios associados a esta função. Tudo isto desvia o servo da sua função essencial, que é cuidar dos interesses daqueles que lhe foram confiados.

O apóstolo Pedro também adverte contra um flagelo de nosso tempo: os pastores que assenhoram-se de suas congregações. Estes são os que creem que as ovelhas lhes pertencem e estas não podem fazer nada sem antes receber a devida autorização do pastor. Este modelo desvia-se claramente do pastor conhecido em Israel, uma pessoa que raramente cuidava de suas próprias ovelhas. Antes este trabalhava para outro que, precisamente por sua privilegiada situação econômica, podia dar-se ao luxo de contratar alguém que fizesse o trabalho por ele. Do mesmo modo, o pastor que trabalha no reino de Deus não é dono da vida daqueles que pastoreia, mas sim cuida deles e os nutre para Aquele que as comprou com Seu próprio sangue. Não sonha, nem por um instante, colocar-se na postura de "senhor", um título reservado somente para o Filho de Deus. Por isto, seu pastoreio caracteriza-se por um estilo cheio de graça e misericórdia, sabendo que cada pessoa tem a mesma liberdade de vida que o Pai celestial lhe concedeu. Ele ama profundamente cada ser humano, mas não se impõe sobre ninguém. A necessidade de controlar e restringir a liberdade das pessoas é a mais clara manifestação de um amor mesquinho e cheio de temores.

Para pensar:
O dever nos leva a fazer bem as coisas, mas o amor nos leva a fazê-las com graça.
—P. Brooks

A festa inadiável

Ele, porém, respondeu: Certo homem deu uma grande ceia e convidou muitos.
LUCAS 14:16

21 de dezembro

Esta é uma das muitas histórias que Jesus usou para ilustrar os princípios do reino de Deus. Como toda boa ilustração, ela é curta e simples, o que além de facilitar o ensino, ajuda a gravar a verdade no coração dos ouvintes. Se você não se lembra dos detalhes, quero incentivá-lo a tirar um momento e ler o relato completo da parábola.

A história contém vários detalhes interessantes para nós. Primeiramente, observe que o homem decidiu por si mesmo fazer uma festa. Desconhecemos os motivos pelos quais tomou esta decisão, mas sabemos que seu desejo de realizar o jantar era muito forte. Assim também é nosso Deus. Creio que nunca poderemos entender com clareza o porquê decidiu criar o homem, ainda que a Bíblia nos dê indícios de que Sua motivação principal era compartilhar da alegria da comunhão perfeita entre o Pai, o Filho e o Espírito Santo. Nosso Mestre tem um incomparável prazer em se relacionar com Suas criaturas, e se deleita em abençoar suas vidas.

Em seguida, devemos observar as desculpas dadas pelos amigos e convidados. Nenhum deles apresentou uma explicação sem sentido. Cada um tinha motivos legítimos para não participar do jantar, motivos relacionados com a vida e com responsabilidades que tinham. Isto põe em evidência o grande perigo que nós, os discípulos de Jesus, enfrentamos diariamente, permitir que o cotidiano nos absorva de tal maneira que deixemos de participar da vida sobrenatural que o Pai nos oferece. O exemplo mais claro disto encontramos na pessoa de Marta (Lucas 10:41). Não havia mal em seu desejo de servir, exceto que não sabia quando era o tempo de deixar as tarefas da casa a fim de desfrutar de um momento de intimidade com Jesus. Do mesmo modo, podemos estar tão absortos nos diferentes projetos de nossa vida que vemos o convite de Cristo como uma interrupção, em lugar de vê-lo como a oportunidade para entrar em outra dimensão de vida.

Se tivéssemos organizado este jantar, certamente o teríamos cancelado face a negativa dos convidados. Como se pode fazer uma festa se as pessoas com quem desejamos estar se recusam a participar? Mas o homem nem por um instante pensou em cancelar a festa. Simplesmente decidiu estender o convite a outras pessoas diferentes. É nisto que nos deparamos frente ao ponto mais notório desta história: Deus vai seguir adiante com Seus projetos, ainda que decidamos não participar deles. Vai se dar o prazer de realizar Sua festa com ou sem nossa presença. Isto revela claramente que nenhum de nós é o centro da história, tão imprescindíveis que a vida não pode continuar sem nossa presença. O Senhor é o princípio e o fim de todas as coisas, o único sem o qual nada pode avançar. Recai sobre nós, então, a responsabilidade de aceitar Seu convite de viver celebrando a vida com nosso grande Deus.

Para pensar:
Como você recebe os convites de Deus para participar de Seus projetos? Qual é sua reação diante disto? O que esta reação mostra sobre as suas prioridades?

Ministrar e ser ministrado

Porque muito desejo ver-vos, a fim de repartir convosco algum dom espiritual, para que sejais confirmados, isto é, para que, em vossa companhia, reciprocamente nos confortemos por intermédio da fé mútua, vossa e minha. ROMANOS 1:11,12

22 de dezembro

Por muito tempo Paulo abrigara em seu coração o desejo de ir à Roma e visitar os cristãos que lá residiam. Era inevitável que o apóstolo, que tanto havia contribuído para a expansão do reino, fixasse os olhos na capital do Império Romano. No texto de hoje encontra-se claramente a razão que o movia a realizar esta viagem.

Assim como fizera em todos os lugares por onde havia passado, Paulo também desejava ministrar a Palavra em Roma e confortar os irmãos na fé. Aquele que tem uma verdadeira vocação pastoral, não pode evitar exercer seu ministério onde quer que se encontre, pois a tarefa pastoral não é um trabalho, mas a manifestação de uma vocação. Por esta razão, então, o apóstolo desejava chegar à capital a fim de "confirmar" os irmãos lhes repartindo algum dom espiritual. Entendemos por esta frase que ele desejava continuar edificando a igreja a fim de que esta alcançasse a plenitude de seu potencial em Cristo Jesus. Isto consistia em que recebessem e aprendessem a utilizar os dons que o Senhor havia entregue a Seu povo.

É interessante, porém, observar o restante do texto de nosso devocional.

Paulo não somente desejava chegar até eles para ministrar-lhes, mas também desejava receber deles o que desejassem dar. Encontramos nesse desejo uma profunda compreensão da dinâmica da igreja, local onde nos edificamos mutuamente para produzir o crescimento do Corpo de Cristo. Essa receptividade com relação aos ministérios dos demais é uma das atitudes mais difíceis de encontrar nos pastores. É muito fácil o pastor pensar que é ele quem edifica a igreja e sua única função dentro do corpo é a de ministrar e dirigir a vida dos membros. Quando esta perspectiva se faz forte em um líder, é difícil que este relaxe diante dos outros, "tirando o traje de pastor" e agindo ele próprio como um membro do corpo. É comum ver pastores em suas casas tratando suas esposas e filhos como membros de sua congregação.

O perigo desta postura é achar que não existem dentro da congregação pessoas que realmente podem nos ministrar, tornando nosso relacionamento com eles um caminho unilateral. O pastor sempre dando e eles sempre recebendo. O apóstolo Paulo, apesar de ter prestígio e perfil sem igual na igreja do primeiro século, possuía um coração aberto e humilde, disposto a receber de seus irmãos o que eles pudessem lhe dar da parte de Deus. Esse tipo de líder é o que mais inspira seus seguidores, porque não se apresenta como alguém perfeito, mas como alguém que também está em processo de formação. Longe de tirar sua autoridade, essa atitude enaltece sua pessoa e abençoa sua vida.

Para pensar:
Receio que, indo outra vez, o meu Deus me humilhe no meio de vós, e eu venha a chorar por muitos que, outrora, pecaram e não se arrependeram da impureza, prostituição e lascívia que cometeram (2 Coríntios 12:21).

O pecado de Sodoma

23 de dezembro

Tão certo como eu vivo, diz o Senhor Deus, não fez Sodoma, tua irmã, ela e suas filhas, como tu fizeste, e também tuas filhas. Eis que esta foi a iniquidade de Sodoma, tua irmã: soberba, fartura de pão e próspera tranquilidade teve ela e suas filhas; mas nunca amparou o pobre e o necessitado. EZEQUIEL 16:48,49

É muito proveitoso ler os comentários que diferentes autores da Bíblia fazem sobre eventos históricos. Muitas vezes acrescentam à nossa percepção algo que não encontramos no relato original dos eventos. É esse o caso do Salmo 78, por exemplo, que nos traz um comentário sobre a saída dos israelitas do Egito e sua conturbada passagem pelo deserto. Do mesmo modo, no texto de hoje, encontramos um interessante comentário sobre a destruição de Sodoma, que completa o relato original de Gênesis.

Se eu pudesse perguntar a alguém dentro do âmbito da igreja qual foi a razão da destruição de Sodoma e Gomorra, estou certo de que a maioria daria a mesma resposta: a deterioração moral que havia naquelas cidades, com práticas sexuais que ainda hoje são detestáveis.

Esta decadência era o que estava à mostra, mas o profeta Ezequiel sequer a menciona no texto de nosso devocional. Creio que a razão é clara: as práticas abomináveis em que haviam caído não era a causa do problema, mas o sintoma. Quero dizer que a entrega desenfreada a uma vida de prazeres era o resultado de coisas mais sérias, mencionadas nessa passagem. O profeta identifica quatro aspectos da vida dos habitantes daquelas cidades que nos dão pistas sobre a essência do problema que enfrentavam.

Primeiramente, afirma que eles tiveram abundância de pão. Entendemos com isso que Deus os abençoou grandemente com bens materiais como fruto do trabalho de suas mãos. Com a prosperidade, porém, vieram as atitudes típicas de quem a tem: a soberba e o ócio. O orgulho é resultado de crer que o que foi conquistado, o foi por astúcia e habilidades próprias. Não existe qualquer reconhecimento da bondosa provisão do Altíssimo nesse estado de bem-estar. O ócio aparece quando se tem tantas riquezas que não faria mais falta trabalhar para continuar ganhando o sustento. A pessoa começa a procurar formas de divertimento, gastando a abundância que possui.

Ezequiel aponta que eles não seguiram o caminho que Deus deseja para os que alcançam prosperidade, que é abençoar aos que não a tem. Os habitantes de Sodoma não se preocupavam com os aflitos e necessitados. Assim podemos ver o verdadeiro problema deles: não souberam administrar com sabedoria tudo de bom que haviam recebido das mãos do Senhor, mas voltaram-se para uma vida de absoluto egoísmo.

Para pensar:
Deus nunca nos abençoa exclusivamente para o nosso próprio bem-estar. O que recebemos tem um destino comunitário, e deve servir para abençoar a vida de muitos. Essa é a essência de nosso chamado.

O vale de lágrimas

24 de dezembro

Bem-aventurado o homem cuja força está em ti, em cujo coração se encontram os caminhos aplanados, o qual, passando pelo vale árido, faz dele um manancial; de bênçãos o cobre a primeira chuva. Vão indo de força em força; cada um deles aparece diante de Deus em Sião. SALMO 84:5-7

Que revigorante é voltar periodicamente aos Salmos para ler sobre as lutas, vitórias e derrotas dos que nos precederam no caminho da fé! Seu conteúdo nos abençoa porque capta os sentimentos mais complexos do ser humano, os mesmos que às vezes nós mesmos não sabemos identificar. Estes cânticos da alma nos dão a certeza de que muitos outros antes de nós passaram pelas mesmas experiências pelas quais passamos. Em nosso texto de hoje, o salmista descreve a vantagem que tem o homem que se refugia no Senhor, que faz de Jeová sua fortaleza. Essa pessoa enfrenta a mesma dificuldade do resto das pessoas ao seu redor. Experimenta adversidades, injustiças, opressão e provas pessoais. O segredo de como triunfar na vida não está em suas circunstâncias, mas em como avançar no seu desenvolvimento espiritual. Possui uma plenitude de vida interior que lhe permite olhar a vida com olhos completamente diferentes dos demais. Tais pessoas não somente saem "por cima" de situações que desconcertariam ou desanimariam a outras, mas ainda saem transformadas.

O vale de lágrimas a que se refere o salmista é o lugar de tribulação e angústia, em que a seca atenta contra a vida. No entanto, a pessoa que fez de Jeová sua força, cujo coração está nos caminhos do Senhor, passa por esse lugar de morte e traz consigo bênção. Onde não existe esperança, traz boas-novas. Onde há tristeza, comunica alegria. Onde há maldição, leva bênção. Isto nada mais é do que a manifestação da obra de Deus na vida dessa pessoa. O Senhor não apenas abençoa ao que se entrega a Ele, mas faz deste um instrumento de bênção para muitos, completando assim o círculo de vida. Por isso o salmista declara confiante que tais pessoas "irão de força em força". A vida para elas será de glória em glória, mesmo nas circunstâncias mais obscuras. A vitória que enfrentam diariamente é a manifestação de uma realidade instalada no mais profundo de seus corações e não existe qualquer situação que a possa alterar.

A que se refere o salmista quando diz que essa pessoa tem suas forças em Deus? A frase "em cujo coração se encontram os caminhos aplanados" nos dá uma boa pista. Esta é uma pessoa cujo deleite está na lei do Senhor, que tem convicção de que a única vida possível é a que Ele propõe. Não transita pela vida pedindo a Deus que abençoe seus próprios planos e projetos, mas a cada passo procura atuar conforme as instruções específicas que recebe do alto. É alguém que possui uma confiança saudável de sua própria sabedoria. Sabe que mesmo quando o caminho a seguir parece óbvio, convém buscar o rosto de Deus sempre.

Para pensar:
...mas os que esperam no SENHOR renovam as suas forças, sobem com asas como águias, correm e não se cansam, caminham e não se fatigam (Isaías 40:31).

Nada difícil!

Porque este mandamento que, hoje, te ordeno não é demasiado difícil, nem está longe de ti. [...] Pois esta palavra está mui perto de ti, na tua boca e no teu coração, para a cumprires. DEUTERONÔMIO 30:11,14

25 de dezembro

Se entrarmos em qualquer livraria cristã, encontraremos muitas obras sobre diferentes aspectos da vida espiritual. Muitas delas no oferecem a receita que promete trazer a bênção do Senhor em nossa vida. Frente a tanta literatura, poderíamos pensar que foi a falta de entendimento dos filhos de Deus acerca da vida cristã que deu lugar a essa incrível proliferação de livros. Compare essa montanha de informação com a simplicidade do texto de nossa mensagem de hoje. Que diferença incrível, não é!? Parece que toda essa literatura às vezes nos distrai da verdadeira simplicidade que o projeto divino encerra para nossas vidas.

Não me interprete mal. Não estou dizendo que os livros não são úteis, nem que o trabalho do autor é vão. Eu mesmo sou amante de bons livros e procuro alimentar o hábito da boa leitura. O ponto é este: a abundância de recursos escritos não deve nos intimidar nem levar-nos a pensar que a vida espiritual é um assunto extremamente complexo. O viver em Cristo é simples e resume-se em uma palavra: obediência.

Pense no que Deus estava dizendo ao povo que saía dos 40 anos no deserto. A palavra que Ele trazia para suas vidas não era uma palavra complicada demais, nem muito difícil de ser praticada. Estava ao alcance de todos os que desejavam viver uma vida agradável ao Senhor. A dificuldade não estava na complexidade da Palavra. Ao contrário, tornou-se complicada pelas rebuscadas explicações que os supostos intérpretes da lei quiseram dar. A dificuldade residia em outro ponto bem diferente: na obstinada resistência do espírito humano em receber ordens.

Mas o Senhor revelava ao povo que a Palavra sempre estaria perto deles, em suas bocas e em seus corações. Queria dizer que por meio do agir do Espírito, poderiam guardar toda a verdade que necessitavam para viverem vidas santas. Observe que Deus faz essa afirmação a um povo que não possuía livros, nem Bíblias. Mas a ausência da Palavra escrita não seria impedimento para uma vida de obediência. Ninguém poderia afirmar ignorar o Altíssimo, porque o mesmo Senhor iria se encarregar de que a Sua Palavra estivesse bem perto de cada um deles.

Tal passagem revela, uma vez mais, o coração bondoso de Deus. Ele está muito mais interessado em que vivamos uma vida que lhe agrade do que qualquer um de nós. Por isso, nos deixou uma grande provisão pondo a palavra ao alcance de todos os que amam a verdade. Além disso, para a nossa geração, nos deixou a ajuda do Espírito, que a cada passo nos lembra dos mandamentos de nosso Pai celestial. Como não viver uma vida de vitória?

Para pensar:
Um ato de obediência vale mil sermões. —D. Bonhoeffer

A esperança do "esquecido"

26 de dezembro

Então, Faraó mandou chamar a José, e o fizeram sair à pressa da masmorra; ele se barbeou, mudou de roupa e foi apresentar-se a Faraó. Este lhe disse: Tive um sonho, e não há quem o interprete. Ouvi dizer, porém, a teu respeito que, quando ouves um sonho, podes interpretá-lo. GÊNESIS 41:14,15

Nos anos que Deus concedeu-me servir no ministério de aconselhamento, me deparei muitas vezes com obreiros frustrados, especialmente entre os jovens. A história de cada um, ainda que tivessem detalhes diferentes, sempre tinha similaridades. "Eu queria desenvolver meu ministério dentro da igreja, mas os líderes não me dão nenhum tipo de apoio." Na perspectiva da pessoa, o acesso ao ministério está bloqueado pelos que, por alguma razão, impedem sua realização.

Se essa convicção fosse certa, gostaria de fazer-lhes uma pergunta: que possibilidades tinha José, que tinha sido esquecido em uma prisão egípcia e sendo um insignificante escravo, de avançar em algum projeto pessoal e significativo? Descartemos, logo de entrada, qualquer possibilidade de melhorar a sua situação por ação própria. Nenhum preso tem a possibilidade de melhorar sua própria situação. A ajuda que José necessitava teria que vir de fora, mas quem iria lembrar-se de um escravo hebreu, condenado por alguém tão poderoso como Potifar? José havia literalmente deixado de existir para o mundo!

Talvez você perceba como a situação de José aparentemente era inútil. Assim também parece que são nossas opções na vida quando vemos que, seja para que lado formos, o caminho parece estar bloqueado. Diferentemente de José, é muito fácil nos concentrarmos naqueles que são aparentemente responsáveis por nossa frustração. Começamos a alimentar em nossos corações ressentimentos e raiva. Pensamos que se não fosse pela atitude mesquinha deles, nossa situação poderia estar muito melhor.

Permita-me expressar em uma frase o princípio que o texto de hoje nos revela: Quem abre ou fecha as portas da oportunidade é o Senhor. Nenhum homem pode detê-lo quando Ele decide colocar um de Seus filhos em algum lugar de responsabilidade dentro da igreja, empresa ou onde trabalhamos em nosso cotidiano. Poderíamos apodrecer numa prisão, esquecidos para o mundo, mas quando o Senhor põe sobre nós Seus olhos, ninguém pode deter o avanço de nossa vida. Não cometa o erro de acreditar que pode haver alguém sobre a face da terra que possua o mesmo poder. Somente o Senhor cria as oportunidades que necessitamos para levar adiante Seus projetos.

Qual deve ser então nossa atitude? Não devemos atacar os que têm a autoridade sobre nossas vidas. Eles possuem as mesmas limitações que nós. Fomos chamados a esperar o tempo de Deus, aquele momento em que chega o mensageiro do faraó para levar-nos à presença dos príncipes e governadores. Enquanto isso, imitemos José: sejamos os "prisioneiros" exemplares no lugar onde estamos.

Para pensar:
Quando Deus detém Sua mão, ninguém a pode mover. Quando Deus move sua mão, ninguém a pode deter.

O caminho da pureza

De que maneira poderá o jovem guardar puro o seu caminho? Observando-o segundo a tua palavra. SALMO 119:9

27 de dezembro

A pergunta do salmista é importante para nós. Em primeiro lugar, porque a pureza é um aspecto fundamental da vida espiritual. O apóstolo Pedro disse à geração do novo pacto: "Como filhos da obediência, não vos amoldeis às paixões que tínheis anteriormente na vossa ignorância; pelo contrário, segundo é santo aquele que vos chamou, tornai-vos santos também vós mesmos em todo o vosso procedimento, porque escrito está: Sede santos, porque eu sou santo" (1 Pedro1:14-16). Isto apresenta um dos maiores desafios para a igreja, que deve ao mesmo tempo, se inserir em um mundo profundamente contaminado.

Existe outra razão que dá peso à pergunta de Davi. Seu desejo é descobrir como o jovem pode guardar puro seu caminho. Não significa que a geração que o precede esteja isenta dessa responsabilidade. Mas é de particular importância que o jovem descubra o segredo da pureza, porque encontra-se em uma etapa da vida onde as tentações possuem um poder extremamente sedutor. Isso, porque o jovem ainda não adquiriu a maturidade nem a sabedoria para discernir qual é o fim de muitas das propostas impuras que o mundo oferece. A resposta do salmo é breve, simples e direta: guardar a Palavra.

Quero destacar o que implica essa resposta. Davi não está dizendo que a pureza se alcança memorizando versículos bíblicos, ainda que tal hábito traga muitas bênçãos. Também não está dizendo que pode ser alcançada mediante o estudo diligente da Bíblia, ouvir muitas pregações ou ler bons comentários sobre as Escrituras. Essas atitudes podem facilitar a tarefa proposta pelo salmista, mas nenhuma delas pode substituí-la.

É importante mencionar isso porque é muito fácil confundir e crer que as atividades mencionadas são o mesmo que o caminho apontado pelo salmista. Não obstante, a resposta de Davi é bem clara: A pureza se obtém com o guardar a Palavra. E o que significa então esse "guardar"? Cumprir, obedecer, seguir, viver, fazer, exercer... você já faz uma ideia em que isso implica. A pureza se alcança quando assumimos o compromisso de que cada ação, cada momento, cada dia, seja dirigido pelos desígnios eternos do Senhor.

Observe que a pureza não se obtém com o resultado de uma elaborada estratégia para evitar o mal. Em muitas congregações o enfoque da vida cristã é uma longa lista de pecados a serem evitados. Davi, no entanto, mostra que a pureza é a consequência de se caminhar na verdade. Uma postura muito mais saudável e atraente para nós. Quando vivemos fazendo o bem, o mal automaticamente é excluído como alternativa de vida! Vale a pena guardar a Palavra de Deus!

Para pensar:
Que palavra Deus está trazendo para sua vida? Que passos está dando para guardá-la? Que resultados tem observado?

O "Evangelho" da agressão

28 de dezembro

Vendo isto, os discípulos Tiago e João perguntaram: Senhor, queres que mandemos descer fogo do céu para os consumir? Jesus, porém, voltando-se os repreendeu [e disse: Vós não sabeis de que espírito sois. Pois o Filho do Homem não veio para destruir as almas dos homens, mas para salvá-las]. LUCAS 9:54,56

O ser humano nunca se caracterizou pela capacidade de tolerar quem tem um ponto de vista diferente dele mesmo. A intolerância pode desencadear atos de discriminação na escola, trabalho ou sociedade. Quando chega a extremos, pode produzir homicídios e guerras, o que nos revela quão afastado está o homem caído do Espírito bondoso de Deus, seu Criador. Tais atitudes, ainda que lamentáveis, não devem nos surpreender.

No entanto, deve nos assustar quando a intolerância é encontrada na igreja, a representante visível da graça do Pai para um mundo caído. Jesus, a caminho de Jerusalém, enviou alguns discípulos para prepararem um lugar nas aldeias por onde passaria. Em um desses povoados os samaritanos lhes negaram a hospitalidade. A hostilidade dessas pessoas provocou nos discípulos a resposta que lemos no texto de hoje.

Devemos observar que os discípulos estavam-se valendo de um precedente bíblico para a proposta desatinada que levaram ao Senhor. Não entendiam que o espírito com o qual Elias enfrentara os profetas de Baal era inteiramente diferente nessa situação que se apresentava no momento. O profeta enfrentara um grupo de religiosos que se ocupava em perpetuar a idolatria em toda uma nação. No caso de nosso texto, as pessoas simplesmente não estavam dispostas a receber Jesus. O fato a observarmos é de que uma resposta trivial despertou naqueles seguidores do Mestre os desejos mais desenfreados de vingança.

Jesus mostrou que eles ainda não sabiam a quem serviam, pois estavam claramente desalinhados com os desejos do Filho de Deus, que não veio trazer condenação, mas vida. Essa é a essência do evangelho que nem sempre captamos corretamente. Se nos lembrássemos de quanta paciência o Senhor teve conosco antes de aceitarmos Seu convite a sermos parte de Sua família, seríamos mais misericordiosos com os outros. A conversão é um processo mais do que um momento, e a ferramenta que mais aproxima o homem dessa experiência é o amor.

É justamente a falta de amor que afasta muitas pessoas do evangelho. Elas percebem que, se não aceitarem esta mensagem, receberão nossa condenação. Entendem que não é um amor puro o que nos move, por isso, não conseguimos tocar seus corações. A rejeição inicial, porém, poderia ser uma preciosa oportunidade dada por Deus para perseverar nessa obra de amor. Certamente lhes chamará a atenção quando perceberem que continuamos as amando, mesmo que não tenham crido nas boas-novas que lhes anunciamos. Talvez mais que nossa eloquência, seja nosso amor que as levará ao Senhor.

Para pensar:
A bondade é algo que os surdos ouvem e os cegos veem. —J. Blanchard

Uma perspectiva saudável

29 de dezembro

Estando ele em Jerusalém, durante a Festa da Páscoa, muitos, vendo os sinais que ele fazia, creram no seu nome; mas o próprio Jesus não se confiava a eles, porque os conhecia a todos. E não precisava de que alguém lhe desse testemunho a respeito do homem, porque ele mesmo sabia o que era a natureza humana.
JOÃO 2:23-25

É muito fácil sermos arrastados pelo entusiasmo das pessoas. Quando vemos indivíduos respondendo fervorosamente à pregação da Palavra, entregando-se e renovando seu compromisso, apodera-se da igreja um tipo de fervor em massa. Afirmamos que Deus nos visitou ou que vimos um mover do Espírito em nosso meio. Talvez seja por isso que alguns pregadores tenham desenvolvido essa prática como um estilo: levar pessoas a manifestarem sua aceitação da palavra em decisões públicas.

As pessoas também respondiam com entusiasmo ao ministério de Jesus. O evangelista nos diz que muitos creram ao ver os sinais que Ele fazia. Porém, João esclarece qual era a postura de Jesus frente a essas respostas baseadas na emoção do momento: o Filho de Deus não se impressionava com os votos que faziam no calor do momento. Qual era a razão dessa desconfiança? "Jesus não se confiava a eles, porque os conhecia a todos. E não precisava de que alguém lhe desse testemunho a respeito do homem, porque Ele mesmo sabia o que era a natureza humana".

Nessa frase encontramos a explicação do porquê a reação de Jesus era tão diferente da que teríamos em situações similares. Jesus sabia que a rebeldia enraizada no coração do homem não cederia em um momento de fervor religioso. Somente a ação prolongada e intensa do Espírito consegue transformar a maldade do homem e dá lugar à graça do Pai. Sendo assim, não se avança na vida espiritual com saltos isolados e momentâneos, mas sim no andar diário, sustentado pela paciência e perseverança.

É importante que nós, que temos responsabilidade pastoral na casa de Deus, não nos deixemos levar por esse tipo de expressão. Não estou dizendo que nunca devemos chamar o povo a expressar publicamente sua fé. É bom que, em certas ocasiões, as pessoas da congregação tenham a oportunidade de eventualmente darem testemunho público de suas convicções. O problema é que ao se tornar um ritual em cada reunião, encorajamos as pessoas a crerem que é nesses momentos que acontecem os eventos de maior peso espiritual. A realidade é outra; as grandes mudanças na vida acontecem quando colocamos em prática a Palavra em nosso dia a dia. Se o povo não tem isso, começará a achar que o mais importante em suas vidas espirituais é o que acontece nas reuniões públicas. É nossa responsabilidade ajudá-los a ter a perspectiva correta sobre o que significa andar em novidade de vida.

Para pensar:
Deus se preocupa mais com o estado do coração do que com o estado das emoções.
—A.W. Tozer

Receber conselhos

O solitário busca o seu próprio interesse e insurge-se contra a verdadeira sabedoria.
PROVÉRBIOS 18:1

30 de dezembro

O livro de Provérbios contém sabedoria e bons conselhos para quem deseja caminhar conforme os preceitos do Senhor. O texto de hoje nos traz uma das muitas pérolas, à disposição do povo de Deus. Há uma versão que traduz como: "quem se isola busca interesses egoístas e se rebela contra a sensatez" (NVI). A linguagem é simples e direta, oferecendo uma descrição precisa e clara do que comportamento que vemos ao nosso redor constantemente. Mas há um perigo que corremos ao ler esse texto: podemos ficar concentrados em identificar as pessoas das quais o texto fala e nos descuidarmos da oportunidade de realizar uma reflexão pessoal a respeito, o que nos seria muito mais proveitoso.

É evidente que quem vive isolado tem interesse apenas em suas próprias necessidades. Para cultivar um coração compassivo e bondoso, é indispensável estar em contato com os outros. O isolamento é a tendência natural dos que foram afetados pelo pecado. Lembre-se de que a primeira coisa que Adão e Eva fizeram após pecarem, foi esconderem-se um do outro e do Criador. Nós também podemos estar rodeados de gente e ainda assim vivermos isolados. Pense no cristão que evita o contato com o pecador, a congregação que evita o contato com outras congregações, ou as pessoas de uma mesma congregação que se aproximam apenas dos que são parecidos com eles. O fato é que o isolamento ocorrerá sem qualquer esforço, se não resistirmos à disposição natural de nosso coração.

O autor de Provérbios nos dá uma pista interessante de como podemos avaliar se estamos evitando o contato com os outros ou não. Ele nos diz que esse tipo de pessoas rejeita "a verdadeira sabedoria". Tal reação não nos surpreende, pois quem vive só, não desfruta da sabedoria e da ampla visão que somente podemos alcançar com a interação com os demais. Os conselhos dos outros, inevitavelmente entrarão em conflito com seus próprios interesses, fazendo-o sempre reagir de forma inapropriada, dando assim a informação certeira sobre o estado de seu coração.

Para pensar:
Como você reage quando os outros lhe dão conselhos? Recebe-os com alegria? Ou começa com argumentos e explicações para justificar seu comportamento? Sua reação pode ser a melhor forma de avaliar se você está vivendo isolado ou cultivando relacionamentos com as pessoas que fazem parte de sua vida. Quando estamos há muito tempo no ministério pastoral, é fácil começar a acreditar que só nós sabemos como agir bem. O líder sábio, no entanto, sempre estará aberto, não somente a escutar, mas também a aceitar os conselhos de pessoas de seu círculo de amigos.

Orações sem impedimento

31 de dezembro

Maridos, vós, igualmente, vivei a vida comum do lar, com discernimento; e, tendo consideração para com a vossa mulher como parte mais frágil, tratai-a com dignidade, porque sois, juntamente, herdeiros da mesma graça de vida, para que não se interrompam as vossas orações. 1 PEDRO 3:7

Este versículo da primeira epístola de Pedro é a prova mais contundente de que a vida espiritual não pode estar divorciada da vida cotidiana. Ainda que muitos cristãos vivam tipos diferentes de vida dentro, e fora da igreja, para o Senhor, a vida é uma só. Quando as vivências do discípulo no chamado "mundo secular" contradizem as verdades que pratica quando está reunido com a congregação dos santos, sua relação com Deus fica profundamente afetada. Um exemplo pontual escolhido pelo apóstolo, é a vida matrimonial. É nesse âmbito que melhor pode-se avaliar o compromisso espiritual de alguém. É fácil amar alguém a quem vemos apenas duas horas por semana, mas é um verdadeiro desafio praticar o amor com as pessoas que não se impressionam com nossas poucas palavras. Por isso, Deus chama o casal a reservar os melhores investimentos na vida espiritual em sua casa, no dia a dia, pois ali conhecerão as expressões mais profundas do compromisso com Cristo.

Isso não tem valor apenas pelo que podemos aprender, mas também por aumentar as possibilidades de relacionamento com o Senhor. No caso dos maridos, Pedro salienta que devem viver sabiamente com suas esposas, de maneira "compreensiva", segundo uma das traduções desse texto. Isso demanda dos esposos o "entrar no mundo de suas esposas", resistindo à tendência comum de relacionar-se com ela como se fosse outro homem. Quando começam a entender a vida da perspectiva delas, podem começar a amá-las verdadeiramente.

O processo de aproximação que demanda essa atitude, garantirá que suas orações "não se interrompam". A que se refere o apóstolo nessa frase? Entendo que falava de orações que fluem naturalmente diante do Pai, guiadas pelo Espírito. Toda oração eficaz tem sua origem na própria pessoa de Deus. Portanto, orar sem impedimentos significa estar atento ao coração do Pai. Somente os homens que deixam de lado seu egoísmo natural, podem desfrutar dessa experiência e esse processo interfere na realidade cotidiana do casamento.

O princípio se aplica também a outras esferas da vida. A pessoa que ora com o coração cheio de amargura, não poderá desfrutar de uma vida espiritual plena. O discípulo que tenta relacionar-se com Deus e continua em sua desobediência, ainda que em alguma palavra específica recebida por parte de Deus, certamente não poderá entrar em Sua presença com liberdade. É fundamental para todo filho de Deus, e em especial aos que pastoreiam Seu rebanho, não separar o cotidiano do âmbito espiritual. A melhor escola para a oração, é justamente a dos momentos simples do dia a dia.

Para pensar
Como é sua vida no cotidiano? Que atitudes os que o rodeiam podem ver em você? O que isso revela da sua prática de vida espiritual?

Índice de versículos

Gênesis 4:6,7 181	Josué 1:1 336
Gênesis 12:1,4 126	Josué 1:5,9 140
Gênesis 22:3 13	Josué 3:14-16 60
Gênesis 28:20-22 290	Josué 7:1 217
Gênesis 32:24,25 24	Josué 7:10 23
Gênesis 39:1-3 124	Juízes 6:12,15 31
Gênesis 39:11,12 365	Juízes 6:14,15 297
Gênesis 41:14,15 372	Juízes 11:34,35 62
Gênesis 41:14-16 302	Juízes 13:21 304
Gênesis 50:19,20 14	Juízes 14:5,6 139
Êxodo 2:15 67	1 Samuel 3:6,7 70
Êxodo 4:29-31 49	1 Samuel 10:6,7 85
Êxodo 5:6-8 81	1 Samuel 14:1 348
Êxodo 18:14,15 46	1 Samuel 14:21 350
Êxodo 20:9,10 65	1 Samuel 15:10,11 159
Êxodo 32:30-32 25	1 Samuel 16:1 57
Êxodo 33:18-20 227	1 Samuel 16:1 164
Êxodo 34:29 32	1 Samuel 16:10,11 102
Números 13:31 277	1 Samuel 17:2,3 346
Números 27:18-20 162	1 Samuel 17:34,35 61
Deuteronômio 1:16,17 262	1 Samuel 17:38,39 18
Deuteronômio 3:28 272	1 Samuel 18:1-3 341
Deuteronômio 5:33 279	1 Samuel 18:3,4 83
Deuteronômio 16:2,3 296	1 Samuel 18:7-9 66
Deuteronômio 17:4 287	1 Samuel 19:1,2 342
Deuteronômio 17:15-17 285	1 Samuel 19:20 221
Deuteronômio 30:11,14 371	1 Samuel 23:16-18 344

Índice de versículos

1 Samuel 30:23,24 156	Salmo 19:12,13 82
1 Samuel 30:6-8 84	Salmo 23:1,2 39
2 Samuel 6:12,14,16 104	Salmo 23:4 40
2 Samuel 11:26,27 130	Salmo 25:14 137
2 Samuel 15:2-4 357	Salmo 27:8 319
2 Samuel 16:6-8 153	Salmo 32:8,9 331
2 Samuel 17:23 157	Salmo 42:5 135
2 Samuel 21:16,17 161	Salmo 46:10 179
2 Samuel 23:14,15 235	Salmo 63:1 72
2 Samuel 24:22-24 176	Salmo 63:1,2 298
1 Reis 3:7-9 230	Salmo 73:16,17 231
1 Reis 12:13,14 317	Salmo 84:5-7 370
1 Reis 18:20,21 312	Salmo 100 125
1 Reis 18:26 333	Salmo 119:9 373
1 Reis 22:7,8 122	Salmo 119:19 274
2 Reis 5:10-12 330	Salmo 119:75 242
2 Crônicas 7:14 180	Salmo 126: 5,6 220
2 Crônicas 33:12,13 218	Salmo 145:1,2 318
Neemias 1:6,7 128	Provérbios 10:9 144
Neemias 2:2,3 226	Provérbios 11:14 236
Neemias 8:10 17	Provérbios 13:12 321
Ester 4:13,14 306	Provérbios 14:4 193
Jó 13:15,16 329	Provérbios 15:15 103
Jó 31:1 359	Provérbios 18:1 355
Salmo 8:3,4 142	Provérbios 18:1 376
Salmo 18:1,2 165	Provérbios 18:13 345
Salmo 18:31,32 335	Provérbios 18:17 41

Índice de versículos

Provérbios 20:29 259
Provérbios 24:10 43
Provérbios 24:30-32 79
Provérbios 25:28 187
Provérbios 27:17 192
Provérbios 27:21 356
Provérbios 29:12 332
Provérbios 30:7-9 339
Eclesiastes 5:3 278
Eclesiastes 10:1 99
Eclesiastes 11:4 327
Eclesiastes 11:9; 12:1 100
Isaías 39:5-8 167
Isaías 43:4 42
Isaías 45:9,10 326
Jeremias 1:10 27
Jeremias 17:5 155
Jeremias 18:3-6 105
Jeremias 20:7 343
Jeremias 29:12,13 232
Jeremias 49:15,16 189
Ezequiel 3:7-9 283
Ezequiel 16:48,49 369
Daniel 3:16-18 313
Oseias 4:6 320
Oseias 6:4,6 154
Joel 2:12,13 337
Joel 2:25,26 280
Jonas 1:3 107
Jonas 1:1-3 106
Jonas 1:3,4 108
Jonas 1:5,6 109
Jonas 1:7-9 110
Jonas 1:11,12 111
Jonas 1:14-16 112
Jonas 1:17; 2:1 113
Jonas 2:2,7-9 114
Jonas 3:1-3 115
Jonas 3:4,5,10 116
Jonas 4:1-3 117
Jonas 4:1-3 118
Jonas 4:2,3 119
Jonas 4:4,5 120
Jonas 4:9-11 121
Malaquias 1:13 247
Mateus 2:3-5 299
Mateus 5:1,2 263
Mateus 5:3 264
Mateus 5:4 265
Mateus 5:5 266
Mateus 5:6 196
Mateus 5:6 267
Mateus 5:7 268
Mateus 5:8 269

Índice de versículos

Mateus 5:9 270	Mateus 28:18 203
Mateus 5:10,11 271	Mateus 28:18-20 206
Mateus 5:13 252	Mateus 28:19 204
Mateus 5:16 170	Mateus 28:19 205
Mateus 5:23,24 190	Mateus 28:19 207
Mateus 7:3,4 53	Mateus 28:19 208
Mateus 9:37,38 301	Mateus 28:19 209
Mateus 12:34,35 238	Mateus 28:20 210
Mateus 14:9,10 224	Mateus 28:20 211
Mateus 14:24,25 273	Mateus 28:20 212
Mateus 14:25,26 168	Mateus 28:20 213
Mateus 14:28,29 311	Marcos 2:14 307
Mateus 14:30 215	Marcos 3:14,15 30
Mateus 16:22,23 54	Marcos 4:10 34
Mateus 16:23 275	Marcos 4:26-29 175
Mateus 18:3 239	Marcos 4:37,38 21
Mateus 18:8-10 260	Marcos 5:19,20 97
Mateus 18:19,20 310	Marcos 5:15 186
Mateus 20:22,23 177	Marcos 9:29 16
Mateus 22:16,17 309	Marcos 9:38,39 194
Mateus 23:1-3 35	Marcos 10:47,48 282
Mateus 23:4 38	Marcos 14:50 202
Mateus 23:5-7 51	Lucas 2:18,19 219
Mateus 25:24,25 59	Lucas 4:42 86
Mateus 26:33-35 152	Lucas 4:18 233
Mateus 26:34,35 19	Lucas 7:28 44
Mateus 26:59,60 291	Lucas 9:10 22

Índice de versículos

Lucas 9:54-56 374	João 4:23 222
Lucas 9:51 328	João 4:41,42 214
Lucas 9:57,58 322	João 5:19,20 362
Lucas 9:59,60 323	João 6:66,67 358
Lucas 9:61,62 324	João 10:10 294
Lucas 10:1 255	João 13:1 87
Lucas 10:39,40 185	João 13:1 88
Lucas 11:31 223	João 13:2-4 89
Lucas 14:16 367	João 13:2-4 90
Lucas 15:7 29	João 13:2-4 91
Lucas 15:17-19 229	João 13:5 92
Lucas 17:5,6 147	João 13:6-8 93
Lucas 17:5,6 148	João 13:14,15 94
Lucas 17:9,10 149	João 15:1,2 253
Lucas 18:1 58	João 15:4,5 254
Lucas 18:11,12 134	João 15:11 289
Lucas 19:5 184	João 16:33 216
Lucas 22:31,32 48	João 17:6 36
Lucas 23:22,23 173	João 17:6,12 80
Lucas 24:13,15,17 26	João 17:14-16 258
Lucas 24:25-27 250	João 21:15 145
João 2:23-25 375	Atos 1:7,8 178
João 2:23-25 172	Atos 3:3-6 123
João 3:2 288	Atos 4:19,20 364
João 3:7,8 305	Atos 4:29,30 276
João 3:16 96	Atos 4:36 182
João 3:26,27 69	Atos 6:2 28

Índice de versículos

Atos 6:8	133
Atos 8:18,19	174
Atos 10:23,24	293
Atos 10:25,26	150
Atos 15:39,40	132
Atos 16:7-9	249
Atos 20:36-38	136
Romanos 1:11,12	368
Romanos 2:21,22	347
Romanos 4:18,19	351
Romanos 6:16	199
Romanos 7:24,25	201
Romanos 8:35	225
Romanos 9:15,16	47
Romanos 10:8-10	353
Romanos 10:9,10	315
Romanos 12:2	295
Romanos 12:6-8	354
Romanos 12:15	20
Romanos 12:18,19	261
1 Coríntios 1:17	131
1 Coríntios 9:26,27	64
1 Coríntios 11:26,27	251
1 Coríntios 12:22	338
2 Coríntios 1:3,4	95
2 Coríntios 2:6-8	166
2 Coríntios 2:14-16	361
2 Coríntios 3:1-3	146
2 Coríntios 5:18-20	363
2 Coríntios 8:1-4	352
2 Coríntios 10:4,5	63
2 Coríntios 4:10,11	308
2 Coríntios 10:12	98
2 Coríntios 12:9	71
Gálatas 1:10	195
Gálatas 6:1	141
Gálatas 6:7,8	284
Efésios 1:18	163
Efésios 2:7	169
Efésios 4:1-3	127
Efésios 4:1,3	286
Efésios 4:11,12	244
Efésios 4:11,12	245
Efésios 4:22-24	241
Efésios 5:18	281
Efésios 5:21	237
Efésios 5:25-27	129
Efésios 6:18	234
Efésios 6:19	171
Filipenses 1:15,18	246
Filipenses 2:12,13	316
Filipenses 3:13,14	50
Filipenses 4:13	188
Colossenses 1:9,10	101

Índice de versículos

Colossenses 1:28,29	151
Colossenses 2:1,2	243
Colossenses 2:6	198
Colossenses 4:12	45
1 Tessalonicenses 1:2,3	300
1 Tessalonicenses 5:14	55
1 Timóteo 4:7	33
1 Timóteo 4:12	68
2 Timóteo 1:14	303
2 Timóteo 2:24,25	15
Tito 2:7,8	191
Filemom 8,9	248
Hebreus 3:13-15	334
Hebreus 5:11,12	56
Hebreus 5:13,14	240
Hebreus 6:1	183
Hebreus 10:23	160
Hebreus 12:1	73
Hebreus 12:1	74
Hebreus 12:1	75
Hebreus 12:1	76
Hebreus 12:2	77
Hebreus 12:3	78
Hebreus 12:6	197
Hebreus 12:14,15	158
Tiago 1:2-4	257
Tiago 1:6,7	340
Tiago 1:22-24	256
Tiago 1:25	349
Tiago 3:13	325
Tiago 4:17	360
Tiago 5:17,18	37
1 Pedro 3:7	377
1 Pedro 5:2,3	200
1 Pedro 5:2,3	366
2 Pedro 1:3	143
2 Pedro 1:8	292
1 João 4:18	314
1 João 4:19	52
Apocalipse 2:4	228
Apocalipse 3:17	138